Alfred Kuen

# Die Frau in der Gemeinde

R. BROCKHAUS VERLAG WUPPERTAL

Die französische Originalausgabe erschien
unter dem Titel: LA FEMME DANS L'EGLISE
bei Edition Emmaüs, Saint-Légier, Schweiz
© 1994 Edition Emmaüs

Deutsch von Rainer Güting, Seligenstadt

© 1998 der deutschen Ausgabe:
R. Brockhaus Verlag Wuppertal
Umschlag: Dietmar Reichert, Dormagen
Druck: Breklumer Druckerei Manfred Siegel KG
ISBN 3-417-21414-9

*In Erinnerung an Mimosa,
meine liebe Frau, die mir
eine vollkommene Gehilfin
und ein beflügelndes Gegenüber war*

# ABKÜRZUNGEN

| | | |
|---|---|---|
| BCFT | = | A Bible Commentary for Today (s. Literaturverzeichnis) |
| BFC | = | Bible en français courant (All. bibl. universelle) |
| BS | = | Bible du Semeur, International Bible Society, Colorado Springs 1991 |
| CBQ | = | Catholic Biblical Quarterly (Washington) |
| EB | = | Elberfelder Bibel |
| ERT | = | Evangelical Review of Theology (Paternoster Press) |
| GN | = | Gute Nachricht |
| Hfa | = | Hoffnung für alle, Brunnen-Verlag, Basel und Gießen 1996 |
| JBL | = | Journal of Biblical Literature (Decator, Gal 30329) |
| JETS | = | Journal of the Evangelical Theological Society (San Diego) |
| KB | = | Kommentar zur Bibel, R. Brockhaus Verlag, Wuppertal und Zürich 1992 |
| NBD | = | New Bible Dictionary, The Inter-Varsity Fellowship, London |
| NTS | = | New Testament Studies (Cambridge) |
| PV | = | Parole Vivante (Braine l'Alleud) |
| TDNT | = | Theological Dictionary of the New Testament (Eerdmans) |
| TWNT | = | Theol. Wörterbuch zum Neuen Testament (Kittel, Stuttgart) |
| VB | = | Vocabulaire biblique (Delachaux, Neuchâtel) |
| ZB | = | Zürcher Bibel |

# INHALT

Einführung ..................................................................11
  Ein neuer Zankapfel ...................................................11
  Die Ursachen der Kontroverse ....................................14
  Wie kann man die Kontroverse entwirren? ...................15
  Ein schwieriges Problem ............................................16
  Wie wir das Thema angehen werden ..........................18

Kapitel 1: *Fragen zur Vorgehensweise* .........................21
  Wie kann man das Problem lösen? ..............................21
  Feministische Hermeneutik und evangelikale
  Bibelauslegung ..........................................................25

Kapitel 2: *Die Frau im Alten Testament* ........................30
  Der Plan Gottes .........................................................30
  Die Frau im Alten Testament ......................................34

Kapitel 3: *Die Frau in der griechisch-römischen Welt* ....39
  Die Frau im öffentlichen Leben ...................................39
  Das religiöse Leben der Frauen im Altertum ................40

Kapitel 4: *Die Frau in den Evangelien* ..........................46
  Die Frau in Palästina zur Zeit Jesu ..............................46
  Die Frau in den Evangelien: .......................................48
  Die Frauen im öffentlichen Dienst Jesu .......................49
  Die Frauen in den Leidens- und Auferstehungsberichten ......57
  Die Frauen in der Lehre Jesu .....................................59

Kapitel 5: *Die Frau in der Urgemeinde* .........................62
  Die Frauen in der Apostelgeschichte ...........................62
  Die Frau in den Paulusbriefen ....................................66

Kapitel 6: *In Christus ist nicht mehr Mann und Frau* ......71
  Die verschiedenen Stellen in den Briefen zum Thema
  „Frau in derGemeinde" ...............................................71
  „In Christus ist nicht mehr Mann und Frau" .................73

Weder Juden noch Griechen? ................................................ 77
Weder Sklaven noch Freie? .................................................. 82
Welche Situation entspricht am ehesten dem Plan Gottes? ... 83
Die gegenseitige Ergänzung .................................................. 87
Schlußfolgerung .................................................................... 87

Kapitel 7: *„Jede Frau, die betet oder prophetisch redet ... "*... 89
Verwirrung in Korinth ........................................................... 89
Die Frauen haben das Recht, im Gottesdienst zu beten ........ 90
   Handelt es sich um den Gottesdienst oder um ein
   privates Treffen? ................................................................ 91
Andere Stellen über das Gebet der Frau ............................... 93
Die Frau kann im Gottesdienst prophetisch reden ............... 95
Was heißt „prophetisch reden"? ............................................ 96
Schlußfolgerung .................................................................. 113

Kapitel 8: *Die Kleidung der Frau in der Gemeinde* ............. 115
Soll die Frau im Gottesdienst verschleiert sein? ................. 115
Textstudium von 1. Korinther 11, 2-16 .............................. 117
   Zeitunabhängige Prinzipien aus diesem Abschnitt .......... 143
Muß heute die Frau in der Gemeinde eine Kopfbedeckung
tragen? ................................................................................. 147
   Kann eine Frau im Gottesdienst Hosen tragen? ............... 153

Kapitel 9: *Die Frauen sollen in den Gemeinden schweigen*... 156
Unangenehme Verse ........................................................... 156
Verschiedene Harmonisierungsversuche ............................ 158
   1. Sind diese Verse echt? ................................................. 158
   2. Können Frauen in einer Gemeindeversammlung
   sprechen? ......................................................................... 160
   3. Sind diese Verse ein Zitat der Judaisten von Korinth? 163
   4. Die Lösungen des relativen Schweigens ..................... 169
   Wie auch das Gesetz sagt ................................................ 174
   Weshalb konnte die Frau nicht einmal Fragen stellen? ... 176
Die Bedeutung der Sitten .................................................... 178
Was haben uns diese Verse heute zu sagen? ...................... 179
Schlußfolgerung zu 1. Korinther 11 und 14 ....................... 184

Kapitel 10: *„Ich erlaube aber einer Frau nicht zu lehren"* ... 186
Eine schwierige Stelle ... 186
Erste Frage: Definition der verwendeten Wörter und Ausdrücke ... 187
   a) „Ich erlaube nicht …" ... 188
   b) Welche Bedeutung gibt der Apostel hier dem Wort lehren? ... 189
   c) Was bedeutet „Autorität beanspruchen"? ... 192
   d) Welche Beziehung besteht zwischen lehren und herrschen? ... 196
   e) Schweigend oder ruhig? ... 197
   f) Die Frau oder die Ehefrau? ... 198
Zweite Frage: Wie ist die Anordnung des Paulus anzuwenden: begrenzt oder permanent? ... 202
   a) Die Unwissenheit der Frauen ... 203
   b) Die Lehrfragen von Ephesus ... 205
   c) Die reichen Frauen von Ephesus ... 209
   d) Die „Witwen" ... 211
   Schlußfolgerung ... 212
Dritte Frage: Die Harmonisierung der verschiedenen Vorgaben der Schrift hinsichtlich der Frau ... 214
   a) Ein absolutes Verbot? ... 214
   b) Einige verallgemeinerte „Inkonsequenzen" ... 217
   c) Eine eingeschränkte Anweisung ... 218
Vierte Frage: umgekehrte Kontextualisierung ... 219
   a) Die Natur des Amtes ... 220
   b) Die Qualifikationen für das Amt ... 222
   c) Die Tragweite des Amtes ... 223
   d) Die Form des Amtes ... 228
Schlußfolgerungen ... 231

Kapitel 11: *„… noch über den Mann zu herrschen"* ... 233
Das Wesen der Feminismen ... 233
   Der Laienfeminismus ... 234
   Der religiöse Feminismus ... 236
Ist die sexuelle Differenzierung wissenschaftlich bewiesen?238
Die Unterordnung der Frau: eine vorläufige Bestimmung? . 241
Autorität: eine Sache der Männer? ... 245

Unterscheidung zwischen den Geschlechtern und
Dienste in der Gemeinde ................................................. 248
Was uns das 1. Buch Mose lehrt ...................................... 250
  „Adam wurde zuerst geschaffen, danach die Eva" .......... 250
  Hat Eva größere Schuld als Adam? ............................... 253
  Kann die Frau leichter getäuscht werden als der Mann? .. 254
  Die Bedeutung von Unterordnung .................................. 259
  Das Mann/Frau-Geheimnis im Licht des biblischen
  und des trinitarischen Modells ....................................... 261
  Kann eine Frau lehren, ohne über den Mann
  zu herrschen? ................................................................ 264

Kapitel 12: *Die Autorität in der Gemeinde* ........................ 268
  Wie wird Autorität in der Gemeinde ausgeübt? ............. 268
    1. Die Autorität des Wortes Gottes ............................... 269
    2. Die Autorität der gesamten Ortsgemeinde ................ 270
    3. Die Autorität der Verantwortlichen in der Gemeinde .. 272
    4. Die Ausübung von Autorität durch die
    verschiedenen Ämter .................................................. 276
  Autorität und Freiheit ..................................................... 278
  Kann eine Frau eine Gemeinde leiten? ........................... 279
  Kann eine Frau Älteste sein? .......................................... 281
  Kann eine Frau Teil eines Gemeinderats sein? ............... 283
  Welchen Beitrag können Frauen in einem
  Gemeinderat leisten? ..................................................... 286
  Zusammenfassung .......................................................... 289

*Schlußfolgerungen* ............................................................ 291
  Kurzfassung .................................................................... 291
  Konsequenzen? ............................................................... 294
    1. Auf Notlösungen verzichten ...................................... 294
    2. Diese ganze Frage unter die Autorität des
    Wortes Gottes stellen .................................................. 294
    3. Biblische Parameter berücksichtigen ........................ 299

# Einführung

## Ein neuer Zankapfel

Darf eine Frau predigen? Darf sie eine Gemeinde leiten?

Natürlich! Hat der Apostel Paulus nicht gesagt: „In Christus hat es nichts mehr zu sagen, ob jemand Mann oder Frau ist"?

Aber halt! Er hat doch auch gesagt: „Eure Frauen sollen in den Gemeinden schweigen" und „Ich erlaube einer Frau nicht, zu lehren noch über den Mann zu herrschen".

Und schon sind wir mitten im „exegetischen Bürgerkrieg innerhalb der evangelischen Welt" (R. W. Pierce, 87, S. 5).[1]

Der Auseinanderbringer (*diabolos*) hat erneut ein Thema gefunden, um die Christen in feindliche Lager zu spalten. „Wenige Fragen", stellt Catherine Kroeger fest, „schaffen in der heutigen Christenheit so erbitterte Fronten wie die Interpretation der Aussagen des Paulus über die Frauen" (87, S. 25).

In der Tat ist die Frage nach der Position der Frau in der Gemeinde in vielen christlichen Denominationen ein neuer Zankapfel geworden. Die von den verschiedenen christlichen Kirchen vorgeschlagenen Lösungen reichen von totaler Ablehnung jeder aktiven Teilnahme bis zur völligen Gleichstellung mit dem Mann in allen Funktionen. Die Ordinierung von Frauen hat den Graben zwischen Anglikanern und Katholiken bzw. Orthodoxen zu einer tiefen Kluft aufgerissen. Diese Meinungsvielfalt herrscht nicht nur in den großen evangelischen Kirchen, in denen Frauen in den letzten Jahren Zugang zu allen Ämtern der kirchlichen Hierarchie erhalten haben. Die evangelischen Freikirchen vertreten ebenfalls alle Positionen vom vollständigen Schweigen der Frau im Gottesdienst (darbystische Versammlungen) bis zur Teilnahme an

---

[1] Um das Seitenende nicht mit zu vielen Fußnoten zu belasten, wurden die Hinweise auf die Abhandlungen in der Bibliographie in den laufenden Text eingefügt. Die zweistellige Zahl nach dem Verfassernamen gibt die letzten beiden Ziffern des Erscheinungsjahres der Veröffentlichung an. Damit kann das Werk in der Bibliographie identifiziert werden.

allen Ereignissen des kirchlichen Lebens (z.B. Heilsarmee, norwegische Baptistengemeinden). Einige Freikirchen sind an diesem Thema auseinandergebrochen. In vielen Denominationen hat sich eine große Feindseligkeit breit gemacht: Auf der einen Seite verteidigt man rigoros die traditionellen Positionen, auf der anderen Seite überwiegen Frustration und leidenschaftliche Forderung nach Innovationen. Für die einen geht es um die Treue zu Gott und zu seinem Wort, für die andern um die Aufwertung der Begabungen, die Gott den Frauen gegeben hat, und um die Glaubwürdigkeit des christlichen Bekenntnisses in der Welt. Indes gibt es Evangelikale in beiden Lagern, und beide betrachten die Bibel als normativ für die christliche Gemeinde von heute. Hier wie dort bezieht man sich auf die Bibel: Hunderte von Büchern und theologischen Artikeln sind im Lauf der letzten Jahrzehnte über dieses Thema erschienen.[2] Wie soll man sich in diesem Labyrinth zurechtfinden?

---

[2] In einem Artikel „Die Evangelikalen und die männlich-weiblichen Rollen in den 90er Jahren", der im September 1993 im *Journal of the Evangelical Theological Society* erschienen ist, spricht R. W. Pierce von einem „Bürgerkrieg", der in dieser Frage 1986 zu einem Schisma in der evangelikalen theologischen Gesellschaft geführt hat und „der in seiner ganzen Schärfe zwischen 'Hierarchisten' und den 'Gleichstellern' in den 90er Jahren fortgeführt wird". „Die ersten werfen den letzteren vor: sie trügen zu einer Verschlimmerung im häuslichen Bereich und zu einer Abwertung der Familie bei, sie legitimierten perverse sexuelle Beziehungen sowie physische und emotionale Vergewaltigungen in der Familie, sie lähmten die Botschaft der Kirche, sie nähmen Zuflucht zu 'hermeneutischen Extravaganzen, die nur dazu dienen sollen, die offenkundige Bedeutung des biblischen Textes zu reinterpretieren' und sie unterminierten die Autorität, Klarheit und Verständlichkeit der Heiligen Schriften für den Durchschnittschristen. Der Ausdruck 'biblischer Feminismus' ist für sie ein Widerspruch in sich. Die Gleichsteller dagegen haben den Traditionalisten vorgeworfen, sie würden hermeneutischen Schwindel betreiben und sich stärker an menschliche Traditionen halten als auf den natürlichen Sinn der Heiligen Schrift zu hören, ferner würden sie an 'patriarchalischem Machtstreben, an der Männerzentriertheit und am Weiberhaß' kleben; schließlich hätten sie bestimmte Schriftstellen auf naive Art und im Widerspruch zur übrigen Bibel ausgelegt; kurz: sie hätten die Frauen bewußt so behandelt, als ob sie weder völlig erlöst noch völlig menschlich seien" (*JETS* 36/3, 9.93 S. 344). Die Frontseite des Magazins *Time* vom 23.11.92 trug den Titel: „Gott und die Frauen: Eine zweite Reformation wütet in der Christenheit" (S. 346).

Kirchen, die den Dienst der Frau ablehnen, grenzen Gemeinden aus, die ihr einen Platz in ihrem kulturellen Leben zugestehen; diese, die ihr weniger breite Betätigungsmöglichkeiten eröffnen, halten jene wiederum für rückständig und starrsinnig. Catherine Booth, die Mitgründerin der Heilsarmee, schrieb in ihrem Buch *Female Ministry or Woman's Right to Preach the Gospel*: „Urteilt man von den gesegneten Ergebnissen her, die fast ständig die Arbeit der Frau im Dienst Christi begleiteten, so fürchten wir, daß am großen Tag der Abrechnung einmal offenbar wird, daß eine fehlerhafte und nicht zu rechtfertigende Auslegung des Textes: 'die Frauen sollen in den Gemeinden schweigen' mehr Schaden in der Kirche, mehr Unrecht in der Welt und mehr Unehre für Gott verursacht hat als irgendein anderer Irrtum" (London, Partridge 1978, S. 122-123). Wohingegen John Rice, ein fundamentalistischer Evangelist, sagte: „Der Feminismus in der Kirche ist eine Geißel, die Gott betrübt, sein Handeln verhindert, die Leute enttäuscht und ihr Vertrauen zerbrochen hat. Ich habe nicht den geringsten Zweifel, daß Millionen von Menschen zur Hölle gehen werden wegen der nicht-biblischen Praxis der Predigt von Frauen" (*Bobbed Hair, Bossy Wives and Women Preachers* Murfreesboro Tenn., Sword of the Lord, 1941, S. 59). „Das Sonderbare daran ist, daß der Ursprung dieser so gegensätzlichen Sichtweisen haargenau derselbe Text ist" (C. Powell, 92, S. 15). Wenn man nicht Vertreter des einen oder anderen Extrems ist (totale Ablehnung oder totale Freiheit), gibt es immer jemanden rechts oder links, von dem man einen Blick der Verachtung oder einen Gedanken der Verurteilung erntet (Röm. 14,10).

Im Übrigen gibt es in diesem Bereich eine rapide Entwicklung. Ein Pastor sagte mir: „Vor einigen Jahren wurden wir von anderen Kirchen scharf verurteilt, weil wir weibliche Mitglieder in unserem Kirchenrat hatten. Heute haben sie uns weit übertroffen, indem sie Frauen Rollen zugestanden haben, die wir ihnen immer noch verweigern."

## Die Ursachen der Kontroverse

Warum hat diese Kontroverse plötzlich solche Ausmaße angenommen?

Man muß anerkennen, daß das traditionelle Verständnis der Frauenrolle in der Kirche unter Abwertung der Frau oft androzentrisch war, d.h. auf den Mann ausgerichtet. Augustin behauptete: „Die Frau an sich ist nicht das Ebenbild Gottes, während es der Mann so offensichtlich und so vollständig ist, daß die Frau ihm beigeordnet ist" (*Von der Dreieinigkeit* 7.7.10). Für Thomas von Aquin ist die Frau ein Mann „mit Defekt"; „sie ist von Natur dem Mann unterstellt, weil im Mann die Vernunft dominiert" (*Summa*, Teil I, Quaest. XCII). Luther spiegelt die traditionelle Sichtweise seiner Zeit wider: „Die Frau wurde dazu erschaffen, den Mann zu umgeben, die Kinder zu versorgen und zu erziehen und dem Mann untertan zu sein" (*Kommentar zu Pred* 7,26). Auch für Calvin „sind die Frauen geboren, um zu gehorchen" (*Kommentar zu Tim*). Man muß zugeben, daß A. Hauge recht hat, wenn er sagt: „Die Lehre der Kirche über die Wechselbeziehungen zwischen Männern und Frauen ist stärker von der sozialen Natur der Kirche als von der biblischen Offenbarung geprägt" (92 S. 8). „Meistens", stellt J. Stott fest, „haben die Männer die Gaben der Frauen nicht erkannt: Sie haben ihre Persönlichkeit erstickt, ihre Freiheit beschnitten, sie haben sich ihre Kompetenzen in einigen Bereichen nutzbar gemacht und ihre Ausübung in anderen Bereichen gehindert" (89, S. 131f).

Nach Jahrhunderten des Schweigens, das man der Frau auferlegte, hat man den Eindruck, daß man die kumulierten Irrtümer wettmachen will, indem man ihr weiten Zugang zu allen kirchlichen Ämtern eröffnet. Doch mit welcher Begründung sollte sie heute mehr Möglichkeiten haben als gestern oder vorgestern? Die Entwicklung der modernen Welt hat der Kirche keine andere Wahl gelassen, als die Frage neu zu bedenken, welchen Platz sie der Frau zugesteht. Im Berufsleben, in der Gesellschaft und in der Politik kann die Frau heutzutage alle Positionen einnehmen, die früher ausschließlich Männern vorbehalten waren. Aber warum dann nicht in der Kirche? Die Entwicklung in der Gesellschaft stellt für die Christen eine Herausforderung dar, welche nicht unbedingt negative Früchte hat, wenn sie sie dazu veranlaßt, diese Frage im Lichte des Wortes Gottes zu überprüfen. „Wir können natürlich nicht zulassen, daß das säkulare Denken unserer Interpretation der Heiligen Schrift Gestalt gibt, aber wir können dankbar sein dafür, daß es uns dazu nötigt, uns mit einer neuen Offenheit dem Wort Gottes zu unterstellen" (S. Lees, 84, S. 12).

Darüber hinaus hat die Frau ihre Befähigungen in den verschiedenen betrachteten Gebieten unter Beweis gestellt: Ihre Begabungen stehen auf gleicher Stufe wie die der Männer und übertreffen sie hier und da. In Organisationen, die wie die Heilsarmee und zahlreiche Missionsgesellschaften schon lange die Gleichwertigkeit der Geschlechter in allen Funktionen verfügt haben, üben Frauen segensreiche Tätigkeiten aus und bringen geistliche Frucht. Daraus folgert so mancher: „Ist das nicht ein hinreichender Beweis für Gottes Willen?"

Der Druck der öffentlichen Meinung beeinflußt das Gedankengut der Christen mehr, als man denkt, und erzeugt zwei entgegengesetzte Arten von Furcht: einerseits die Furcht, nicht modern genug zu sein, und andererseits die Furcht, das biblische Fundament aufzugeben und sich durch das weibliche Element an den Rand drängen zu lassen. Und „die Angst birgt die Gefahr, daß man schon, bevor man die Bibel aufgeschlagen hat, seine Schlüsse gezogen hat" (C. Baecher, 92, S. 16). – Daher muß vor allem die Bibel gewissenhaft studiert werden!

## Wie kann man die Kontroverse entwirren?

Indes sind für einen Christen weder der Fortschritt und die Meinungen der Welt noch die Erfahrung, auch nicht Angst- oder Schuldgefühle, entscheidende Motive, um eine Verfahrensweise in der Kirche abzuändern. David Pawson wandte sich mit Recht gegen „den Beweis durch die Erfahrung": „Es handelt sich nicht um eine experimentelle Fragestellung. Unser pragmatisches Zeitalter hat ein stärkeres Interesse an der Frage: 'Funktioniert das?' als an der Frage: 'Ist es richtig?'. Christlich ausgedrückt, fragt der Pragmatiker: 'Ist es gesegnet?' mit dem Zusatz: Es ist unmöglich zu leugnen, daß Gott die Führung, die durch Frauen gegeben wurde, gesegnet hat; aber ist Segen der Beweis, daß es 'richtig' ist? ... Gott hat die Freiheit, Ausnahmen zu den Regeln zu machen, die er aufgestellt hat. Daß Gott die Heilsarmee gesegnet hat, bedeutet keineswegs seine Zustimmung zu einer militärischen Struktur ... In seinem Kern ist das Problem ein biblisches, und daher muß es durch eine genaue Exegese geklärt werden" (92, S. 100). Mit dieser Aussage von David Pawson sind sich im Prinzip alle Christen einig: Die Bibel ist die höchste Autorität in allen Fragen des Glaubens und des Lebens, nur ziehen - aus derselben Bibel - die einen Schlüsse, die denen anderer unversöhnlich gegenüberstehen. Woran kann das liegen?

## Ein schwieriges Problem

Einen ersten Grund liefert uns M. Radloff: „Wir müssen uns der Tatsache stellen, daß die Fragen im Zusammenhang mit der Rolle der Frau und der Gleichwertigkeit der Geschlechter im Neuen Testament nicht direkt angesprochen werden." Wir finden wohl Beispiele des Verhaltens Jesu und der Apostel im Umgang mit Frauen, einige knappe Bemerkungen, die sich auf sie beziehen, sowie vier Schlüsseltexte, die durch Feministen und Antifeministen in jeder Beziehung ausgequetscht und ausgebeutet worden sind.

„Ob wir das gut finden oder nicht, Gott hat seinen Kindern jahrhundertelang die Freiheit gelassen, zu Bibelstellen, welche nicht direkt das vollkommene und vollendete Werk Christi beeinträchtigen, verschiedene Interpretationen zu besitzen." (S. Lees, 84, S. 12). „Es ist unverkennbar, daß Christen, welche die Autorität der Bibel ernst nehmen, verschiedener Auffassung sind hinsichtlich der Aussagen der Heiligen Schrift über die Frau und dem, was diese Aussagen bedeuten" (a.a.O., S. 203).

Die sorgfältigste Exegese ist die eine Angelegenheit – und wir werden uns darum bemühen, sie durchzuführen –, aber wichtiger ist die Haltung, mit der man an diese Texte herangeht. Claude Baecher hat die beiden Extrempositionen treffend beschrieben, zwischen denen die Exegeten hin und her pendeln: „Für die einen gilt: Das, was den Christen in Korinth gesagt wird, ist immer gültig, wobei 'immer' bedeutet: 'unabhängig vom Ort und von der Epoche'. Für die anderen steht fest: Die Kirchen des N.T. haben sich einfach der Kultur ihres Zeitabschnitts angepaßt und folglich ist das, was Paulus ihnen gesagt hat, für uns heute nicht mehr relevant." (92, S. 17). Die evangelischen Feministen, wie A. Hauge, sind der Meinung, daß die „Aussagen der Bibel in Richtung Gleichberechtigung Vorrang haben über patriarchale Ideen, wenigstens in ihrer theologischen Bedeutung, wenn nicht an zahlenmäßigem Gewicht ... Die männliche Vormachtstellung ist eine Folge der Sünde. Aber niemand versteht den Fluch über Adam als ein Verbot, Dornen und Disteln mit landwirtschaftlichen Mitteln zu bekämpfen. So bedeutet die Erlösung auch die Befreiung von den Fesseln, die der Sündenfall mit sich gebracht hat" (92, S. 10). Die „Antifeministen stützen sich auf Schöpfungsargumente, die der Apostel Paulus anführt, um die bleibende Gültigkeit seiner Anweisungen zu belegen". Auf diesem Gebiet „nichts zu verdrehen und die Zusammenhänge der Bibel zu respektieren" (a.a.O., S. 13), ist keine einfache Aufgabenstellung. Beide radikalen Lösungen sind verlockend; die eine, weil sie die Zeitströmung hinter sich weiß; die andere, weil es Anerkennung mit sich bringt, sich dem Zeitgeist entgegenzustellen.

An festen Standpunkten fehlt es auf diesem Gebiet nicht, aber zu oft, stellt M. Radloff fest, „steht die Unbeugsamkeit des Christen zum Predigtamt der Frau im umgekehrten Verhältnis zu seiner Sachkenntnis" (92, S. 28). „Glücklich ist der Christ", fügt er hinzu, „der nur einen einzigen Kommentar liest, denn er erhält alle Antworten und sein Geist bleibt unbekümmert." Hätte er an die dreihundert Werke und Zeitschriftenartikel gelesen, so wäre es sein Geist weit weniger; schon wenn man es mit 40 verschiedenen Interpretationen zu tun hat, kann einem ja schwindelig werden, man kann eine Magenverstimmung bekommen oder depressiv werden. Aber man ist sich auch seiner eigenen Position nicht mehr so sicher und anderen gegenüber toleranter, weil man entdeckt hat, daß auch sie „gute Gründe" haben, – und zwar wohlgemerkt: biblische – um so zu denken und zu handeln, wie sie es tun.

Das vertiefte Studium einer unter Christen kontroversen Frage erzeugt Demut und Hochachtung für andere. Das können Leute wie Prof. D. M. Scholer bezeugen, der nach seinen Angaben zweiundzwanzig Jahre seines Lebens „der Exegese und dem Studium der Frauenfrage und ihres Dienstes nach dem Neuen Testament" gewidmet hat und der seine Schlußfolgerungen mit viel Besonnenheit und Umsicht vorträgt (91, S. 310f).

Bedauerlicherweise haben nicht alle, die dieses Problem erörtert haben, das mit der gleichen Ernsthaftigkeit und derselben Geisteshaltung getan. „Bei dieser Art Diskussion", sagt W. Liefeld, „geht jeder von seinen eigenen Voraussetzungen aus, die sich aus einer Anzahl biblischer Texte und persönlicher Überzeugungen herausgeschält haben ... Die Mehrzahl der Untersuchungen ist offenkundig tendenziös" (87, S. 49). Aber die extremen Optionen zerteilen den Leib Christi. „In dieser Frage", fährt W. Liefeld fort, „brauchen wir einen versöhnlicheren Einstieg", der die Christen eint, statt sie auseinanderzubringen. Noch schwerer wiegt, daß diese extremen Alternativen nicht biblisch sind. Das Wort Gottes macht erheblich feinere Unterschiede als die groben Schlagwörter, die man aus der Bibel herausholt, indem man Verse aus ihrem Zusammenhang reißt. Andererseits kann der, dessen „maßgebliche Autorität" die Heilige Schrift bleibt, nicht über gewisse Bibeltexte hinwegsehen oder sie mit einer exegetischen Pirouette „liquidieren". Das erste reformatorische Prinzip *Sola Scriptura* verlangt, daß alles durch das Wort Gottes, nach den Regeln einer gesunden Hermeneutik interpretiert, entschieden wird.

## Wie wir das Thema angehen werden

Wer sich einem sorgfältigen Studium der Texte in ihrem literarischen und sozialen Kontext unterzieht, erkennt sehr bald, daß „die Art und Weise", mit der man das „immer schon" verstanden hat, nicht unbedingt die richtige ist, aber daß viele „neue Gesichtspunkte" auch nicht überzeugender sind. Auf der einen wie auf der anderen Seite gibt es ein Geben und Nehmen. Wir haben in diesem Buch die biblischen Schlüsseltexte so ausführlich interpretiert, wie es der Umfang dieser Ausgabe zuläßt, damit der Leser sein eigenes Urteil bilden und seine eigene Wahl treffen kann.

Um das Problem auf korrekte Art zu behandeln, müssen wir demnach zuerst methodische Fragen klären. Zuerst werden wir prüfen, welchen Platz die Frau im Alten Testament und in der griechisch-römischen Welt des 1. Jahrhunderts, in den Evangelien und in der Urkirche hatte. Danach werden wir uns intensiv mit den vier Textstellen auseinandersetzen, auf die man sich auf der einen oder anderen Seite beruft, sei es, um der Frau jede Freiheit zu geben, oder auch, um diese Freiheit zu begrenzen. Wir werden versuchen, daraus die für alle Zeiten gültigen Prinzipien freizulegen – also auch die für die Kirche unserer Zeit.

J. K. Howard sagt am Schluß seines Studiums über dieses Thema: „Es ist sehr wahrscheinlich, daß ein solches Studium vielen Lesern kaum gefallen wird. Die Traditionalisten werden mich für zu radikal halten und die Progressiven werden meine Schlüsse als zu konservativ einstufen" (83, S. 42). Der Verfasser dieses Buches könnte das gleiche sagen. Er ist sich dessen wohl bewußt, daß nicht alle seine Leser mit seinen Gesichtspunkten übereinstimmen werden. Er erhebt auch keinen Anspruch auf Unfehlbarkeit. Er hat sich angestrengt, „alles zu prüfen", d.h. die unterschiedlichen Interpretationen zu bewerten, die in den Büchern und Aufsätzen im Literaturverzeichnis aufgeführt sind. Anschließend hat er versucht, das „zu behalten", was ihm am besten mit dem Gesamtsinn der biblischen Schriften übereinzustimmen schien, so wie er sich ihm in vierzig Jahren bei seinen Versuchen der Neuübersetzung der Bibel dargestellt hat. Es ist sein Verlangen, sich vor allem im biblischen Gleichgewicht zu befinden. Dieses Buch soll dazu dienen, das Problem zu entdramatisieren. Deshalb ist es dem Verfasser wichtig, die guten Gründe für die verschiedenen Deutungsmöglichkeiten herauszuarbeiten, um eine Annäherung der Christen, die durch diese Frage entzweit sind, zu bewirken. Aber vorrangig möchte er den Gemeinden, die darum ringen, ihr ganzes Leben mit dem Wort Gottes in Einklang zu bringen, biblische Gründe liefern, um unseren Schwestern in Christus den Platz zu geben, welchen Gott für sie vorgesehen hat.

Dieses Buch ist gewissermaßen das Ergebnis einer Teamarbeit, allein schon deshalb, weil Christen verschiedener Epochen und theologischer Strömungen zusammengearbeitet haben. Es ist gespickt mit Hunderten ihrer Zitate, denen bewußt Raum gegeben wird. Sie sollen zuerst einmal beweisen: Die verschiedenen Ansichten der Christen aller Zeiten zu dieser Frage sind berücksichtigt worden, und dann auch: Die vom Verfasser gezogene Schlußfolgerung entspringt einem breiten Konsens der internationalen evangelikalen Gemeinschaft. Zudem wurde das Manuskript einer Reihe von Personen vorgelegt, die mir Korrekturen und sehr wertvolle Ergänzungen nahegelegt haben. Es ist mir ein besonderes Anliegen, den Herren D. Arnold, J. Blandenier, J. Dubois, M. Lüthi, D. Weber und der Frau N. Sinclair-Kuen für ihre Vorschläge und ihre Ermutigung zu danken.

Kapitel 1

# Fragen zur Vorgehensweise

Der Hintergrund des Problems ist eng mit einer methodischen – oder hermeneutischen – Frage verknüpft. Die „einfache" Methode besteht darin, sich auf zwei oder drei Schriftstellen zu berufen und das ganze Frauenproblem im Licht dieser Stellen oder vielmehr der Interpretation dieser Stellen zu „lösen". Wie wir sehen werden, sind diese Stellen alles andere als „einfach". Die andere Methode besteht darin, die Frage unter dem viel breiteren Blickwinkel des Planes Gottes, der Stellung der Frau im Alten Testament, im Neuen Testament und ganz speziell im Leben und in der Lehre des Apostels Paulus zu untersuchen, da ja alle Bibelstellen, die die Teilnahme der Frauen am Gottesdienst einschränken, sich in seinen Schriften befinden.

## Wie kann man das Problem lösen?

*Die „einfache" Methode*

Schauen wir uns die „einfache" Methode ein wenig näher an! In der Regel nimmt man einen oder zwei Bibelverse aus ihrem Textzusammenhang: „In der Bibel steht: 'Die Frau soll in der Gemeinde schweigen' und an anderer Stelle hat Paulus gesagt: 'Ich erlaube der Frau nicht zu lehren und auch nicht, Autorität über den Mann auszuüben.' Punkt. Das genügt."

Das stimmt, aber sie hat sehr wohl das Recht zu singen. Sie schweigt also nicht wirklich. Ihr wird gestattet, Frauen und Kinder zu unterweisen, manchmal sogar im Rahmen des Gottesdienstes. Wenn eine Missionarin zu Besuch ist, erteilt man ihr das Wort zu einem „Zeugnis" (bei dem sie oft das Lesen einer kommentierten Schriftstelle an den Anfang stellt). Außerdem ist allgemein bekannt, daß sie auf dem Missionsfeld häufig zu einer gemischten Zuhörerschaft spricht, die aus Männern und Frauen zusammengesetzt ist, daß wichtige Arbeitsbereiche unter ihrer Verantwortung stehen, daß sie den Gottesdienst vorbereitet und manchmal dessen Leitung übernimmt.

„Was macht die Predigt einer Frau unannehmbar?" fragt W. Liefeld, „wenn man doch sehr wohl akzeptiert, daß Frauen Bücher schreiben oder auf Tonbändern zu Fragen Stellung nehmen, die etwas mit der Interpretation der Bibel zu tun haben? Weshalb darf eine Frau ein 'Zeugnis geben', aber nicht 'predigen', selbst wenn Zuhörer und Inhalte die gleichen sind?" (87, S. 49). „Welche biblische Begründung kann man für die Unterweisung der Kinder in der Sonntagsschule vorlegen?" fragt M. Radloff. „In den Bibelschulen stellt sich die Frage, ob die Lehrerinnen dort alle Fächer oder nur die nicht-biblischen unterrichten dürfen? Was gehört in diesem Fall zu den nicht-biblischen Fächern? Griechisch? Kirchengeschichte?" (92, S. 31). Wenn ein Katholik uns erklärt, daß er die Heiligen nicht *anbetet*, sondern sie *verehrt*, sagt Radloff (S. 33), dann lächeln wir. Hat er nicht ebenso das Recht zu lächeln, wenn wir sagen, daß wir der Frau nicht erlauben, eine *Predigt* zu halten, sondern nur ein *Zeugnis* zu geben?

Und weiter, hat nicht derselbe Apostel Paulus gesagt, daß die Frau beten und weissagen kann? Wenn es auch zutrifft, daß man in seinem Herzen beten kann, so kann man doch unmöglich schweigend prophezeien. Die Frau kann demnach im Gottesdienst sprechen.

Wendet man diese „einfache" Methode an, so merkt man, daß man die Bedingungen und die Grenzen jeder Aktivität genau eingrenzen und eine Menge von Fragen regeln muß, Fragen wie: Haben Frauen das Recht, ein Duett oder ein Solo zu singen? Hat eine Solistin das Recht, das Lied vorzulesen, bevor sie es singt? Ein Lied vorzulesen, das sie nicht singt – auch dann, wenn dieses Lied von einer Frau geschrieben wurde? Den Text *vorzutragen* statt ihn zu lesen? Also im Gottesdienst frei zu sprechen? An welcher Stelle muß man die Grenze zwischen den verschiedenen mündlichen Beteiligungen festlegen?

Darf sie ein Lied begleiten, ohne der Versammlung dessen Rhythmus aufzuzwingen? – also ohne Autorität über sie auszuüben? Darf sie das Lied eines Frauenchores leiten? Oder einer Versammlung, wenn sie nur aus Frauen und Kindern besteht? Oder wenn dazu ein oder mehrere Jungen von 15 Jahren gehören? Oder von 17-18 Jahren? Und wenn Männer dazukommen, während sie das Lied leitet?

Wie alt dürfen Kinder sein, die sie lehrt, ohne daß sie Autorität über junge Männer ausübt? Wo ist die Grenze zwischen Mission und einem anderen Tätigkeitsbereich? Ist dabei die Hautfarbe entscheidend? Ist eine Pionierarbeit in Frankreich vergleichbar mit einer Missionsarbeit – welche ja unter der Führung einer Frau stattfinden kann? Von welchem Augenblick an ist eine Versammlung kein Missionsauditorium mehr? „Warum sind viele unserer Gemeinden bereit", fragt C. Powells, „ihre theologischen Verbote in der Überseearbeit aufzugeben? Eine Flugreise ändert weder die Natur der Frauen noch die der Männer, denen sie dienen wollen. Und er fügt nicht ohne Ironie hinzu: Ruft Gott vielleicht mehr Frauen als Männer in die Mission, weil er weiß, daß ihre Gaben dort gebraucht werden können, während sie – aus theologischen Gründen – in ihren Ursprungsländern nicht zum Zug kommen?" (92, S. 19; es gibt mehr als 5000 amerikanische Missionarinnen).

Wenn weissagen soviel heißt wie ermahnen, aufrichten, trösten (1Kor 14,3), wo verläuft dann die Grenze zwischen Ermahnung und Lehre? Ist der Inhalt der Botschaft entscheidend, oder der Ort, an dem sie gegeben wird, oder der Ton?

So könnte man diese Fragen ohne Ende aneinanderreihen; denn die „einfache" – oder sagen wir lieber die „zu einfache" – Methode erweist sich als außerordentlich knifflig in ihrer Anwendung. Es war die Methode der Schriftgelehrten und Pharisäer zur Zeit Jesu, wie F. F. Bruce erläutert: „Eine Hauptsorge der Schriftgelehrten und Pharisäer am Anfang des Christentums bestand darin, auf ihre Mitmenschen ein Gesetzbuch anzuwenden, das ursprünglich für ganz andere Lebensumstände gegeben worden war. Zum Beispiel war das Sabbatgebot im Bezugsrahmen einer pastoralen oder ländlichen Lebensform formuliert worden, in der das Wort „Arbeit" eine für alle unmißverständliche Bedeutung hatte. Aber welche Tätigkeitsarten fielen in der viel komplizierteren Welt des 1. Jahrhunderts unter das Arbeitsverbot? Die Schriftgelehrten hielten es für notwendig, den Begriff der Arbeit eindeutig festzulegen, damit sie den Leuten in dieser Frage klare Anleitung geben konnten; in einer ihrer Schulen hat man daher zwischen 39 Arbeitskategorien unterschieden, die alle am Sabbat untersagt waren" (87, S. 7).

Die „einfache Methode" führt folglich zu einer komplizierten Fallunterscheidung, ganz im Gegensatz zum Geist des Evangeliums. Es ist hinzuzufügen, daß es in Anbetracht dieser komplizierten Fallunterscheidung nicht einmal den Pharisäern gelang, sie zu respektieren, und daß sie alle möglichen Entschuldigungen fanden; deshalb warf ihnen Jesus eine heuchlerische Einstellung vor.

*Die Methode Jesu*

F. F. Bruce fährt fort: „Das war die eine Art, das Problem der kulturellen Relativität zu lösen; die Art Jesu war anders. Er zog es vor, auf den ursprünglichen Willen Gottes zurückzugehen: Jede Handlung, die im Einklang mit dem ursprünglichen Ziel des Gebotes war, erfüllte es; eine Handlung, die der Verwirklichung dieses Ziels entgegenstand, verletzte es. Aber er ging nicht dazu über, genaue Regelungen aufzustellen; die Leute sollten selbst entscheiden, was dem ursprünglichen Ziel förderlich war und was ihm entgegenwirkte" (82, S. 7). Diese Methode, den Willen Gottes in einer vorgegebenen Situation zu finden, ist wahrhaftig nicht einfach. Es reicht nicht, einen oder zwei Verse anzuführen, um die Frage zu entscheiden. Aber es ist eine bessere Methode, weil sie die Methode Jesu ist (vorausgesetzt, man gleitet nicht ab in eine „Situationsethik", in der man die biblischen Maßstäbe seiner eigenen Situation anpaßt).[3]

---

[3] „Der Friede im Kampf der Geschlechter gelingt nicht durch Berufung auf diesen oder jenen Text. Wir müssen die Exegese der ganzen Bibel ausarbeiten und die Antwort in der biblischen Theologie finden und letztlich in der Anbetung" (R. P. Stevens 92, S. 22). „Die Bibel ist ein Ganzes", sagt D. Bergèse, „und indem man dieses 'Ganze' liest, kann man das

Bei der Frage, die uns beschäftigt, müssen wir demnach vom ursprünglichen Plan Gottes ausgehen und sehen, wie sich der Sündenfall auf ihn ausgewirkt hat, welche Haltung Jesus zu den Bräuchen seiner Zeit einnahm und welche Einstellung der Apostel Paulus dazu hatte.

Die Frage nach der Teilnahme der Frauen am Gemeindeleben führt uns daher zu einem ausgedehnteren Studium als nur zur Exegese einiger Verse; aber der Aufwand, dafür einige Zeit zu opfern, lohnt sich, handelt es sich doch um eine Frage, die mehr als andere trennend und spaltend unter evangelikalen Christen wirkt.

## Feministische Hermeneutik und evangelikale Bibelauslegung

David M. Scholer, der der Frage nach dem Dienst der Frau in der Gemeinde 22 Jahre gewidmet hat, teilt uns in einem Artikel, der unter dem Titel „Feminist Hermeneutics and Evangelical Biblical Interpretation" im *Journal of the Evangelical Theological Society*[4] erschienen ist, eine Anzahl von Feststellungen mit:

„Es ist mir klar geworden", schreibt er, „daß gewisse traditionelle exegetische Fragen, etwa nach der Bedeutung des griechischen Wortes *kephalè*, oder nach dem genauen Hintergrund von 1Kor 11,2-16, oder danach, ob 1Kor 14,34f. eine Interpolation ist, nicht die tiefgründigsten Fragen sind, mit denen ich als Glaubender konfrontiert bin. Mir scheint eher, daß die hermeneutischen Fragen die am tiefsten gehenden Fragen sind", näm-

---

Wort Gottes hören, das wir heute nötig haben" (5/93, S. 7). Das Dokument *Chrischona 93* sagt genauso: „Eine biblisch begründete Beantwortung unserer Frage nach dem Dienst der Frau wird sich nicht auf eine isolierte Befragung der Stellen 1Kor 14,34 und 1Tim 2,11f beschränken dürfen, sondern wird sie in einen größeren biblisch-theologischen Zusammenhang stellen" müssen (S. 5). Claudette Marquet sagt: „Nach meinem Verständnis ist die einzige gute Frage oder wenigstens die einzige Frage, die der biblische Text wahrscheinlich beantworten kann, die folgende: Welchen rechtlichen Status gibt er der Frau? Man verfälscht die Schrift, wenn man sie nicht als Ganzes nimmt" (84, S. 149).

[4] *JETS* Dez. 1987, nachgedruckt in *ERT* Okt. 91, S. 305-320.

lich welchen Sinn beide Parteien den Schriftstellen geben, die sich auf die Frau beziehen. Er spricht in diesem Zusammenhang vom „evangelikalen Mythos der Hermeneutik und der objektiven Interpretation". Niemand ist wirklich objektiv, denn jeder geht an den Text mit einem Erbe von Traditionen heran, die er durchweg für biblisch und exegetisch begründbar hält. „Wir haben zu häufig geleugnet, daß unsere Erfahrung sehr eng verwoben ist mit unserer Art, den Text zu verstehen" (S. 311).

Deshalb muß man unterscheiden zwischen dem, was für uns als Autorität gilt (der inspirierte Text) und dem, was wir für unser Verhalten als maßgeblich anerkennen. D. Scholer gibt als Beispiel für diesen Unterschied die fünf Stellen aus den Briefen, die uns auffordern, uns gegenseitig mit einem heiligen Kuß zu grüßen und die – wenigstens in vielen Ländern – als mit einer vergangenen Kultur verknüpft und als nicht normativ für uns angesehen werden. Man könnte die Bibeltexte hinzufügen, die anordnen, sich gegenseitig die Füße zu waschen (Joh 13,14f), nur ein Unterkleid zu besitzen (Lk 3,11; Mt 10,10), sein Gespräch auf „ja, ja, nein, nein" zu beschränken (Mt 5,37), niemanden auf dem Weg zu grüßen (Lk 10,4), sich nicht mit Haarflechten, Gold oder Perlen zu schmücken, und viele andere. „Die Bibelstellen, die Autorität ausüben, bedürfen der Auslegung ... Die Behauptung, daß die Autorität im Text selbst liegt, ist eine sinnlose Abstraktion; denn das, was dem Text erst seine wirkliche Bedeutung gibt, ist sein Niederschlag in der Erfahrung und der Lebenspraxis der Bibelausleger, handele es sich dabei um einzelne Personen, um Glaubensgemeinschaften oder um kirchliche oder theologische Traditionen" (S. 213).

Werden wir in der Lage sein, wenn wir diese Untersuchung in Angriff nehmen, genügend Abstand von unserem kulturellen, kirchlichen und theologischen Hintergrund zu gewinnen, um die verschiedenen beiderseitigen Argumente objektiv zu prüfen, ohne uns gleich in den Sattel der Schlachtrosse zu schwingen, die wir im Lauf unserer christlichen Erfahrung zugeritten und angeschirrt – oder die andere für uns mit allem Nötigen ausgerüstet haben?

Anderseits müssen wir uns vor Augen halten, daß auch die menschlichen Verfasser, die die biblischen Texte unter der göttlichen Inspiration geschrieben haben, in einem gesellschaftlichen und kulturellen Umfeld gelebt haben. Das ist einer der Gründe, weshalb sie mit verschiedenem Wortschatz und verschiedenen Formulierungen geschrieben haben.

„Die Bibel", stellt D. M. Scholer fest, „wurde in vorgegebenen kulturellen, geschichtlichen und gesellschaftlichen Lebenszusammenhängen hervorgebracht, und jedes Dokument in der Heiligen Schrift wurde durch diesen Bezugsrahmen beeinflußt und geformt. So ist die Wirklichkeit der göttlichen Offenbarung ... Die kulturellen Faktoren schmälern die Autorität der Bibel nicht im geringsten. Sie zu erkennen, ist nichts anderes als das zu erkennen, was uns vorliegt. Kulturelle Gegebenheiten sind zugleich in uns und in den Texten, die wir auslegen" (S. 312f).

Ohne diese Erkenntnis gibt es keine gültige Schriftauslegung. Der Brief an die Korinther, zum Beispiel, ist in einem historischen, gesellschaftlichen und kulturellen Bezugsrahmen entstanden, der von dem unsrigen verschieden ist und den wir kennen müssen, wenn wir diesen Brief verstehen wollen: Die Griechen dort vertraten eine Lebenseinstellung, die mit der unsrigen kaum Berührungspunkte hat (1,17-31); die herrschende Unmoral und die Blutschande waren in die Gemeinde eingedrungen (5,1-13): Ausschweifende Christen gaben vor, ihnen sei alles erlaubt (6,12), und besuchten regelmäßig Kultprostituierte heidnischer Tempel (6,15); Sklaven fragten sich, ob sie Gelegenheiten ergreifen sollten, freizukommen (7,20-22); manche Gemeindeglieder lebten zusammen als „geistlich Verlobte" (7,36-38); die Christen wurden von ihren heidnischen Freunden zu Festessen in Götzentempeln eingeladen (8,1-13) usw. Die Hinweise und Empfehlungen, die Paulus den Korinthern gibt, sind durch diese kulturellen und gesellschaftlichen Zusammenhänge bedingt und auf andere kulturelle und gesellschaftliche Situationen nur anwendbar durch einen Transfer der Denkweise, die ihnen zugrunde liegt. So ist es auch mit den Kapiteln 11-14, die Empfehlungen zum Thema „Einstellung und Verhalten der Frauen" enthalten, und mit anderen Texten, die wir betrachten müssen. Wir können sie nicht so nehmen, wie sie sind, ohne den Bezugsrahmen zu berücksichtigen, in dem sie angewandt wurden. Das ist der Grund, weshalb wir uns außerhalb der Kirchengeschichte mit dem Leben in

Griechenland – besonders dem religiösen Leben der Frauen im 1. Jahrhundert – beschäftigen müssen.

D. Scholer erinnert auch an zwei fundamentale Auslegungsregeln:

*1. Unverständliche Texte müssen im Licht von verständlichen Texten ausgelegt werden.*

Jede Partei wählt den „verständlichen Text", in dessen Licht sie die übrigen Texte auslegt, aber „in dem Wort, welches wir als Autorität anerkennen, gibt es nichts, was uns sagt, mit welchem Text zu beginnen ist". Für die Anhänger des Schweigens der Frau ist 1Kor 14,34 der „verständliche Text": „Eure Frauen sollen in den Gemeinden schweigen". Diejenigen, welche eine gewisse Redebeteiligung zulassen, sehen die verschiedenen Texte im Lichte von 1Tim 2,12: „Ich erlaube aber einer Frau nicht, zu lehren". Die Feministen betrachten die ganze Frage im Licht von Gal 3,28: „da ist nicht Mann und Frau, denn ihr alle seid einer in Christus Jesus." Welcher dieser Texte ist der verständlichste? Wir werden Gelegenheit haben, auf diese Frage zurückzukommen, wenn wir diese drei Stellen einer genaueren Prüfung unterziehen.

C. Powell beklagt sich: „In der Debatte über die Frauen sind es gerade die unverständlichen Texte, die man bei den traditionellen Argumenten als maßgebend gebraucht, um den Frauen zu verbieten, die Männer zu lehren. Selten werden unzweideutige Texte angeführt wie Kol 3,16, welcher besagt, daß die Lehre die Verantwortung aller Gläubigen ist" (92, S. 17).

*2. Die Untersuchung einer Frage muß durch die Prüfung aller Stellen erfolgen, in denen davon die Rede ist.*

„Indes", sagt D. Scholer, „hat man sich oft in der Geschichte der evangelikalen Bewegung einzig und allein mit 1Tim 2 auseinandergesetzt; Jesus und die Frauen, die Frauen in Röm 16 und Phil 4, Gal 3,28 wurden ausgeklammert oder ignoriert ... Man muß auch angemessenen Gebrauch von anderen Texten desselben Dokuments machen." Stattdessen untersucht man zum Beispiel 1Tim 2,12 ohne den Abschnitt 5,3-16 zu erwähnen, der demselben Brief angehört.

F. de Coninck macht eine andere wichtige Bemerkung: „Es erscheint nicht vertretbar, Sätze anzuwenden, ohne ihre Logik zu verstehen und ohne die Rolle zu begreifen, die sie im Gesamtzusammenhang des Heils einnehmen, das uns Gott in Jesus Christus bereiten will. Jesus hat seinen Jüngern gesagt: 'Ich nenne euch nicht mehr Sklaven, denn der Sklave weiß nicht, was sein Herr tut, euch aber habe ich Freunde genannt'. Der Sklave gehorcht, ohne zu verstehen. Der Freund dagegen beteiligt sich an einem Vorhaben. Ein Beispiel: der Sabbat. Die Pharisäer gehorchten, ohne sich um Verständnis zu bemühen ... Jesus seinerseits gehorchte auf eine ganz andere Art, weil er den Willen seines Vaters nachvollziehen konnte, jenen Willen, der auch dem Sabbatgebot zugrunde lag: *Der Sabbat ist für den Menschen gemacht und nicht der Mensch für den Sabbat*. Jesus hatte einen Schlüssel zum Verständnis, der wichtiger war als das Gebot selbst; daher war er in der Lage, die Absicht des Gebotes zu verstehen und es sachgemäß anzuwenden, nämlich in der Perspektive des Heils für den Menschen" (zitiert nach D. Bergèse 6/93, S. 9).

Diese Befürworter eines Dienstes der Frau bestehen daher darauf, „daß wir das Werk Gottes zum Heil des Menschen umfassend verstehen und das Gesamtkonzept im Blick haben, statt uns an Rechtsvorschriften zu halten, ohne sie zu verstehen" (D. Bergèse, 6/93, S. 9).

Wir werden uns darum bemühen, die verschiedenen Bemerkungen im Auge zu behalten und wollen uns, soweit es machbar ist, davor hüten, in die genannten Fallen zu geraten.

Wir beginnen daher damit, die Frage nach dem Platz der Frau in den biblischen Gesamtzusammenhang (A.T., Evangelien, Briefe) zu stellen, bevor wir die kontroversen Bibelabschnitte zur aktiven Beteiligung der Frauen am Gemeindeleben im einzelnen untersuchen.

Kapitel 2

# Die Frau im Alten Testament

## Der Plan Gottes

*Der Mann und die Frau: gleich und doch verschieden*

„Was der Schöpfungsbericht eigentlich lehrt, ist folgendes: Als Gott den Menschen (Adam) in seinem eigenen Bild erschuf, erschuf er ihn als Mann und als Frau (1Mo 1,27). In diesem Bericht geht es nicht um die Frage nach der Reihenfolge, in der die beiden erschaffen wurden, und noch weniger um eine Rangordnung. Im Bericht von 1Mo 2 wird die Frau zeitlich nach dem Mann geformt, um eine 'Hilfe zu sein, die ihm entspricht' ... Die Erschaffung des Mannes vor der Frau bedeutet in dieser Geschichte keine Vorrangstellung: Jedes Argument, das für diesen Schluß ins Feld geführt wird, ließe sich durch das entgegengesetzte Argument widerlegen, daß das, was zuletzt gemacht wird, den krönenden Abschluß eines Werkes darstellt – aber beide Argumente zielen daneben" (F. F. Bruce, 82, S. 8). Wir kommen im 11. Kapitel auf diese Frage zurück, insbesondere auf die Folgerung, die Paulus aus der Tatsache zieht, daß Adam zuerst geschaffen wurde (1Tim 2,13).

„Die Hauptabsicht Gottes besteht darin, sie miteinander zu erschaffen, ähnlich und andersartig, vollständig, aber nur in der Ergänzung des einen durch den anderen, und ihre Zweiheit ist Ausdruck ihrer ursprünglichen grundsätzlichen Einheit" (A. Maillot, 89, S. 41f). Für Maillot wird der Unterschied zwischen 1Mo 1 und 1Mo 2 wiedergegeben durch die Formeln 1 = 1+1 und 1+1 = 1. „Weil alle beide, der Mann und die Frau, im selben Augenblick aus der Hand des Schöpfers hervorgehen und weil beide auf dieselbe Art und Weise nach dem Bild Gottes geschaffen wurden, hat die Verschiedenheit der Geschlechter keinen ausschlaggebenden Einfluß auf ihre Stellung vor Gott" (W. Eichrodt, Theologie des AT, 1967, S. 126). „Die Ebenbürtigkeit der Geschlechter geht auf die Schöpfung zurück; sie wurde durch den Sündenfall entstellt, jedoch durch die Erlösung erneuert, die die Schäden des Sündenfalls behebt und den Schöpfungszustand wiederherstellt" (J. Stott, 89, S. 143). 1Mo 1 lehrt die Gleichstellung der Geschlechter, 1Mo 2 ihre gegenseitige Ergänzung. Man darf allerdings Gleichstellung nicht mit Wesensgleichheit verwechseln. „*Gleichwertigkeit* bedeutet nicht völlige *Rollengleichheit*" (J. Yoder, 84, S. 162).

In der Schöpfungsordnung sind Mann und Frau gleichberechtigt, aber doch verschieden. Die Frau wurde dem Mann zur Seite gestellt als „Hilfe, die ihm entspricht", wörtlich: als sein Gegenüber („als sein Partner" *BFC*). Der Mensch sollte „sich vermehren, die Erde füllen und sie sich untertan machen". Das konnte er nicht allein schaffen. Deshalb gab Gott ihm eine *Hilfe*.

„Die Unterschiedlichkeit von Mann und Frau ist eine Grundgegebenheit des biblischen Menschenbildes. Die Bibel kennt nicht das griechische Ideal des geschlechtslosen Menschen (des *Androgyn* im platonischen Mythos). Die *Verschiedenheit* der Geschlechter (das ist die ursprüngliche Bedeutung des Wortes Sexualität) ist im Einklang mit dem Willen Gottes: Jeder Mensch ist von Anfang an und ganz entweder Mann oder Frau. Deshalb können sie die Erfüllung ihres Lebens auch nicht unter Mißachtung von ihrer Geschlechtlichkeit, sondern immer nur als Mann oder als Frau finden, entsprechend ihrer von der Schöpfung her vorgegebenen Struktur und Begabung" (*Chrischona 93*, S. 6).

„Männer und Frauen ergänzen sich gegenseitig. Sie nehmen verschiedene, nicht austauschbare Plätze ein" (C. Vilain, 75, S. 16). „Von Anfang an beinhaltete die gegenseitige Ergänzung der Geschlechter die Rolle des 'Hauptes', die dem Mann zugewiesen wurde, wie Paulus unterstreicht, aber infolge des Sündenfalls entartete diese Rolle zur 'Herrschaft' (1Mo 3,16)" (J. Stott, 89, S. 139). Weil der Mann das „Haupt" ist, „wird nach dem Sündenfall zunächst der Mann auf seine Verantwortung für das ganze Geschehen angesprochen (1Mo 3,9) und ihm sein Gehorsam gegenüber dem Wort der Frau zum Vorwurf gemacht (3,17). Im Strafwort an die Frau wird ihr gesagt, daß der Mann ihr Herr sein solle (3,16). Das ist so wenig etwas schlechthin Neues wie das zuvor erwähnte Kindergebären, aber jetzt soll diese Herrschaft, wie auch beim Kindergebären, mit Leiden verbunden sein" (*Chrischona 93*, S. 6).

Doch diese Verschiedenheit, die dem Mann eine Autoritätsstellung gibt, ist eine Sache der *Ordnung*, nicht der *Prinzipien*. „Die Autorität eines Prinzips", sagt H. Blocher, „wird auf unnachgiebige Art ausgeübt, die einer Ordnung erkennt man an ihrer Flexibilität. Die Unterwerfung unter eine Ordnung läßt einen gewissen Spielraum zu, Nuancen, Anpassungen an besondere Situationen, Ausnahmen ..." (Blocher, *Der Dienst der Frau*, unveröffentlichtes Manuskript, 1960, S. 4). Das Vorliegen von Ausnahmefällen in den biblischen Berichten zeigt aber, daß wir es hier mit einer Ordnung zu tun haben. An anderer Stelle spricht H. Blocher vom Unterschied zwischen Gesetzen und Regeln (die durch Ausnahmen bestätigt werden), zwischen *moralischen Gesetzen* (die unantastbar sind) und *Naturgesetzen* (die Gott nach Belieben übertreten kann, zum Beispiel durch Wunder). Das ist die Erklärung dafür, daß Gott schon im Alten Bund bisweilen Frauen mit einer Autorität versehen hat, die unter normalen Umständen dem Mann zukommt, und auch dafür, daß diese Ordnung noch im Neuen Bund Ausnahmen zuläßt.

Erst nach dem Sündenfall begegnen wir der ersten Erwähnung der Herrschaft eines Geschlechtes über das andere. „Die Unterdrückung der Frau ist ein Symptom für die gefallene Natur des Menschen" (F. F. Bruce, a.a.O., S. 9). „Der Sündenfall macht aus den ursprünglichen Formeln die Beziehung $1 + 1 = 2$ und noch ein bißchen mehr" (Maillot, S. 71).

| Die Anfangs-<br>ordnung mit der<br>Reihenfolge | 1) Gott<br>2) Adam und Eva<br>3) die Natur | wird zu | 1) Gott<br>2) die Natur<br>3) Adam<br>4) Eva |
|---|---|---|---|

Man sollte daher „in die Schöpfungsordnung nicht einbeziehen, was der Ordnung des Sündenfalls unterliegt" (Bilezikian, 85, S. 41, 58; 92 S. 26).

## *Die Frau: eine Hilfe für den Mann*

Das mit „Hilfe" übersetzte Wort wird, wenn es sich um eine Person handelt, im A.T. nur auf Gott bezogen, mit Ausnahme von 1Mo 2,18.20 (laut dem Hebräischen und Aramäischen Wörterbuch von Gesenius-Buhl, Berlin-Göttingen-Heidelberg 1962). „Die Tatsache, daß Eva geschaffen wurde, um eine *Hilfe* für den Mann zu sein, wird nicht geltend gemacht, um darauf ihre Minderwertigkeit zu gründen, weil man erkannt hat, daß dasselbe Wort auf Gott in seiner Beziehung zu Israel angewandt wird" (C. Powell, 92, S. 16). In Wirklichkeit bedeutet das gewählte Wort weder Minderwertigkeit noch Unterordnung, da es durchweg auf Gott angewandt wird, wenn er seinem Volk zu Hilfe kommt (1Mo 18,4; 5Mo 33,7.26.29; Ps 33,20) – während die vier weiteren hebräischen Worte für „Hilfe" die Vorstellung einer Unterordnung einschließen (Bilezikian, 85, S. 28, 217; 92, S. 14; Hurley, 81, S. 209). Wenn Gott sich zur „Hilfe" des Menschen macht, dann nicht, um ihm „unter die Arme zu greifen", damit er seine Pläne besser verwirklichen kann. Er befreit ihn (2Mo 18,4), er macht seine Hände stark gegen seine Feinde (5Mo 33,7), er rettet ihn (V. 27.29) und er schützt ihn wie ein Schild (Ps 33,20). All diese Stellen verwenden in Bezug auf Gott das Wort *Ezer*, das 1Mo 2,18 im Zusammenhang mit der Frau gebraucht. Gott ist unsere Hilfe darin, daß er uns inspiriert, uns Rat gibt, uns gestaltet, indem er unsere Ansichten korrigiert und alle Schattierungen unserer Persönlichkeit weiterentwickelt! Die Frau kann in gleicher Weise Hilfe sein. Sie ist dem Mann nicht als untergebene „Stellvertreterin" gegeben, die ihn vervollständigt, indem sie als kleine Ergänzung ihr „Körnchen" dazugibt, sondern als sein Gegenüber, also auf gleicher Ebene, als seine Teilhaberin mit gleich großem Anteil, die ihm entspricht und gleichwohl grundverschieden ist. Sie kann Hilfe und Gegenüber sein in allen Bereichen des Lebens und des Dienstes.

Nun sind für den, der für die Gemeinde verantwortlich ist, Lehre und Gemeindeleitung zwei besonders wichtige Bereiche, in denen ihm seine Frau eine Hilfe von unschätzbarem Wert bieten kann. Könnte das der Grund dafür sein, daß der Apostel Paulus es als Normalfall ansieht, daß die Gemeindeleiter und ihre Mitarbeiter verheiratet sind (1Tim 3,2.12)? Die Frau kann gerade in diesen Bereichen auf sehr passende Art den Mann *vervollständigen*, indem sie mit der Intuition, die ihrer Natur entspricht, die jeweilige Situation erfaßt und seiner Lehre und seiner Art, die Gemeindeleitung auszuüben, die Reaktion des weiblichen – und das heißt oft: des bedeutenderen – Teils der Zuhörer oder der Gemeinschaft nahebringt.

Wie sehr bin ich persönlich meiner Frau zu Dank verpflichtet, die durch ihre klugen und treffenden Bemerkungen mir sehr oft Gelegenheit gab, die „Stoßrichtung" einer Botschaft oder eines Schreibens zu korrigieren. Ich konnte mit ihr die delikaten Angelegenheiten besprechen, die eine Entscheidung durch den Ältestenrat erforderten, und mich dabei auf ihre Verschwiegenheit verlassen sowie auf ihren absoluten Verzicht darauf, Autorität in der Gemeinde auszuüben. Eine solche *Hilfe* hat nichts mit „Autorität über den Mann ausüben" zu tun; denn sie ließ mir stets die letzte Entscheidung in der Formulierung der Lehraussagen sowie in allem, was die Gemeindeführung betraf.

In wie vielen Fällen, in denen der Mann seine Autorität mit Vehemenz bekundet, ist es dagegen in Wirklichkeit die Frau, die durch ihre Einflußnahme und ihren psychologischen Druck die Herrschaftszügel in Händen hält – im Haus und auch in der Gemeinde.

„Ist etwa die Frau, die als „Hilfe von Angesicht zu Angesicht" geschaffen wurde, im Laufe der Zeit und infolge der Härte unserer Herzen zu einer 'Hilfe auf untergeordnetem Niveau' geworden?" (C. Baecher 92, S. 12).

## Die Frau im Alten Testament

Ein schneller Überblick über das A.T. erlaubt die Feststellung, daß die Frau auf religiösem Gebiet eine deutlich weniger wichtige, aber nicht zu vernachlässigende Rolle gespielt hat, jedenfalls eine größere Rolle, als ihr so manche evangelikale Gemeinde zugesteht.

G. Bilezikian spricht vom „Kompromiß des alten Bundes": „Einerseits sind die Auswirkungen des Sündenfalls beim Volk des alten Bundes sichtbar ..., andererseits läßt das Erlösungsprogramm Gottes in seinem Leben und Wirken viele positive Züge in Erscheinung treten, die den Weg für das Kommen des Erlösers und für die Wiederherstellung des ursprünglichen Schöpfungsplanes vorbereiten" (85, S. 60; 92, S. 46). „Aus göttlichem Erbarmen und im Vorgriff auf die neue Schöpfung wurde das Wort Gottes auf durch die Sünde geprägte Bedingungen angewandt (Polygamie, Patriarchat, Ehebruch usw.), und zwar nicht mit dem Ziel, derartige Übel zu beheben oder sie zu billigen, sondern um ihrer zerstörerischen Kraft, der unausweichlichen Folge des Sündenfalls, Schranken zu setzen" (85, S. 61; 92, S. 47). Die positive Seite, der Vorgeschmack auf den Neuen Bund, wird an Ausnahmefällen augenfällig, in denen der Frau im religiösen, bürgerlichen oder Familienleben eine Autoritätsstellung eingeräumt wird.

*Einige bemerkenswerte Frauen im Alten Testament*

Deshalb erwähnt das A.T. folgende Frauen und billigt ihr Verhalten:

*Sara,* die „über eine sehr große (überkommene oder erworbene?) Freiheit verfügt zu haben scheint, die ihr im Streit mit Hagar erlaubte, bei Abraham, ja sogar bei Gott selbst, ihren Willen durchzusetzen (1Mo 21,10-13)" (A. Maillot, 89, S. 89).

*Mirjam,* die „Prophetin" (2Mo 15,20) leitet den Gesang, den sie selbst komponiert hat (2Mo 15,21). In Mi 6,4 sagt Gott zu Israel: „Ich habe Mose, Aaron und Mirjam vor dir hergeschickt." Nach dem *International Critical Commentary* „erhalten Aaron und Mirjam hier neben Moses eine herausgehobene Stellung als Mitführer" (*Micha,* S. 121). Calvin schien derselben Ansicht zu sein.

*Debora* „stellt das Recht wieder her, vermittelt zwischen den Stämmen (Ri 4,4-6), übermittelt die Ordnung Jahwes und verhält sich anschließend wie eine ausgemachte Kriegsfrau (4,7-8)" (A. Maillot, 89, S. 94). Sie war 40 Jahre lang „Richterin" in Israel, d.h. politische Führerin und „Prophetin". „Im biblischen Text deutet nichts ausdrücklich darauf hin, daß die Übernahme dieses Amtes durch eine Frau in Israel als problematisch empfunden wurde, etwa als nur durch Not aufgezwungene Ausnahme. Faktisch allerdings handelte es sich doch offensichtlich um einen einmaligen Fall" (*Chrischona 93*, S. 8). „Sie hat durch ihr Wort und ihre Aufgabe eine doppelte Autorität. Sie ist für die, die den pastoralen Dienst der Frau ablehnen, zweifellos die problematischste Persönlichkeit, ihre Autorität ist unbestritten und ihre Person wurde darüber hinaus vom HERRN erwählt und bestätigt (vgl. 2,16 und 5,31)" (D. Bergèse, 6/93 S. 8). R. Tucker und W. Liefeld weisen darauf hin, daß Debora „Israel regierte", schon bevor sie die israelitischen Truppen zu einem glänzenden Sieg führte und bevor Barak sich weigerte, das Kommando zu übernehmen (87, S. 20).

D. Arnold erklärt den außergewöhnlichen Charakter aus der Rolle der Debora: „Eine Frau als Richterin. Das ist wirklich erstaunlich. Sie ist die einzige Frau in der Heiligen Schrift, die politischer Führer war." Kein Zweifel ist erlaubt. Debora ist frei von jedem Tadel. Im Gegensatz zu militanten Vertretern einer feministischen Bewegung gibt es bei der Frau von Lappidoth keinen Streit um Rollenverteilungen. Sie ist Kopf der Nation und sucht doch keine persönliche Ehre. Vor einem entscheidenden und von Gott zugesagten Sieg (Gott steht von neuem auf der Seite Israels) zieht sie es vor, sich zurückzunehmen und einen Mann (Barak) damit zu beauftragen, die Befehlsgewalt über das Heer zu übernehmen, wohl wissend, daß die Ehre dem Sieger zuteil wird. Kein Machtstreben, einfach und allein ein leeres Gefäß, bereit, eine begrenzte Zeit lang gefüllt zu werden, denn in jedem Augenblick ist sie bereit, in den Hintergrund zu treten.

„Über ihr Bemühen hinaus, die Fackel an Barak weiterzugeben, hebt der Verfasser die demütige Gesinnung der Richterin auf zwei Arten hervor. Die Frau Lappidoths 'hatte ihren Sitz unter einer Palme' (Ri 4,5). Will der Verfasser, indem er darauf anspielt, daß Debora ihr Richteramt nicht *unbedeckt* ausübt, die Unterordnung dieser Frau Gott gegenüber symbolisieren? Und weiter widmet der Verfasser der Debora nur wenig Raum, so z.B. um das freiwillige Zurücktreten dieser Frau bewußt zu machen. Im Gegensatz zu Ehud, auf den sich alle Blicke richten, handelt Debora hinter den Kulissen, und wenn sie zu einem öffentlichen Auftritt gezwungen ist, dann ist es nur blitzartig, übrigens im Lichte jenes unvorhergesehenen Gewitters (Ri 5,4.21), das auf das Schlachtfeld niederging" *(Promesses* 1992/93, Nr. 101, S. 25f).

Der Lobgesang *Hannas* wurde auch für wert befunden, in die Heilige Schrift aufgenommen zu werden (1Sam 2,1-10).

*Hulda,* „Prophetin" (2Kö 22,14) zur Zeit des Josia, wurde vom König und vom Priester nach den Konsequenzen für die Nichtbeachtung des Gesetzbuches befragt, welches man gerade wiedergefunden hatte (2Kö 22,14-20). Ihre Botschaft hat das gesamte Leben der Nation positiv beeinflußt (2Kö 23,1-15). Hat Gott wohl durch eine Frau gesprochen, weil es keinen Mann gab, den man befragen konnte? Nein, denn Hulda lebte zeitgleich mit Jeremia und Zephanja. Dieses Argument – es wird oft angeführt –, daß Gott sich mit einer Frau „zufrieden geben" mußte, weil es keine gleichwertigen Männer gab, wird durch das Beispiel von Frauen widerlegt, die Gott zu einer leitenden Aufgabe berief (Mirjam an Moses Seite, Debora neben Barak, Hulda). „Wie kann man verstehen, daß derselbe Gott, der Debora aufgerufen hat, Israel zu retten, derselbe Gott, der durch den Mund der Hulda gesprochen hat, zu späterer Zeit den Frauen jede leitende Rolle in der Gemeinde untersagt, indem er ihnen sogar das Wort verbietet?" (D. Bergèse, 6/93, S. 8).

Die rabbinische Tradition zählt außerdem noch Abigail und Esther neben Sara und Hanna zu den Prophetinnen.

Nach Untersuchung der Rolle, die Prophetinnen wie Mirjam, Debora, Hanna und Hulda unter dem Alten Bund gespielt haben, stellt R. Shallis die Frage: „Ist es vorstellbar, daß Jesus Christus die Frau unter das Niveau erniedrigt, das sie in der Gemeinde Israels einnahm? Wenn das Gesetz vom Sinai ihr das Vorrecht zugesteht, zu beten und mit lauter Stimme vor dem Hohenpriester, vor dem König und seinen Ratgebern, vor dem ganzen Volk Gottes und sogar wie Mirjam vor Mose persönlich zu prophezeien, wie kann man dann behaupten, daß das Neue Testament ihr dieses Recht ... und diese Pflicht entzieht? Ist denn die Offenbarung der Wege Gottes, die uns Christus bringt, ein Rückschritt gegenüber derjenigen, die uns Mose gebracht hat?" (90, S. 98f).

Zu bestimmten Zeitpunkten seiner Geschichte gewährte das Volk Gottes den Frauen eine große Handlungsfreiheit.

„Die Frau, von der im Buch der Sprüche (31,10-31) die Rede ist, erbringt sozusagen die Aufgaben eines Firmenchefs" (C. Baecher, 92, S. 6).

*Wie sah die Teilnahme der Frauen am Gottesdienst aus?*

„Zur Zeit des A.T.", sagt O. Rogers, „erfreuten sich die Frauen im Gottesdienst derselben Rechte wie die Männer. Viele von ihnen sangen im Tempel (1Chr 25,5f; Neh 7,67); sie dienten in der Stiftshütte (Zelt der Begegnung), dasselbe Wort *sâbâ* wird für ihre Arbeit und für die der Leviten verwendet (2Mo 38,8; 1Sam 2,2)" (82, S. 59). Andererseits „hat sich Israel von der Mehrzahl der Nachbarvölker durch den Umstand unterschieden, daß das Amt des Priesters in Israel konsequent dem Mann vorbehalten war. Bei den meisten anderen Völkern der Antike waren Priesterinnen weithin selbstverständlich (was möglicherweise damit zusammenhängt, daß es in diesen Völkern neben männlichen auch weibliche Gottheiten gab). Dabei bestand das Priesteramt in Israel nicht nur im Opferdienst, der im neuen Bund ja überholt ist, sondern auch in autoritativer Gesetzesauslegung (4Mo 10,11; Mal 2,7)" (*Chrischona 93*, S. 8-9).

„Nach dem babylonischen Exil kam es dazu, daß die Rechte der Frau im religiösen und im öffentlichen Leben beträchtlich eingeschränkt wurden" (E. Scholz, 79, S. 47). Das zeigte sich schon in den Apokryphen wie z.B. dem Buch Jesus Sirach, in dem es heißt: „Mit einer Frau hat die Sünde angefangen, ihretwegen müssen wir alle sterben" (Sirach 25,24, während der Apostel Paulus die Verantwortung für den Sündenfall auf Adam legt: Röm 5,12). „Wenn sie dir nicht auf Wort und Wink folgt, dann schicke sie weg" (Sirach 25,26). Das Mißverhältnis zwischen Mann und Frau ist markant: „Eine Frau muß jeden Mann nehmen, der sie heiraten will" (36,26). „Selbst die Schlechtigkeit eines Mannes ist immer noch besser als die Güte einer Frau" (42,14).

Es ist unverkennbar, daß „während der Jahrhunderte vor dem Kommen Christi die Frau wenig anerkannt war" (Tucker/Liefeld, S. 43).

Kapitel 3

# Die Frau in der griechisch-römischen Welt

Wie stellte sich die Situation in Griechenland und in Rom dar? Wir können diese Frage nicht zur Seite schieben, „denn es ist nicht mehr möglich, Palästina von den hellenistischen Einflüssen abzukoppeln" (G. R. Osborne, 89, S. 259). Das gilt vor allem für Galiläa, dessen heidnischer Bevölkerungsteil den der übrigen jüdischen Territorien übertraf. Und dort ist Jesus groß geworden. „Die Haltung Jesu gegenüber den Frauen muß innerhalb des weiteren Rahmens der jüdischen und griechisch-römischen Empfindungen gesehen werden" (ebd.).

## Die Frau im öffentlichen Leben

In der griechischen Welt hat man die Frau kaum gewürdigt. „In Griechenland spielte die Frau eine doppelte Rolle: gesunden Söhnen das Leben zu schenken (als Ehefrau) und Mittel zum Vergnügen zu werden (als Kurtisane). Da es keine moralischen Regeln gab, waren die Männer in alle möglichen sexuellen Perversionen verstrickt" (G. R. Osborne, 89, S. 263).

„Die Frau wurde praktisch wie eine Sklavin an ihren Ehemann verkauft, wobei sie jedoch eine teilweise Kontrolle über ihre Mitgift beibehielt. Sie hatte im allgemeinen keine Ausbildung, außer für die häuslichen Aufgaben, und nahm keinerlei Anteil am politischen Leben; sie wurde als Eigentum betrachtet, sei es als Ehefrau, als Hetäre oder als Sklavin (E. Léonard).[5] Die

---

[5] *Catholic Biblical Quarterly*, Juli 1950, S. 312; vgl. auch H. W. House, 85, S. 54-60.

einzigen Frauen, die in Athen beträchtliche Freiheit genossen, waren die Hetären (das Wort bedeutet Gefährtinnen, Freundinnen oder Mätressen), die eine gute Bildung hatten und als gleichwertig mit den Männern betrachtet wurden ... Die verheirateten Männer erschienen mit ihnen in öffentlichen Versammlungen" (W. House, 90, S. 58).

Die großen griechischen Philosophen hatten keine hohe Meinung von den Frauen. „Drei Dinge sind vor allem zu fürchten", sagte Pythagoras (6. Jhdt. v.Chr.): „das Feuer, das Wasser und eine Frau." Platon (5. Jhdt. v.Chr.) bedauert den Mann, der sich im Körper einer Frau reinkarnieren muß. Nach Aristoteles (4. Jhdt. v.Chr.) „sind die Frauen unvollkommene Männer" *(Über die Entstehung der Tiere* II, 3), und „alle Frauen sind ohne Wert". Sie wurden „nur zur Bequemlichkeit der Männer geschaffen" (Solon). Der römische Staatsmann Cato der Ältere (2. Jhdt. v.Chr.) warnte seine Zeitgenossen: „Sobald die Frauen anfangen, euch gleich zu sein, werden sie euch überlegen werden." Im 1. Jhdt. sagte der stoische Philosoph Seneca: „Eine Frau und die Unwissenheit sind die zwei größten Katastrophen in der Welt."

In Rom erfreute sich die ältere ehrwürdige Frau (die Matrone) einer größeren Freiheit und eines wachsenden Einflusses, aber die Tendenzen zur Gleichberechtigung beschränkten sich auf die oberen Klassen. Im Volk richtete man sich nach denselben Grundsätzen wie in Griechenland.

## Das religiöse Leben der Frauen im Altertum

Catherine Kroeger, Professorin für biblisches und klassisches Griechisch an der St. Paul University von Minnesota hat die griechische Literatur analysiert, um die Lebensbedingungen der Frau in der Antike, besonders auf religiösem Gebiet, in Erfahrung zu bringen: „Eine schwierige Aufgabe", sagt sie, „denn die Geschichte wurde von Männern, für sie und über sie geschrieben". Das religiöse Leben der Frauen ist am wenigsten bekannt", es wurde erst im Lauf der letzten zehn Jahre erforscht", schrieb sie 1987.

## *Zwei nicht zusammenpassende Welten*

„Die Religion der Männer und die der Frauen waren zwei vollkommen verschiedene und auseinander klaffende Welten, oft getrennt durch Argwohn und Feindschaft ... Die Frauen verehrten oft andere Gottheiten als die Männer, in anderen Tempeln und an anderen Tagen" (87, S. 27).

„Die Frauen, benachteiligte, vernachlässigte und unterdrückte Glieder der Gesellschaft, wandten sich in der Antike oft der Religion zu, um darin einen Weg zu finden, sich abzureagieren und abzulenken. Sie gab ihnen eine Möglichkeit, ihren heftigen Gefühlen, die sie auf keine andere Weise zum Ausdruck bringen konnten, freien Lauf zu lassen. Besonders die griechischen Frauen wurden in ihren Häusern gefangen gehalten, abgeschnitten von jedem menschlichen Kontakt. Sie hatten nicht das Recht, das Haus zu verlassen außer zu religiösen Festen. Es ist daher nicht überraschend, daß sie daraus den größten Nutzen ziehen wollten und daß ihr Kult antisoziale Tendenzen entwickelte. Es erstaunt auch nicht, daß Frauen, denen jede formelle Erziehung versagt war, sich durch Kulthandlungen angelockt fühlten, die von den Intellektuellen verachtet wurden" (S. 28).

Plutarch schrieb, daß kein Gott die heimlichen religiösen Handlungen billigen kann, die im verborgenen durch eine Frau ausgeführt werden (*Moralia* 140D). Aischylos herrscht sie folgendermaßen an: „Unausstehliche Kreaturen, was habt ihr schreiend und heulend vor den Göttern der Stadt niederzufallen?" (*Sieben gegen Theben*, Zeilen 180ff). Seit den Zeiten der Ilias ist in der griechischen Literatur die Rede von dem sakralen Geschrei der Frauen. Nach Aristophanes gebrauchten sie dieses Geschrei, um die Männer zu übertönen, sogar in feierlichen Versammlungen (*Lysistrate*, Z. 387-398). Im 1. Jhdt. protestierte Strabon gegen dieses wilde Geheule (7.3.3). Das sakrale Schreien der Frauen in Korinth ist gut bezeugt. Es hat sich in gewissen ländlichen Gebieten bis in unsere Tage erhalten.

## Die Frauen im Dionysoskult

Es ist vor allem der Kult des Dionysos, des „Herrn des rasenden und wahnsinnig machenden Frauengeschreis" (Plutarch: *Moralia* 671C), der Anlaß zu leidenschaftlichen Exzessen gab, und zwar im Lauf von Zusammenkünften, die durch Ekstasen, Zungenreden und Prophetien geprägt waren. Seine Verehrerinnen wurden Mänaden genannt, was soviel heißt wie Närrinnen. Sie rühmten sich, in einen Trancezustand verfallen zu sein, den sie als ein Geschenk des Dionysos, Gott des Weines und der Tollheit, betrachteten. „Diese Frauen, die die Außenwelt selten zu Gesicht bekamen, begrüßten ihn als ihren Befreier. Alle zwei Jahre 'befreite sie seine göttliche mania von ihren Weberschiffchen und von ihrem Webstuhl' (Euripides: *Die Bacchen*, Z. 118), und er nahm sie mit auf die Berge zum Tanz, zur Ekstase und zur hemmungslosen Feier seiner Bacchanalen. Junge Tiere wurden Glied für Glied auseinander gerissen und roh, körperwarm und blutig verschlungen. Es ist sogar möglich, daß die Opfer dieser wilden Riten, die *sparagmos* genannt wurden, Menschen gewesen sind. Die rituelle Trunkenheit war Teil des Kultes, der dem Gott des Weines dargebracht wurde. Platon und andere bedauern, daß gewisse Kulte die Glückseligkeiten des Lebens nach dem Tod als endlose Trunkenheit erklärten."[6] Muß man in der Trunkenheit einiger Christen bei den Liebesmahlen (1Kor 11,21) ein Überbleibsel dieser heidnischen Sitten erkennen?

Obszöne Riten mit dem Ziel, die Fruchtbarkeit der Frauen sicherzustellen, bildeten einen Teil des Dionysoskults. „Die dazu erforderlichen sexuellen Handlungen - dazu gehörte manchmal auch die Vergewaltigung - sicherten das Heil, die Vereinigung mit den Göttern und die Unsterblichkeit. Anstelle eines Heils auf der Basis der Sexualität gab Paulus den Frauen das Recht, unverheiratet zu bleiben, wenn sie wollten, er sicherte ihnen auch eine absolute Gleichheit bei ehelichen Rechten zu (1Kor 7). Das enge sexuelle Zusammenleben schien ein Teil des Problems in Korinth zu sein. Wie soll man sonst verstehen, daß Christen sich

---

[6] *Phaidon* 62b; *Kratylos* 400c; *Lois* 870 de; *Menon* 81b; vgl. Xenokrates *Frag.* 20; Aristoteles *Frag.* 60.

mit Stolz eines gewissen sexuellen Verhaltens rühmten, das unter ihnen fehl am Platze war, wenn sie nicht irgendeine Kultgrundlage hatten, auf die sie sich stützen konnten? Eine solche Grundlage läßt sich in einer Stadt finden, deren Patronin Aphrodite war, die Göttin der Liebe, und die sich rühmte, Hunderte von Kultprostituierten in ihrem Tempel zu haben? In der Innenstadt verrichteten Hunderte von weiteren Kurtisanen ihr Gewerbe zur Ehre derselben Göttin. Ihren Gebeten schrieb man eine ganz besondere Macht zu" (S. 36).

*In den Mysterienkulten*

In einigen Mysterienkulten mußten sich die Frauen mit unverschleiertem Haupt zeigen – manchmal sogar völlig nackt oder in unschicklicher Kleidung. Ein Fresko, das eine Initiation in den Dionysoskult in der Villa der Mysterien in Pompeji darstellt, zeigt während der Zeremonie eine nackte Frau. Die Anbeterinnen des Dionysos mußten ihren Schleier abnehmen und sich mit aufgelöstem Haar zeigen. Ovid beschreibt sie als „Frauen mit entblößtem Hals und frei im Wind flatternden Haaren" (*Metamorphosen* 6.384ff).

## Schlußfolgerung

Dieser Zusammenhang hilft uns, die Befreiung, die das Christentum der Frau gebracht hat, besser zu würdigen. So können wir auch bestimmte Empfehlungen des Apostels Paulus besser verstehen, die er an Neubekehrte aus dem Heidentum richtete, weil sie in Gefahr waren, Darstellungen und Praktiken ihrer früheren Religion in den christlichen Gottesdienst zu übertragen. Er wollte so jede mögliche Verwechslung des Gottesdienstes für den heiligen Gott mit orgiastischen Kulten, die falschen Göttern gewidmet wurden, vermeiden. Auf diesem Kulthintergrund ist das Wort zu lesen, das der Aussage über das Schweigen der Frau unmittelbar vorausgeht: „Gott ist nicht ein Gott der Unordnung (wie Dionysos), sondern des Friedens" (1Kor 14,33).

Der griechisch-römischen Sicht der Frau ist durch das Christentum entgegengewirkt worden. In der Christenheit des Mittelalters wurde die Frau viel höher geachtet als in der Antike. Régine Pernoud hat den Mythos vom „dunklen Mittelalter" angeprangert, nach dem die Frau auf ihre Frauengemächer und auf niedrige häusliche Arbeiten beschränkt war. Das Mittelalter kannte königliche Frauen, die erfolgreich regiert haben, Frauen, die wie die Männer in Stadtversammlungen und in Dorfgemeinschaften mitbestimmt, Äbtissinnen, die Frauen- und Männerklöster geleitet haben, und Frauen, die Geschäfte eröffneten (ohne dazu eine männliche Bevollmächtigung nötig zu haben) und typische Männerberufe ausübten (als Ärztin, Apothekerin, Steuereinnehmerin, Schulleiterin usw.). Es war die Renaissance mit ihrer Wiederentdeckung des römischen Rechtes und der Maßstäbe der klassischen Antike, welche die Idee der Überlegenheit der männlichen Werte aufkommen ließ (die Vernunft, den schöpferischen Geist, die Naturwissenschaft und die Technik als einzige Quellen jeglichen Fortschritts) und die Verachtung weiblicher Werte und auch der Frau. Erst vom 17. Jhdt. an war es vorgeschrieben, daß die Frau den Namen ihres Ehemannes übernahm (Régine Pernoud: *Pour en finir avec le Moyen-Age*, Paris, Seuil 1977).

„So fand in der Renaissance und zu Beginn der Neuzeit ein großer Umschwung im Bereich der Psychologie statt: die Ablehnung des Gefühls zugunsten des Verstandes, die Ablehnung des Körpers zugunsten des Intellekts und die Ablehnung der Person zugunsten der Dinge. Darüber hinaus gab es eine Art Verdrängung: die Verdrängung der Gefühlswelt, des Empfindungsvermögens, der Emotionen, der Zärtlichkeit, des Wohlwollens, der Achtung des anderen, der persönlichen Beziehung, des mystischen Einsseins ... und der Frau, mit der alle Begriffe dieser Liste durch spontane Ideenassoziation verbunden sind" (P. Tournier, 79, S. 36).

In dem Werk „La peur en Occident - XIV$^e$ - XVIII$^e$ siècles" (Paris, Fayard 1978) bestätigt Jean Delumeau, ein Renaissancespezialist im Collège de France, daß es das 16. Jahrhundert war, welches die untergeordnete Stellung der Frau nach dem Vorbild der Römischen Antike sanktioniert hat. Er sagt: Wir wurden durch den verführerischen Ausdruck „Renaissance" (= Wiedergeburt) irregeführt. In Wirklichkeit ist die verachtende Einstellung gegenüber der Frau zugleich mit dem Humanismus in unsere westlichen Länder gekommen, den man als Befreiung des Menschen rühmt – einer Befreiung ja, aber nur des Mannes und nicht der Frau. Und dieser Humanismus wurzelt in dem alten heidnischen Boden, von dem Christus uns befreien will.

Kapitel 4

# Die Frau in den Evangelien

## Die Frau in Palästina zur Zeit Jesu

Zur Zeit Jesu war die Situation der Frau ganz anders als in den vorangehenden Jahrhunderten, in denen die Bücher des Alten Testaments verfaßt wurden.

Im 1. Jahrhundert unserer Zeitrechnung nahm die jüdische Frau nicht am öffentlichen Leben teil. In den Städten konnte sie ihr Haus nur verlassen, wenn sie ihr Gesicht mit zwei Schleiern verhüllt hatte, weil sonst ihr Mann die Pflicht gehabt hätte, sie zurechtzuweisen. Auf der Straße wurde sie nicht gegrüßt, und es wurde auch nicht mit ihr gesprochen. Gut erzogene Mädchen verließen den Boden des väterlichen Hauses überhaupt nicht, und verheiratete Frauen hatten kaum größere Freiheit. Eine anständige Frau ging niemals zum Markt, weil sie dabei riskierte, Männern zu begegnen. Selbst im Innern des Hauses mußten Frauen und Mädchen jeden Kontakt mit den männlichen Angehörigen ihrer eigenen Familie vermeiden (Philon: *Gegen Flaccus* 2.89).

Es muß klar gesagt werden, daß diese Regeln vor allem in der oberen städtischen Gesellschaftsschicht befolgt wurden. Auf dem Land, wo sich die meisten Begebenheiten der Evangelien abspielen, richtete man sich viel weniger danach. Die religiösen Rechte und Pflichten der Frau waren sehr begrenzt: Sie lernte das Gesetz nicht kennen. „Es ist besser, die Thora zu verbrennen als ihre Lehren einer Frau mitzuteilen", sagte ein Rabbiner (*Y Sota* 3.4). Noch um 90 n.Chr. lehrte Rabbi Elieser: „Wer seine Tochter die Thora lehrt, lehrt sie die Freiheit."

Die Frauen waren übrigens nicht dazu verpflichtet, die 613 Gebote zu halten, die die Rabbiner aus dem Gesetz herausgelesen hatten oder das israelitische Glaubensbekenntnis aufzusagen (das *Sch$^e$ma Israel*); sie durften nicht einmal das Segensgebet vor der Mahlzeit sprechen.

Sie betraten die Synagoge durch eine besondere Tür und durften sich nur in einem Bereich aufhalten, der von dem Männerbereich durch eine Absperrung und ein Gitter getrennt war. Es war den Frauen untersagt, dorthin zu gehen, wo die Lehrer das Gesetz auslegten.

Im Tempel konnten sie nur den Vorhof der Heiden und den Vorhof der Frauen betreten – und dann nur an den Tagen, an denen sie als kultisch rein galten. Beachten wir auch, daß diese Vorhöfe weder in der Stiftshütte noch im Tempel Salomos vorgesehen waren: Erst im Lauf der letzten drei Jahrhunderte v.Chr. wurden viele Regeln eingeführt, welche die Freiheit der Frauen beschnitten.

Einige Rabbiner des Spätjudentums brachten der Frau extreme Verachtung entgegen. „Glücklich der, dessen Kinder Knaben sind", sagte einer von ihnen, „Unglück über den, dessen Kinder Mädchen sind" (Strack/Billerbeck III, S. 611). Wohlbekannt ist das Gebet, das jeden Morgen von jedem männlichen Juden gesprochen wurde: „Gesegnet bist du Gott, daß du mir nicht als Heiden, Sklaven oder als Frau das Leben geschenkt hast." Wir finden es übrigens dreimal in den rabbinischen Schriften (Strack/Billerbeck III, S. 495). Flavius Josephus faßt das Denken seiner Glaubensgenossen treffend zusammen, wenn er feststellt: „Das Gesetz sagt: Die Frau ist dem Mann in allen Dingen unterlegen" (*Gegen Appion* II, S. 201). Man fragt sich, wo er das im Gesetz gefunden hat!

„Im großen und ganzen", schließen R. Tucker und W. Liefeld, „blieb das Judentum, in Bezug auf den Schutz der Frau, mit Ausnahme der konservativeren Rabbiner wie Schammai, innerhalb römischer Auffassungen" (87, S. 46). „Nur wenn man von diesem zeitgeschichtlichen Hintergrund ausgeht", sagt J. Jeremias, „können wir die Stellung Jesu zur Frau richtig einschätzen" (*Jerusalem zur Zeit Jesu*, 62, S. 491).

## Die Frau in den Evangelien: in den Geschlechtsregistern und den Geburtsberichten Jesu

Im Judentum des 1. Jahrhunderts kam die Frau in der Lehre der Rabbiner überhaupt nicht vor. In den Evangelien finden wir mehr als 40 Hinweise auf die Frau, und zwar sowohl in den Berichten als auch in den Bildern und Gleichnissen. Diese einfache Tatsache steht in krassem Gegensatz zum jüdischen Umfeld und den Gepflogenheiten der Zeit. Jesus hat keine explizite Lehre zur Frauenfrage hinterlassen, aber seine Haltung, sein Umgang mit den Frauen und die Rolle, die sie in seiner Lehre spielen, sind aufschlußreich und heben sich klar ab von dem, was seine Zeitgenossen taten und lehrten. „Einige Verhaltensweisen", sagt Madeleine Bähler, „mögen in der Perspektive unseres Jahrhunderts als alltäglich erscheinen, aber im 1. Jahrhundert waren sie revolutionär" (92, S. 35).

„Gleich von den ersten Seiten an", schreibt J. Blandenier, „haben die Frauen einen ausgezeichneten Platz in den Evangelien" (80, S. 25). Das Matthäusevangelium stellt das Geschlechtsregister Jesu an den Anfang, in das, im Gegensatz zu jüdischem Brauch, vier Namen von Frauen eingefügt sind, die der Heilige Geist als seine Werkzeuge erwählt hat (Thamar, Rahab, Ruth und Bathseba). So bereitet Matthäus den Leser auf die Rolle vor, die Maria in der Heilsgeschichte spielt. „Matthäus hebt den Platz der Frauen in der offiziellen Ahnenliste von Jesus hervor, um zu zeigen, wie Gott alle Barrieren niedergeworfen hat, als er die neue messianische Ära einläutete" (G. R. Osborne, 89, S. 271). Das Vorkommen von Heiden und von Frauen in dieser Liste kündigt schon das „alle Nationen" des letzten Kapitels an, denen das Evangelium bekanntgemacht werden soll. „Das Matthäusevangelium beginnt also mit einer positiven Erwähnung von Frauen im Plan Gottes, der den zeitgenössischen jüdischen Auffassungen über die Frau zuwiderläuft" (Osborne, S. 272).

Der Anfang des Lukasevangeliums stellt uns drei bemerkenswerte Frauen vor: Maria, Elisabeth und Hanna. Maria ist der Prototyp der glaubenden Frau, der idealen Jüngerin, die gesegnet ist, weil sie geglaubt hat (1,45). In diesem Evangelium finden wir schon am Anfang einen Mann und eine Frau, nämlich

Zacharias und Maria, die mit der Botschaft eines Engels konfrontiert werden. Zacharias zweifelt (1,20), Maria schenkt ihm Glauben (1,45). „Vielleicht ist die symbolische Bedeutung nicht von Lukas beabsichtigt", erklären R. Tucker und W. Liefeld, „aber die Tatsache bleibt: Daß die vorausgegangene Ära, die eine lange Vergangenheit mit dem Ende des Alten Testaments abschließt, unwiderruflich abgelaufen ist, wird bestätigt durch den Unglauben eines Mannes. Die neue Ära wird gleich beim Anbruch ihrer Verkündigung im Evangelium Jesu Christi durch den Glauben einer Frau eröffnet" (87, S. 19). Hanna ist „eine Prophetin" (2,36) auf der Linie der Prophetinnen des Alten Bundes (Mirjam, Debora, Hulda), welche die Prophetinnen des Neuen Bundes ankündigt (Apg 2,17; 21,9; 1Kor 11,5). Sie wird neben Simeon gestellt (2,25-35) und zwar auf eine Art, die an die Vorgabe des Gesetzes erinnert, daß zwei Zeugen erforderlich sind – ein epochemachender Fortschritt, weil das Zeugnis einer Frau zur Zeit Jesu nicht zulässig war.

„In der Darstellung des irdischen Lebens Jesu werden Männer und Frauen von Anfang an unübersehbar auf gleicher Stufe nebeneinander gestellt. Maria und Zacharias haben durch ihre Lobgesänge zur Heiligen Schrift beigetragen, Simeon und Hanna hatten die geistliche Wahrnehmungskraft, die ihnen erlaubte, den Messias zu erkennen, Joseph und Maria haben ihm ein Zuhause bereitet, und Maria empfing das höchste Vorrecht, ihm das irdische Leben zu schenken und ihn zu ernähren" (J. Baldwin, 84, S. 158).

## Die Frauen im öffentlichen Dienst Jesu

### *Jesus und die Frauen*

Vom Anfang seines öffentlichen Dienstes an „hat Jesus Kontakte mit Frauen gesucht und ihnen damit einen für den jüdischen oder griechisch-römischen Lebensraum ungewöhnlich hohen Grad der Anerkennung bewiesen" (C. R. Osborne, 89, S. 266). Die Evangelien erwähnen etwa fünfzehn Frauen, die Jesus Christus geheilt, gelehrt, aufgerichtet, verteidigt, gelobt oder von denen er finanziellen Unterhalt empfangen hat (Lk 8,1-3). Er nennt sie „Töchter Abrahams" (Lk 13,16) und gibt ihnen damit die gleiche Rechtsstellung wie Männern. Lukas und Markus sprechen von Frauen, die Jesus nachfolgen (Lk 8,1-3; Mk 15,41): „ein Ereignis ohnegleichen in der Geschichte der Epoche ... Jesus gibt sich nicht damit zufrieden, die Frau auf eine im Vergleich zur damaligen Sitte höhere Stellung zu erheben; als der zu uns gesandte Retter (Lk 7,36-50) gibt er ihr vor Gott die gleiche Stellung wie dem Mann (Mt 21,31f)" (J. Jeremias, 67, S. 491). „Dieses Bild einer gemischten Wandergruppe – die, nebenbei bemerkt, anscheinend zu keinem Zeitpunkt eines schlechten Verhaltens auf sexuellem Gebiet bezichtigt wurde – ist sehr verschieden von dem, was man im Palästina des 1. Jahrhunderts erwarten würde. Das weist auf den Anfang einer Spur hin, die in eine ganz andere Richtung führt als das orthodoxe Judentum. Wir erkennen hier den ersten Schritt in Richtung auf eine umfassendere Beteiligung der Frauen am Dienst für Christus" (I. H. Marshall, 84, S. 180).

*Die Frauen in den vier Evangelien*

Die Verfasser der Bibel waren es, die unter der Inspiration des Heiligen Geistes die Berichte in den Evangelien aufbewahrt und in eine Reihenfolge gebracht haben. Ihre Redaktionsarbeit hat sich über die ganze zweite Hälfte des 1. Jahrhunderts erstreckt. Sie stellen daher gleichzeitig mit den Schriften des Paulus die Auffassungen der apostolischen Gemeinde dar. Die Rolle der Frauen im Leben Jesu ist daher bezeichnend für die neue Haltung ihnen gegenüber, sowohl für die Haltung Jesu wie für die der Urgemeinde. Winsome Munro hat eine Tabelle aufgestellt, die für jedes Evangelium zeigt, wie oft Männer und Frauen darin erwähnt werden (CBQ, 44, 1982, S. 226).

So erfährt man, daß im Markusevangelium in 13 Abschnitten Frauen erwähnt werden (gegenüber 41 Abschnitten, in denen Männer erwähnt werden). In fünf Fällen werden sie namentlich erwähnt (Männernamen hingegen in 25 Fällen), aber ein Drittel der anonymen Erwähnungen beziehen sich auf Frauen (8 von 24).

Das Lukasevangelium erwähnt Frauen noch öfter, sie stellen mehr als ein Drittel der genannten Personen dar. Das Johannesevangelium zeichnet vier Frauen in größerem Detail: Maria, die Mutter Jesu (2,1-12; 19,25-27), Maria und Martha (11,1-42; 12,1-8) und Maria Magdalena (19,25-27; 20,1-2.11-18). In Kana zeigt sich der Glaube an die Macht Jesu im Wort der Maria: „Was er euch sagen mag, tut!" Johannes widmet auch ein ganzes Kapitel dem Gespräch Jesu mit der Samariterin.

„Sehr oft", sagt G. R. Osborne, „konzentrieren sich die Diskussionen über die Rolle der Frau in der Gemeinde einzig und allein auf Paulus und übersehen das gestaltende Beispiel der Haltung Jesu zu Frauen und zur Rolle, die er ihnen in seinem eigenen Dienst gegeben hat" (89, S. 259). Es lohnt die Mühe, etwas mehr auf die Einzelheiten zu schauen, um die Rolle kennenzulernen, die Frauen im Leben und in der Lehre Jesu gespielt haben.

Die Haltung Jesu zur Frau kommt wenigstens zum Teil in der Tatsache zum Ausdruck, daß er den Geringeren und Schwächeren, den Unterdrückten und Verachteten zu Hilfe gekommen ist – was ganz und gar für die Stellung der Frau in der damaligen Gesellschaft galt. In Anbetracht ihrer Situation waren andererseits Frauen – wie ja auch die Zöllner und „Sünder" – auch viel offener als Männer für die befreiende Botschaft des Evangeliums.

## *Die Frauen im Matthäusevangelium*

Wir haben schon gesehen, welche Rolle Matthäus den Frauen im Geschlechtsregister Jesu und in den Geburtsberichten gibt. Weitere Frauen treten im Lauf des öffentlichen Dienstes Jesu auf. Im Bericht von der Heilung der Schwiegermutter des Petrus hält Matthäus fest, daß sie, als sie geheilt war, *Jesus* diente (8,15; in Mk 1,30 dient sie denen, die im Hause waren). Das Vertrauen der blutflüssigen Frau (9,20-22) begründet für Jesus „eine Oase des Glaubens inmitten der Opposition" (G. Osborne, S. 272). Die gleiche Ermutigung erhält er durch die kanaanäische Frau (15,22-28). „O Frau, dein Glaube ist groß!" Als Glied eines nichtjüdischen Volkes steht sie schon für Mission und geistliche Ernte unter den Heiden. Dieser Bericht steht im Gegensatz zu dem vorangehenden, der das Unverständnis und die Feindschaft der Pharisäer und Schriftgelehrten schildert, dieser „blinden Leiter der Blinden" (V. 14), die ein Zeichen fordern, um zu glauben. Diese heidnische Frau erkannte in Jesus den „Herrn, den Sohn Davids" – wie die beiden Blinden von Kap. 9,27 und die von Kap. 15,22 – und wie sie schreit sie nach seinem Erbarmen, ohne sich durch die scheinbare Zurückweisung durch Jesus verunsichern zu lassen.

In Matthäus spielen die Frauen eine gleich wichtige Rolle in der Lehre Jesu und in den Leidens- und Auferstehungsberichten (siehe weiter unten).

## *Die Frauen im Markusevangelium*

Im Markusevangelium (5,25) erlaubt Jesus einer kultisch unreinen Frau, „seinen Dienst bei einem Synagogenvorsteher zu unterbrechen" (L. Williamson *Mark*, Atlanta, 1983, S. 108). Letzterer wird ermahnt zu glauben (V. 36), aber der Glaube der Frau wird von Jesus gelobt (V. 34). Die Syro-Phönizierin (7,24-30) wird den Jüngern gegenübergestellt, deren Unverstand Markus hervorhebt (7,18). Die Witwe, die „alles, was sie hatte", eingelegt hat (Mk 12,41-44), wird den Schriftgelehrten entgegengesetzt, die „die Häuser der Witwen verschlingen" (V. 40). Die Freigebigkeit der Frau, die Jesus salbt (14,3-9), liefert ein Gegenstück zum Geiz des Judas, der Jesus für Geld verkauft (14,10-11).

## *Die Frauen im Lukasevangelium*

Das Lukasevangelium gibt in seinen Berichten den Frauen viel Raum. Wir haben schon die Rolle ins Auge gefaßt, die sie in den Kindheitsgeschichten Jesu gespielt haben. Dort finden wir auch zwei Episoden, die für die Haltung Jesu – und des Lukas – gegenüber den Frauen typisch sind. Im Hause des Pharisäers Simon taucht „eine für ihren unmoralischen Lebenswandel stadtbekannte Frau" auf (7,37). Sie benetzt Jesu Füße mit ihren Tränen und gießt Salböl darauf. Auf den unausgesprochenen Vorwurf seines Gastgebers antwortet Jesus, indem er diese Frau als Vorbild hinstellt (V. 44-46). Was er dazu sagt, stellt die Kennzeichen eines wahren Jüngers dar: Ihre Sünden wurden ihr vergeben, sie bezeugt ihre Liebe zu Jesus, ihr Glaube an ihn hat sie gerettet, sie kann in Frieden gehen (V. 47.50). „Eine Frau, ja sogar eine Sünderin, beschämt einen Pharisäer durch eine Tat, die als solche für Juden schändlich war (die Haare aufzulösen war ein öffentlicher Skandal). Dieser Bericht ist ein klarer Beweis dafür, daß Lukas die These vertritt: Die Aufwertung der Frauen durch Jesus war eines der Zeichen, die zeigten, daß das Himmelreich in eine neue Epoche eingetreten war" (G. R. Osborne, 89, S. 279f).

Der Bericht aus Kap. 10,38-42 stößt noch einmal Wahrheiten um, die in der jüdischen Mentalität fest verankert waren. Martha stellt aus traditioneller Sicht die ideale Frau dar: aktiv, dienstbereit, ausgelastet mit den Aufgaben ihres Bereichs (Arbeiten im Haus und in der Küche). Maria setzte sich „zu den Füßen Jesu" nieder und „hörte seinem Wort zu". Zu „jemandes Füßen sitzen" war gleichbedeutend mit „Schüler eines Lehrers sein" (Apg 22,3: Paulus war „zu den Füßen Gamaliels" unterwiesen worden, was in der GN übersetzt wird mit: „Mein Lehrer war Gamaliel"). „Jeder Leser aus dem 1. Jahrhundert hätte erwartet, daß Jesus der Martha recht gibt und ihren Zorn gegenüber Maria billigt, die die Rolle des Schülers einnimmt. Aber Lukas hebt ihren Irrtum hervor, indem er das Verb *perispaomai* verwendet, einen Ausdruck, der die Nebenbedeutung 'übertriebener Eifer' hat, der wesentliche Dinge übersicht. Frauen sind zweifellos in dem Begriff 'Jünger' einbezogen, deren entscheidende Aufgabe es ist, zu Jesu Füßen zu sitzen" (G. R. Osborne, S. 281). Lukas erwähnt auch die Frauen, die Jesus finanziell versorgten (8,2f).

## Die männlich-weiblichen „Paare" im Lukasevangelium

M. R. d'Angelo hat eine eindrucksvolle Tabelle von männlich-weiblichen „Paaren" zusammengestellt, die wir im Lukasevangelium finden:

2 Ankündigungen: an Zacharias und an Maria (1,5-23.26-28),

2 Lobgesänge: von Maria und von Zacharias (1,46-56.67-79),

2 Propheten: Simeon und Hanna (2,25-35.36-38),

2 erste Wundertaten, an einem besessenen Mann und an der Schwiegermutter des Petrus (4,31-37 und 38f),

2 Listen: der Apostel, d.h. von Männern, und der Frauen, die Jesus dienten (6,12-19; 8,1-3),

2 „Bußfertige": Der Gelähmte und die Sünderin (5,19-26; 7,35-50),

3 Wunder: Der besessene Gadarener, die Tochter des Jairus und die blutflüssige Frau,

3 Fragen zum Wesen der Jüngerschaft: der Schriftgelehrte, Martha und der Jünger (10,25-27.38-42; 11,1-13),

2 Heiden, die Israel anklagen werden: die Männer von Ninive und die Königin von Saba,

2 Befreiungen: die zusammengekrümmte Frau und der Wassersüchtige (13,10-17; 14,1-6),

2 Gleichnisse, in denen man etwas hineinsteckt: der Mann, der sein Senfkorn in das Feld legt, und die Frau, die den Sauerteig in das Mehl hineinbringt (13,18-21),

2 Gleichnisse, bei denen es um das Finden geht: der Mann, der sein verirrtes Schaf findet, und die Frau, die ihre verlorene Drachme findet (15,1-7.8-10),

2, die weggenommen werden: der Mann beim Schlaf und die Frau beim Mahlen (17,32-35),

2 Beispiele für das Gebet: der Pharisäer und der Zöllner, die Witwe (8,9-17),

2 Anbetungshaltungen: die Schriftgelehrten und die Witwe (20,45-21,4),

2 Arten, Jesus nachzufolgen: Simon und die Witwe (23,26-32),

2 Gruppen von Leuten, die zuschauten: die Frauen und die Männer, die Jesus kannten (23,49),

2 Gruppen von Zeugen seiner Auferstehung: die Frauen und die

2 Jünger von Emmaus (Kap. 24) (*JBL* 109 (90) S. 444f). „Wir erkennen hier eine ganz bewußte Einfügung von Frauen in die Geschichte Jesu" (S. 447).

## Die Frauen im Johannesevangelium

Das Johannesevangelium konzentriert seine Aufmerksamkeit auf vier Frauen: Maria, die Mutter Jesu (2,1-12; 19,25-27), Martha und Maria (11,1-42; 12,1-8) und Maria Magdalena (19,25-27; 20,1-2.11-18).

### Maria, die Mutter Jesu

Maria erscheint im Johannesevangelium bei der Hochzeit zu Kana. Sie macht ihren Sohn aufmerksam auf den Mangel an Wein. Die Antwort Jesu hat die Kommentatoren ziemlich stutzig gemacht: „Frau (eine Bezeichnung, die im ursprünglichen Lebensraum respektvoller klingt als in der Übersetzung), bist du es oder bin ich es, den diese Sache angeht (oder: ist es deine Sache, mir zu sagen, was ich zu tun habe)? Meine Stunde ist noch nicht gekommen" (Joh 2,4). Im Johannesevangelium bezieht sich die „Stunde" immer auf den Leidensweg. Wollte Jesus ihr sagen, daß seine Beziehung als Sohn zu ihr vorläufig ausgesetzt werden sollte, bis sein irdischer Dienst abgeschlossen ist (B. Witherington 84, S. 85)? Das würde sich mit seiner in Mk 3,31-35 und Joh 19,25-27 dargestellten Haltung ihr gegenüber decken, wo er die Fürsorge für sie seinem geliebten Jünger anvertraut (die Wiederholung der Bezeichnung „Frau" ist vielleicht ein Hinweis auf die Episode von Kana).

Die Absicht seiner Bemerkung war es, „Maria deutlich zu machen, daß sie besser ihm als *Jünger* folgen sollte, denn ihn als seine *Mutter* zu besitzen und zu dirigieren" (Tucker/Liefeld 87, S. 85). Trotzdem ist Jesus bereit zu tun, was sie ihm nahelegt. Das hat sie mit ihrer weiblichen und mütterlichen Intuition begriffen. Deshalb sagt sie den Dienern: „Was er euch sagen mag, tut!" (V. 5), ein Wort, das die gesamte Botschaft des Evangeliums zusammenfaßt. Am Kreuz, als Jesus die Mutter sah und den

Jünger, den er liebte, dabeistehen, spricht er zu seiner Mutter: „Siehe, das ist dein Sohn" (19,26f). Warum hat Jesus seine Mutter lieber einem Jünger anvertraut, als es einem ihrer Söhne zu überlassen, sich um sie zu kümmern? Einerseits weil seine Brüder noch nicht glaubten. Andererseits weil „der Jünger, den er liebte, die neue Gemeinschaft repräsentierte, die Jesus begründet hatte. Die Mutter-Sohn-Beziehung wird jetzt erweitert und in den neuen Beziehungen der Glaubensfamilie vervollständigt ... Maria wird zu einem Beispiel für die Jünger-Frau, deren Beziehung zu ihrem Sohn in der Stunde seines Triumphes umgestaltet wird" (G. Osborne, 89, S. 284f).

*Die Samariterin*
Bei seiner Begegnung mit der Samariterin bricht Jesus mehrere traditionelle Schranken: Er spricht mit einer Frau, was sogar die Jünger erstaunt (V. 27). Nach den Sitten seiner Zeit hatte ein jüdischer Mann nicht das Recht, mit einer Frau auf der Straße zu sprechen, nicht einmal mit seiner Ehefrau, Tochter oder Schwester. Jesus spricht ferner mit der Vertreterin eines Volkes, mit dem die Juden „nicht verkehrten" (V. 9), die außerdem eine Ehebrecherin ist (V. 18), und gibt sich ihr als der zu erkennen, der lebendiges Wasser gibt (V. 13), und als der Messias (V. 26).

Jemand hat gesagt: Wir hätten es für angemessener gehalten, mit ihr über die Notwendigkeit der Wiedergeburt zu sprechen und die Lehre, die Jesus ihr gegeben hat, für Nikodemus aufzubewahren. Aber im Gegensatz zu den Rabbinern seiner Zeit „gesteht Jesus dieser Frau (und mit ihr jeder Frau) das Recht und den Zugang zu theologischen Kenntnissen zu" (J. Blandenier, 80, S. 29), und dann wird diese Frau Missionarin unter ihren Landsleuten (V. 39-42). Ihr Glaube und ihr Verständnis stechen ab gegen den Unglauben und das Unverständnis des Nikodemus, eines Obersten der Juden, in dem vorangehenden Bericht (3,4.9-10). Die Samariter „glaubten an Jesus um des Wortes der Frau willen" (V. 39). Johannes verwendet an dieser Stelle einen Ausdruck, der dem Ausdruck Jesu im hohepriesterlichen Gebet gleicht, als er betet „für die, welche durch ihr Wort an mich glauben" (17,20).

*Martha und Maria*
Das Christusbekenntnis der Martha in Joh 11: „Ich glaube, daß du der Christus bist, der Sohn Gottes" (V. 27) steht Seite an Seite neben dem des Petrus (Mt 16,16). So wird das Bekenntnis zu Jesus als dem Messias, das Kennzeichen des wahren Jüngers, im Johannesevangelium durch eine Frau bezeugt. Es ist ebenfalls eine Frau, nämlich Maria, die Schwester der Martha, die auf feinsinnige Weise die wahre Anbetung symbolisiert (12,1-8).

*Maria Magdalena*
Johannes hat vor allem die Zeugenrolle der Maria Magdalena während des Leidensweges Jesu (19,23) und bei seiner Auferstehung (20,1-2.11-18) hervorgehoben. Wir werden auf diese Rolle im nächsten Abschnitt zurückkommen.

# Die Frauen in den Leidens- und Auferstehungsberichten

Die Rolle der Frauen ist besonders auffallend in den Leidens- und Auferstehungsberichten. Während alle Jünger Jesus verlassen haben, begleiteten ihn die Frauen, die „Jesus von Galiläa nachgefolgt waren und ihm gedient hatten" (Mt 27,55), bis zum Kreuz und bis zu seiner Grablegung (Lk 23,55). In Mk 15,40-41 sind Frauen Zeugen des Leidens Christi. Der Evangelist sagt, daß diese Frauen „ihm nachfolgten und ihm dienten" (V. 41). Die beiden Verben *akolouthein* und *diakonein* werden an anderer Stelle von Markus gebraucht, um das Leben des Jüngers Christi zu charakterisieren (das erste Wort 1,18; 2,14; das zweite Wort 10,45). „In der Geschichte des Markus folgten allein die Frauen Jesus bis zum Ende" (Malbon), im Gegensatz zu den männlichen Jüngern, die „ihn alle verließen und flohen" (14,50), und zu Petrus, der „ihm von fern folgte" (V. 54).

„Frauen waren es, die als erste die gute Nachricht vom Kommen des Retters empfingen und die als letzte in seinem Todeskampf bei ihm waren. Und Frauen waren die ersten Zeugen der Auferstehung ..., um dem Auferstandenen zu begegnen und mit der Botschaft beauftragt zu werden: „Er lebt" (siehe z.B.

Lk 24,1-12)" (J. Blandenier, 80, S. 31). Und auch da hat Jesus die landläufig geltende Regel überschritten, die dem Zeugnis von Frauen jeden Wert absprach (man schaue sich auch die Reaktion der Jünger an: Lk 24,11.22). Niemand war darauf eingestellt, die Auferstehung Jesu zu glauben. „Das macht den Glauben und die Unerschrockenheit der Frauen um so bedeutsamer" (Tucker/Liefeld, 87, S. 40). M. Evans bemerkt, daß die Frauen nicht nur diejenigen waren, die Zeugen der Auferstehung gewesen sind und die die Botschaft des Engels empfangen haben, sondern sie hatten auch den Auftrag erhalten, diese Botschaft weiterzugeben: „sie waren auch auf ausdrücklichen Befehl der Engel und Jesu Christi die ersten Verkündigerinnen der Auferstehungsbotschaft" (83, S. 54).

*Die Frauen als Zeugen*

„Die Wahl der Frauen (als Zeugen) war mehr als eine historische Notwendigkeit (denn nach Joh 20,8 gab es auch einen Mann, der sah und glaubte), sie war an und für sich ein Zeichen dafür, daß das alte Zeitalter aufgehört und eine neue Ordnung ihren Anfang genommen hatte. Die göttliche Wahl von Frauen als erste Zeugen ist eine Grundtatsache der Auferstehungsberichte. Ja, viele Wissenschaftler betrachten diese Einzelheit als Hauptbeweis für die historische Wahrheit der Auferstehung. Es ist nämlich höchst unwahrscheinlich, daß ein Jude eine solche Geschichte erfunden hat, weil die Frauen als Zeugen vor Gericht nicht zulässig waren" (G. R. Osborne, 89, S. 270). Beachten wir auch, daß Paulus keine Frauen unter den Zeugen der Auferstehung erwähnt: 1Kor 15,3-8).

„Der Missionsbefehl von Mt 28,20, den die Leiter von Gemeinden und von Missionsgesellschaften mit viel Eifer wiederholen, richtet sich an alle Glaubenden und bedeutet: Jünger machen, taufen und lehren" (Tucker/Liefeld, 87, S. 436).

In den Auferstehungsberichten, die wir im Lukasevangelium finden, spielen die Frauen eine noch größere Rolle als in den anderen Evangelien. Die Frauen sind es, denen er die Botschaft anvertraut, die den Kern der apostolischen Predigt darstellt: „Der

Sohn des Menschen muß in die Hände sündiger Menschen überliefert und gekreuzigt werden und am dritten Tag auferstehen" (24,7). Ihr Glaube steht im Gegensatz zum Unglauben der Apostel (V. 11) und dem verwirrten Erstaunen des Petrus (V. 12). Sie bilden das unverzichtbare Bindeglied zwischen Jesus und der in Kap. 24,13-39 repräsentierten Urgemeinde. „In Jesus hat Gott die Frauen weit über alles erhoben, was seine Zeitgenossen, Juden oder Heiden, sich jemals vorgestellt haben" (Osborne, S. 283).

Im Johannesevangelium ist Maria Magdalena Hauptzeuge für die Kreuzigung (19,25) und die Auferstehung Jesu (20,1-2.11-18). Sie erhält von ihm einen sehr deutlichen Missionsbefehl: „Geh aber hin zu meinen Brüdern und sprich zu ihnen: Ich fahre auf zu meinem Vater und eurem Vater und zu meinem Gott und eurem Gott" (V. 17). Jesus schreckt also nicht davor zurück, einer Frau die Weitergabe einer wichtigen theologischen Lehre anzuvertrauen. Marias Treue in der Erfüllung ihres Auftrags (V. 19) hebt sich deutlich ab von der Untätigkeit und dem Zaudern der Jünger (V. 19-23).[7]

## Die Frauen in der Lehre Jesu

Die Lehre Jesu steht ebenfalls in völligem Gegensatz zur Lehre der Schriftgelehrten und der Rabbiner seiner Zeit. Er spricht nicht nur von Frauen und setzt sie in seinen Gleichnissen in Szene, sondern oft sind sie es, die im Vergleich mit den Männern besser abschneiden.

Im Matthäusevangelium finden wir die Männer von Ninive und die Königin von Saba (12,38-40), die „neben Jona gestellt werden als Zeugen im zukünftigen Gericht" (Tucker/Liefeld, S. 44), „die Frau, die Sauerteig in ihr Mehl mengte, neben den Sämann, der ein Senfkorn auf seinen Acker säte (13,31-33), die beiden Arbeiter auf dem Feld neben die beiden Frauen, die am

---

[7] Ein erschöpfendes Studium der Frauen in den Evangelien findet man in P. Ketter: *Christus und die Frauen*, Kepplerhaus-Verlag, Stuttgart, 1950 (1922), S. 392.

Mühlstein gemahlen haben (24,40f), das Gleichnis vom untreuen Knecht (24,48-51) neben das Gleichnis von den zehn Jungfrauen (25,1-13). Matthäus zeigt uns, daß Jesus Männer und Frauen als ebenbürtige Beispiele gebrauchte" (Osborne, S. 275).

Die Lehre Jesu stand auch in einem anderen Punkt im Gegensatz zu den jüdischen Gewohnheiten der damaligen Zeit. In Mt 5,27f erfahren wir, daß die Verantwortung für die Sünde auf den Mann fällt, dessen begehrliches Anschauen einer Frau so schlimm wie ein Ehebruch mit ihr ist. Die Rabbiner hingegen rügten die *Frau*, die den Mann verführte. Für Jesus lag die Lösung für „das Problem der Begehrlichkeit eher darin, daß der Mann seine Gedanken unter Kontrolle hielt als darin, daß die Frau ihrer Freiheit beraubt wurde" (Osborne, S. 274).

## Zusammenfassung

Das Bild, das aus den vier Evangelien hervortritt, zeigt einen deutlichen Bruch zwischen der jüdischen und griechisch-römischen Haltung gegenüber der Frau und der Haltung Jesu, wie sie zugleich in seinen Worten und in seinen Taten zutage tritt. Wir finden bei ihm eine Aufwertung der Frau zur Gleichwertigkeit mit dem Mann und eine hohe Meinung von der Rolle, die sie bei der Verbreitung des Evangeliums spielen kann. An mehreren Stellen dokumentieren sie bei Frauen eine Frömmigkeit und einen Glauben, der dem Glauben der jüdischen Leiter und manchmal sogar dem der Jünger überlegen war. Jesus ist den Ideen seiner Zeit zuwidergelaufen, indem er Frauen auf gleicher Stufe wie Männer als Jünger zugelassen hat und indem er ihnen eine aktive Rolle auf religiösem Gebiet zugewiesen hat.[8]

---

[8] Der Theologische Konvent Bekennender Gemeinschaften hat bestätigt: „In seiner Beziehung zu Frauen, denen Jesus sich gewidmet hat, um ihnen geistlich zu helfen und sie zu erretten, hat er in einer durch Männer bestimmten Gesellschaft eine erstaunliche und im Vergleich mit den Vorurteilen und Gepflogenheiten des Spätjudaismus umwälzende Frei-

Er hat allerdings nur Männer als Apostel erwählt. Das sollten die sein, die den Auftrag hatten, die Gemeinde zu gründen und sie zu leiten. Warum hat Jesus nicht Frauen (oder wenigstens eine Frau) als Apostel erwählt? R. Tucker und W. Liefeld schlagen vier mögliche Gründe vor:

1. Hätte Jesus eine Frau erwählt, so wäre es für sie schwer gewesen, im weiteren Verlauf als reisende Missionarin in der Welt des 1. Jahrhunderts allein unterwegs zu sein;
2. Eine Frau wurde in den meisten Regionen als Lehrerin in Sachen „Religion" nicht akzeptiert;
3. Das Zeugnis von Frauen war ohne Geltung, und dabei bestand doch die Hauptaufgabe der Apostel darin, Zeugenaussagen zu den Worten, den Taten, der Auferstehung und der Person Jesu Christi zu machen;
4. Die Zwölf repräsentierten symbolisch die zwölf Stämme Israels. Damit sie in dieser Funktion anerkannt werden konnten, war es undenkbar, daß einer der Zwölf eine Frau war (nach Tucker/Liefeld, S. 87, S. 46f).

---

heit bewiesen" (Beyerhaus, *Orientierungsschrift des Theol. Konvents Bekennender Gemeinschaften* 83, S. 47).
"Jesus hat bewußt einen Samen der Veränderung in die jüdische Ordnung eingepflanzt ... Es ist gut möglich, daß die in Gal. 3,28 wiedergegebene Meinung des Paulus: '... da ist nicht Mann und Frau' auf das Leitbild zurückgeht, das Jesus geliefert hat. Zwar ist das Hauptthema dieses Abschnitts die Rechtfertigung, aber man hat nicht das Recht, deren soziale Auswirkungen auszuklammern" (G. R. Osborne, 89, S. 290). „Es ist nicht übertrieben festzustellen", schließt I. H. Marshall, „daß es in den Evangelien nichts gibt, was es Frauen grundsätzlich untersagen würde, vor Männern ein Zeugnis für Jesus zu formulieren und einen Dienst unter seinen Jüngern auszuüben" (84, S. 180). F. F. Bruce hat darauf aufmerksam gemacht, daß der Apostel „in Gal 3,28 die drei Kategorien des Gebets aufgegriffen hat, derentwegen jeder Jude jeden Morgen Gott dafür dankte, daß er weder als Heide, noch als Sklave, noch als Frau geboren war. Damit zerbricht Paulus die sozialen Unterschiede, innerhalb derer er selbst erzogen worden war. So haben Jesus und Paulus eine soziale Revolution auf den Weg gebracht, deren Auswirkungen bis heute noch zu spüren sind" (*Galatians*, Eerdmans, 1982, S. 187-190).

Kapitel 5

# Die Frau in der Urgemeinde

Einige kurze Hinweise in der Apostelgeschichte und in den Paulusbriefen lassen uns ahnen, welchen Platz die Urgemeinde der Frau einräumte – im Gegensatz zum damaligen Judentum und zur Stellung, welche die Frau in der griechisch-römischen Welt innehatte.

F. Goldschmidt weist darauf hin, daß „wir uns im Lauf der vergangenen Jahrzehnte, ja sogar der letzten Jahrhunderte vor allem die dogmatischen Texte vor Augen gehalten haben, und unter diesen hauptsächlich diejenigen, die für den Dienst der Frau abträglich waren. Damit haben wir es versäumt, die Praxis der Urgemeinde, welche die belehrenden Texte beträchtlich erhellen und sogar ein Gegengewicht zu ihnen liefern kann, mit angemessenem Gewicht in unsere Überlegungen einzubeziehen" (92, S. 81).

## Die Frauen in der Apostelgeschichte

Die Urgemeinde ist dem Geist Jesu treu geblieben. Schon von der Zeit vor Pfingsten an „verharrten die Jünger einmütig im Gebet *mit einigen Frauen* und Maria, der Mutter Jesu und mit seinen Brüdern" (Apg 1,14). Dieses Geschehen ist so neu in der jüdischen und römischen Welt, an die sich Lukas wendet, daß er es für angebracht hält, das ausdrücklich zu sagen.

Wie in seinem Evangelium kommt Lukas auch im zweiten Band seiner „Geschichte der Anfänge des Christentums", d.h. in unserem Buch der Apostelgeschichte, oft auf Frauen zu sprechen.

| Apg 1,14: | Maria und andere Frauen treffen sich mit den Aposteln und den Jüngern zum Gebet. |
| --- | --- |
| 2,17f: | Der Heilige Geist ist gleichermaßen Knechten und Mägden, Töchtern und Söhnen zugesagt. |
| 5,1-11: | Saphira wird ebenso wie Ananias persönlich für ihre Tat verantwortlich gemacht. |
| 5,14: | Männer und Frauen kommen zum Glauben. |
| 6,1: | Die Gemeinde nimmt das Anliegen der vernachlässigten Witwen ernst und antwortet darauf mit der ersten „organisatorischen" Maßnahme: der Einsetzung von Diakonen (oder Ältesten?), die durch die Mitgliederversammlung (in EB: *Menge der Jünger*!) gewählt wurden. |
| 8,3: | Männer und Frauen werden um des Namens Jesu willen verfolgt. |
| 8,12: | Männer und Frauen kommen zum Glauben und werden getauft. |
| 9,36-43: | Petrus gibt den Diensten der Tabita Anerkennung, indem er sie auferweckt. |
| 12,12: | Maria, die Mutter des Johannes Markus, stellt ihr Haus der Gemeinde zur Verfügung, die sich dort zum Gebet trifft. |
| 16,13-15: | Paulus verkündet Frauen das Evangelium. |
| 16,18: | Paulus befreit eine besessene Frau. |
| 17,4: | Mehrere Frauen aus vornehmen Kreisen Thessalonichs bekehren sich. |
| 17,12: | Die entsprechende Aussage für Beröa. |
| 17,34: | Von denen, die sich in Athen bekehren, erwähnt Lukas insbesondere Damaris. |
| 18,1-3: | Paulus vereinigt sich mit Aquila und Priscilla (oder Priska). Er erwähnt sie mehrfach in seinem Schriftverkehr (Röm 16,3f; 1Kor 16,19; 2Tim 4,19). |

| | |
|---|---|
| 18,18: | Er bringt sie nach Ephesus. |
| 18,26: | Priscilla (als erste genannt) und Aquila nehmen Apollos zu sich und „legten ihm den Weg Gottes genauer aus". |
| 21,5: | In Tyrus geleiten Männer, Frauen und Kinder den Apostel und beten mit ihm. |
| 21,9: | Philippus „hatte vier unverheiratete Töchter, die die von Gott inspirierte Gabe hatten, Botschaften zu bringen. |
| 22,4: | Vor seiner Bekehrung hat Paulus Männer und Frauen ins Gefängnis bringen lassen. |

„Man hat nur einfach das, was Jesus tat, als er noch da war, so weitergemacht. Ohne Hintertür, ohne neue Barrieren. In der Gemeinschaft des Auferstandenen, in der alles neu ist, ist kein Platz mehr für Diskriminierung jeglicher Art aufgrund von Rasse, Klasse oder Geschlecht (Gal 3,28)" (J. Blandenier, S. 32).[9]

Am Pfingsttag „wurden alle" – also auch die Frauen – „mit Heiligem Geist erfüllt". Zu denen, die anfingen, „in anderen Sprachen zu reden" (Apg 2,4) und die „großen Taten Gottes" verkündeten, gehörten auch Frauen. Übrigens rechtfertigt Petrus

---

[9] Diese Hochschätzung, die den Frauen entgegengebracht wurde, hat wohl einen der Schreiber schockiert, der dieses Manuskript kopiert hat. In Apg 17,4 spricht Lukas von „einer großen Menge von anbetenden Griechen und nicht wenigen der vornehmsten Frauen", die „sich zu Paulus und Silas gesellten". Der Schreiber veränderte den Text zu „eine große Menge von Griechen und nicht wenigen Ehefrauen vornehmer Männer". Im Vers 12 desselben Kapitels sagt Lukas: „Viele nun von ihnen glaubten, und von den griechischen vornehmen Frauen und Männern nicht wenige." Der Schreiber änderte ab: „eine große Menge von Griechen glaubte sowie Männer und Frauen aus vornehmen Kreisen ..." Bei den Bekehrten auf dem Areopag (Apg 17,34) unterließ er die Erwähnung der Damaris und in Apg 18,26 vertauschte er die Namen von Priscilla und Aquila. Es zwingt sich die Erkenntnis auf, daß die Freiheit, deren sich die Frau in der Urgemeinde erfreute, schon in den ersten Jahrhunderten nach dem apostolischen Zeitalter suspekt erschien und daß man diesen „Feminismus" korrigieren wollte, um die Leser der Bibel nicht durch eine zu große Diskrepanz zwischen der Bibel und dem, was sie um sich herum geschehen sahen, zu schockieren.

das mit der Prophetie des Joel: „Eure Söhne *und eure Töchter* werden weissagen ... und sogar auf meine Knechte und *auf meine Mägde* werde ich in jenen Tagen von meinem Geist ausgießen, und sie werden weissagen" (Apg 2,17f).

Durch das Zitat aus Joel, an das Petrus erinnert, „werden die Gläubigen weiblichen Geschlechts von ihrer Gründung an voll und ganz in die Gemeinde integriert mit der Möglichkeit, sich dort mit ihren Begabungen zu betätigen" (F. Goldschmidt, 92, S. 82). „Es geht genau um alle die, die nicht das Recht hatten zu reden: Die Jungen hatten noch nicht das Recht zu reden, und die Alten wurden häufig als im Verfall befindlich angesehen. Was Knechte und Mägde betrifft, so ist es eigentlich selbstverständlich, daß sie nichts zu sagen hatten" (F. de Coninck, 90, S. 47).

## *Lydia, Priscilla und andere Frauen*

Es war eine Frau, nämlich Lydia, die der erste Baustein zur Gemeinde in Griechenland war (Apg 16,13-15). Unter den ersten Bekehrten von Beröa erwähnt Lukas Frauen der gehobenen Gesellschaftsschicht, unter denen von Athen nennt er Damaris. In der Apostelgeschichte „haben Frauen bei der Gründung neuer Stützpunkte für das Reich Gottes eine Schlüsselrolle gespielt – z.B. in Philippi (16,2), Thessalonich (17,4), Beröa (17,12) und Athen (17,34)" (D. Pawson, 92, S. 59f). Denken wir auch an das Ehepaar Aquila und Priscilla, die Apollos unterrichtet haben (Apg 18,26). „Unter der Feder des Lukas wie unter der des Paulus wird Priscilla zuerst genannt, was nicht ohne Tragweite ist, berücksichtigt man die Situation der Frau in der griechisch-römischen Welt im allgemeinen und in der jüdischen Welt im besonderen" (F. Goldschmidt, 92, S. 86). In Bezug auf Priscilla, die den Apollos unterwiesen hat (Apg 18,26), sagen Grudem und Piper, wenn man von einer Tatsache ausgeht, über die man so wenig weiß, ist es schwierig zu schließen, daß Priscilla bei ihrer Unterweisung einen Dienst der Autorität ausgeübt hat. „In dieser Art Situation ist es viel wichtiger, ein Gespür dafür zu haben, wie man das empfindliche Gleichgewicht bewahren kann, das die Autorität des Aquila unangetastet läßt, ohne gleichzeitig die

Weisheit und den Scharfsinn der Priscilla bei ihrem Gespräch zu behindern" (93, S. 5). Howard Marshall, der dieselben Verse auslegt, sagt: „Lukas will uns sicher zu verstehen geben, daß alle beide, Priscilla und Aquila, an dieser christlichen Unterweisung beteiligt waren. Es würde dem Sinn des Textes ganz und gar zuwiderlaufen, wenn man annimmt, Priscilla hätte sich damit begnügt Kaffee zu reichen, während die Männer das Gespräch führten. Außerdem wäre es völlig anachronistisch, in diesem Entwicklungsstadium der Gemeinde eine Unterscheidung zwischen privater und öffentlicher Lehre oder zwischen formeller und informeller Unterweisung zu machen; wir können uns nicht einer solchen Fallunterscheidung bedienen, um die bedeutungsvolle Rolle der Priscilla herunterzuspielen" (84, S. 182).

## Die Frau in den Paulusbriefen

In der Vorstellung vieler feministischen Theologen – und in der Vorstellung vieler Frauen – ist der Apostel Paulus der große Bösewicht. Durch seinen Frauenhaß hätte er alles verdorben und die Bewegung zur Befreiung der Frau, die Jesus ins Leben gerufen hat, umgestoßen. Aber stimmt es wirklich, daß Paulus „der ewige Frauenfeind" ist? (B. Shaw)

Bevor wir die beanstandeten Texte, die sich stärker auf den Gottesdienst beziehen, näher prüfen, wollen wir einige andere Anspielungen auf Frauen aufgreifen. In seinen Grüßen in Röm 16 erwähnt er zehn Christinnen (fast die Hälfte der zitierten Namen), wobei er bei den meisten von ihnen einige Worte hinzufügt, um seine Wertschätzung auszudrücken.

### *In Römer 16*

Paulus empfiehlt zuerst *Phöbe*, Diakonin (das Wort Diakonisse gab es noch nicht im Griechischen, es wurde erst ein Jahrhundert später in kirchlichen Kreisen geprägt) der Gemeinde von Kenchreä (oder: die dort „ihren Dienst ausübt" *BS*): *Phöbe* hatte zweifellos eine wichtige Position in der Gesellschaft, denn Paulus sagt: „Sie ist vielen ein Beistand gewesen, auch mir selbst" (V. 2). Wörtlich sagt er, daß sie für viele eine *prostatis* gewesen ist, zu denen er selbst gehört. Nach dem *Dictionnaire Hatier* bedeutet *prostatis* die Vorsitzende, die Chefin, die Arbeitgeberin.[10] Nach dem Lexikon von Bailly ist es die weibliche Form von *prostates*, was bedeutet: „der vorne steht, der Chef, Präsident, der leitet, Schirmherr, der Arbeitgeber", „derjenige, der an hoher Stelle zugunsten eines anderen interveniert" (B. Huck).

*Prostatis* kommt vom Verb *prohistemi*, welches bis auf eine Ausnahme bei jedem Auftreten „vorstehen" bedeutet, z.B. „der vorsteht, mit Fleiß (12,8)" (F. de Coninck 90, S. 53). *Prostatis* „gehört zu einem Wortfeld, das eine starke Konnotation der Leitung und der Autorität hat" (Liddell-Scott: *Greek-English. Lexikon*, Oxford 1968). Wenn das Wort in der männlichen Form wäre, würde es mit Anführer übersetzt. „In einem Papyrus aus dem Jahr 142 v.Chr. wird eine Frau von ihrem Sohn (der den Vater verloren hat) *prostatis* genannt, d.h. daß sie die Verantwortung hat" (E. A. Judge, *Tyndale Bulletin*, 1984, S. 21).

Paulus bezieht *Priska* (an anderer Stelle Priscilla genannt) mit Aquila in der Wendung ein: „meine Mitarbeiter in Christus Jesus, denen nicht allein ich danke, sondern auch alle Gemeinden der Nationen" (V. 3f). „Die Beifügung 'Mitarbeiter in Christus Jesus', sagt H. Marshall, ist von entscheidender Bedeutung. Sie besagt ohne jeden Zweifel, daß sie alle beide als volle Mitglieder in einer missionarischen Dienstgemeinschaft mit Paulus standen; seine Art, den Namen der Prisca voranzustellen – wie Lukas – bestätigt die Tatsache, daß sie eine aktive Missionarin war. Nichts deutet an, daß sie nur unter Frauen arbeitete" (84, S. 184), oder daß sie eine 'Gehilfin' im engeren Sinne war.

„*Maria*, die viel für euch gearbeitet hat" (V. 6). „Paulus gebraucht hier wie für Tryphäna und Tryphosa und Persis das Verb *kopiao*, das er an anderer Stelle, mit dem entsprechen-

---

[10] Anmerkung des Übersetzers: Nach Th. Zahn bedeutet das griechische Wort *prostatis* soviel wie „Vorsteher, Anführer, Oberhaupt"; „es bedeutet im attischen Recht den athenischen Bürger, welcher den des Bürgerrechts ermangelnden Fremdling in allen Rechtsgeschäften vertritt und schirmt" (Th. Zahn, Der Brief des Paulus an die Römer, in: *Kommentar zum Neuen Testament*, S. 605).

Substantiv *kopas* für die Arbeit der Gemeindeleiter (1Thess 5,12), der Prediger (1Tim 5,17) und für die eigene Arbeit (Kol 1,29) oder auch für den Kampf gegen falsche Lehren verwendet (1Tim 4,10)" (J. Meed, S. 9). Es ist aber zu beachten, daß *kopiao* im wesentlichen „Mühe haben" bedeutet, ohne die Arbeit zu kennzeichnen, die zu dieser Mühe führt. Paulus hat den Einsatz seiner Schwestern im Werk des Herrn anerkannt. „Grüßt *Tryphäna* und *Tryphosa*, die im Herrn arbeiten. Grüßt Persis, die Geliebte, die viel gearbeitet hat im Herrn" (V. 12). „Die 'Arbeit', von der er bei Tryphäna, Tryphosa und Persis redet, ist missionarische Tätigkeit; Paulus gebraucht dasselbe Wort für männliche und weibliche Missionare (Röm 16,6.12; vgl. 1Kor 15,10.58; 2Kor 10,15)" (I. H. Marshall, 84, S. 184). Paulus grüßt noch *die Mutter des Rufus, Julia* und die Schwester des Nereus (V. 13.15).

„In Wirklichkeit ist das ganze Kapitel 16 des Römerbriefes eine wahre Erleuchtung für diejenigen, die Paulus als Frauenfeind sehen. Ein Drittel der Personen, über die sich Paulus lobend äußert, sind Frauen, die das Werk des Herrn mehr als ehrenhaft ausgeführt haben. Sie führen den Titel 'Mitarbeiter am Werk', 'Mitkämpfer mit Paulus' (Phil 4,3), was bedeutet, daß sie an seiner Sendung zur Evangelisation und zur Gründung von Gemeinden Anteil genommen haben" (D. Pawson, 92, S. 92).

*In anderen Briefen*

In Phil 4,2-3 spricht Paulus von *Evodia* und *Syntyche*, die „in dem Evangelium zusammen mit mir gekämpft haben". Wie M. Lüthi sagt, „waren die Frauen für den Apostel Paulus echte Mitarbeiterinnen, Teilhaberinnen am Dienst des Evangeliums" (80, S. 41). Denn die Gesamtheit seiner Zwischenbemerkungen läßt auf eine aktive Mitarbeit schließen, die mit Sicherheit über die Zubereitung von Speisen und das Waschen der Wäsche hinausging. Paulus nannte diese Frauen nicht Gehilfinnen, sondern Mitarbeiterinnen *(synergoi)*.

„Geht man von der Anzahl der Frauen aus, die mit Paulus in gemeinsamem Dienst verbunden waren, so scheint es für Frauen normal gewesen zu sein, aktiv in der Verkündigung des Evangeliums und in den Diensten, die es in jungen Gemeinden gab, engagiert zu sein. Im Grunde gebraucht Paulus dieselbe Sprache, um weibliche und männliche Mitarbeiter zu beschreiben" (Tucker/Liefeld, S. 436).

*Eine Frau als Apostel?*

In Röm 16,7 sagt Paulus: „Grüßt Andronikus und Junia[11], meine Verwandten und meine Mitgefangenen, die unter den Aposteln ausgezeichnet sind (oder: es sind hervorragende Apostel) ..." Ein deutscher Leser wird an diesem Vers nichts Besonderes finden. Wer etwas Latein gehabt hat, wird bald hellhörig: Junia wie Julia (was einige Handschiften haben) oder Prisca ist ein weiblicher Name. Tatsächlich „lieferte die Befragung eines Informatikprogramms, das 2889 griechische Verfasser und 8203 Werke von Homer (9. Jh. v.Chr.) bis zum 5. Jahrhundert unserer Zeitrechnung zusammenfaßt, dem *Thesaurus Linguae Graecae*, nach allen Formen von *Iounis* das folgende Ergebnis: Neben dem Zitat von Röm 16,7 finden sich nur drei andere Beispiele von Junia. Prüft man sie, so erkennt man, daß Junia zur Zeit des Neuen Testaments ein weiblicher Name war" (Grudem/Piper, 93, S. 24f).

Jedoch stimmen nicht alle Fachleute darin überein, darin ein weibliches Substantiv zu sehen. Manche glauben, daß es sich um eine Abkürzung für Junianus oder Juniacus handelt (wie Patrobas aus V. 14 eine Abkürzung des lateinischen Patrobicus ist). Schon die Kirchenväter waren geteilter Meinung: Chrysostomus, Theophylakt und Hieronymus behaupteten, daß es eine Frau ist. W. Grudem zitiert Epiphanius (315-403), der meinte, Paulus spreche von einem Mann, der später Erzbischof von Apameia

---

[11] (Oder wie in der EB: Junias) Anmerkung des Übersetzers: Im griechischen Neuen Testament steht an dieser Stelle *Iounian*. Da diese Wortform möglicherweise von einem männlichen Namen Junias oder auch von einem weiblichen Namen Junia stammen kann, hat der Übersetzer des griechischen Neuen Testaments zu entscheiden, ob er den Namen als Männernamen oder als Frauennamen wiederzugeben hat. Um die Entscheidung dieser Frage geht es in diesem Abschnitt.

wurde (was wenig wahrscheinlich ist, da es das monarchische Episkopat im 1. Jahrhundert noch nicht gab). Man kann also der Auffassung sein, daß es *sehr wahrscheinlich* ist (Cranfield), daß Junia eine Frau war – ohne es mit Sicherheit behaupten zu können.[12]

Rechnet Paulus sie zu den Aposteln? Andronicus und Junia sind „rühmlich bekannt unter den Aposteln" (ZB), „ausgezeichnet unter den Aposteln" (EB), „berühmte Apostel" (Luther 1956), „berühmt unter den Aposteln (Luther 1984), es sind „hervorragende Apostel" (TOB), sie „nehmen unter den Aposteln einen hervorragenden Platz ein" (GN).

Man sieht: Keine moderne Übersetzung gibt diese Wendung durch „wohlbekannt bei den Aposteln" wieder, von der Godet sagte: „Welch seltsamer Ehrentitel; die Apostel kennen sie!" (*Rom. II*, S. 575). F. F. Bruce sagt auch, daß die wahrscheinliche Bedeutung des Ausdrucks ist, daß sie selbst Apostel waren und sogar hervorragende Apostel (*Rom., Tyndale NT*, S. 272).

Aber welchen Sinn hat das Wort Apostel dann? Bestimmt nicht, daß sie zu den Zwölfen gehörten. Doch neben ihnen gibt das Neue Testament diese Bezeichnung auch dem Barnabas (Apg 14,14; 1Kor 9,5-6), Silas und Timotheus (1Thess 2,6) sowie Jakobus, dem Bruder des Herrn (Gal 1,19). Es gab auch „Gesandte (*apostoloi*) der Gemeinden" (2Kor 8,23). Zweifellos muß man diesen Ausdruck mit einer dieser Bedeutungen verstehen. „Es ist wahrscheinlich, daß diese beiden Personen Missionare waren, Mitarbeiter des Paulus in demselben Sinn wie Paulus und Barnabas, 'Apostel' der Gemeinde von Antiochia (Apg 14,4.14). Anders gesagt: Sie waren durch die Gemeinde ausgesandt, um das Evangelium zu verbreiten. Ich schließe daraus, daß Röm 16,7 uns von zwei hervorragenden Missionaren berichtet, von denen einer sehr wohl eine Frau gewesen sein kann" (J. Hurley, 84, S. 130) – wie wir im 20. Jahrhundert Frauen als Missionarinnen haben.[13]

---

[12] Die meisten Verfasser der Frühkirche haben in *Iounian* den gut bezeugten weiblichen Namen Junia erkannt. Die Handschriften des Mittelalters und die meisten modernen Verfasser (außer Lagrange *Épître aux Romains* 1922, S. 366) sehen darin einen männlichen Namen: Junias. Dazu müßte man hierin eine Abkürzung von Junianus sehen. Zur Zeit neigt man erneut zu einem weiblichen Namen (R. Riesner: *Das große Bibellexikon*, Bd. 2, R. Brockhaus/Brunnen, Wuppertal 1988, S. 744).

[13] Ein erschöpfendes Studium der Rolle der Frauen in der Urgemeinde findet man in P. Ketter: *Die Frauen in der Urkirche*, Kepplerhaus-Verlag, Stuttgart 1949 (348 S.).

Kapitel 6

# In Christus ist nicht mehr Mann und Frau

## Die verschiedenen Stellen in den Briefen zum Thema „Frau in der Gemeinde"

In den Paulus- und Petrusbriefen werden die Frauen häufig an Stellen genannt, wo es um Ehepaare geht (Eph 5,22-33; Kol 3,18f; 1Petr 3,1-7), in Ausführungen, bei denen es um die Korrektur bestimmter Verfahrensweisen in der Gemeinde geht (1Kor 11,2-16; 14,33-38; 1Tim 2,9-15), in Grußworten (Röm 16; 3Joh 1) und in der Aufzählung Gal. 3,28. Frauen sind auch einbezogen in den meisten Ermahnungen, die an alle Gläubigen gerichtet werden.

Von allen diesen Briefstellen werden im allgemeinen nur die zurechtweisenden Texte aus 1Korinther und aus 1Timotheus in Betracht gezogen. Der Apostel versucht an den drei genannten Stellen falsche Formen des Gemeindelebens zu korrigieren, die in der Gemeinde Fuß gefaßt hatten. Aber, wie O. Rogers sagt: „Es ist nicht weise, christliche Verhaltensformen auf korrigierende Abschnitte des Neuen Testaments zu stützen. Wir befinden uns auf viel soliderer Grundlage, wenn wir sie auf positive Aussagen gründen" (82, S. 67). Das Gleiche sagt auch Bilezikian: „Die Leitlinien für die gegenwärtige Praxis sollten von allgemein gültigen Texten abgeleitet werden (wie z.B. Gal 3,28) und nicht von Ausnahmefällen" (85, S. 128; 92, S. 103).

Außerdem sind die drei fraglichen Abschnitte schwierige Stellen. Und wie wir im 1. Kapitel gesehen haben, besagt eine der fundamentalen Regeln biblischer Auslegung, daß man undurchsichtige Stellen im Lichte klarer Stellen auslegen soll. Doch kann keiner der drei Abschnitte aus 1Kor und 1Tim dieser Forderung genügen. Wie wir sehen werden, wenn wir diese Schriftstellen näher beleuchten, ordnen alle Ausleger sie unter die schwierigsten Verse des Neuen Testaments ein, sei es wegen der verwendeten Ausdrücke, die nicht dem üblichen Vokabular des Neuen Testaments entsprechen, sei es wegen einer fehlenden Einbindung in den Textzusammenhang oder auch, weil sie offenbar Widersprüche zu anderen Bibelstellen enthalten.

1Tim 2, in welchem einer Frau zu reden verboten wird, ist voller Schwierigkeiten: Die Verse 9-10 beziehen sich auf Schmuck (Haarflechten, Gold, Perlen, kostbare Kleidung), der Vers 15: die Frau „gerettet durch Kindergebären" oder „dadurch, daß sie Mutter wird". „Diese Schwierigkeiten werden zu oft beseitigt, indem man sie verschweigt oder relativiert, während sie doch zum unmittelbaren Kontext der Verse 11-12 gehören, die nicht als klarer angesehen werden können als ihr Kontext" (S. 317). F. de Coninck betrachtet diesen Text auch als „den undurchsichtigsten" (90, S. 55).

1Kor 14,34 hat die Ausleger so sehr beunruhigt, daß eine ganze Anzahl von ihnen, selbst unter den extrem evangelikalen, ihn als eine in den Text eingefügte Randglosse betrachteten und daß andere rund vierzig Harmonisierungsversuche mit 1Kor 11 vorgeschlagen haben. Dieser letztgenannte Abschnitt steht übrigens den beiden anderen Abschnitten hinsichtlich der Schwierigkeiten in nichts nach, da er einen Vers enthält, der von mehreren für „den dunkelsten Vers des Neuen Testaments" gehalten wird.

Im Vergleich dazu ist Gal 3,28 eindeutig viel klarer, denn

1. entsprechen die drei Paare (Juden - Griechen, Sklaven - Freie, Männer - Frauen) der griechischen und jüdischen philosophischen Tradition;
2. war das die Einteilung der Gesellschaft im römischen Weltreich;
3. können wir uns eine gute Vorstellung der persönlichen, sozialen und praktischen Auswirkungen dieses neuen Leitsatzes machen, wenn wir von dem Gegensatz zwischen Juden und Griechen ausgehen, der in der Gemeinde überwunden wurde.

## „In Christus ist nicht mehr Mann und Frau"

Diese Feststellung von Gal 3,28 findet sich in dem ersten uns überlieferten Paulusbrief. Außerdem ist das der einzige Text über die Stellung der Frau innerhalb einer dogmatischen Erläuterung und nicht innerhalb von Anweisungen, die eine mehr oder weniger entstellte oder unkontrollierte Situation berichtigen sollten. Es ist daher gut, zuerst zu prüfen, was sich daraus folgern läßt.

Dieser Abschnitt, sagen R. Tucker und W. Liefeld, „wird entweder als eine absolute Erklärung aufgefaßt, die sämtliche Unterschiede außer Kraft setzt und maßgebend für die Auslegung aller übrigen neutestamentlichen Stellen über die Frau ist, oder nur als Hinweis darauf, daß die Rechtfertigung nicht durch Unterschiede der Rasse, der sozialen Stellung oder des Geschlechts berührt wird" (87, S. 453). Dieses Wort wurde zur Parole und zum Sammelzeichen aller derer, die für die Gleichheit des Mannes und der Frau auf allen Gebieten kämpfen.

Das ist *die* „Magna Charta der Menschheit" (P. Jewett). „Die in Gal 3,28 ausgesprochene Gleichwertigkeit von Mann und Frau bestimmt das gesamte paulinische Denken, wenn es um Fragen des Glaubens oder Heils oder der ethischen Maßstäbe geht (z.B.: 1Kor 7,1-5;10-13;14)" (W. Neuer, 82, S. 101). „Paulus stellt hier das maßgebende Prinzip auf. Wenn Einschränkungen für dieses Prinzip anderswo im paulinischen Gesamtwerk wie in 1Kor 14,34 oder in 1Tim 2,11 zu finden sind, so müssen sie im Lichte von Gal 3,28 verstanden werden und nicht umgekehrt" (F. F. Bruce, *Galatians,* Exeter, Paternoster 1982, S. 190). S. Bénétreau weist darauf hin, daß die dreigliedrige Struktur dieses Verses („weder Jude noch Grieche, weder Sklave noch Freier, weder Mann noch Frau") einer Variante des Gebets entspricht, das jeder Jude täglich sprach: „Herr, ich danke dir dafür, daß ich kein Heide, daß ich kein Sklave und daß ich keine Frau bin."

Die Diskrepanz zwischen der neuen Situation und der Denkweise, die in diesem Gebet ihren Widerhall findet – einem Gebet, das Paulus vor seiner Bekehrung Tausende von Malen gesprochen haben muß – ist ein Maß für den Umfang der Veränderung, die Christus den zwischenmenschlichen Beziehungen gebracht hat. Die „klassenlose" Gesellschaft, die Karl Marx durch seine gewaltsame Revolution gründen wollte, findet schon ihre Verwirklichung durch den Geist Gottes, und zwar in der Gemeinde. Dort ist ebenso die jahrhundertealte Gegensätzlichkeit zwischen Mann und Frau überwunden, um einer neuen Beziehung Platz zu machen, die auf Liebe beruht. Aber lehrt uns dieser Text die Aufhebung der Verschiedenheit der beiden Geschlechter und die Identität ihrer Ämter und Rollen?

*Der soteriologische Zusammenhang*

H. W. House macht mit Recht darauf aufmerksam, daß dieser Vers nicht von den Ämtern in der Gemeinde spricht, sondern von dem gemeinsamen Heilserbe als Verwirklichung der Zusage, die dem Abraham gegeben wurde. „Alle, Juden und Griechen, Sklaven und Freie, Männer und Frauen sind jetzt 'Söhne Abrahams'" (90, S. 100-107). „Der Kontext dieses Verses führt deutlich aus, worin die Gleichheit in Christus von Mann und Frau besteht:
genauso gerechtfertigt durch den Glauben (V. 24),
genauso befreit von der Versklavung durch das Gesetz (V. 25),
genauso Kinder Gottes (V. 26),
genauso mit Christus bekleidet,
genauso Christus zugehörig (V. 28) und
genauso Erben der Verheißungen an Abraham (V. 29)
(vgl. 1Petr 3,1)" (Grudem/Piper, 93, S. 5).

Man kann erwidern, daß die Heilsfrage schon früher in dem Brief behandelt wurde (3,8-9.14.22). An dieser Stelle geht die Aussage des Paulus sicher darüber hinaus. Dieser Text, wie House übrigens erkannte, hat seine Grundlage in 1Mo 1,26-28: „Er schuf sie als Mann und Frau", gemeinsam im Bilde Gottes.[14] Es ist diese Einheit in Christus „als neue Schöpfungen", die

---

[14] Genauer betrachtet ist es der Text der Septuaginta, auf den sich Paulus stützt, da er statt des Wortes *oude*, mit dem Juden und Griechen, Sklaven und Freie, verknüpft werden, wie die Septuaginta für die Verknüpfung von Mann und Frau das Wort *kai* verwendet.

Paulus hier unterstreicht. Durch das Werk am Kreuz hat Christus die Situation vor dem Sündenfall wiederhergestellt. „Wie Juden und Griechen das, was sie waren, blieben, so bleiben Mann und Frau das, was sie sind; aber in Christus hat sich durch die Taufe etwas verändert, am einzelnen und dadurch auch an der Gemeinde – nicht nur durch den Glauben – etwas, was selbst das Gesetz übertrifft und dadurch auch die Schöpfungsordnung" (Stendahl, 66, S. 33-34) - sagen wir lieber: was diese Ordnung wiederherstellt. „Die neue Gemeinschaft war zwar nicht in der Lage, die Werte und die Rollen in der sie umgebenden Kultur zu ändern, aber innerhalb der Gemeinde mußten sich der Umgang miteinander und die Beziehungen zueinander auf die Erkenntnis der Gleichheit stützen" (Robin Scrogg, *The Interpreters Dictionary of the Bible*, S. 966).

*Der Zusammenhang mit der Taufe*

„Viele Fachleute denken, daß diese Behauptung von V. 28: 'In Christus ist nicht mehr Jude noch Grieche' die Umschreibung eines Glaubensbekenntnisses ist, das im Lauf der Taufhandlung in den paulinischen Gemeinden wiederholt wurde. Auf jeden Fall hat die Erklärung des Paulus in diesem Textzusammenhang einen Bezug zur Taufe. Folglich hat sie jedesmal, wenn ein neuer Gläubiger dem Leib Christi hinzugefügt wird, für die Gemeinde das Gewicht einer Einweihungserklärung" (G. Bilezikian, 85, S. 126; 92, S. 192). Die Verse 26-29 zeigen, was denen geschieht, die sich mit Christus identifizieren: „Sie empfangen eine Gemeinschaftsidentität, die ihre Trennungen und ihre Feindseligkeiten heilt" (S. 127). Dieser Bezug zur Taufe zeichnet sich in den vorausgehenden Versen ab: In den Versen 26-27 hat Paulus gerade gesagt: „Ihr alle seid Söhne Gottes durch den Glauben an Christus Jesus. Denn ihr alle, die ihr auf Christus getauft worden seid, ihr habt Christus angezogen."

Das Bild des Ankleidens wurde häufig in Verbindung mit der Taufe und ihrer Bedeutung verwendet. „Die symbolische Bedeutung der Kleider wurde auch in zwei anderen Texten gebraucht, die von dem neuen Leben in Christus reden. Eph 4,20-24 und

Kol 3,9-14 sprechen von dem 'Anziehen' des neuen Menschen, so wie man neue Kleider anzieht. Das scheint eine verbreitete Art gewesen zu sein, vom neuen Leben in Christus zu sprechen. Die Verwendung von Kleidern als Bild für die Kennzeichen der neuen Lebensweise stammt aus dem Alten Testament (Hi 29,14; Ps 35,26; 109,29; 132,9; Jes 11,5; 59,17; vgl. Röm 13,12.14; 1Thess 5,8). Es ist wichtig zu erkennen, daß das Ausziehen der alten Kleider in Kol 3,9-11 und das Anziehen der neuen Kleider die *sozialen Beziehungen* berührt, wie die unmittelbar sich anschließenden Ermahnungen zeigen (V. 12-14). In diesem Kolosserabschnitt ist es klar, daß für jemanden, der Christus angezogen hat, das Aufhören der Unterschiede sich nicht nur auf seine *Stellung* bezieht, sondern auch auf sein praktisches Leben. Es gibt keinen Grund zu glauben, daß Paulus im Galaterbrief nicht demselben Gedankengang folgte" (Tucker/Liefeld, 87, S. 453). „Der biblische Gebrauch der Kleidermetapher scheint diese Unterschiede zu beseitigen, nicht nur im Hinblick auf die Rechtfertigung, sondern auch im Hinblick auf die persönlichen Beziehungen, die sich aus ihr ergeben)" (a.a.O., S. 454).

Der Zusammenhang mit der Taufe erinnert uns auch an die bedeutende Veränderung, die zwischen dem Alten und dem Neuen Bund eingetreten ist: Im Judentum wurden nur die Männer beschnitten, im Christentum werden Männer und Frauen getauft. „Die Unterschiede aufgrund von Rasse, Klasse und Geschlecht sind in der Gemeinde irrelevant", Juden und Griechen, Sklaven und Freie, Männer und Frauen bleiben, was sie sind, aber „ihre geistliche Verbundenheit hat Vorrang gegenüber den Unterschieden" (G. Bilezikian, 85, S. 127; 92, S. 103). Diese Diskriminierungen im Leib Christi beizubehalten, ist eine Sünde (Jak 2,1-13). Wo der Fluch das Urteil gefällt hatte: „Er aber wird über dich herrschen", da befiehlt das Evangelium: „Ihr Männer, liebt eure Frauen wie eure eigenen Leiber (Eph 5,25.28). Die Beherrschung der Frau durch den Mann, die dem Fall folgte, wird ungültig gemacht durch 1Kor 7,4, wo die Frau genau dieselben Rechte empfängt wie der Mann („auf dem intimstem Gebiet ihrer Beziehungen", I. H. Marshall, 84, S. 187). „Die Autorität des Mannes wird durch eine gegenseitige Beziehung der Autorität und der Unterordnung ersetzt, die im Leben des christlichen

Ehepaares die Zustände vor dem Fall wieder hervorbringt" (G. Bilezikian, 85, S. 131; 92, S. 106).

„Sie sind *eins* in dem Sinne, daß sie wie Brüder und Schwestern beide zusammen einen Teil der einen Familie Gottes bilden; es sollte zwischen ihnen weder Haß noch Rivalität geben, und keiner sollte sich einem anderen als überlegen ansehen oder seine Interessen vor die der anderen stellen. So leugnet Paulus, daß in den Augen Gottes – und damit auch in den Augen seines Volkes – Juden mehr sind als Heiden, Freie mehr als Sklaven oder Männer mehr als Frauen" (I. H. Marshall 84, S. 186).

## Weder Juden noch Griechen?

In einem Artikel mit dem Titel „Ein neuer Zugang zur Frage der Stellung und der Funktion der Frau im Licht des Beispiels der Beziehung zwischen Juden und Nichtjuden" (*JETS* 34,1, März 1991) untersucht S. D. Lowe eines der Argumente der Verteidiger der Hierarchie zwischen Männern und Frauen: „Man muß den Unterschied zwischen der soteriologischen (das Heil betreffenden) Stellung und der soziologischen Rolle aufrechterhalten." Ihre Gegner sagen, daß es einen engen Zusammenhang gibt zwischen der Stellung, die jemand im Leib Christi einnimmt und seiner Funktion oder seiner Rolle in der Gemeinde und in der Gesellschaft. H. W. House tut so, als ob der Apostel Paulus in Gal 3,28 nur für eine Gleichheit der Stellung argumentiert, aber nicht für eine soziale Gleichheit zwischen den drei erwähnten Personenpaaren: Juden und Nichtjuden, Sklaven und Freien, Männern und Frauen. „Die Gleichheit beim Erbe erfordert nicht eine Gleichheit der Rolle oder der Funktion" (*Bibliotheca Sacra* 145, 1988, S. 54).

P. K. Jewett dagegen behauptet: „Die sozialen Folgerungen aus Gal 3,28 auf die Beziehungen zwischen Juden und Griechen in der Gemeinde werden nicht dadurch aufgehoben, daß man sie auf die Beziehungen des Menschen zu Gott beschränkt. Wir würden bestimmt nicht damit rechnen, Paulus sagen zu hören: 'Diese Aussagen gelten für die Frage nach dem Heil des einzelnen, aber in jeder anderen Beziehung bleibt alles so, wie es immer gewesen ist.' Paulus hat alles, was in seiner Macht stand, getan, um das Prinzip der Gleichheit im praktischen Leben seiner Gemeinde zur Anwendung zu bringen. Daran kann es keinen Zweifel geben" (75, S. 142).

S. D. Lowe untersucht, wie Paulus in den Briefen an die Römer und an die Epheser die Frage der Beziehungen zwischen Juden und Nichtjuden in der Gemeinde behandelt, indem er seine Aufmerksamkeit besonders auf die Abschnitte richtet, in denen das wechselseitige Pronomen *allélôn* (einander) auftritt, und auf die Abschnitte, in denen von den geistlichen Gaben die Rede ist.

*Im Römerbrief*

Er macht darauf aufmerksam, daß die Kapitel 12-16 des Römerbriefes, in dem sich diese Stellen befinden, den Kapiteln 9-11 folgen, die der Frage nach dem Plan Gottes mit Israel gewidmet sind. Die Frage nach den Beziehungen zwischen früheren Juden und früheren Heiden in der Gemeinde war *die* große Frage der Urgemeinde. Wir dürfen daher die Ermahnungen der „praktischen" Kapitel nicht als allgemeine Aussagen lesen, die sich an jeden x-beliebigen in der Gemeinde wenden, sondern vor allem als Anwendungen auf die wechselseitigen Beziehungen zwischen den beiden Gruppen. „In der Auslegung von Röm 12-16 vergißt man sehr oft, daß Paulus seine theologischen Ausführungen über die Beziehungen zwischen Juden und Nichtjuden *in Christus* auf ihre Beziehungen *in der Gemeinde* ausweitet." (Lowe, S. 63). Die ehemals „Feinde" waren, sind jetzt „Glieder voneinander" (Röm 12,5) und müssen sich folglich wie solche verhalten. Sie müssen „in der Bruderliebe herzlich zueinander" sein, „in Ehrerbietung einer dem anderen vorangehen" (12,10), „gleichgesinnt gegeneinander" sein (V. 16), einander annehmen (Starke und Schwache, nämlich Heidenchristen und Judenchristen), ohne einander zu richten (14,13), sondern „dem nachstreben, was des Friedens ist, und dem, was zur gegenseitigen Erbauung dient" (V. 19). Die beiden Gruppen werden ermahnt, einander aufzunehmen (15,7) wie Christus sie in seine Gemeinschaft aufgenommen hat. „Paulus will, daß seine Leser begreifen, daß die Beziehung zwischen den beiden Gruppen sich jetzt auf einer Ebene der Gleichheit und der Gegenseitigkeit abspielt und nicht mehr in einer Rangordnung mit den Juden oben und den Nichtjuden unten" (Lowe, S. 64).

Das Kapitel 12 beginnt mit *oun* (nun); es knüpft daher die folgenden Ermahnungen an das an, was unmittelbar vorausgeht. Sie beziehen sich zuerst auf die geistlichen Gaben, deren Ausübung anscheinend Anlaß zu manchen Reibereien zwischen Juden und Nichtjuden gegeben hat. „Denn ich sage durch die Gnade, die mir gegeben wurde, *jedem, der unter euch* ist, nicht höher (von sich) zu denken, als zu denken sich gebührt, sondern darauf bedacht zu sein, daß er besonnen sei, wie Gott einem jeden das Maß des Glaubens zugeteilt hat" (12,3).

„Der ausgleichende Faktor ist die Gleichstellung der Juden und Heiden vor Gott (11,11f) und die gleiche Verteilung der geistlichen Gaben, die aus Gnade jedem einzelnen zugeteilt wurde (12,6) ... Die Mannigfaltigkeit der Gaben mündet ein in eine Mannigfaltigkeit von Funktionen (12,4). Aber die verschiedenen Funktionen des Dienstes sind offen für alle, ohne Einschränkung. Welche Gabe es auch ist, die der einzelne empfangen hat, er muß die Funktion oder den Dienst ausfüllen, zu dem die Gabe ihn befähigt. Das ist die Wahrheit, die Paulus in diesen V. 6-8 unterstreichen will. Kurz: Was für die Heiden auf der soteriologischen Ebene zutrifft (die Gleichstellung), wird auf der Ebene der Dienste (der Funktionen) praktische Wirklichkeit. In der Perspektive des Paulus würde es nicht ausreichen, nur theoretisch die Rechte einer Gleichstellung zu besitzen, ohne diese Stellung auf der praktischen Ebene erproben zu können" (Lowe, S. 67).

## *Im Brief an die Epheser*

Wenn wir vom Römerbrief zum Epheserbrief übergehen, so finden wir, daß das Hauptanliegen dieses Briefes ebenfalls die Einheit zwischen früheren Juden und früheren Heiden in der Gemeinde ist (siehe A. Kuen: *Les lettres de Paul*, S. 214-221). Die Heiden, die „Fremdlinge hinsichtlich der Bündnisse der Verheißung" waren (2,12), sind jetzt „nahe" geworden (2,13),

„Mitbürger der Heiligen und Gottes Hausgenossen" (2,19), „Miterben" der Juden, Glieder desselben Leibes und Teilhaber derselben Verheißung (3,6). Sie bilden einen Teil des „neuen Menschen", den Christus aus Juden und Nichtjuden schaffen wollte, die er „Frieden stiftend" mit sich selbst vereinigt hat (2,15); er hat die einen und die anderen mit Gott versöhnt und in *einem* Leib vereinigt (V. 16) im Frieden (V. 17); indem „beide durch *einen* Geist Zugang zum Vater" haben (V. 18), sie sind „in ihm zusammengefügt ... zu einem heiligen Tempel im Herrn" (V. 21), um „eine Behausung Gottes im Geist" zu werden (V. 22).

Für den Epheserbrief typisch ist das Auftreten neuer von Paulus geprägter Wörter mit der Vorsilbe *syn* (mit), welches „die Gleichheit und die gegenseitige Beziehung zueinander bezeichnet" (W. Grundmann, *TDNT* 7, S. 770). Diese Wörter „beziehen sich alle auf die neue Einheit, auf diesen neuen Menschen, den Christus aus Juden und Nichtjuden geschaffen hat" (K. Barth).[15]

Der praktische Teil des Epheserbriefes stützt sich, wie der Römerbrief, mit dem Wort *oun* (nun: 4,1) auf eine theoretische Ausführung im ersten Teil. Juden und Heiden *sind eins* und müssen es jetzt durch ihr Verhalten im Bereich der sozialen und zwischenmenschlichen Beziehungen zeigen. Die theologische Wahrheit muß in der Gemeinde konkret werden, die Realität des gemeinsamen Heils in Christus muß eine nachhaltige Auswirkung auf die soziale Ordnung und die Aufgaben in der Gemeinschaft haben. Im Epheserbrief verwendet Paulus erneut das Wort *allélôn* (einander), in Verbindung mit praktischen Ermahnungen: demütig, freundlich und geduldig sein, einander in Liebe ertragend (4,2). „Die Einheit, die der Geist schenkt", muß Gestalt gewinnen in dem Frieden, der sie miteinander verbindet (4,3). Jeder soll mit seinem Nächsten Wahrheit reden; denn „wir sind untereinander Glieder" (4,25). Jeder soll nur Worte sagen, die den anderen helfen, im Glauben zuzunehmen (4,29). „Seid aber

---

[15] (*Israel and the Church*, 1969, S. 92). Die Heiden und die Juden sind jetzt *sympolitai* (Mitbürger: 2,19), *synarmologoumenoi* (zusammengefügt: 2,21), *synoikodomoumenoi* (mitaufgebaut: 2,22), *synklaeronoma, symmetocha, syssoma* (Miterben, Mitteilhaber derselben Verheißung, Miteinverleibte: 3,6).

zueinander gütig, mitleidig, und vergebt einander, so wie Gott in Christus euch vergeben hat" (4,32). Indem ihr euch beständig vom Geist erfüllen laßt, ermutigt ihr einander durch das Singen von Psalmen und Lobliedern und geistlichen Liedern, die vom Heiligen Geist inspiriert sind (5,19), und ihr ordnet euch einander unter in der Furcht Christi (5,21).

Wie im Römerbrief widmet Paulus den ersten Abschnitt dieser praktischen Ausführungen den Gaben, die Christus den Menschen geschenkt hat und die jetzt den einen wie den anderen zugänglich sind, d.h. den ehemaligen Heiden und auch den ehemaligen Juden: „Apostel, Propheten, Evangelisten, Hirten und Lehrer" (4,11). „Christus will, daß alle Glieder des Volkes Gottes aktive Mitarbeiter sind, er vertraut ihnen und rüstet sie für alle ihre Dienste aus, alle empfangen priesterliche Aufgaben" (M. Barth).[16]

*Schlußfolgerungen*

Welche Schlüsse ergeben sich aus diesem Vergleich? „Das Beispiel der Beziehung zwischen Juden und Nichtjuden scheint nahezulegen, daß die objektive in Christus erworbene theologische Stellung die funktionalen und sozialen Dimensionen der Gegenwart von Nichtjuden im Leib Christi berührt ... Paulus beschreibt die Aufgaben nicht, die Nichtjuden in der Gemeinde wahrnehmen können, schränkt sie aber auch in keiner Weise ein. Sie haben offensichtlich genauso viel Freiheit, Dienste zu übernehmen, wie die Juden ...

In welchem Umfang können wir ein Modell der Beziehungen zwischen Männern und Frauen auf den Beziehungen zwischen Juden und Nichtjuden aufbauen? Paulus sah offenbar eine gewisse Verbindung zwischen der Stellung der Nichtjuden und der Stellung der Frau, sonst wäre die Aussage von Gal 3,28 unverständlich. Nebenbei bemerkt werden beide Beziehungen als *Geheimnisse* bezeichnet (Röm 11,25; 16,25; Eph 3,3-7; Kol 1,26f)."

---

[16] *Ephesians*, Garden City, Doubleday 1974, S. 482.

## Weder Sklaven noch Freie?

Das Ideal der neuen Schöpfung ist nach allen Befunden eine Gesellschaft, in der es weder Sklaven noch Freie gibt. Jedoch wollte der Apostel Paulus nichts übers Knie brechen und dem Evangelium nicht Hindernisse in den Weg stellen, indem er zu gewaltsam die herrschenden Sitten auf den Kopf stellte. Obwohl es in Christus weder „Sklaven noch Freie" gibt, hat er niemals zu den Sklaven gesagt, sie sollten sich als befreit betrachten, noch hat er zu ihren Herren gesagt, es wäre ihre Pflicht, ihre gläubigen Sklaven freizulassen. Im Gegenteil: Er hat dem Philemon dessen entflohenen Sklaven Onesimus zurückgeschickt und hat ihn aufgefordert, ihn als Bruder aufzunehmen (Phlm 16f). Man hat vermutet, er wollte, als er schrieb: „ich weiß, daß du auch mehr tun wirst, als ich sage" (V. 21), ihm in Wirklichkeit nahelegen, ihn freizulassen. Mag sein, aber er hat ihn nicht gezwungen. Die Zeit war noch nicht reif für eine solche soziale Umwälzung. Und wenn die Christen für die Befreiung ihrer Brüder aus der Sklaverei gekämpft hätten, dann wäre das Christentum mit derselben Härte zerschlagen worden wie der Spartakusaufstand.

Aber, wie J. K. Howard sagt, wurden innerhalb der Gemeinde „wenigstens im Prinzip niemandem aufgrund von Rassen- oder sozialen Unterschieden irgendwelche Grenzen für seine aktive Teilnahme am Gemeindeleben oder an ihren Versammlungen abgesteckt" (83, S. 31).

Und hätte man den Apostel Paulus gefragt: „Welche Gesellschaftsform entspricht dem ursprünglichen Gedanken Gottes am besten, die, in der es Herren und Sklaven gibt oder diejenige, in der alle Menschen im Hinblick auf ihre soziale Stellung gleich sind?", so hätte er sich zweifellos für eine Gesellschaftsform wie die unsrige ausgesprochen. Und doch hat man jahrhundertelang die biblische Rechtfertigung der Sklaverei verteidigt, indem man sich auf Aussagen über die Unterwerfung der Sklaven unter ihre Herren berufen hat (Eph 6,5; Kol 3,22; 1Tim 2,9; vgl. 1Petr 2,18). Aber heute sehen alle in der Abschaffung der Sklaverei eine Frucht des Christentums. Diane Jordan greift das Argument auf: „Wenn Gott für die Frauen in der Gemeinde eine besser festgelegte Rolle gewünscht hätte, dann hätte er nicht 2000 Jahre gewartet, um es bekannt zu machen." Sie antwortet: „Wir würden uns schämen, dasselbe Argument zur Verteidigung der Sklaverei einzusetzen, wo es 1800 Jahre gedauert hat, bis die Gemeinde reagierte, obwohl wir glauben, daß ihre Abschaffung den Willen Gottes für die Menschheit widerspiegelt. Gewiß, die Offenbarung ist abgeschlossen, aber noch lange nicht unser Verständnis für ihre Anwendung in unserer Welt" (93, S. 4).


## Welche Situation entspricht am ehesten dem Plan Gottes?

Wenn man die Linien weiterführt, die Jesus und Paulus begonnen haben, und wenn man zur Abschaffung der Sklaverei und der Beendigung der Diskriminierung zwischen Juden und Nichtjuden Parallelen zieht, so könnte man sich eine Frage stellen, die der Frage nach der Teilnahme der Frauen am Gemeindeleben ähnelt: Welche Situation entspricht am besten dem ursprünglichen Gedanken Gottes? Diejenige, bei der die Frau zum Schweigen verurteilt ist, oder die, bei der sie – entsprechend ihrer Natur und ihrer Begabung und im Einklang mit der eingesetzten Autorität – am gesamten Gemeindeleben teilnimmt?

Dieselbe Frage hat sich schon in vielen evangelikalen Gemeinden hinsichtlich der Teilnahme der Schwestern am öffentlichen Gebet gestellt. Endlich wurden die meisten von ihnen durch das Wort Gottes überzeugt, daß die weiblichen Christen in der Urgemeinde an allen Gebeten frei teilgenommen haben – in Anbetungsstunden und auch in Gebetsversammlungen. Die geistliche Bereicherung der Gemeinden, die es gewagt haben, diese Überzeugung in die Praxis umzusetzen, ihre neue Ausstrahlung, die Entfaltung der Schwestern, die Überwindung der Frustrationen und der Spannungen sind in gleichem Maße Beweise dafür, daß die Interpretation richtig ist, die 1Kor 14,34 dem Vers 1Kor 11,5 untergeordnet hat.

„Die Gemeinde, die die Rolle der Frauen auf das Reinigen und Kochen beschränkt, beschneidet ihr geistliches Leben beträchtlich und läßt oft die Wärme und Liebe vermissen, zu denen die Frauen besonders beitragen können" (D. Watson, 78, S. 278). Wie wir uns darüber wundern, daß so viele Jahrhunderte vergehen mußten, bevor in den „christlichen" Ländern die Sklaverei abgeschafft wurde, so wird man sich vielleicht in einem Jahrhundert wundern, daß wir aus 1Kor 11 die richtigen Schlüsse für das Gebet gezogen haben, aber nicht für die Prophetie.

O. Rogers faßt gut die Veränderungen zusammen, die Christus der Stellung der Frau gebracht hat. „Als Christus kam, hat er die Würde der Frau wiederhergestellt und ihr den Platz gegeben, auf den sie in der Gesellschaft Anspruch hatte:

a) In Christus ist sie dem Mann wieder gleichgestellt (Gal 3,28).
b) In Christus erhält sie das Heil durch den Glauben genauso wie der Mann.
c) In Christus wird ihr Leib ein Tempel des Heiligen Geistes wie der des Mannes.
d) Wie der Mann wird sie durch das Wort Gottes ernährt.
e) Wie er kann sie Sprachrohr des Heiligen Geistes sein.
f) Wie er hat sie im Gebet Zugang zum gemeinsamen Vater, denn sie wurde zusammen mit ihm mit dem Priestertum versehen, mit allen Verpflichtungen und allen Rechten, die diese Berufung beinhaltet (1Petr 2,9)" (82, S. 64).

## *Die Wechselbeziehung zwischen Rechten und Pflichten*

Ein anderer Text, der den engen Zusammenhang zwischen Rechten und Pflichten beim Ehepaar unterstreicht, ist 1Kor 7,3-16. D. Bergèse hebt die folgenden Punkte hervor:

V. 3: Der Abschnitt beginnt mit dem Gedanken der gegenseitigen Verpflichtung.

V. 4: Die Hingabe des Körpers (des ganzen Wesens) ist auf beiden Seiten in jeder Beziehung die gleiche. Der Vers ist um so interessanter, als er das Verb „Macht haben über" enthält. Weil der eine sich dem anderen schenkt, hat der andere Macht über ihn und umgekehrt.

V. 5: Es fällt die Ausdrucksweise „in gegenseitiger Übereinkunft" auf, die zeigt, daß der Begriff des Hauptes nicht das Kommando einschließt, sondern daß er in einem Miteinander bei allen Entscheidungen konkret wird.

V. 8-9: Die Empfehlung, unverheiratet zu bleiben, wird ohne Unterschied an den Mann und an die Frau gerichtet.

V. 10-11: Wenn auch ganz verschieden ausgedrückt, ist die Anweisung doch die gleiche für beide Ehegatten.

V. 12-13: Erneut eine Anordnung, die in gleicher Weise auf den Mann und auf die Frau angewandt wird.

Man könnte hier den Vers 14 hinzufügen, nach dem der nichtgläubige Teil, Mann oder Frau, durch den gläubigen Teil geheiligt ist, und auch die Verse 15 und 16, die den beiden Eheleuten dieselben Rechte zur Trennung einräumen, sowie den Vers 28, der die Gleichheit in der Entscheidung zu heiraten deutlich macht (vgl. V. 32-34).

„Insgesamt", schließt D. Bergèse, „sehen wir, daß die Autorität beim Ehepaar nicht immer auf derselben Seite liegt (V. 4), daß die Entscheidungen, die beide betreffen, aus einer gemeinsamen Abstimmung hervorgehen müssen (V. 5), daß der eine wie der andere seinem Ehepartner an den Vorrechten des Gnadenbundes Anteil geben kann (V. 14), ohne jedesmal sicher zu sein, ihn mit sich zum Heil zu führen (V.16). Schließlich sind die Rechte, die Pflichten und die Ermahnungen hinsichtlich der Erhaltung der Ehe, der Scheidung bzw. der Ehelosigkeit die gleichen auf beiden Seiten" (93, S. 17f).

Wohlgemerkt handelt es sich in diesem Text nicht um einen soteriologischen (in Beziehung zum Heil stehenden) Zusammenhang wie in Gal 3,28: Der Apostel zieht aus der Gleichheit des Mannes und der Frau vor Gott sehr konkrete und praktische Schlüsse für das Leben des Ehepaares.

Darin liegt ein großer Unterschied zum „Kompromiß des Alten Bundes" mit seinen Gesetzen, die durchweg die männliche Seite begünstigten. „Paulus leugnet nicht die Unterschiede (zwischen den Geschlechtern), aber die schon in Christus geschenkte Einheit bewirkt eine Veränderung in der Art und

Weise, wie diese Unterschiede mit Leben erfüllt werden" (S. Bénétreau).[17]

F. F. Bruce sagt in seinem Kommentar zum Galaterbrief, daß die Abschaffung der Einschränkungen sich nicht nur auf die Taufe bezieht oder auf die Beziehungen zwischen Juden und Nichtjuden, zwischen Sklaven und Freien. Dann stellt er die Frage: „Wenn im gewöhnlichen Leben die Tatsache, daß man in Christus ist, durch das Abendmahl in der Gemeinde sichtbar bekundet wird und wenn ein Nichtjude genau so frei die geistliche Leitung in der Gemeinde ausüben kann wie ein Jude, oder ein Sklave genau so frei wie ein Bürger, warum dann eine Frau nicht genau so gut wie ein Mann?" (*Commentary on Galatians*, Eerdmans, Gd. Rapids 1982, S. 190).

Aber Claude Baecher machte darauf aufmerksam, daß es nicht unbedingt dasselbe ist, von der „grundlegenden Gleichheit zwischen Männern und Frauen zu reden, und das Verschwinden ihrer Besonderheiten oder ihre Austauschbarkeit zu behaupten" (92, S. 19). „Dieser Abschnitt lehrt das Verschwinden aller Nachteile, aber nicht aller Unterschiede" (R. P. Stevens, 92, S. 20). Das werden wir in den folgenden Kapiteln noch sehen.

---

[17] Es kann in diesem Punkt keinen Zweifel geben: „Paulus hat offensichtlich dieses Prinzip auf die Beziehung zwischen Männern und Frauen in 1Kor 11,2-16 angewandt" (A. Padgett, 87, S. 40), ebenso wie er in 1Kor 7,1-5 eine auf Gleichheit in der Ehe gerichtete Sicht verteidigt. „In der neuen Schöpfung in Christus (Gal 3,28) ist nun nicht die Unterschiedlichkeit der Geschlechter aufgehoben, sondern nur ihr religiös und sozial diskriminierender und daher die Menschen trennender Gebrauch" (*Chrischona 93*, S. 7). „Die Gemeinde hat den Kampf gegen die soziale und kirchliche Ungleichheit von Juden und Nichtjuden (zur Zeit des Paulus) und später gegen die soziale Ungleichheit von Sklaven und Freien als logische Folge des Evangeliums verstanden. Es ist daher in Übereinstimmung mit dem Evangelium, die soziale Ungleichheit zwischen Männern und Frauen abzuschaffen" (A. Hauge, 92, S. 10).
„In Christus (d.h. in der Gemeinde) gibt es die natürlichen Unterschiede nicht mehr; alle sind einer in ihm. Die Barrieren aufgrund von Rasse, gesellschaftlicher Stellung und Geschlecht sind offenkundig in der in Christus begründeten neuen Menschheit zerfallen. Solch eine Erklärung war wirklich revolutionär und mußte weitreichende und sehr wichtige Konsequenzen haben. Man kann sogar sagen, daß die Kirche die Folgerungen aus dieser grundlegenden Aussage noch nicht in vollem Umfang akzeptiert hat" (J. K. Howard, 83, S. 31).

## Die gegenseitige Ergänzung

Als Gott die Frau geschaffen hat, damit sie „eine Hilfe ist, die ihm entspricht" (1Mo 2,18), hat er nicht nur daran gedacht: daß sie ihm seine Mahlzeiten zubereitet und seine Kleider flickt. Wie wir im Kapitel 2 gesehen haben, hat Gott die Frau mit einer anderen zu der des Mannes komplementären Psychologie ausgestattet. Die Psychologen haben diese Unterschiede hervorgehoben. Aber schon Feuerbach erkannte, daß „der Unterschied zwischen den Geschlechtern in jeder Faser des menschlichen Wesens greifbar ist; er ist überall da, ohne Grenze, ohne Anfang und ohne Ende. Ich denke, ich fühle als Mann oder als Frau".

Die Frau hat „eine andere Beziehung zu geltenden Normen und zu Mitmenschen" (de Coninck, 90, S. 49). „Der Mann hat Mühe, enge Beziehungen aufzubauen, die Frau, den nötigen Abstand zu wahren" (S. 50). Aber beide zusammen erkennen besser die ganze Wirklichkeit. „Das Gemeindeleben ist heute amputiert von der Hälfte seiner Glieder, und wir entdecken wieder, daß das inspirierte Wort genauso seinen Platz hat beim Aufbau enger Beziehungen wie auch bei der Wahrung des nötigen Abstands" (S. 58).

Eva Evelyn Burrows, die sieben Jahre lang Generalin der Heilsarmee war, hat den Unterschied zwischen Mann und Frau treffend beschrieben, als sie sagte, daß die Frau, die eine mehr intuitive Art zu denken hat, „mehr auf Personen ausgerichtet ist als auf Programme. Der Mann interessiert sich für den Weg, den er vor sich hat, die Frau für die Leute, die sie unterwegs trifft" (*IDEA-Spektrum* v. 4. 6. 93, S. 10). Um die Probleme einer Gemeinde in ihrem Kern zu erfassen, sind beide Sichtweisen notwendig.

## Schlußfolgerung

Ein Ziel des Galaterbriefs ist es, die Überlegenheit des Neuen Bundes über den Alten Bund zu beweisen. Die Judaisten, die die Bekehrten des Paulus in Galatien beunruhigt haben, wollten sie wieder unter das Gesetz bringen, wobei sie sich auf das Alte

Testament stützten. In den Kapiteln 3 und 4 des Briefes erklärt Paulus das wahre Evangelium, wobei er sich auf dieselben Schriftstellen stützt wie seine Gegner, aber sie im Licht jenes Ereignisses interpretiert, das alles auf den Kopf gestellt hat: das Kommen Jesu. Dieses Kommen hat auch die menschlichen Beziehungen auf drei Gebieten verändert, in denen der Alte Bund Unterschiede und Trennungslinien beibehielt: zwischen Juden und Nichtjuden, zwischen Sklaven und Freien und zwischen Männern und Frauen.

Diese drei Paare bilden eine Wesenseinheit: „Vereint in Jesus Christus seid ihr *alle* einer." In der Anwendung dieser revolutionären Neuerung hat die christliche Kirche sie zerstückelt: Der erste Unterschied (Juden und Nichtjuden) wurde – nicht ohne Mühe – im Lauf des 1. Jahrhunderts überwunden, beim zweiten Unterschied (zwischen Sklaven und Freien) mußte man das 19. Jahrhundert abwarten, bevor die Kirche aus dem von Paulus formulierten Prinzip die logischen Schlußfolgerungen gezogen hatte. Jetzt, am Ende des 20. Jahrhunderts, haben einige Kirchen diesen Vers als Leitprinzip aufgestellt und die absolute Gleichheit von Männern und Frauen beim Zugang zu allen kirchlichen Funktionen beschlossen.

Weshalb gehören die evangelischen Kirchen und Freikirchen zu denen, die sich am stärksten zurückgehalten haben, diesen Weg einzuschlagen? Weil neben Gal 3,28 andere Bibelstellen für bestimmte Aktivitäten in der Gemeinde Unterschiede zwischen Männern und Frauen aufrecht erhalten haben. In welchem Umfang bestätigen diese Stellen das in Gal 3,28 aufgestellte Prinzip oder schwächen es ab? Das müssen wir in den folgenden Kapiteln untersuchen.

Kapitel 7

# „Jede Frau, die betet oder prophetisch redet ..."

## Verwirrung in Korinth

Der Brief des Paulus an die Korinther hat in erster Linie korrigierende Funktion. Christen, die von dort gekommen waren, haben Paulus von Verwirrungen in Korinth berichtet (Spaltungen, gerichtlicher Prozeß, schlechtes Benehmen, Irrlehren ...). Es gab auch einige Unordnung bei der Feier des Gottesdienstes: beim Verhalten der Frauen, bei der Mahlfeier und bei der Ausübung der geistlichen Gaben. Darauf antwortet Paulus in den Kapiteln 11-14.

Die beiden Abschnitte, die vom Verhalten der Frau im Gottesdienst reden (11,1-16; 14,33b-38) enthalten beide das Wort schändlich (oder ungehörig: *aischron* 11,6; 14,35). Es gab folglich im Verhalten der korinthischen Christinnen im Gottesdienst Verhaltensweisen, die dem Anstand und den guten Sitten der damaligen Gesellschaft entgegenliefen. Im Kapitel 11 war es die Gewohnheit zu beten oder prophetisch zu reden, ohne den Kopf mit einem Schleier zu bedecken (oder ohne das Haar auf eine für eine anständige Frau passende Weise zu kämmen; s. Kap. 8), was der allgemeinen Sitte (*synètheia* 11,16) der damaligen Zeit widersprach; im Kapitel 14 war es ein bestimmtes „Reden", was noch präzisiert werden soll.

Beim Versuch, diese Mißstände zu korrigieren, hat uns der Apostel Einblick in Gewohnheiten gegeben, die er nicht in Frage stellt: die Freiheit, die Frauen hatten, im Gottesdienst zu beten oder prophetisch zu reden (griechisch: *propheteuein*[18]) und

---

[18] Anmerkung des Übersetzers: Das griechische Wort *propheteuein* gehört zur Wortfamilie *propheteia* und *prophetes*. Wie diese griechischen Wörter zu übersetzen sind, ist keine ganz einfache Frage. Die EB übersetzt die drei Wörter in der Regel mit „weissagen", „Weissagung" und „Prophet". Alle drei Wörter treffen nicht so richtig den Sinn dessen, was das griechische Neue Testament meint. „Weissagen, Weissagung und Prophet" erinnern zu stark an „wahrsagen, die Zukunft vorhersagen", haben aber nur in seltenen Fällen etwas damit zu tun. Die Zürcher

die Möglichkeit, die sie hatten, sich in religiösen Fragen unterweisen zu lassen (anders als im Judentum).

## Die Frauen haben das Recht, im Gottesdienst zu beten

1Kor 11,5 bestätigt, was wir schon in der Apostelgeschichte gefunden haben: Frauen hatten das Recht, im Gottesdienst zu beten. Da man nicht prophetisch reden kann, ohne zu sprechen, handelt es sich beim erwähnten Gebet nicht um das stille Gebet.

---

Übersetzung verwendet „aus Eingebung reden" und erklärt in der Anmerkung zu 1Kor 12,28: „Prophet" ist hier der Name für den, der 'aus Eingebung redet' ..., d.h. der die Gabe besitzt, auf Grund einer jedesmal neuen, oft erst im Augenblick kommenden Eingebung oder 'Offenbarung' (14,6.26.30) zur versammelten Gemeinde zu sprechen." Diese Übersetzung geht in die richtige Richtung, enthält aber nicht deutlich genug den im Wort *propheteuein* enthaltenen Gedanken, daß die Eingebung von Gott kommt. Der „Prophet" ist vor allem derjenige, der im Namen und im Auftrag Gottes redet. (Die *Hoffnung für alle* übersetzt in 1Kor 11,4f *propheteuein* auch mit „im Auftrag Gottes reden".) An anderen Stellen, z.B. in 1Kor 14, bringt die *Hoffnung für alle* verschiedene Übersetzungen: „Gottes Weisungen weitergeben", „Gottes Weisungen empfangen" oder auch „Gottes Weisungen empfangen und weitergeben". Diese Übersetzungen treffen eigentlich recht gut das, was gemeint ist und schließen nicht aus, was im NT gelegentlich auch vorkommt, daß es sich bei den Weisungen Gottes um Hinweise auf die Zukunft handelt.
Um den Leser nicht von vornherein durch die wiederholte Verwendung von Ausdrücken wie weissagen, Weissagung usw. mit der Idee des Wahrsagens vorzubelasten, verwenden wir in dem vorliegenden Kapitel 7 im Sinne des Verfassers bei der Wiedergabe der entsprechenden Wörter der Bibel und bei der Übersetzung des französischen Textes die etwas weniger vorbelasteten Ausdrücke „prophetisch reden", „prophetische Rede" und „Prophet". Diese Ausdrücke sollen vor allem daran erinnern, daß es um ein Reden im Auftrag Gottes geht, der jemandem seine Weisungen zur Weitergabe an die Gemeinde mitteilt. Sie sollen aber keine Festlegung im Sinne einer Zukunftsaussage beinhalten. In späteren Kapiteln werden wir aber zum besseren Verständnis auch ähnliche Übersetzungen verwenden wie die *Hoffnung für alle*.

## *Handelt es sich um den Gottesdienst oder um ein privates Treffen?*

Man hat die offensichtliche Folgerung aus diesem Abschnitt widerlegen wollen, indem man vorgab, daß die Verse 3-16 nicht im Zusammenhang mit dem Gottesdienst stehen und daß die Anweisungen erst von V. 18 an auf die Zusammenkünfte „als Versammlung (oder: Kirche)" anzuwenden sind.

Zu diesem Thema macht L. Birney fünf Beobachtungen:

„1. Nichts im Textzusammenhang weist darauf hin, daß es sich um ein privates Treffen gehandelt hat. Übrigens 'war zu dieser Zeit der Unterschied zwischen öffentlichen und privaten gemeindlichen Versammlungen sehr unvollkommen ausgebildet' (Findlay), und es ist zu bezweifeln, ob die Frage eines Kopfschleiers im Inneren eines Privathauses so wichtig gewesen ist.

2. Andererseits sind Beten und prophetisches Reden normale Aktivitäten einer Gemeindeversammlung. Wenn diese Hinweise für eine andere Art von Versammlung gelten sollten, dann könnte man erwarten, daß das erklärt wird.

3. Der Hinweis auf die Engel läßt auf den Rahmen einer Gemeindeversammlung schließen, „damit jetzt den Gewalten und Mächten in der Himmelswelt die mannigfaltige Weisheit Gottes kundgetan werde" (Eph 3,10), die in der Gemeinde verwirklicht ist.

4. Der Apostel bezieht sich explizit auf die Praxis der Gemeinden (V. 16), genauer auf die Ortsversammlungen der Gemeinde (da er den Plural verwendet).

5. Wir erinnern auch daran, daß die Frauen am Geburtstag der Gemeinde, dem Pfingsttag, öffentlich prophetisch geredet haben (Apg 1,14)" (L. Birney, 82, S. 21).

G. H. Lang sagt ebenfalls: Die Verse 4,5,22,24,29-33 des Kapitels 14 zeigen ohne jeden Zweifel, daß die prophetische Rede eine Gabe war, die in öffentlichen Versammlungen ausgeübt werden sollte. Das bestätigt G. Bilezikian: „Ihrem Wesen nach setzt die prophetische Gabe den Rahmen einer Versammlung voraus: 'Wer prophetisch redet, erbaut die Gemeinde' (1Kor 14,4). Nach dem Worte Jesu bilden zwei oder drei, die in seinem Namen versammelt sind, eine gottesdienstliche

Gemeinschaft, da er in ihrer Mitte ist (Mt 18,20). Die Anzahl der Personen ist daher ohne Bedeutung. Das Gebet und die prophetische Rede bilden die eigentliche Grundlage des Gottesdienstes: Durch das Gebet gelangt der Anbetende - zusammen mit der Gemeinde - in die Gegenwart Gottes, der antwortet, indem er sein Wort durch die prophetisch redende Person weitergibt" (85, S. 139; 92, S. 112).

Auch D. A. Carson sagt: „Die prophetische Rede findet im Rahmen der Gemeinde statt, wo sie bewertet werden kann (V. 23-29), die Hausgruppen bildeten zu dieser Zeit die Gemeinde. Der Vers 16 zieht eine Parallele zwischen *uns* und *den Gemeinden Gottes*. Wenn Paulus an anderer Stelle diesen Autoritätston anschlägt, spricht er über das Verhalten in der Gemeinde (vgl. 14,33b.36). Die Einschränkung, die er den Frauen auferlegt, ist nur in einer öffentlichen Versammlung sinnvoll" (o.J., S. 11-12).[19]

---

[19] G. L. Almlie hat dazu noch eine interessante Beobachtung gemacht, die daran anknüpft, daß der Chiasmus oft von den Hebräern gebraucht wurde, um ihre Gedanken und ihre Beweisführungen zu strukturieren. Almlie schreibt:
„Das ganze Kapitel 11 ist nach einem Chiasmus aus vier Teilen mit einem Übergang in der Mitte strukturiert:
A. Kurze Einführung (11,2-3)
  B. Persönliche Anwendung und Konsequenzen (11,4-7)
    C. Historischer Kommentar (11,8-12)
      D. Detaillierte Anweisung (Schlußfolgerung) (11,13-16)
Übergang (11,17) und Wechsel zum 2. Thema (11,18f)
      D. Detaillierte Anweisung (Schlußfolgerung) (11,20-22)
    C. Historischer Kommentar (11,23-26)
  B. Persönliche Anwendung und Konsequenzen (11,27-32)
A. Kurzer Abschluß (11,33-34)" (G. L. Almlie, 82, S. 45).
„Grammatisch und 'chiastisch' stellt Paulus die Korrektur zur Frage der Kopfbedeckung parallel neben die Korrektur der falschen Art, beim Mahl des Herrn zu essen und zu trinken. Beide Fragen gehören zusammen, weil sie in derselben Gemeindeversammlung auftreten (a.a.O., S. 47).
Diese Beobachtung von G. L. Almlie ist gewiß bemerkenswert. Für sich genommen kann sie aber nicht als eindeutiger Beweis für die in Frage stehende Behauptung gewertet werden, eher als Bestätigung der Argumente von Birney, Lang und Bilézikian.

L. Birney fügt hinzu: „Daß viele Gemeinden sich auf diese Bibelstelle berufen und verlangen, die Frauen sollen in der Gemeinde ihren Kopf bedecken, beweist übrigens auch, daß sie darin eine Gemeindeversammlung sehen (82, S. 22).

## Andere Stellen über das Gebet der Frau

Wir haben gesehen, daß die Änderung der Haltung gegenüber den Frauen, die durch das Beispiel Jesu eingeführt wurde, sich schon vor Pfingsten auf die Gemeinschaft seiner Jünger ausgewirkt hat, die „im Gebet verharrten *mit einigen Frauen*" (Apg 1,14). Die anderen Stellen in der Apostelgeschichte, in denen das Gebet der Gläubigen miteinander erwähnt wird (4,24; 12,5.12), müssen in demselben Sinn verstanden werden.

Paulus spricht in 1Tim 2,1-7 vom öffentlichen Gebet. Im V. 8 sagt er: „Ich will nun, daß die Männer (*tous andras*: Personen männlichen Geschlechts) an jedem Ort beten ..." Im V. 9: „ebenso will ich, daß die Frauen ... (wörtlich: ähnlich die Frauen ...)." Das Wort *hosautos* (ähnlich), das am Anfang steht, muß sich auf etwas beziehen. Aber was will Paulus ähnlich für die Frauen? Diese Stelle ist auf zwei Arten ausgelegt worden:

1. Paulus fordert die Männer auf zu beten und die Frauen, sich angemessen zu kleiden; „ebenso, daß die Frauen sich ... schmücken" (EB). Aber kann man das Gebet der Männer auf eine Linie setzen mit dem Schmuck der Frauen? „Wie kann eine Frau sich in gleicher Weise 'schmücken' wie die Männer beten, indem sie ihre Hände aufheben?" (Ch. Trombley, 85, S. 169).

2. Er sagt den Männern, daß sie auf angemessene Art beten sollen, „indem sie heilige Hände aufheben", und den Frauen, daß sie das ebenso auf angemessene Art tun sollen, indem sie auf jede Extravaganz verzichten. Der Satzbau spricht für die zweite Lösung: Das Verb „sich schmücken" erscheint nicht an demselben ersten Platz wie das Verb „beten". Paulus sagt: „Ebenso" oder „in gleicher Weise die Frauen", was zu bedeuten scheint, daß die Frauen ebenfalls beten sollen. „Das Wort 'ähnlich' zeigt, daß sich der Gedankengang des Paulus auf den öffentlichen Gottesdienst bezieht" (W. Hendriksen, 64, S. 105).

Viele Ausleger meinen, daß das Wort „beten" hier unausgesprochen ist: „Ich will ebenso, daß die Frauen (beten), dezent bekleidet ..." „Wörtlich: *ähnlich die Frauen*, sagt die Fußnote der TOB; mit demselben Recht wie die Männer, nehmen die Frauen am öffentlichen Gebetsdienst teil."[20]

Dieser Vers „begründet die Rechtmäßigkeit des Gebets der Frau ... Die Frau kann wie der Mann an allen Formen des Gebets, öffentlich oder privat, teilnehmen" (C. Vilain, 75, S. 131). Damit hat auch sie, und mit demselben Recht wie der Mann, Anteil an diesem Gebetsdienst, und was gerade über die Männer gesagt wurde, gilt in gleicher Weise für sie. Es ist zu bemerken, daß hierin eine unbestreitbare Neuerung vorliegt, besonders im Vergleich mit der jüdischen Tradition. „Der heilige Paulus ruft die Frauen ganz wie die Männer zum Gebet für das Heil der Welt auf! Er vertraut ihnen eine apostolische Aufgabe an", sagt Pater Spicq (*1Corinthiens*, S. 66; eine beachtliche Erklärung von seiten eines Gelehrten einer Kirche, die permanent der Frau jede kirchliche Funktion verweigert hat, ganz zu schweigen von apostolischen Funktionen). Diese Neuerung ist es wahrscheinlich, die den Apostel dazu bewegt, seine Empfehlungen an die Frau zu konkretisieren, indem er auf anständiges Benehmen und Zurückhaltung beim Schmuck besteht.

*Kann eine Frau an allen Gebeten des Gottesdienstes teilnehmen?*

Die meisten evangelikalen Gemeinden haben den Frauen zur Teilnahme am öffentlichen Gebet während der Zeit des Lobpreises und der Anbetung freie Hand gegeben.

---

[20] Nach Chrysostomus, der das griechische N.T. in seiner Muttersprache las, haben wir in 1Tim 2,9f eine Anweisung, die die Lehre von 1Kor 11,2-16 entwickelt und so präzisiert, daß die Kleidung und die Haltung der Frau schicklich sein müssen, wenn sie am öffentlichen Gebet teilnimmt (F. F. Bruce, 82, S. 10). In 1Kor 11 „gestattet der Apostel das Gebet (und die prophetische Rede) der Frauen, vorausgesetzt daß die Frauen, die beten, verschleiert bleiben. Auch in dem vorliegenden Vers billigt er das Gebet der Frau; aber sie muß Zurückhaltung und Schamhaftigkeit erkennen lassen, eine Haltung, die ihrem Gebet keine Ablehnung einbringt" (C. Vilain, 75, S. 114f).

Zum Thema der Lehre des allgemeinen Priestertums der Gläubigen und des Gebets der Frauen redet F. F. Bruce gewissermaßen mit einer Gruppe von Verantwortlichen einer evangelischen Versammlung: „Wir sind alle einer Meinung. Wir glauben nicht, daß das allgemeine Priestertum einer Einschränkung unterliegt." Aber dann schließt er die Frage an: „Wäre dann alles in Ordnung, wenn an einer unserer Abendmahlsfeiern eine Frau ein Dankgebet für das Brot sagt und es bricht, bevor es ausgeteilt wird?" Wie wäre unsere Reaktion? Ist das Abendmahl nicht ein Bereich für sich, in dem ausschließlich Männer das Recht haben, diesen Dienst zu tun? Oder vielleicht nur die ordinierten Pastoren oder die Ältesten, aber nicht die einfachen Gemeindeglieder? Sind wir hier nicht auf heiligem Boden, zu dem die Frau in der Regel keinen Zutritt hat? Wenn wir so argumentieren, dann liegt es daran, daß unser Denken noch von klerikalen und sakramentalistischen Ideen beeinflußt ist. Aber die frühere Zweiteilung geistlich-weltlich ist abgeschafft ebenso wie die Unterscheidung zwischen Priestern und Laien. „Im neuen Bund diese überholte Unterscheidung beizubehalten, hieße, das Priesteramt Christi als nicht ausreichend und als nicht gültig zu erklären und in der Heilsgeschichte die Uhr zurückzudrehen" (Ph. Menoud, 49, S. 23; s. auch A. Kuen, *Ministères dans l'Eglise*, S. 40-43). „Und weshalb", fährt F. F. Bruce fort, „kann eine Christin, die mit den Männern an dem gemeinsamen Priesteramt teilhat, nicht genau so gut wie ein Christ eine solche stellvertretende Handlung für ihre Geschwister ausüben?" Und er fügt hinzu: „Das ist keine rhetorische Frage, ich möchte wirklich eine biblische Antwort haben" (82, S. 12f). „Paulus hatte keine Einwände dagegen, daß Frauen sich während des Herrenmahls aktiv am Gebet beteiligen" (G. L. Almlie, 80, S. 47). Außerdem hat man in den Katakomben Darstellungen gefunden, in denen Frauen dem Herrenmahl vorstanden (Scholz, 79, S. 36).

## Die Frau kann im Gottesdienst prophetisch reden

Nach Vers 5 von 1Kor 11,5, der Stelle, auf die sich das Gebet der Frauen im Gottesdienst stützt, kann sie dort auch prophetisch reden. „Für die Korinther ging es nicht darum zu wissen, ob Frauen prophetisch reden dürfen oder nicht – diese Frage war schon am Pfingsttag entschieden – sondern darum, zu wissen, ob es dem Anstand entsprach, daß sie es ohne Schleier taten" (C. Booth, *Le ministère des femmes*, S. 7). Aber was verstand der Apostel unter „prophetischer Rede"?

Die Pfingstler, die Charismatiker und die Anti-Charismatiker gelangen im allgemeinen zu einer gemeinsamen Definition der prophetischen Rede: Es ist eine direkte Mitteilung des Geistes Gottes, so wie die Propheten des Alten Bundes sagten: „So spricht der Herr." Die einen glauben, daß diese Gabe – wie alle anderen Wundergaben – noch immer vorhanden ist und denen, die sie empfangen haben, erlaubt, präzise, oft an eine bestimmte Person gerichtete Botschaften weiterzugeben („Hier ist jemand, der ..."). Die anderen denken, daß alle Wundergaben mit dem Ende des apostolischen Zeitalters aufgehört haben. Da wir jetzt im Neuen Testament die Offenbarung Gottes vor uns haben, ist der Weg der übernatürlichen Offenbarung, den die Prophetie darstellte, nicht mehr erforderlich und der Gemeinde entzogen worden.

Sieht man daher wie H.W. House in der Weisung Gottes eine direkte Offenbarung in einem Zustand der Ekstase, d.h. „eine auf das apostolische Zeitalter begrenzte Erfahrung", die „heute nicht mehr aktuell ist" (90, S. 124), so ist die Frage nach der prophetischen Rede durch die Frau in der Gemeinde schnell entschieden. (H.W. House steht damit allerdings im Gegensatz zu den Grundsätzen, die er sonst auf das Lesen der Bibel anwendet; denn er gibt der Frau das Recht, „ein Wort des Zeugnisses zu sagen" oder sogar „aus der Bibel zu lesen und dazu etwas über das Wirken des Herrn in ihrem Leben hinzuzufügen", a.a.O. Ist es die „Theologie der Erfahrung", die ihm dieses Zugeständnis aufzwingt? Es ist ja nicht zu sehen, mit welcher Bibelstelle er das begründen könnte.)

## Was heißt „prophetisch reden"?

Da die Frage nach der prophetischen Rede der Frau so wichtig ist und diese Tätigkeit oft die einzige ist, die ihr in vielen evangelikalen Gemeinden verwehrt wird, lohnt es sich, genau zu untersuchen, was das Neue Testament darunter versteht, und alle Stellen zu prüfen, an denen die Wörter *propheteuein*, *propheteia* und *prophetes* im Zusammenhang mit dem Neuen Bund auftreten.

## *Die prophetische Rede in den Evangelien*

In den Evangelien haben die meisten Wörter der Wortfamilie *propheteia* mit den Propheten des Alten Bundes bzw. mit Jesus selbst zu tun. Nur zwei oder drei Abschnitte der Evangelien beziehen sich auf Propheten des neuen Bundes und können etwas Licht auf die Bedeutung werfen, die Jesus diesem Wort gab. „Viele werden an jenem Tag zu mir sagen: Herr, Herr! Haben wir nicht durch *deinen* Namen prophetisch geredet (Mt 7,22, im Griechischen: „*epropheteusamen*" aus der Wortfamilie *propheteuein*, *propheteia*, *prophetes*; GN: Weisungen Gottes verkündet). Die prophetische Rede, die hier gemeint ist, scheint keine Vorhersage oder persönliche Botschaft gewesen zu sein, die durch Tatsachen bzw. durch das Zeugnis ihrer Empfänger bestätigt werden mußte, sonst hätten die „Propheten" an der Echtheit ihrer Prophezeiungen selbst Zweifel haben können. Es ist wohl eher davon auszugehen, daß sich Jesus hier an alle wendet, die über ihn gesprochen oder in seinem Namen gepredigt haben, ohne eine persönliche Beziehung zu ihm („Ich habe euch niemals gekannt" V. 23) und ohne eine Veränderung ihres Lebens („ihr Übeltäter").

In Mt 10,41 sagt Jesus: „Wer einen Propheten aufnimmt in eines Propheten Namen, wird eines Propheten Lohn empfangen." Wenn die prophetische Rede mit dem apostolischen Zeitalter verschwunden wäre, so wäre dieses Versprechen nur von kurzer Dauer gewesen. In den beiden begleitenden Beispielen, mit denen Jesus seine Gedanken klarmacht, geht es darum, einen Gerechten aufzunehmen und „einem Geringen" seiner Jünger nur einen Becher kalten Wassers zu geben. Der Prophet, um den es geht, ist allem Anschein nach eine im christlichen Umfeld sehr verbreitete Gestalt gewesen, so wie die Gerechten und die Jünger. Vielleicht hatte Jesus den Wunsch des Mose vor Augen, daß das ganze Volk aus Propheten bestehe (4Mo 11,29).

Manche Warnung vor falschen Propheten (Mt 7,15; 24,11.24; Mk 13,22) hat ebenfalls mit dem Neuen Bund zu tun. In Mt 23,34 tadelt Jesus die Schriftgelehrten und die Pharisäer und sagt: „Siehe, ich sende euch 'Propheten und Weise und Schriftgelehrte', und einige von ihnen werdet ihr töten und kreuzigen." Die drei erwähnten Kategorien entsprechen vermutlich den drei in Jer 18,18 genannten Offenbarungskanälen: Propheten, Weise und Priester (die zu der Zeit die Ausleger des Gesetzes waren). Die Propheten und die Lehrer (Schriftgelehrte = Ausleger des Gesetzes) werden an den wesentlichen Diensten der Gemeinde teilhaben. Die „Weisen" werden vielleicht die sein, die ein „Wort der Weisheit" empfangen haben (1Kor 12,8) oder die Gabe der Leitung (V. 28). Mit diesem Wort beschreibt Jesus, in Ausdrücken der damaligen Zeit, die verschiedenen Dienste der Gemeinde, wobei die prophetische Rede die erste von ihnen ist.

## *Die prophetische Rede in der Apostelgeschichte*

In der Apostelgeschichte finden wir die Verheißung Joels, von der Petrus am Pfingsttag als Folge der Ausgießung des Heiligen Geistes berichtet: *„Eure Söhne und eure Töchter* werden prophetisch reden" (2,17). *Die Knechte und Mägde* Gottes werden seinen Geist empfangen „und sie werden prophetisch reden" (V. 18). Die Verheißung ist so allgemein, daß offenbar kein Christ und keine Christin von ihrem Segen ausgeschlossen ist. Diesen Gedanken hatte anscheinend auch Paulus, als er sagte: „Ihr könnt *alle* nacheinander prophetisch reden" (1Ko 14,31).

Andererseits ist in Apg 11,27 von den „Propheten" die Rede, die sich von Jerusalem nach Antiochien begaben. Diese Leute waren Männer, bei denen die Gemeinde die Gabe erkannt hatte, inspirierte Botschaften weiterzugeben. Einer von ihnen, Agabus, sagte die Hungersnot voraus, die später unter Claudius wütete (V. 28). Derselbe Agabus prophezeite auch die Gefangenschaft des Paulus (21,10). Die prophetische Rede kann also auch den Zweck haben, eine besondere Botschaft Gottes zu überbringen, die einer besonderen Situation Rechnung trägt oder sich an eine ganz bestimmte Person wendet. Neben dieser Wortbedeutung steht im Neuen Testament aber eine allgemeine Bedeutung: Der Fachausdruck „Prophet" im Sinn eines „Wortführers Gottes, der durch die Gemeinde beglaubigt ist", bezeichnet ebenso die Propheten, die mit den Lehrern in der Gemeinde von Antiochien tätig waren. Apg 15,32 sagt von Judas und Silas, die den Auftrag hatten, den Gläubigen von Antiochien den Brief der Jerusalemer Konferenz zu überbringen, daß sie Propheten waren und „die Brüder mit vielen Worten ermunterten und stärkten". Dieser Abschnitt zeigt unverkennbar das Ziel der prophetischen Rede: Die Ermunterung der Gemeinde und die Stärkung im Glauben.

In Apg 19,6 „redeten die Neubekehrten prophetisch, die den Heiligen Geist empfingen, als sie ihren Glauben bekannten und ihren Brüdern die Offenbarung mitteilten, die sie gerade erleuchtet hatte" (J. Burnier, *Vocab. Bibl.*, S. 239). Apg 21,9 erwähnt die vier Töchter des Philippus, „die prophetisch redeten", ohne genauer anzugeben, wo, wann oder wie sie diese Gabe ausübten.

Damit haben wir alle Informationen behandelt, die uns die Apostelgeschichte über den Gebrauch dieses Wortes unter Christen gibt.

## *Die prophetische Rede in den Paulusbriefen*

Weitere Auskünfte finden wir in den Paulusbriefen, wo Wörter aus der Wortfamilie *propheteia* auftreten.

### *Im 1. Thessalonicherbrief*
Nehmen wir die Briefe in chronologischer Reihenfolge, so kommen wir zuerst zu 1Thess 5,19-22. Dort fordert Paulus dazu auf, prophetische Reden nicht zu verachten, aber alles zu prüfen und das Gute festzuhalten. „Es gab also in dem, was die Propheten sagten, Einzelheiten, die abzulehnen waren ... Paulus ermahnt die Gemeinschaft der Thessalonicher, eine kritische Prüfung vorzunehmen ... zu unterscheiden, was wohl vom Heiligen Geist kommt, und das zu behalten" (C. Roux, 85, S. 34).

Diese Bewertung der prophetischen Reden erscheint erneut in 1Kor 14,29. Sie läßt die prophetische Rede in einem anderen Licht erscheinen als die der Propheten des Alten Testaments, die ihre Botschaft mit den Worten begannen: „So spricht der Herr".

*Im 1. Korintherbrief*
Die Kapitel 12-14 des 1. Korintherbriefes sind unsere besten Informationsquellen über die prophetische Rede in der Urgemeinde. In 1Kor 12,10 ist die Gabe der prophetischen Rede eine der Äußerungen des Geistes, „zum Nutzen [der Gemeinde] gegeben" (ZB: V. 7). In 12,28 sind die (durch die Gemeinde erkannten) Propheten, zusammen mit den Aposteln und Lehrern diejenigen, welche Gott als Pfeiler der Gemeinde „gesetzt" hat. Dieser anerkannte Dienst ist nicht allen gegeben (V. 29). Wer die Gabe der prophetischen Rede, aber keine Liebe hat, ist „nichts" (1Kor 13,2). Nach 13,8 werden „prophetische Reden weggetan werden ..., wenn das Vollkommene kommt" (V. 10).[21] Nach diesem Kapitel sind prophetische Reden Stückwerk (V. 9), begrenzt, *en ainigmati*: „in Erwartung des endgültigen Falls des Schleiers und der Fülle des von Angesicht zu Angesicht" (Ch. Senft: *1Cor*, Neuchâtel, 1979, S. 171).

Das Kapitel 14 enthält die wichtigsten Auskünfte über das Wesen der prophetischen Rede. Der Apostel wünscht, daß alle diese Gabe zu empfangen begehren (V. 1). Unter den beiden *pneumatika*, nach denen die Korinther strebten, der Zungenrede und der prophetischen Rede, bemüht sich Paulus, mit dem Maßstab des gemeinsamen Nutzens die Überlegenheit der letzteren darzulegen. Im Gegensatz zur Zungenrede, die sich mit Worten, die niemand versteht, an Gott wendet, redet derjenige, der prophetisch redet, „zu den Menschen (zur) Erbauung und Ermahnung und Tröstung" (V. 3). Wenn dieser Vers keine ausdrück-

---

[21] Christine Roux sagt: „Alle zu Rate gezogenen Autoren sehen in dieser Vollkommenheit übereinstimmend die Periode am Ende der Zeiten, die mit der Wiederkunft Christi beginnt" (S. 39; sie hat zweifellos nicht die Verfasser berücksichtigt, die die Lehre von den Dispensationen vertreten und die Vollkommenheit mit der Vollendung des Neuen Testaments gleichsetzen und die folglich denken, daß die prophetische Rede, ebenso wie die Gabe der Zungenrede, nach dem 1. Jahrhundert verschwunden ist).

liche Definition der prophetischen Rede ist, so sagt er wenigstens klar, was passiert, wenn jemand prophetisch redet. Die Erbauung „tritt im Kap. 14 immer wieder auf wie ein Leitmotiv (V. 3.4.5.12.17.26). Paulus läßt nicht davon ab, das zu empfehlen, was zum Aufbau, zur Erbauung der Gemeinde und der Glaubenden beiträgt ... Die beiden anderen Ausdrücke (*paraklèsis* und *paramythia*) sind fast synonym und komplementär: Sie bedeuten zugleich Trost, Ermutigung, Ermahnung ... Die prophetische Rede ist öffentlich, der ‚Prophet' gibt, was er empfangen hat, an die versammelte Gemeinschaft weiter. Er lebt nicht isoliert, sondern er ist verwurzelt im Leben der Gemeinschaft. Die Gabe, die er empfangen hat, ist nützlich für die Gemeinde: Durch das Wort, das er übermittelt, hilft er ihr, sich aufzubauen, zu wachsen. Selbst wenn er nicht der einzige ist, der so innerhalb des Leibes Christi arbeitet, so belebt er ihn doch, ermutigt ihn, wenn er zögert, warnt, wenn er verletzt ist" (C. Roux, 85, S. 40-41).

In den Versen 20-25 lehrt uns Paulus, daß eine prophetische Rede auch Glauben wecken und einen Ungläubigen zur Bekehrung führen kann. Das kann eine besonders „gezielte" oder als solche empfundene Predigt sein oder eine besondere Offenbarung, die einen Aspekt des Lebens der betreffenden Person enthüllt, den allein Gott kennen kann.[22] Sie ist ein Zeichen (V. 22b) des Segens Gottes, während die Sprachenrede für den Ungläubigen ein Zeichen seiner Mißbilligung, ja seines Urteilsspruches ist (V. 22a).

Im V. 29 schränkt Paulus die Anzahl der prophetischen Botschaften ein und verlangt von den anderen (Gläubigen) zu urteilen, nämlich zu prüfen und zu unterscheiden, was in diesen Botschaften der Wahrheit entspricht. Eine Offenbarung (gleichbedeutend mit prophetischer Rede) kann sich spontan einstellen, während ein anderer spricht (V. 30). Alle können der Reihe nach prophetisch reden. Eines der Ziele der prophetischen Rede besteht darin, die ganze Gemeinschaft zu lehren (V. 31). Diejenigen, die prophetische Botschaften bringen, bleiben unter

---

[22] Beispiele findet man in A. Kuen: *Dons pour le service*, S. 60 und 66.

ihrer eigenen Kontrolle (V. 32) im Gegensatz zu dem, was sich bei den „Prophetien" im Heidentum abspielte.

*Im Römerbrief*
Die Gabe der prophetischen Rede, die in der Liste der Charismen von Röm 12,3-8 aufgeführt ist, bestätigt uns, was wir in 1Kor 12 gelernt haben: Es ist eine Gnadengabe (V. 6a), die auf das gute Funktionieren des Organismus der Gläubigen abzielt. Die prophetische Rede soll „nach dem Maß des Glaubens" erfolgen, ein sehr unterschiedlich interpretierter Ausdruck (s. A. Kuen, *Dons pour le service*, S. 51). Wenn man dem Wort 'Glauben' die objektive Bedeutung gibt (das, was man glaubt), so ermahnt Paulus den Propheten, seine Botschaften in Übereinstimmung mit der Gesamtlehre zu bringen, die vom Glauben der Gemeinde akzeptiert ist. Das würde eine wesentliche Beteiligung der Intelligenz bei der Ausübung und der Kontrolle der Gabe der prophetischen Rede voraussetzen.

*Im Epheserbrief*
Im Brief an die Epheser ist die Rede davon, daß die Gemeinde gegründet ist auf „der Grundlage der Apostel und Propheten" (Eph 2,20). Berücksichtigt man die Reihenfolge der Ausdrücke, so handelt es sich offenbar um Propheten des Neuen Bundes, aber es ist besser, diesen Ausdruck als Hendiadyoin[23] zu verstehen: „Gott hat euch in den Bau eingefügt, den er auf dem Fundament errichtet, das die Apostel, seine Wortführer, gelegt haben (oder: das sie bilden)" (BS). Dieselbe Wortverbindung finden wir in Kap. 3,5. In 4,11 treten die Propheten unter den wesentlichen Funktionsträgern der Gemeinde auf (vgl. 1Kor 12,28).

---

[23] Unter einem Hendiadyoin versteht man die Bezeichnung eines Begriffs durch zwei einander zugeordnete Begriffe. „Die Apostel und Propheten" sind dann genau dieselben Leute: „die Apostel, die gleichzeitig Propheten", d.h. Sprecher Gottes, waren. Dafür spricht, daß der Artikel *ton* (der) nur vor dem Wort Apostel, nicht aber vor dem Wort Propheten erscheint.

*Im 1. Timotheusbrief*
In 1Tim 1,18 und 4,14 geht es um prophetische Reden, die sich speziell auf Timotheus beziehen, sei es zu früherer Zeit oder im Augenblick seiner Einführung in den Dienst, als ihm die für die Gemeinde Verantwortlichen die Hände aufgelegt haben. Man kann sich dabei spezifische Botschaften vorstellen einschließlich einiger Vorhersagen (in dem Sinn, den prophetische Reden heute in charismatischen Kreisen haben) oder durch den Geist inspirierte Ratschläge. Der Zusammenhang der ersten Stelle (1Tim 1,18) paßt besser zu der ersten Bedeutung (genaue Vorhersagen), weil Timotheus sich auf diese prophetischen Reden stützen muß, um den guten Kampf mit Vertrauen und gutem Gewissen zu kämpfen.

In den sonstigen Briefen ist nur von Propheten des Alten Testaments bzw. von falschen Propheten die Rede (wenn letztere so zahlreich waren, so kann man schließen, daß das auch für die wahren Propheten des Neuen Bundes zutraf).

## *Die prophetische Rede in der Offenbarung*

In der Offenbarung kommen die Wörter 'prophetisch reden', 'prophetische Rede' und 'Propheten' (*propheteuein, propheteia, prophetes*) 17 mal vor. Sie bezeichnen allgemein prophetische Rede in 1,3; 22,7.10.18.19. Die Bedeutung „Vorhersage" überwiegt in 10,7. In 10,11 handelt es sich einfach darum, „die Botschaft Gottes weiterzugeben"; in 11,18 werden die Diener Gottes belohnt, die seine Botschaft bekanntgemacht haben (vgl. 22,9); in 16,6 und 18,24 sind „die Heiligen und Propheten", d.h. die Gott gehören und die seine Wortführer gewesen sind, gemartert worden. In 18,20 werden die Apostel mit den Propheten und den Heiligen in Verbindung gebracht. In 19,10 erfahren wir: „Das Zeugnis Jesu ist der Geist der prophetischen Rede", was die BS übersetzt: „Die Wahrheit, für die Jesus Zeuge ist, ist die eigentliche Inspiration für dieses Buch" (oder für die prophetischen Botschaften überhaupt). Das bestätigt Kap. 22,6: „Gott der Herr inspiriert die Propheten."

Beachten wir auch die Erwähnung einer Isebel, „die sich eine Prophetin nennt" und die Knechte Gottes verführt (2,20). Sobald man diesen Titel unbefugt führen konnte, mußte es auch Leute geben, die diesen Titel zu Recht führten, und wie I. H. Marshall sagte: „Der Angriff richtet sich gegen ihre falsche Lehre, nicht gegen die Tatsache, daß sie eine Frau war" (84, S. 183).

## *Schlußfolgerungen über das Wesen der prophetischen Rede*

Welche Schlußfolgerungen über das Wesen der prophetischen Rede und ihre Ausübung durch Frauen können wir nach diesem Überfliegen sämtlicher neutestamentlicher Stellen ziehen, in denen das Thema „prophetische Rede" im Zusammenhang mit dem Neuen Bund angesprochen wird?

### *1. Zwei Arten von Propheten*

Die Wörter „Propheten" und „prophetisch reden" werden in Bezug auf *zwei Kategorien von Personen* verwendet: Diejenigen, die gelegentlich eine Botschaft von Gott vermitteln, und diejenigen, die von der Gemeinde als solche anerkannt sind, die „die Gabe der Prophetie" haben und demgemäß berechtigt sind, sie auszuüben. Schon in 4Mo 11,29 und 12,6-8 finden wir die beiden Bedeutungen dieses Wortes. Bedenken wir, daß es die gelegentliche Ausübung der prophetischen Rede durch eine Person war, welche die Gemeinde von dem Vorhandensein und der Echtheit dieser Gabe bei der Person überzeugen mußte.

Da alle Gläubigen ihren Beitrag zum Gottesdienst liefern konnten (1Kor 14,26), durften auch die Frauen ein „Wort prophetischer Rede" bringen, d.h. eine Botschaft, die Gott ihnen genauso wie ein Gebet eingab (1Kor 11,5). Vielleicht wurden diejenigen, die es in der Regel zur Zufriedenheit der ganzen Versammlung taten, durch die Gemeinde als „Prophetinnen" anerkannt. War das der Fall bei den vier Töchtern des Philippus (Apg 21,9)? Da die gelegentliche prophetische Rede von Frauen eine alltägliche Sache war, erscheint es am einfachsten, in ihrem Fall an eine anerkannte

Funktion zu denken, um diese Bemerkung des Lukas zu rechtfertigen.

*2. Wenige Vorhersagen in den prophetischen Reden*
Der Aspekt der „Vorhersage der Zukunft", der gewöhnlich mit dem Wort „prophetische Rede" in Verbindung steht, erscheint ausdrücklich nur in Apg 11,28 und 21,10-14 (Agabus). Sonst hat die Wortgruppe *propheteuein* offenbar allgemeinere Bedeutung: „Der Prophet ist nicht der Mann von Vorhersagen, sondern der Predigt, die das Wort Gottes existentiell in eine Gemeinschaft hineinbringt" (F. J. Leenhardt, *L'épître de Paul aux Romains*, Neuchâtel 1957, S. 174). „Das Wesen der prophetischen Rede ist nicht die Vorhersage, sondern die Verkündigung, was in der Regel bedeutet: eher Anwendung der offenbarten Wahrheit als ihre Vermehrung" (J. I. Packer, 84, S. 215).

*3. Eine weit verbreitete Gabe ...*
Die prophetische Rede ist anscheinend *eine weit verbreitete Gabe*: „eine Betätigung so alltäglich wie das Gebet der Männer wie auch der Frauen." (F. F. Bruce, *I-II Cor.*, Oliph. 1971, S. 134). „Jeder Christ ist potentiell ein Prophet" (A. Motyer, *NBD*, S. 1045). „Theoretisch kann jeder beliebige prophetisch reden" (M. J. Cartledge, 91, S. 19).

*4. ... gerichtet an die Versammlungen der Christen*
Die prophetische Rede geschieht in der Regel *in den Versammlungen der Christen*. „Die neue prophetische Rede ist eine interne Aufgabe im Gemeindeleben und geschieht immer im Zusammenhang mit dem Gottesdienst. Eine Ausnahme bildet nur die prophetische Rede der zwei Zeugen aus Offb 11. Diese erscheint wie die Prophetie des Alten Testaments als eine vor aller Welt gegebene Offenbarung von Gerichten, die die Erde erschüttern werden, und als Ruf zur Umkehr" (J. Burnier, VB, S. 239).

*5. Das Ziel der prophetischen Rede*
Das *Ziel der prophetischen Rede* ist die Erbauung der Gemeinde und die Ermutigung der Gläubigen. „Die erbauliche Ermutigung

ist die Hauptaufgabe der Propheten" (D. Hill, 79, S. 206). Der Inhalt der prophetischen Rede ist weniger auf die Kenntnis christlicher Lehren ausgerichtet als auf deren Anwendung auf das Leben der Hörer. „Als Hirten-Prediger lehren die Propheten des Neuen Bundes die Christen, was der christliche Weg von jedem Gläubigen individuell und von der Gemeinschaft als Ganzheit verlangt" (D. Hill, 79, S. 129). „Die prophetische Rede gibt Antwort auf die besonderen Bedürfnisse des gegenwärtigen Augenblicks" (W. Grudem, 88, S. 152).[24]

F. Goldschmidt erinnert daran, daß „nach Eph 4,11-12 die Propheten 'zur Ausrüstung der Heiligen und zur Erbauung des Leibes Christi' gegeben sind. Derselbe Gedanke wird in 1Kor 14 entwickelt, wo man sieht, daß man besonders nach der Gabe der prophetischen Rede streben soll (V. 1), und daß 'wer prophetisch redet, zu den Menschen redet zur Erbauung und Ermahnung und Tröstung' (V. 3) und zur Erbauung der Gemeinde (V. 4). Im selben Zusammenhang können wir feststellen, daß die prophetische Rede in Beziehung zur Einsicht und zur Unterweisung des anderen steht (V. 15.19). Daraus können wir weiter ableiten, daß die prophetische Rede mit der Evangelisation in Beziehung zu setzen ist, da der Nichtgläubige von allen überführt wird und bekennt, daß Gott wirklich in einer solchen Gemeinde ist (V. 24f) ... Es ist offensichtlich, daß der prophetische Dienst, der so, wie weiter oben dargestellt wurde, aus der Lehre hervorgeht, eine gewisse Autorität voraussetzt, die schon der Dienst der Propheten des Alten Testaments hatte (z.B. Hulda, 2Kö 22,14-20, Zeitgenossin des Jeremia, die ein autoritäres Urteil über Jerusalem und über den König verkündet)" (92, S. 84f).

F. D. Bruner sagte: „Paulus sieht den höchsten Ausdruck der geistlichen Gaben in der freien Aussprache der Christen, die sich gegenseitig helfen wollen und einander den Beitrag ihrer

---

[24] Sie ist „das Wort, das zu einer in der Vergangenheit, Gegenwart und Zukunft vorliegenden Situation paßt" (G. Hörster). „Das spezifische Kennzeichen der prophetischen Rede ist ihr besonderer Charakter" (D. Watson, 78, S. 258), sie bezieht sich auf besondere Bedürfnisse. Es ist „die Gabe, den Willen Gottes in einer gegebenen Situation zu verstehen und auszudrücken" (L. Berkhof, *Doctrine of the Holy Spirit*, S. 91).

Gedanken bringen. Im Grund scheinen Ausdrücke wie 'ein Wort des Zeugnisses', oder auch 'ein Ratschlag', das ursprüngliche, etwas altertümliche Wort 'Prophetie' besser wiederzugeben" (70, S. 297).

Die auf diese Weise durch Frauen ausgeübte prophetische Rede muß sich in den ursprünglichen Gemeinden ganz natürlich vollzogen haben. „In der Urgemeinde konnten sich Männer und Frauen erheben, um der Gemeinde mitzuteilen, was Gott ihnen ihrer Meinung nach zum gemeinsamen Wohl anvertraut hatte" (Grudem/Piper, 93, S. 18-19). So entdramatisiert könnte sie ebenso in den meisten heutigen Gemeinden stattfinden. Wenn andererseits der Mann an abstrakten Wahrheiten und deren Vermittlung Gefallen hat, so ist der Geist der Frau mehr den konkreten Realitäten des Lebens zugewandt. Daher ist die prophetische Rede, als Anwendung biblischer Wahrheiten auf das Alltagsleben, besser auf sie zugeschnitten als die Lehre.

*6. Die prophetische Rede des Neuen Testaments hat keine absolute Autorität*

Die prophetische Rede des Neuen Testaments hat keine absolute Autorität, vergleichbar mit den im Alten Testament oder in der Offenbarung inspirierten Prophetien. Sie muß durch die Gemeinschaft bewertet werden (1Kor 14,29).

Die Propheten des Alten Testaments sprachen und schrieben mit absoluter göttlicher Autorität (5Mo 18,18-20; 4Mo 22,28; Jer 1,9; Hes 2,7 ...). Im Neuen Bund sind es die Apostel, die diese Autorität haben (Gal 1,8-9.11-12; 1Kor 2,13; 2Kor 13,3; 1Thess 2,13; 4,8.15; 2Petr 3,2 ...). Paulus macht einen deutlichen Unterschied zwischen der Autorität eines Propheten und seiner eigenen (1Kor 14,37).

Die Bezeichnung „Prophet" wird manchmal auf die Apostel angewandt, wenn sie unter dem Einfluß des Heiligen Geistes sprechen: Eph 2,20 und 3,5 treffen nur auf die Apostel zu, die die Fundamente der Gemeinde gelegt haben; „die Apostel, die ebenfalls Propheten sind". In Eph 4,11 unterscheidet Paulus die Apostel von den Propheten. Aber allgemein kennzeichnet das Wort „Prophet" Christen, die nicht mit göttlicher Autorität sprechen, sondern etwas berichten, was Gott ihnen aufs Herz gelegt oder was er ihrem Denken inspiriert hat.

Zum Beispiel gehorcht Paulus in Apg 21,4 nicht der prophetischen Äußerung, die ihn daran hindern wollte, nach Jerusalem zu gehen; er erkannte also darin keine göttliche Autorität. Die Prophetie des Agabus (Apg 21,10f) war nur zum Teil genau: Es waren nicht die Juden, die Paulus „gebunden" haben, es waren die Römer (V. 33, dasselbe Verb) und die Juden haben ihn nicht freiwillig in die Hände der Heiden übergeben (*paradósousin*, V. 11), sondern diese mußten ihn mit Gewalt aus ihren Händen befreien, weil sie ihn töten wollten (V. 32).

Paulus fordert die Thessalonicher auf, die prophetischen Reden zu *prüfen* und das Gute festzuhalten (1Thess 5,20f); was beweist, daß diese keine göttliche Autorität hatten wie das Wort Gottes, welches sie „mit Freude des Heiligen Geistes aufgenommen" hatten (1,6; 2,13 vgl. 4,15). In 1Kor 14,29 verlangt er auch von den Zuhörern, die prophetischen Reden zu *beurteilen* (*diakrínein*). In Vers 37f stellt er seine eigene Autorität über die der Propheten von Korinth.

Die in den neutestamentlichen Gemeinden gegebenen prophetischen Reden sollten also als menschliche Worte betrachtet werden und nicht streng als göttliche Worte. Es sind „menschliche Worte, die etwas berichten, was Gott nahelegt" (W. Grudem, 88, S. 67). Das Kriterium für die Echtheit einer prophetischen Rede ist die darin enthaltene Lehre (5Mo 13,1-3) und die Erfüllung der Voraussagen (18,22). Demnach ist heute das Zeichen für die Echtheit einer prophetischen Rede ihre Übereinstimmung mit der biblischen Lehre. „Jede moderne prophetische Rede muß im Licht bestehender orthodoxer Lehrnormen bewertet werden, deren Maßstab die Schrift selbst ist" (M. J. Cartledge, 91, S. 19).

Dieses Fehlen intrinsischer Autorität und die Unterwerfung unter das Urteil der Versammlung und besonders der Lehrenden führt zum Einverständnis mit der Ausübung der prophetischen Rede von Frauen selbst in Gemeinden, die darauf bedacht sind, den Männern die Autorität vorzubehalten.

*7. Unterschiede zwischen der prophetischen Rede und der Lehre*
*Die prophetische Rede unterscheidet sich von der Lehre.*
Der Apostel Paulus erlaubt einer Frau, prophetisch zu reden, aber nicht zu lehren (1Tim 2,12); es muß daher einen Unter-

schied zwischen diesen beiden Formen der Rede geben. Außerdem werden in den Listen der Gaben die prophetische Rede und der Prophet immer von der Lehre und dem Lehrer unterschieden.

Was macht den Unterschied zwischen prophetischer Rede und Lehre aus? W. Grudem antwortet: *Eine spontane „Offenbarung" unterscheidet die prophetische Rede von der Lehre.*

Paulus nennt „Offenbarung" (*apokalýpsis*) einen Gedanken, den Gott einem Propheten eingibt und den der mit seinen eigenen Worten formuliert (z.B. 1Kor 14,30f). Dieses Wort hat nicht das Gewicht, das es gewöhnlich für uns hat. Es ist einfach etwas, an das Gott im Geist des Propheten erinnert, das er auf sein Herz legt oder in seine Gedanken, eine Eingebung, die sich ihm aufdrängt und die er der Versammlung mitteilt. Aber es kann auch einen „prophetischen", übernatürlichen Anteil enthalten (vgl. Lk 7,39; Joh 4,19; 11,51; Apg 11,28; 21,10-11).

In Lk 1,67 heißt es: Erfüllt vom Heiligen Geist, verkündete Zacharias, der Vater von Johannes (dem Täufer), was Gott ihm gezeigt hatte (*Hfa*, wörtl.: „er weissagte und sprach"). Es folgt eine für das Neue Testament typische prophetische Rede. Ein Heft des Bibellesebundes (*Orientierung* vom 24.12.96) gibt dazu die folgende Erklärung, welche die charakteristischen Merkmale der prophetischen Rede gut kennzeichnet:

„Als Kenner der Heiligen Schrift ist der Priester Zacharias in der Lage, die aktuellen Ereignisse in den großen Rahmen göttlicher Heilsgeschichte einzuordnen. Die Kenntnis der Schrift und die Erleuchtung durch den Heiligen Geist (67) schenken Durchblick durch die oft verworrenen Zusammenhänge unseres Lebens.

Was sich jetzt erst anfänglich andeutet, wird schon in seiner Vollendung gesehen (68-69, 76-79).

Das jetzige Geschehen wird auf der Grundlage vorheriger Ankündigungen Gottes gedeutet (70-73).

Das Ziel göttlichen Handelns wird nicht aus den Augen verloren (74-75, 79)."

Diese drei Punkte scheinen mir wichtige Punkte für die Verkündigung im Sinne einer biblisch verstandenen prophetischen Rede zu sein.

Lehre basiert nicht auf einer Offenbarung. Sie ist oft eine Erklärung oder eine Anwendung der Schrift (Apg 15,35; 18,11; Hbr 5,12). Sie kann auch die Wiederholung oder Erklärung apostolischer Lehre sein (1Kor 4,17; 1Tim 4,11; 6,2), die der Gemeinde ihre Lehr- und Verhaltensnormen gibt.

Ein Ältester sollte fähig sein zu lehren (1Tim 3,2; 5,17; Tit 1,9); es heißt nirgendwo, daß er ein guter *Prophet* sein oder sich an gesunde prophetische Reden halten soll, so wie er sich an „gesunde Worte" der empfangenen Lehre halten soll (1Tim 4,16). Die Lehrer mußten der Gemeinde zeigen, wie die Schrift ausgelegt und angewandt werden muß. Lehren bedeutete also praktisch, die Leitung und die Autorität in der Gemeinde auszuüben, was bei denen, die prophetisch redeten, nicht der Fall war. Es gab eine enge Verbindung zwischen der Rolle eines Ältesten und der eines Lehrers. Die Propheten waren der verbindlichen Lehre der Schrift untergeordnet, ihre prophetischen Reden mußten in Übereinstimmung mit dieser Lehre sein.

Das kennzeichnende Merkmal der Prophetie ist ihre göttliche Inspiration; aber diese schließt menschliches Denken nicht aus, da Paulus die Propheten ersucht, sich nach dem „Maß des Glaubens" zu richten (Röm 12,7), und auch nicht die Möglichkeit eines Irrtums, da die übrigen Brüder „beurteilen" müssen, was der Prophet sagt (1Kor 14,29; vgl. 1Joh 4,1-3). „Das Göttliche mischt sich mit dem Menschlichen wie das Gold mit der Gangart[25], aber ein Viertel Gold ist wertvoller als überhaupt kein Gold. Ich habe daher das Recht, Fehler zu begehen, denn die Versammlung beurteilt, d.h. sie beseitigt die Gangart" (R. Ruegg, 76, S. 19).

Ein großer Teil dessen, was im Rahmen der Gemeinde gesagt oder geschrieben wird, kann unter diese Bezeichnung „prophetische Rede" fallen: Meditationen, Zeugnisse, informelle Gespräche, Zeitschriftenartikel oder Erbauungsbücher, sofern die beiden Bedingungen: Eingebung und Aktualisierung, erfüllt sind (vgl. A. Kuen, *Dons pour le service*, S. 46-53).[26]

---

[25] Mit „Gangart" bezeichnet man im Bergbau das wertlose Gestein, in dem das Gold eingelagert ist.

[26] F. Grünzweig sagt: „Die prophetische Rede bestand vor allem in der Erklärung und Anwendung des Wortes Jesu, das ein für allemal gegeben

## 8. Der Fortbestand der Gabe der prophetischen Rede in der Gemeinde

Die verschiedenen Kennzeichen der prophetischen Rede sprachen für einen *Fortbestand dieser Gabe in der Gemeinde*. Sie ist „die Gnadengabe par excellence des Neuen Bundes" (Ed. Schweizer). Nach Apg 2,17-21 ist die allgemein verbreitete prophetische Rede das Kennzeichen der Ära des Heiligen Geistes. Sie kann daher in keinem Abschnitt dieser Ära im Lauf der Kirchengeschichte fehlen (J. I. Packer 84, S. 214).

M. J. Cartledge sieht folgende Berührungspunkte zwischen der prophetischen Rede des Neuen Testaments und der heutigen: einen inneren Impuls, der zum Reden drängt, den Rahmen der Gemeindeversammlung, die Erbauung und Ermutigung, die sich aus den Botschaften ergeben, sowie ihre begrenzte Autorität, die von den Hörern Unterscheidungsvermögen und Bewertung verlangt. J. I. Packer definiert sie im Sinne einer Predigt oder Anwendung der biblischen Wahrheit auf die Zuhörer.[27] Diese „prophetische Rede der Ermahnung" ist „offen für alle, für Männer und Frauen, im Hinblick auf die Aktualisierung, innerhalb der gesamten Epoche der Gemeinde, der ein für allemal gegebenen Wahrheit" (P. Jones).[28] So „kann jeder Gläubige, Mann oder Frau, dazu berufen sein, der Gemeinschaft eine Offenbarung mitzuteilen, die ihm der Herr im Laufe des Gottes-

---

wurde. Denn Jesus hat gesagt, daß der Heilige Geist von dem Seinen nehmen und sie an alles erinnern wird, was er ein für allemal gesagt hat (Joh 14,26; 16,14)" (*1. Timotheus*, Neuhausen 1990, S. 105). D. A. Carson sagt seinerseits: „Im Neuen Testament deckt der Begriff der prophetischen Rede ein weites Bedeutungsfeld ab, das sich von den Orakeln einer heidnischen Muse (Tit 1,12) bis zur anerkannten Prophetie des alttestamentlichen Kanons erstreckt. Im Leben der Gemeinde bezeichnete es allgemein durch den Geist eingegebene Botschaften, deren göttliche Autorität im Detail aber nicht garantiert war; sie hatten es daher nötig, bewertet zu werden (1Kor 14,29). Sie standen infolgedessen hinsichtlich ihrer Autorität unterhalb des Wahrheitsinventars, das durch den Apostel Paulus repräsentiert wird."

[27] „Alles, was die biblische Lehre unterstützt und sie für die anwesenden Hörer konkret macht, kann heute streng genommen als prophetische Rede bezeichnet werden, denn tatsächlich ist es genau das" (84, S. 215). „Sie ist die Verkündigung der biblischen Wahrheit, begleitet von Anwendungen" (S. 217).

[28] *Revue Réformée*, Sept. 1980, S. 309f

dienstes gegeben hat" (J. Burnier, *V. B.*, S. 239). Das Wort *apokalypsis* = Offenbarung kann in seinem etymologischen Sinn verstanden werden: ein Schleier, der wegfällt (bei der Bedeutung eines biblischen Abschnitts oder der Tragweite einer Ermahnung oder einer Verheißung).

Die Prophetie ist der Weg, „auf dem Christus über seine Gemeinde regiert" (J. Burnier), indem er ihr seinen Willen *hic et nunc* (hier und jetzt) zu erkennen gibt.

*Die prophetische Rede: ein Dienst für alle*

Nach 1Kor 11,4-5 ist also dieser Dienst offen für Frauen wie für Männer. Die Aufzählungen der Gaben, in denen stets die Gabe der prophetischen Rede auftritt, sagen niemals deutlich, welche Gaben ausschließlich für Männer zugänglich sind. Für eine einzige unter ihnen spricht er diese Einschränkung aus: für die Gabe der Lehre (2Tim 2,12). Wir müssen aber noch genauer betrachten, was er damit meint (s. Kap. 10).

„Die Gemeinde ist genau der Ort, wo man festgesetzte Unterschiede nicht mehr zum Vorwand nimmt und wo die prophetische Rede, die von Söhnen und Töchtern kommt, hörbar werden kann" (F. de Coninck, 90, S. 47). „Für mich ist klar, daß das Wort der Töchter und der Mägde in der Gemeinde zirkulieren muß und erst recht das der Frauen und daß es mit derselben Autorität zirkulieren muß, die man einer prophetischen Rede zuerkennt" (a.a.O.).

„Alle Christen haben das Recht, in der Gemeinde prophetisch zu reden, wenn Gott sie dazu bewegt (1Kor 14,31), und wir sollten erwarten, wenn die Gelegenheit zu solchen prophetischen Reden gegeben wird, daß unsre Gottesdienste eine viel größere Beteiligung der Frauen – und der Männer – aufweisen, 'damit alle unterwiesen und alle ermutigt werden'" (W. Grudem, 87, S. 19).

Gebet und prophetische Rede „machen das Wesen des Gottesdienstes aus, weil sie eine unmittelbare Kommunikation mit Gott und von Gott beinhalten. Durch das Gebet begibt sich der Anbetende, zusammen mit der Gemeinde, in die Gegenwart

Gottes – der dann antwortet, indem er der Gemeinde sein Wort gibt durch die Person, die prophetisch redet" (G. Bilezikian, 85, S. 139; 92, S. 112).

„Die Freiheit, die christlichen Frauen gewährt wurde, solch einen verantwortlichen Anteil am Gottesdienst zu nehmen, war ein wichtiger Schritt nach vorne in der praktischen Verwirklichung des Prinzips, daß es in Christus nicht mehr Männer und Frauen gibt" (F. F. Bruce).[29]

## Schlußfolgerung

Die beiläufige Bemerkung des Paulus zum Verhalten der Korintherinnen in der Gemeinde (1Kor 11,5) lehrt uns, daß die Frauen in den Gemeinden der frühen Christenheit am Gebet und an der prophetischen Rede teilnahmen; der Apostel fand es normal.

Das Gebet der Frauen in der Gemeinde wird uns bestätigt durch Apg 1,14; 4,24; 12,5.12 ... sowie durch 1Tim 2,8-9. Die Versuche, die Anwendung von 1Kor 11,5 auf eine private Versammlung zu begrenzen, stoßen sich an verschiedenen Einzelheiten des Kontextes und an der Tatsache, daß alle Versammlungen der Urgemeinde unseren „Privatversammlungen" gleichen. Kein Text scheint die Teilnahme der Frauen nur auf bestimmte Gebete zu beschränken: Im Neuen Bund haben alle Gläubigen Anteil am allgemeinen Priestertum, nicht nur die Männer.

Die Frau kann im Gottesdienst auch Gottes Weisungen weitergeben. Die heutige Anwendung dieses Vorrechts ist an die Definition des Begriffs der prophetischen Rede gebunden. Wenn man darin eine Gabe sieht, die nach dem apostolischen Zeitalter verschwunden ist, so ist die Frage schnell erledigt und die Frau findet sich wieder in einem Stadium, das dem des Alten Bundes (das Prophetinnen gekannt hat), unterlegen ist – im Gegensatz zu der Verheißung des Joel, an die Petrus am Pfingsttag erinnert.

Aber es ist schwer vorstellbar, daß eine Gabe, die in dem für alle Zeiten gegebenen Wort Gottes von so großer Bedeutung ist,

---

[29] „All Things to all Men", in *Unity and Diversity in N.T. Theology*, R. A. Quelich, Eerdmans, Grand Rapids, 1978.

ihre Existenzberechtigung verliert, sobald der Kanon des Neuen Testaments abgeschlossen ist. Die Argumentation, die diese Theorie vom Verschwinden gewisser Gaben auf 1Kor 13,8 stützt, ist mehr als zerbrechlich, denn „der Tag, an dem das Vollkommene erscheint" fällt mit dem Tag zusammen, an dem wir erkennen, wie Gott uns erkennt (V. 12).

Die Gabe der prophetischen Rede ist vielmehr der Gemeinde für alle Zeiten gegeben, um den Gläubigen zu helfen, im Glauben zu wachsen, um sie zu ermutigen und zu trösten (1Kor 14,3). Diese in der Urgemeinde sehr verbreitete Gabe, bildete zusammen mit dem Dienst der Lehre den Kern des Verkündigungsdienstes in den Versammlungen, um auf die geistlichen Bedürfnisse der Gemeinde zu antworten. Die Männer und die Frauen übten sie unter der Kontrolle der Versammlung aus; denn unter dem Neuen Bund hat die prophetische Rede nicht die absolute Autorität der inspirierten Propheten des Alten Testaments. Das ist der Sinn, der aus der großen Mehrheit der Texte hervortritt, die sich im Neuen Testament auf die prophetische Rede beziehen. An einigen Stellen (Apg 11,28; 21,10; vielleicht auch 1Tim 1,18 und 4,14) hat der Begriff der prophetischen Rede einen begrenzteren Sinn: eine Voraussage oder eine genaue Botschaft zu bringen, dazu bestimmt, eine Person zu ermahnen oder auf ein momentanes Bedürfnis einer Gemeinde Antwort zu geben.

Diese Bedeutung sollte weder aus der modernen Perspektive ausgeschlossen werden, noch sollte sie abgekoppelt werden von der vorherrschenden Bedeutung des Wortes im Neuen Testament, die mit dem verwandt ist, was wir vom Heiligen Geist inspirierte Predigt nennen. So haben sie übrigens auch Calvin und Zwingli verstanden.

Nach dem Neuen Testament kann die Frau mit demselben Recht wie die Männer an diesem Dienst des Wortes teilnehmen unter dem Vorbehalt der Schlußfolgerungen, die wir aus 1Kor 14,34 und aus 1Tim 2,12 ziehen werden (s. Kap. 9 und 10).

Kapitel 8

# Die Kleidung der Frau in der Gemeinde

1Kor 11 ist das Kapitel der Bibel, über das es die meisten schriftlichen Auseinandersetzungen gegeben hat. Bei der Kontroverse geht es selten um das Gebet oder die Weissagung der Frau, die wir schon betrachtet haben, sondern um die Frage, ob die Frau im Gottesdienst einen Schleier tragen soll. Ganze Bücher, Dissertationen und zahlreiche Artikel wurden dieser Frage gewidmet.

## Soll die Frau im Gottesdienst verschleiert sein?

Das Tragen eines Schleiers im Gottesdienst und in den Gebetsversammlungen ist in vielen Gemeinden ein Grund zu Diskussionen, zu Spannungen, ja sogar zu Spaltungen gewesen und ist es immer noch. Diese Frage hätte fast unsere örtliche Gemeinde gespalten und war der Gegenstand langer Stunden des Studiums, der Untersuchungen und der Kontroversen. Einerseits stützen sich Christen mit dem aufrichtigen Verlangen, alle Anweisungen des Wortes Gottes zu befolgen, auf 1Kor 11,2-16 und verlangen, daß alle bei einer Gemeindeversammlung anwesenden Frauen eine Kopfbedeckung tragen, „um Christus nicht zu entehren"; einige verlangen sogar, daß sie sie ständig tragen, weil sie immer denselben Platz in der göttlichen Rangordnung einnehmen (1Kor 11,3), weil sie ohne Unterlaß beten sollen (Röm 12,12), immer zum Zeugnis (= Weissagung; 1Petr 3,15) bereit sein sollen und weil ihre Beziehung zu den Engeln gleich bleibt (1Kor 11,10) (Aquila Riehl, S. 8); andere Gläubige meinen, daß das Tragen eines Schleiers Teil eines überholten antiken Brauchs ist und daß uns dieser Abschnitt heute nichts mehr zu sagen hat.

Wie es so oft der Fall ist, versteht keine dieser Extrempositionen die Absicht Gottes richtig, der dem Apostel diesen Text eingegeben und zugelassen hat, daß er in den kanonischen

Schriften erscheint und für die Gemeinde aller Zeiten maßgeblich ist. Um diese Absicht zu verstehen, müssen wir 1Kor 11,2-16 näher untersuchen.

*Ein schwieriger Text*
1Kor 11,2-16 gehört zu „den Abschnitten des Neuen Testaments, die am schwierigsten zu verstehen und zu interpretieren sind" (M. Radloff, 91, S. 47).[30] A. Barnes, der einen Kommentar zum ganzen Neuen Testament verfaßt hat, gibt zu: „Trotz aller Erklärungen, die für diesen Abschnitt gegeben wurden, bekenne ich, daß ich ihn nicht verstehe. Ich weiß nicht, was er aussagen will, und ich betrachte ihn als einen der seltenen Bibelstellen, deren Bedeutung heute ganz und gar unerklärlich ist."

Die Schwierigkeit stammt aus dem seltenen Vorkommen gewisser Ausdrücke in der *Koine*, der Sprache, in der das Neue Testament geschrieben wurde, aus der Unkenntnis des sozialen und religiösen Hintergrundes im Griechenland des 1. Jahrhunderts, trotz aller modernen Forschungen, und daraus, daß es der einzige Schriftabschnitt ist, der diese Frage anspricht: Man kann ihn daher nicht durch Parallelstellen aufhellen. Außerdem hat kein nachapostolischer Verfasser außer Tertullian (um 200 n.Chr.) eine Anspielung auf dieses Thema gemacht. Wie J. K. Howard kann man sich offensichtlich auch die Frage stellen: "Kann die Lage der Gemeinde von Korinth zur Zeit, als Paulus ihr geschrieben hat, mit ihren groben Unregelmäßigkeiten, ihren zahlreichen Problemen und ihren Mißständen als verbindlich für jede beliebige Periode der Kirchengeschichte betrachtet werden?" (83, S. 32). Auf alle Fälle kann in Anbetracht der zahlreichen Schwierigkeiten, die diese Stellen dem Ausleger

---

[30] „Niemand kann übersehen, daß diese wenigen Verse beträchtliche Schwierigkeiten bieten und daß die Gelehrten extrem widersprüchliche Deutungen dafür vorlegen" (J. J. von Allmen). „Die in diesem Abschnitt enthaltenen exegetischen Probleme sind von einer außergewöhnlichen Komplexität: Sie liegen in der Wortwahl, in der Syntax, in den Umständen der Gemeinde zu Korinth und im sozialen Hintergrund" (Tucker/Liefeld, 87, S. 454). „Eine befriedigende Erläuterung des paulinischen Gedankens ist noch nicht gelungen, zumal Paulus ihn nur in äußerster Kürze ausspricht" (Wendland, *NT Deutsch*).

machen, „eine völlige Gewißheit über die Einzelheiten niemals erreicht werden" (a.a.O.).

Die meisten evangelikalen Verfasser geben sich Mühe, bei der Auslegung dieses Textes die historischen Faktoren zu berücksichtigen, und sie versuchen, die zeitlosen Prinzipien herauszulösen, die unter Bezugnahme auf eine Sitte des 1. Jahrhunderts formuliert sind. Selbst wenn ihre Auslegungen im einzelnen erheblich voneinander abweichen, so sind sich doch alle einig über die zentrale Wahrheit, die Paulus vermitteln will.

Weil dieser Abschnitt viel Unfrieden unter Christen erzeugt hat, die alle in gleicher Weise darum besorgt waren, den Willen Gottes zu erfüllen, wird es am besten sein, ihn im Detail, Vers für Vers, zu durchleuchten, bevor wir an seine Anwendung herangehen.

*Der Aufbau von 1Kor 11,2-16*

Dieser Abschnitt besteht aus drei Haupteinheiten: V. 2-6, 7-12 und 13-15 sowie einem Schlußvers (V. 16). Im ersten und dritten Abschnitt beruft sich Paulus auf einige Argumente kultureller Art, um seine Anweisung zu motivieren, indem er an die Schande erinnert, die ein „unbedecktes" Haupt mit sich bringt, und an die Lehre der „Natur" (V. 13-15). Im mittleren Abschnitt beruft er sich auf „theologische" Aspekte, die sich aus der Erschaffung des Mannes und der Frau ergeben (V. 7-12).

## Textstudium von 1. Korinther 11,2-16

Vers 2: *„Ich lobe euch aber, daß ihr in allem meiner gedenkt und die Überlieferung, wie ich sie euch überliefert habe, festhaltet."*

Paulus beginnt damit, daß er die Korinther dafür lobt, daß sie sich an ihn erinnern und die Überlieferungen treu festhalten, die er ihnen weitergegeben hat.

Vielleicht hatten ihm die Korinther geschrieben: „Wir erinnern uns immer an dich und halten treu an den Überlieferungen fest, die du uns überbracht hast." Ist Paulus sarkastisch, wenn er diese Worte aufgreift (wie in 4,8)? Es scheint nicht so. Im wesentlichen trifft die Behauptung der Korinther auf die Grundlehren zu, welche die „apostolische Tradition" ausmachen, aber im einzelnen gilt es, viele Punkte zurechtzurücken – was Paulus in dem vorliegenden Brief tut. Was das Thema dieses Abschnitts angeht, so haben die Korinther gut verstanden: „Für die Freiheit hat Christus uns freigemacht" (woran Paulus die Galater erinnern mußte: 5,1), aber in der praktischen Umsetzung sind sie über das Denken des Paulus hinausgegangen. „Ich lobe euch ... Dieselben Worte werden in negativer Form im V. 17 wiederholt, wo Paulus sich weigert, die Korinther für die Art und Weise zu loben, in der sie das Mahl des Herrn feiern. Demnach begrüßt er die Gebete und die Weissagungen der Frauen" (Tucker/Liefeld, 87, S. 454). Vergessen wir auch nicht, daß der Apostel immer, wenn er Gelegenheit dazu hat, mit einem Kompliment beginnt, besonders bevor er heikle Punkte anspricht (vgl. 1,4-9; Röm 1,8; 1Thess 1,2f; 2Thess 1,3f). Man sollte dieses Lob jedoch nicht soweit überbewerten, daß man sagt, der Apostel sah an dem Verhalten der Frauen nichts zu tadeln, wozu würden sonst die Verse 2-16 dienen?

Vers 3: *„Ich will aber, daß ihr wißt, daß der Christus das Haupt eines jeden Mannes ist, das Haupt der Frau aber der Mann, des Christus Haupt aber Gott."*
Paulus beginnt diesen Vers mit *de* (jedoch, indessen) und zeigt damit, daß er sehr wohl etwas zu tadeln hatte. Gleich an den Anfang setzt er das Prinzip der hierarchischen Struktur des Universums: Gott - Christus - der Mann - die Frau, aber er gibt es nicht in dieser Reihenfolge an. Er nennt zuerst Christus, das Haupt jedes Mannes, dann den Mann, das Haupt der Frau, dann Gott, das Haupt Christi; vielleicht weil ein hebräischer Geist das, was er betonen will, in die Mitte stellt, oder weil er vermeiden will, die Frau an das Ende der Liste zu setzen? W. House meint, daß Paulus das Hauptthema einrahmen wollte, die Autorität des Mannes von derjenigen Christi und Gottes, wobei sich der Brennpunkt beim Paar in der Mitte befindet: „der Mann und die Frau" zwischen: „Christus und der Mann" und „Gott und

Christus" (88, S. 145). Tucker und Liefeld wenden aber ein: „Die Reihenfolge, in der Paulus die drei 'Paare' aufführt: der Mann und Christus, die Frau und der Mann, Christus und Gott, erlaubt keinen Schluß darauf, daß es eine Autoritätslinie gibt, die von oben (von Gott) bis nach unten (zur Frau) führt, wenn auch innerhalb dieser „Paare" eine gewisse Reihenfolge besteht" (87, S. 455).

Wie gewöhnlich begründet Paulus also das Verhalten, das er von den Christen verlangt, mit einem theologischen Prinzip: hier mit dem der Ordnung im Kosmos, die die Unterordnung des einen unter den andern zur Konsequenz hat. Die Ablehnung des Symbols für diese Struktur durch die Korinther rührte entweder aus ihrer Unkenntnis dieses Prinzips (*„Ich will, daß ihr wißt"*) oder aus ihrem Widerstand.

*Kephalae: Haupt*[31] *oder Quelle?*
Paulus kennzeichnet diese Struktur dreimal, indem er das Wort *kephalae* verwendet, das den Kopf bezeichnet und zahlreiche übertragene Bedeutungen hat (25 in dem Wörterbuch von Liddell und Scott). Das Haupt eines Körpers beinhaltet „zwei Ideen: die einer Lebensgemeinschaft (einer lebendigen Einheit) und die einer Ungleichheit (einer Rangordnung) im Innern dieser Gemeinschaft" (G. Pella, 85, S. 5). Unter den übertragenen Bedeutungen, die zu diesem Abschnitt passen, haben zwei die Aufmerksamkeit der Ausleger auf sich gezogen: Haupt und Quelle. Die Verteidiger der Übersetzung „Quelle" sagen, daß im klassischen Griechisch das Wort *kephalae* niemals die Bedeutung der Autorität hat (M. Radloff widmet 62 Seiten seiner Dissertation der Verteidigung der Übersetzung „Quelle"). Obwohl diese Bedeutung „Quelle" von sehr renommierten Exegeten (wie C. K. Barrett und F. F. Bruce) verteidigt wurde, konnte sich ihr die Mehrheit der evangelikalen Ausleger nicht anschließen, denn die Belegstelle stammt für Paulus nicht aus dem klassischen Griechisch, sondern aus dem der Septuaginta. Diese gebraucht

---

[31] Hinweis des Übersetzers: Hier steht im französischen Text, ebenso wie in der französischen Bibel das Wort „chef", das die Bedeutung „Chef", „Führer", „Oberhaupt", „Kopf" hat. Das dafür in der (hier wiedergegebenen) EB verwendete Wort „Haupt" hat alle diese Bedeutungen.

*kephalae* jedoch niemals im Sinne von „Quelle", wenn es sich um zwischenmenschliche Beziehungen handelt. H. Blocher hat unwiderlegbar bewiesen, daß das mit *kephalae* übersetzte hebräische *rosh* „in allen personenbezogenen Verwendungen niemals zur Bezeichnung der 'Quelle' oder des Ursprungs dient. Im Gegenteil, die überwältigende Mehrheit der Beispiele verbindet das Bild mit Autorität" (79, S. 33). Im ganzen Neuen Testament geht die Verwendung von *kephalae* in dieselbe Richtung. Zu behaupten, daß *kephalae* mit „Quelle" statt mit Haupt zu übersetzen ist, führt zu einigen christologischen Häresien, welche die Konzile der ersten Jahrhunderte bekämpft haben: Gott ist nicht die „Quelle" Christi, denn dieser ist ewig wie er, von demselben Wesen wie der Vater, ihm unterworfen.[32]

---

[32] S. Bedale hat die Kontroverse 1954 in einem Artikel des *Journal of the Theological Society* entfacht, wobei er sich auf die Bedeutung des Wortes im außerbiblischen Griechisch stützte. Aber als die Analyse der gesamten griechischen Literatur mit dem Computer ein lückenloses Studium aller Verwendungen des Wortes ermöglichte, erwiesen sich seine Schlußfolgerungen als wenig fundiert. Wayne Grudem und J.A.Fitzmeyer haben die Frage unabhängig voneinander aufgegriffen und sind zu denselben Ergebnissen gelangt. In einem Artikel des *Trinity Journal* (6/1985) hat W. Grudem 2336 Beispiele der Verwendung dieses Wortes in der gesamten klassischen und hellenistischen griechischen Literatur analysiert. Er hat keinen Fall gefunden, in dem es vor oder während des 1. Jahrhunderts unzweifelhaft die Bedeutung „Quelle" hatte. Der Jesuit J. A. Fitzmeyer hat im selben Jahr in *New Testament Studies* (35/1989, S. 503-511) analoge Schlußfolgerungen veröffentlicht. Die Bedeutung „Quelle" erscheint erst später. In einer öffentlichen Debatte mit Catherine Kroeger hat W. House sie aufgefordert, ein Beispiel anzugeben, das diesen Sinn „Quelle" bestätigt; das einzige Beispiel, das die Spezialistin der klassischen griechischen Literatur ihm angegeben hat, fand sich in den Schriften des Athanasius (295-373) (W. House, 88, S. 146). Das hebräische *rosh*, das bisweilen durch *kephalae* übersetzt wird, wird manchmal auch durch andere Wörter wiedergegeben, die deutlich die Idee der Autorität enthalten (wie *archae*). Diese Schlüsse wurden von P. Cotterell und M. Turner in *Linguistics and Biblical Interpretation* bekräftigt (89, S. 141-145, 183, 317). Neuere Forschungen haben diese Behauptung bestritten. Sie gehen davon aus, daß sie Beispiele der Verwendung dieses Worts im Sinn von 'Quelle' in medizinischen Texten gefunden haben (s. Angaben in Tucker/Liefeld 87, S. 508 Anm. 7). In anderen alten griechischen Texten wird *kephalae* bildlich zur Bezeichnung der ganzen Person verwendet (a.a.O., S. 455). „In seiner eigentlichen Bedeutung ist das Haupt nicht die „Quelle" des körperlichen Lebens. Er

Einige Ausleger (Robertson und Plummer, Findlay, K. Wilson) fragen sich gleichwohl, ob die Bedeutung von „Quelle" nicht zusätzlich im Geist von Paulus anklang, als er davon sprach, daß die Frau *vom Mann ist* (V. 8), denn im Kolosserbrief gebrauchte er dieses Wort einmal in Verbindung mit der Idee der Autorität (2,10) und einmal mit der des Ursprungs (2,19). Aber das kann hier nicht der Hauptsinn des Wortes sein; denn Gott ist nicht die „Quelle" Christi; das zu verteidigen hieße, in den Arianismus zurückfallen, d.h. in die Lehre, die aus Christus eine *Kreatur* Gottes macht und die die Frühkirche jahrhundertelang gespalten hat. Im Gegenteil sagt Paulus in demselben Brief ausdrücklich, daß Christus dem Vater untergeordnet ist (1Kor 3,23; 15,28). Auf jeden Fall gelangen diejenigen, die die Übersetzung „Quelle" verteidigen, zu denselben Schlußfolgerungen hinsichtlich des zentralen Gedankens dieses Abschnittes. Wollen sie die Idee der Unterordnung der Frau beiseite schieben? Bevorzugen sie deshalb diese Bedeutung? Aber diese Idee geht unmißverständlich aus anderen Stellen des Neuen Testaments hervor (Eph 5,24.33; Kol 3,18; 1Petr 3,1-7).[33]

„*Kephalae*", sagt auch J. Stott, „beinhaltet eine gewisse Art Autorität, der man sich unterwerfen muß, was z.B. Eph 1,22 beweist: Gott hat alles seinen (Christi) Füßen unterworfen und ihn als oberstes Haupt der Gemeinde gegeben" (89, S. 152). Er fügt hinzu: „Der Begriff, der das paulinische Konzept des 'Hauptes' am besten wiedergibt, ist der Begriff 'Verantwortung' ... Die Aufgabe des Ehemanns (nach Eph 5,23-27) ist eher die Rolle des Rückhalts als der Kontrolle, der Verantwortung als der Autorität" (89, S. 153). Für die Frau ist es wichtig, in der Aufgabe des Mannes als Haupt das von Gott gewollte Mittel zu

---

ist das Kontrollzentrum des Körpers. Das Gehirn bestimmt, wie sich die verschiedenen Glieder verhalten sollen. Die Vorstellungen der Kontrolle oder der Autorität ergeben sich natürlicher aus dem Bild des Kopfes als die Idee der Quelle" (K. Gangel, 83, S. 56).

[33] „Der Schlüssel für eine gute Beziehung zwischen Mann und Frau besteht in der Anerkennung der Autorität Christi über den Mann" (W. House, 88, S. 149). Der Begriff des Hauptes (des Chefs), den der Apostel gebraucht, soll die Frau daran erinnern, daß „die Erlösungsordnung sie nicht von der Schöpfungsordnung befreit, wenn sie ihre Funktion in der Gemeinde ausübt" (a.a.O.).

erkennen, um ihre Weiblichkeit zu schützen und ihr zu ermöglichen, sich zu entfalten" (a.a.O., S. 55).

Vers 4: *„Jeder Mann, der betet oder weissagt und (dabei etwas) auf dem Haupt hat, entehrt sein Haupt."*
Paulus beginnt mit den Männern. „Es ist zu bemerken, daß Paulus seine Anordnungen ebenso an den Mann wie an die Frau richtet: eine Tatsache, die nicht genug Beachtung gefunden hat" (J. K. Howard, 83, S. 33). Wenn sie „etwas vom Kopf (herab)" haben, entehren sie ihr Oberhaupt. „R. Oster hat Spuren eines weit verbreiteten Brauchs seitens der Männer gefunden, die sich in religiösen Versammlungen in Rom, in Italien und in vielen Städten des römischen Orients mehrere Jahrhunderte vor und nach dem 1. Jahrhundert den Kopf bedeckten. Man findet Spuren dieser Sitte auf Münzen, Statuen und Monumenten rund um den Mittelmeerraum. Das zeigt: Die Sitte, daß sich Männer während des Kults den Kopf bedeckten, war gegen Ende der Republik und zu Beginn des Kaiserreichs sehr verbreitet. Die Annahme des Paulus in diesem Vers ist also nicht nur hypothetisch" (92, S. 67-69).

*Schleier oder Haartracht?*
Dieses „Etwas (vom Kopf herab)" kann ein Schleier oder lange Haare sein. Die meisten Übersetzungen liefern das Wort Schleier. Mehrere Fachleute haben dagegen neuerdings die Hypothese aufgestellt, daß in diesem Abschnitt überhaupt nicht vom Schleier die Rede ist, sondern von der Haartracht. Sie sagen, daß Paulus tatsächlich nur ein einziges Mal das griechische Wort *peribolaion* (Schleier oder genauer: etwas, was einhüllt, was umgibt) verwendet, im V. 15: „das Haar (der Frau) ist ihr *gegeben, um ihr als Schleier zu dienen.*" Hätte Paulus hier von einem Schleier sprechen wollen, warum hat er nicht das Wort *kalymma* verwendet, was die gewöhnliche Bezeichnung des Schleiers war? Versuchen wir daher, für den gesamten Bereich der Verse 4 bis 13, diese Frage, für die Frau wie für den Mann, zu erhellen.

Welche Argumente haben die, die in „dem, was vom Kopf hängt" einen Haarstil und nicht einen Schleier sehen? M. Radloff weist auf zehn Schwierigkeiten hin, an denen die Auslegung

aneckt, die „dem, was vom Kopf hängt", die Bedeutung Schleier gibt.
1. Im V. 2 lobt Paulus die Korinther dafür, daß sie treu der Überlieferung folgen, die er ihnen weitergegeben hat (wie auch in 15,1). Dieses Lob ist aufrichtig. Die Verse 3-16 sind in diese Billigung eingeschlossen, während er im V. 17 auf einen Punkt zu sprechen kommt „bei dem ich euch nicht loben kann". Wenn die Korinther den Gebrauch des Schleiers aufgegeben hätten, im Gegensatz zu den guten Sitten und zu den mündlichen Direktiven des Apostels, könnte er sie dann für ihre Treue loben? Also geht es nicht um den Schleier.
2. Beim einzigen Mal, wo er den Schleier erwähnt (V. 15), sagt er, daß die langen Haare der Frau ihn ersetzen.
3. So wie es für eine Frau schändlich ist, nicht „etwas, was vom Kopf hängt, zu haben", so ist es für den Mann schändlich, etwas zu haben. Wenn dieses „etwas" eine „Kopfbedeckung" wäre, in wessen Augen wäre das schändlich? In den Augen der Römer? Aber während ihrer Opfer bedeckten die Männer ihren Kopf mit einem Teil ihrer Toga. In den Augen der Juden? Der Priester und der Hohepriester hatten den Kopf mit einem Turban bedeckt.
4. „Der Mann freilich soll sein Haupt nicht verhüllen, da er Gottes Bild und Abglanz ist" (V. 7). „Wenn es für den Mann entehrend ist, während der Erfüllung seiner kultischen Aufgaben seinen Kopf zu bedecken, weil er das Bild Gottes ist, wie soll man verstehen, daß der Priester in der Ausübung seiner Aufgaben einen Turban (2Mo 28,4; 29,6; 39,28; EB: „Kopfbund") tragen mußte?" (M. R., S. 150). (Aber aus der Tatsache, daß der Hohepriester einen Turban auf seinem Kopf trug, folgt nicht, daß alle Männer sich mit einem Schleier bedecken mußten, erst recht nicht mit einem weiblichen Schleier. Im 1. Jahrhundert bedeckten die Juden ihren Kopf beim Beten nicht. Diese Sitte entstand im 4. Jahrhundert in den Synagogen.
5. Wenn das Bedecken des Kopfes mit einem Schleier eine jüdische Sitte war, weshalb wollte Paulus den Frauen diese Sitte auferlegen und nicht den Männern, wenn doch der Priester während der Kulthandlung seinen Kopf bedeckte?
6. Weshalb nur während des Gebets und der Weissagung?

7. Wenn die Frau die Ehre des Mannes ist, welche schändliche Sache sollte sie verschleiern?
8. Die langen Haare sind eine Ehre für die Frau (V. 15). Weshalb muß sie sie dann verbergen?
9. In Ephesus trugen die Frauen offenbar keinen Schleier, da Paulus den christlichen Frauen das Flechten der Haare verbietet.[34] Was hätte eine solche Haartracht für einen Sinn, wenn sie öffentlich und privat immer durch einen Schleier verborgen werden mußte?
10. Weshalb ist Paulus beunruhigt über die Länge der Haare – beim Mann wie bei der Frau – wenn sie bei der Frau mit einem Schleier bedeckt werden mußten?

Die Erklärung, die M. Radloff gibt, bezieht die Empfehlungen des Paulus in diesem Kapitel auf die Art der Haartracht: kurze aufgelöste und wirre Haare oder lange Haare, „die vom Kopf herabhängen".[35]

Paulus kann mehrere Gründe dafür haben, Frauen aufzufordern, beim Beten oder Weissagen in der Gemeinde eine weibliche Haartracht beizubehalten: 1. Er wollte die Schöpfungsordnung wahren, 2. er war um ein gutes Zeugnis gegenüber den Leuten „draußen" besorgt, 3. er wollte jede Verwechslung mit heidnischen religiösen Bräuchen vermeiden.

1. Das ausschlaggebende Bemühen des Paulus richtete sich auf die *Aufrechterhaltung der Schöpfungsordnung*, die jedem seinen Platz zugewiesen hat. Männer und Frauen können vor Gott treten, um zu ihm zu beten und um von ihm Botschaften zu empfangen, als Männer *und als Frauen*. Die Vorstellung, daß die Männer allein sich Gott nahen konnten, war in der antiken Welt ziemlich verbreitet. Sie hat zum Beispiel einige gnostische Gruppen im 2. Jahrhundert geprägt. In diesen Gruppen mußten sich die Frauen, wenn sie ins Reich Gottes kommen wollten,

---

[34] Anm. des Übers.: 1Tim 2,9; vgl. 1Tim 1,3.
[35] Die Idee, daß es sich in diesem Abschnitt nicht um einen Schleier aus Stoff handelt, wird durch einige moderne Autoren bestätigt. Das ist auch die Meinung von W. J. Martin, von Gundry-Volf, von Murphy O'Connor (70, S. 232) und von J. K. Howard, der sagt: „Wenn Paulus in anderem Zusammenhang (2Kor 3,12-18) vom Schleier spricht, dann ist das Wort, das er verwendet, unzweideutig" (83, S. 35).

„den Männern anpassen" (E. Pagel, 79, S. 67). Im Evangelium des Thomas (einer gnostischen Schrift des 2. Jahrhunderts) „sagt Petrus zu den Jüngern: 'Maria muß uns verlassen; denn die Frauen sind des Lebens nicht würdig'. Jesus antwortete: „Ich werde sie männlich machen, damit sie ein lebendiger Geist wird, der euch, den Männern, gleicht ... Denn jede Frau, die sich selbst männlich macht, wird ins Himmelreich gelangen" (II, 2, Logion 114, Bibl. Nag Hammadi 130). „Die Identität abzulehnen oder unkenntlich zu machen, die Gott uns als sexuell differenzierte Wesen gegeben hat, ist eine Schandtat" (R. u. C. Kroeger, 78, S. 12).

2. Paulus wollte *das gute Zeugnis gegenüber Außenstehenden* aufrechterhalten. Man durfte nämlich die Christen nicht mit Homosexuellen verwechseln. Denn Männer, die eine weibliche Haartracht annahmen, waren Homosexuelle. In Griechenland war die Homosexualität sehr verbreitet und aufgewertet; die Homosexuellen nahmen Haartrachten des entgegengesetzten Geschlechts an. So legten sich die Männer die Haare in Locken und kämmten sie sorgfältig nach der weiblichen Mode. Deshalb sagt Paulus den Christen von Korinth: „Jeder Mann, der mit langen Haaren, die ihm vom Kopf hängen (und die nach der weiblichen Mode gekämmt sind), betet oder weissagt, beleidigt seine Quelle" (Übersetzung von M. Radloff, S. 163), indem er die sexuelle Besonderheit, die „seine Quelle", d.h. sein Schöpfer, ihm zugeteilt hat, verwirft.[36] Die Frauen trugen ihre Haare normalerweise geflochten oder mit Nadeln am Kopf befestigt. Die Frauen, die ihre Haare herabhängen ließen, waren Prostituierte.

3. Paulus wollte auch vermeiden, daß „unaufgeklärte Leute oder Ungläubige, die plötzlich auftauchten" (14,26), den christlichen Gottesdienst mit religiösen heidnischen Bräuchen verwechselten, wo bei Menschenansammlungen allerlei Ausschweifungen und „widernatürliche" Praktiken stattfanden (nach M. Radloff, 91, S. 149-165). In den heidnischen Kulten von Korinth (Kult

---

[36] „Einer der Gründe dafür, daß Paulus eine deutliche Unterscheidung zwischen den Geschlechtern beibehalten will, ist seine Ablehnung der Homosexualität; andererseits wandte er sich genauso gegen die in gewissen heidnischen Weihehandlungen übliche Vertauschung der Geschlechtsrollen" (Tucker/Liefeld, 87, S. 77).

der Isis, des Dionysos, der Kybele, der Pythia von Delphi und der Sybille) hatten die Priesterinnen und die Frauen nämlich aufgelöste und wirre Haare wie die Männer, wobei die aufgelösten Haare ein Zeichen für prophetische Inspiration waren. Die in den Isiskult Eingeweihten hatten sogar den Kopf geschoren (vgl. V. 6). Aber „Paulus will weder orgiastisches Gehabe" (Schuessler-Fiorenza, 86, S. 325) noch, daß die Frauen sich wie Männer benehmen. Wenn auch die Frau dem Mann gleich ist (V. 3.10-12), so ist sie doch grundverschieden geschaffen (V. 3.8.9) und muß sich als Frau verhalten (V. 4.5.7a.14.15), indem sie ihre sexuelle Andersartigkeit annimmt.

Die Gemeinde von Korinth sollte in ihren Gottesdiensten nicht die religiösen heidnischen Gebräuche nachahmen; vor allem sollten diejenigen, die beteten oder weissagten, nicht die Verhaltensweise der heidnischen Priesterinnen und Priester übernehmen, die meinten, mit Hilfe dieser Verkleidung mit der Gottheit in Verbindung zu treten.

Die Deutung, die im Gegenstand der Debatte eine Frage der Haartracht sieht, hat daher denselben Beweggrund wie diejenige, die darin einen Hinweis auf das Tragen des Schleiers sieht: Im einen wie im anderen Fall handelt es sich darum, seinen Platz zu akzeptieren und auf das gute Zeugnis gegenüber Außenstehenden achtzuhaben.

Diese Argumente muß man bedenken, sie sind jedoch nicht unwiderlegbar. Um zu entscheiden, ob es sich um einen Schleier handelt oder um eine Frage der Haartracht, müßte man genau die Bekleidungssitten der damaligen Epoche kennen.

„1Kor 11 kann nicht in einem *Vakuum* (im luftleeren Raum) entschieden werden. Die Sprache ist zu gefüllt mit für die konventionelle Moral bezeichnenden Ausdrücken, als daß man die Welt, in der die Gemeinden des 1. Jahrhunderts lebten, ignorieren könnte. Paulus wußte, daß die äußere Aufmachung und das Verhalten der Frauen in der Gemeinde ein Indiz für die Welt sein würden, die ständig dabei war, sie zu beobachten" (Tucker/Liefeld, 87, S. 78). Es wäre daher für uns wichtig, die Bekleidungsgewohnheiten der damaligen Zeit zu kennen.

*Welche Bedeutung hatte der Schleier in der damaligen Zeit?*

Die Gepflogenheiten hinsichtlich der Kleidung waren je nach Ort und Gesellschaftsklasse sehr verschieden. Plutarch sagte: „Es schickt sich, daß Frauen verschleiert und Männer nicht verschleiert auf der Straße erscheinen" (*Quaest. Rom.* 14, zitiert nach Lietzmann, *Korinther* 54).

„Ohne Schleier wagte es die orientalische Frau nicht, sich öffentlich zu zeigen" (Ch. Rochedieu). In Griechenland erschien eine ehrenhafte Frau nicht öffentlich ohne Schleier" (E. Reuss).[37] „Die Frauen von Tarsus, der Vaterstadt des Paulus, trugen stets ihren Schleier, der sogar ihr Gesicht bedeckte – obwohl sie das nach Dion Chrysostomos (40-112) nicht unbedingt züchtiger macht. Niemand sollte auch nur irgendeinen Teil von ihnen sehen, und sie selbst sollten nichts anderes sehen als die Straße" (C. Kroeger, 87, S. 37). In seiner Dissertation über „das Tragen des Schleiers" zitiert Ruyter Valerius Maximus (*Dictorum et factorum memorabilium* VI 3.10), der die Geschichte von Sulpicius Gallus berichtet. Dieser hat seine Frau verstoßen, weil sie sich ohne Schleier auf die Straße begeben hat. Er spricht sogar von einem *Gesetz*, das verheirateten Frauen den Schleier vorschreibt.

Die *Halakka* (jüdische Tradition) verlangte auf jeden Fall, daß die Frau sich außerhalb des Hauses niemals ohne Schleier zeigte. Unter Berufung auf 5Mo 24,1 forderte sie, daß der Mann sie von sich stieß, wenn sie das tat, und er brauchte dann ihre Mitgift nicht zu erstatten (vgl. A. Jaubert, 72, S. 44). Bei den

---

[37] Tertullian ist der einzige christliche Verfasser der ersten Jahrhunderte, der diese Frage aufgreift. Auch er beruft sich auf die vorherrschende Sitte. Es gibt keinen Grund, sagt er, innerhalb der Gemeinde einen anderen Brauch anzunehmen als außerhalb. Für ihn ist ein Schleier erforderlich, der den ganzen Kopf bedeckt. Er protestiert heftig gegen Ersatzformen des wahren Schleiers: Kopfbänder, Stirnbänder, Hüte …, die nur einen Teil des Kopfes bedeckten. „Der ganze Kopf ist Frau", sagt er, „ihre Konturen, ihre Umrißlinien dehnen sich bis dahin aus, wo die Kleidung anfängt. Alles, was durch aufgelöste Haare bedeckt werden kann, all das ist das Gebiet des Schleiers, so daß auch der Nacken davon umgeben ist." Für ihn ist die arabische Frau das Ideal, die nur ein Auge unbedeckt hat. Sein Beweggrund ist nicht theologisch, es ist nur eine Frage des Anstands.

Juden und den Heiden „war es Sitte, daß eine Frau sich nicht öffentlich ohne Schleier zeigt. Wenn eine jüdische Frau unverschleiert das Haus verließ, war es so schockierend, daß ihr Mann ihr den Scheidebrief geben konnte, ohne ihr die Mitgift zurückgeben zu müssen" (P. Ketter, 49, S. 197). Der Talmud verlangte vom Mann, daß er seine Frau verstieß. „Der ist ein gottloser Mensch, der seine Frau ohne Schleier ausgehen läßt ... So eine Frau zu verstoßen, ist ein Gebot" (Strack/Billerbeck I, 40; III, S. 427ff; 431). Die Tradition des Schleiers scheint überall im antiken Orient verbreitet gewesen zu sein.[38]

Diese Sitte, einen Schleier zu tragen, scheint trotzdem nicht im ganzen römischen Reich und auch nicht in allen Gesellschaftsklassen geherrscht zu haben. „Die Römerinnen der gehobenen Gesellschaft", sagt C. Kroeger, „gingen ohne Kopfbedeckung, aber in den unteren Schichten der Provinzen trugen die Frauen gewöhnlich einen Schleier" (87, S. 37). Einige Autoren meinen, daß der Schleier eine jüdische oder allgemeiner eine orientalische Sitte war. Tertullian merkt an, daß die jüdischen Frauen die einzigen waren, die einen Schleier trugen (*De Corona* 4, *De Oratione* 22) und daß die Juden es als normal ansahen, daß Nichtjuden ohne Schleier fortgingen.[39]

---

[38] In Assyrien hatten nur die Kultprostituierten kein Recht, einen Schleier zu tragen. Ebenso war es in Persien und Medien. In Theben war das Gesicht der Frau vollkommen bedeckt, auch in Sparta trug nur das junge Mädchen keinen Schleier.

[39] David Pawson sagt: „Es ist sehr wenig wahrscheinlich, daß christliche Frauen, jedenfalls nicht mehr als jüdische Frauen, einen Schleier gebrauchten (d.h. etwas, was das Gesicht bedeckte). Sie hatten offenbar die Wahl zwischen so etwas wie einem Seidenschal und dem Tragen langer Haare, vielleicht oben auf dem Kopf zusammengesteckt ... Das Prinzip ist jedoch vollkommen klar. Man darf in Anbetungsversammlungen keine Verwechslung zwischen den Geschlechtern herstellen" (92, S. 79f). „Wenn sogar von jüdischen Frauen das Tragen des Schleiers respektiert wurde, konnte Paulus es erst recht von allen Christinnen verlangen, damit sie, wie er soeben gesagt hat, für niemanden anstößig sind, weder *für Juden,* noch für Griechen, noch für die Gemeinde Gottes" (10,32). Aber J. K. Howard sagt: „Paulus überträgt niemals eine kulturelle Norm oder religiöse Skrupel einer Gruppe auf eine andere Gruppe" (83, S. 34).

*Ergebnis*

Wie man sieht, liefert uns die Geschichte in diesem Punkt keine absolute Gewißheit. Vielleicht muß man sich mit dem Fazit von David K. Lowery zufrieden geben, der meint: „Obwohl man es nicht mit Entschiedenheit behaupten kann, neigt das Übergewicht der Beweise zugunsten einer allgemeinen Sitte im 1. Jahrhundert, nach der die Frau in der Öffentlichkeit einen Schleier trug, und zwar ebenso in der jüdischen[40] wie in der griechisch-römischen Kultur[41]. Die Art der Kopfbedeckung variierte beträchtlich (siehe Ovid: *Die Kunst zu lieben* 3.135.65), aber im allgemeinen war es ein Teil der äußeren Bekleidung (*himation*), mit der man den Kopf wie mit einer Kapuze bedeckte (der Abschnitt spricht von einer Kopfbedeckung und nicht von einem Schleier)" (83 II, S. 529).

Ob der Apostel sich auf einen Schleier bezieht oder auf einen Haarstil, so scheint doch der Schwerpunkt des Abschnitts in der Unverwechselbarkeit der Geschlechter zu liegen, die bei christlichen Veranstaltungen deutlich heraustreten muß. „Auch wenn es im Korintherbrief viele Diskussionen über die Verwendung einer Kopfbedeckung gab, sind doch zwei Punkte klar: a) die Männer trugen sie nicht und die Frauen trugen sie und b) die Bedeckung des Kopfes war ein Unterscheidungsmerkmal zwischen Männern und Frauen" (K. T. Wilson, 91, S. 447). „Wo man eine Kopfbedeckung trug, da erweckt sie den Anschein eines sozialen Symbols der Weiblichkeit" (Ch. Talbert, 87, S. 67). Ob es sich um einen Haarstil oder einen Schleier handelt, die symbolische Bedeutung ist dieselbe: Der Mann muß vor Gott als Mann auftreten und die Frau als Frau. Es galt jede Zweideutigkeit und jede Verwechslung mit dubiosen heidnischen Praktiken zu vermeiden.[42]

---

[40] Siehe: Josephus: *Antiquitates judaicae* 3.270; Mischna: *Ketuboth* 7.6; Babylonischer Talmud Ketuboth 72 a-b.
[41] Plutarch: *Moralia* 3,2320; 4.267 b; Apulejus: *Metamorphosen* 11.10.
[42] „In einigen heidnischen religiösen Zeremonien rasierten sich die Frauen den Kopf, und die Männer trugen Schleier oder ließen ihre langen durch vergoldete Schmucksteine gehaltenen Haare fliegen. Im 1. Jahrhundert unserer Zeitrechnung wurden einerseits eine rasierte Frau und andererseits lange Zöpfe eines Mannes als Zeichen sexueller Umkehrung aufgefaßt. Die sexuelle Umkehrung war ein wichtiger Aspekt im Kult der Aphrodite (der römischen Venus), deren Tempel die korinthische Akropolis überragte (R. und C. Kroeger, 78, S. 12).

Vers 5: *„Jede Frau aber, die mit unverhülltem Haupt betet oder weissagt, entehrt ihr Haupt; denn sie ist ein und dasselbe wie die Geschorene."*

In Korinth hatten offensichtlich einige Frauen auf das Symbol ihrer Weiblichkeit verzichtet (Haartracht oder Schleier). Zwei Gründe dafür sind möglich: Entweder hatten sie die Lehre des Paulus über die Gleichheit von Mann und Frau in Christus (Gal 3,28) schlecht verstanden oder sie dachten, um beten oder weissagen zu können, sei es nötig, vor Gott wie ein Mann aufzutreten. F. de Coninck unterstützt die erste Hypothese: „Paulus gibt der Frau, die weissagt, zu verstehen, sie solle nicht auf Grund der Tatsache, daß sie weissagt, denken, sie hätte eine Macht über ihren Mann an sich gerissen ... oder sie könnte versuchen, ihm entgegenzukommen, indem sie die Gelegenheit, das Wort zu ergreifen, verstreichen läßt. Paulus schlägt hier eine praktische Maßnahme vor: Die Frau zeigt im Augenblick, indem sie das Wort ergreift, daß sie ihren Mann als denjenigen anerkennt, dem das Symbol des Rechtes zusteht" (90, S. 56).[43]

*Sie beleidigt ihr Oberhaupt*
Erschiene die Frau öffentlich ohne Schleier, so entehrte sie nicht nur sich selbst, sondern sie bedeckte auch ihren Mann mit Schmach, weil er offensichtlich eine schamlose und widerspenstige Frau hat.

„In jener Kultur war der Schleier ein Symbol für die eheliche Beziehung. Eine Frau, die unverschleiert in der Öffentlichkeit erschien, stellte damit ihren Mann bloß. Es sah so aus, als ob sie die eheliche Beziehung mißachtete" (D. R. Kuhns, 80, S. 49).

„Gott hat die Frau dazu geschaffen, daß sie mit ihrem Mann in gegenseitiger Abhängigkeit lebt. Sie wurde nicht als unabhängiges Wesen geschaffen, das aus eigenem Vermögen leben könnte. Das hat übrigens auch für den Mann Geltung. „Indem sie sich öffentlich 'entschleiert', entehrt die Frau nicht nur sich

---

[43] Indem die Frau ihrem Ehemann den Respekt gibt, den ihre Kultur ihr gebietet, „folgt sie dem Beispiel Christi, der sich freiwillig Gott als seinem Haupt unterordnete. Auf diese Weise verwandelt die Frau die ihr von ihrer Kultur her vorgeschriebene Rolle in einen christlichen Dienst" (D. R. Kuhns, 80, S. 49).

selbst (sie ist schamlos), sondern sie entehrt auch ihren Ehegatten durch ihr 'schändliches Verhalten' (Spr 12,4)" (G. Pella, 85, S. 9).

Diese Frage der Ehre und der Unehre ist einer der Hintergründe dieses Abschnitts (V. 3-4.5.6.7.13.14-15). Der Mensch, von Gott „mit Herrlichkeit und Ehre" gekrönt (Ps 8,6; Hbr 2,7) soll weder sich noch seinen Schöpfer entehren, indem er die sozialen Anstandsregeln verletzt. Die Worte Ehre, Schande, Herrlichkeit, Anstand, die ausgiebig in diesem Text vorkommen, beziehen sich auf christliche Normen, so wie sie von Außenstehenden gesehen werden. Paulus wollte, „daß alles *anständig und in Ordnung* geschehe" (1Kor 14,40).

Paulus sagt den Frauen, wenn sie die Anstandsregeln nicht beachten, dann entehren sie ihr Haupt und stellen sich auf die gleiche Ebene wie eine „geschorene Frau". Das Wort „Haupt" bezieht sich zugleich auf ihren leiblichen Kopf, der Ausdruck für ihre gesamte Persönlichkeit ist – sie entehrt sich also selbst, „weil die Haare der Frau sie ehren sollen (*doxa autae estìn*)" (J. K. Howard, 83, S. 36) – und sie entehrt ihr Haupt im bildlichen Sinn, d.h. ihren Ehemann, denn sie begibt sich auf die gleiche Ebene wie eine „geschorene Frau", nämlich eine Prostituierte oder eine Ehebrecherin. „Der abrasierte Kopf war je nachdem das Zeichen für eine ehebrecherische Lebensart, für widernatürliche sexuelle Praktiken (Homosexualität), für Prostitution oder auch für ein Verlangen nach totaler Emanzipation" (C. Vilain, 75, S. 42). „Die Homosexualität war in dieser Epoche ziemlich verbreitet (vgl. Röm 1,26f) und Paulus wehrt sich gegen jede Zweideutigkeit" (S. 70).

In den heidnischen Tempeln behielten die Kultprostituierten ihren Kopf unverschleiert, einige hatten den Schädel rasiert wie die männlichen Initianden des Isiskults (Schuessler-Fiorenzo 86, S. 323). In Rom waren die Vestalinnen rasiert. In Korinth ergriffen die Priester des Akrokorinth jedes Jahr tausend junge Mädchen, um aus ihnen Kultprostituierte zu machen. Am Ende eines Jahres ließen sie sie frei, nachdem sie sie rasiert hatten.

Vers 6: *„Denn wenn eine Frau sich nicht verhüllt, so werde ⟨ihr⟩ auch ⟨das Haar⟩ abgeschnitten, wenn es aber für eine*

*Frau schändlich ist, daß ⟨ihr das Haar⟩ abgeschnitten oder geschoren wird, so soll sie sich verhüllen."*

Paulus will den Frauen das logische Ende ihrer Position zeigen: Wenn sie das Zeichen ihrer Sexualität verwerfen, dann sollen sie sich ganz der männlichen Mode anpassen und den Kopf rasieren. Diese Handlung würde sie aber auf dieselbe Stufe stellen wie eine geschorene *Frau*, d.h. sie würde sie ganz und gar entehren. Da eine normale Frau dazu nicht bereit ist, soll sie lieber das übliche Zeichen ihres Geschlechts tragen, d.h. sie soll den Kopf bedecken oder eine weibliche Frisur tragen.

Vers 7: *„Denn der Mann freilich soll sich das Haupt nicht verhüllen, da er Gottes Bild und Abglanz ist; die Frau aber ist des Mannes Abglanz."*

Mit diesem Vers beginnt Paulus einen Gedankengang (V. 7-12), in dem er seine Argumente nicht mehr aus der Sitte, sondern aus der Schöpfung herleitet.

Der Mann ist Gottes Bild und Abglanz, weil er in dessen Bild (ebenso wie die Frau) geschaffen wurde und „das Meisterwerk des geschaffenen Universums ist. Schon aufgrund dieser Tatsache verherrlicht der Mann Gott und er ist für ihn ein besonderer Gegenstand der Freude und des Stolzes" (A. Feuillet).[44]

Das Buch der Sprüche drückt diesen Gedanken mehrfach aus: „Eine tüchtige Frau ist die Krone ihres Mannes" (Spr 12,4). Der Mann genießt Ehrerbietung aufgrund des guten Rufs seiner Frau (Spr 31,23).

„Die Frau ist die Ehre des Mannes in dem Sinne, daß sie seine Freude und sein Stolz ist ... Wenn Paulus es vermeidet, ausdrücklich (V. 7b) zu behaupten, daß die Frau *das Bild* des Mannes ist, dann, weil sie in seinen Augen, ganz wie der Mann, ein *direktes* Bild Gottes ist ... Sie wird die Ehre Gottes sein, wenn sie sich Mühe gibt, so vollkommen wie möglich die Ehre des Mannes darzustellen. Daher liefert 1Mo 2,23, das erste Liebeslied aus einem menschlichen Herzen, die beste Illustration zu 1Kor 11,7 über die Frau: 'Diese endlich ist Gebein von meinem Gebein und Fleisch von meinem Fleisch, diese soll Männin

---

[44] R. B. 74, S. 161-182, zitiert nach G. Pella, 85, S. 6.

(*ishah*) heißen, denn vom Mann (*ish*) ist sie genommen.'" (Feuillet *R. B.* 74, S. 178; Pella, 85, S. 7). „Die Aussage hier, daß 'die Frau die Ehre des Mannes ist', bedeutet, daß ihr *Betragen auf ihren Mann zurückfällt;* indem sie den traditionellen Schleier ablehnt, entehrt die Frau ihren Mann (ihr „Haupt" V. 5), vgl. Spr 12,4" (Pella, a.a.O.). A. Jaubert (72, S. 423) und A. Feuillet (74, S. 180) weisen darauf hin, daß die hier verwendeten Wörter Ehre und Schande (*doxa* und *atimia*) sich beide in der Septuagintaversion von Spr 11,16 finden: „Eine anmutige Frau erlangt *Ehre* (für ihren Mann), aber ein Thron der *Schande* ist eine Frau, die Redlichkeit haßt."

Verse 8-9: *„Denn der Mann ist nicht von der Frau, sondern die Frau vom Mann; denn der Mann wurde auch nicht um der Frau willen geschaffen, sondern die Frau um des Mannes willen."*
In den Versen 8-9 gibt Paulus zwei Gründe an, weshalb die Frau die Ehre des Mannes ist: 1. Sie wurde aus dem Mann genommen (vgl. 1Mo 2,22f) und 2. sie wurde für den Mann, um seinetwillen, geschaffen (vgl. 1Mo 2,18), um sein Gegenüber zu sein, deshalb gibt sie ihm Ehre.

Die Tatsache, daß Paulus Argumente aus der Schöpfungsordnung geltend macht, zeigt, daß die Unterordnung der Frau keine nur für das 1. Jahrhundert gültige Vorschrift ist. „Wäre die Unterordnung der Frau an die damalige Zeit gebunden gewesen, so hätte Paulus die Meinung der Leute, das schlechte Zeugnis und den Skandal, den man damit riskiert hätte, als Argumente angeführt. Aber statt dessen argumentiert er ausgehend von Prinzipien, die nicht im geringsten an die Zeit gebunden sind. Er geht direkt zur Schöpfung (V. 8f) ... In diesem ganzen Abschnitt ist die Beweisführung zugunsten der Hierarchie Gott, Christus, Mann, Frau nicht aus einer vorläufigen Sitte, sondern aus permanenten Prinzipien entwickelt. Die von Gott festgesetzte Ordnung ist nicht zeitgebunden, der Mann muß fortgesetzt das Oberhaupt der Frau bleiben in der Familie und in der Gemeinde" (Bericht der Freien Kirche Schottlands, Edinburgh 1969, S. 45).

Vers 10: *„Darum soll die Frau eine Macht auf dem Haupt haben, um der Engel willen."*

Dieser Vers ist bestimmt der schwierigste in dem gesamten Gedankengang und vielleicht einer der undurchsichtigsten Verse der ganzen Bibel.

Mehrere Fragen ergeben sich:
1. Geht es um eine Autorität, der sich die Frau unterstellt oder die sie ausübt?
2. Muß sie die Autorität oder ein Zeichen der Autorität auf ihrem Kopf haben?
3. Worauf bezieht sich diese Autorität?
4. Um welche Engel handelt es sich?
5. Weshalb werden die Engel hier erwähnt?

*1. Passive oder aktive Autorität?*

Nach mehreren Übersetzungen könnte man denken, daß Paulus die Frau auffordert, auf ihrem Kopf ein Zeichen der Autorität zu tragen, von der sie abhängt, nämlich der ihres Mannes. Diese Übersetzungen geben dem Wort *exousia* eine passive Bedeutung. Aber W. Ramsay hat schon 1907 darauf aufmerksam gemacht, daß dieses Wort niemals die Bedeutung „unter einer Autorität stehen" hat.[45] Vertiefende Studien haben gezeigt, daß der hier verwendete Ausdruck niemals einen passiven, sondern immer einen aktiven Sinn hat. Die erwähnte Person ist niemals der Autorität unterworfen, sondern sie übt sie aus. Im profanen Griechisch wie in dem des Neuen Testaments hat derjenige, der *exousia* hat, Macht zu handeln, zu kontrollieren oder zu beeinflussen (2Kor 10,8; 13,10; Hbr 13,10; Offb 2,26-28).

Fast alle modernen Kommentare zu 1Kor 11,10 sagen übereinstimmend, daß *exousia* sich hier auf eine Autorität bezieht, welche die Frau besitzt und ausübt und nicht, der sie unterliegt. „Viele Fachleute vertreten heute die Auffassung, daß der Satz bedeutet, daß die Frauen eine bestimmte Autorität bzw. ein

---

[45] M. D. Hooker hat 1964 in den *N. T. Studies* einen Artikel (10, S. 410-416) veröffentlicht, der 1972 von A. Jaubert in derselben theologischen Zeitschrift (18, 419-430) bestätigt wurde, in dem er beweist, daß das *Nomen exousia* gefolgt, wie in 11,10, von *epi* (über) und begleitet vom Verb *haben* (z.B. Lk 9,1; Offb 11,6; 14,18; 16,9; 20,6 – oder von *geben* oder *sein*) immer den aktiven Sinn hat: eine Macht zu besitzen" (A. Jaubert, 72, S. 428). *Immer* ist es die Autorität, die jemand ausübt oder die er besitzt.

Recht *haben;* das kann das Recht sein, öffentlich zu sprechen" (Tucker/Liefeld, 87, S. 80). „Die Frau hat das Recht, im Zeitalter der Gemeinde prophetisch tätig zu sein ... Dieser Vers dient als Übergang zu der Erörterung, in der Paulus zeigt, daß der Mann und die Frau gleich sind. Paulus bemüht sich auch darum, den Gehorsam der Frauen zu gewinnen, indem er ihnen zeigt, welchen hervorragenden Platz sie in der alten und in der neuen Schöpfung einnehmen."[46]

*2. Autorität oder Zeichen der Autorität?*
Viele Ausleger, auch unter denen, die *exousia* einen aktiven Sinn beilegen, neigen dazu, darin ein Zeichen oder ein Symbol der Autorität zu sehen, das die Frau auf dem Kopf tragen soll, obwohl der Text sich damit begnügt zu sagen, daß sie „Autorität auf ihrem Haupt hat". Es ist der Kontext und die Interpretation des gesamten Verses, die zeigen, ob „Zeichen von" unausgesprochen zu ergänzen ist oder nicht.

*3. Worauf bezieht sich diese Autorität der Frau?*
Die Frau muß Autorität auf ihrem Kopf haben. Handelt es sich dabei um ihren leiblichen Kopf, d.h. daß sie das Recht hat, sich das Haar zu machen, wie sie will, einen Schleier zu tragen oder auch nicht? In diesem Fall würde Paulus allem widersprechen, was zu zeigen er sich in diesem Abschnitt bemüht.

Muß man dem *Kopf* dieselbe Bedeutung wie in den vorangehenden Versen geben, d.h.: das Oberhaupt der Frau, ihr Ehemann? Das ist die von M. Radloff getroffene Wahl. Der Anfang des Verses 10, sagt er, („darum") bezieht sich auf das, was vorausgeht. Die Frau ist aus dem Mann gebildet (V. 8) und für den Mann geschaffen (V. 9) als seine Hilfe, als sein Gegenüber. Darin liegt der Grund, weshalb sie Autorität über den Mann haben muß, um ihm wirkungsvoll zu helfen, um ihn aufzubauen. Autorität haben heißt das Recht haben zu handeln. Aber ein

---

[46] „Autorität war ein Schlüsselwort für die Korinther (8,9; 9,4-6.12.18). Es kann verschiedene Bedeutungen haben: a) Freiheit der Wahl oder das Recht zu tun, was man will, b) Fähigkeit, etwas zu tun, c) die Autorität, es zu tun, d) Macht, die von Regierenden ausgeübt wird" (K. T. Wilson, 91, S. 453).

Christ – eine Christin – kann dieses Recht nur ausüben, um Gutes zu tun, um aufzubauen. In 2Kor 10,8 spricht Paulus von der *exousia*, die ihm gegeben wurde „zur Erbauung und nicht zur Zerstörung". Er verwehrt dem, was nicht aufbaut, Autorität über ihn auszuüben (1Kor 6,12 *exousiasthaesomai*, vgl. 10,23).

„Die Frau ist aus dem Mann gebildet und für den Mann geschaffen worden (V. 8f). Deshalb ist sie dem Mann etwas schuldig. Sie ist es ihm schuldig, ihm Ehre zu bringen. Und diese Ehre kommt von ihrem Verhalten ... Der Begriff der Autorität ist gebunden an den Begriff der Verantwortung. Paulus sagt den Frauen, daß sie ein aufbauendes Verhalten haben sollen ..., wenn er zu ihnen über ihre große Verantwortung spricht. Diese Autorität, die die Frauen besitzen, muß zu etwas dienen: Sie sollen die Ehre des Mannes sein ... Gott ist es, der diese Autorität, dieses Recht, diese Verantwortung der Frau gegeben hat. Um Autorität zu haben, hat es die Frau nicht nötig, ihre Sexualität wegzuwerfen. Gott ist es, der die Frau aus dem Mann gebildet hat, der gewollt hat, daß sie seine Hilfe ist. Erinnern wir uns, daß das Wort Hilfe (*ezer*) oft von einer Hilfe spricht, die demjenigen, dem geholfen wird, überlegen ist ... Damit, daß sie sich von dem, was sie nach Gottes Willen sein soll, abwendet (d.h. indem sie sich wie ein Mann verhält), ist sie nicht mehr Hilfe, sondern beleidigt ihren Ursprung" (M. Radloff, 91, S. 233f). Wenn die Frau für den Mann eine wirkliche Hilfe sein will, dann sagt ihr Paulus, soll sie die tatsächliche Autorität, die sie besitzt, zum Guten einsetzen, um den zu ehren, aus dem sie gebildet ist, um „eine Hilfe, die zu ihm paßt" zu sein oder, wie R. D. Freedman übersetzt, „eine Macht, die ihm gleich ist" (*Biblical Archeology Review*, 1983, S. 58).

Diese Gedanken sind interessant, aber kann man sie zurückführen auf das, was Paulus hier gerade beweist? Bedeuten sie nicht, daß man diesem einzigen Wort „Autorität" ein unverhältnismäßig großes Gewicht von Anspielungen und Erklärungen beimißt?

Die Frau verfügt über eine Autorität: diejenige, sich Gott mit demselben Recht wie der Mann zu nähern, am Gottesdienst der Gemeinde voll und ganz teilzunehmen, sie hat Autorität, d.h. das Recht, (eine der Bedeutungen von *exousia*) zu beten und zu weissagen als Frau, so wie sie ist, ohne es nötig zu haben, dem Mann zu gleichen. *Exousia* „kann nur das Recht bedeuten (die Autorität), in der offenen Versammlung der lokalen Gemeinde zu handeln und zu sprechen" (J. K. Howard, 83, S. 36). Diese Autorität trägt sie auf ihrem Kopf, indem sie ihn mit dem Kennzeichen ihrer Weiblichkeit schmückt: dem Schleier (oder der weiblichen Haartracht), der ihr die Freiheit gibt, in der Gegenwart des Mannes, ihres Hauptes, zu sprechen.

„Der Schleier (der Frau) ist das Zeichen *ihrer* Autorität, beim Beten oder Weissagen ihre christliche Freiheit auszuüben, und nicht das Zeichen der Autorität eines anderen über sie" (F. F. Bruce, 82, S. 10). W. Ramsay sagt: Im Orient „ist die Frau ohne Schleier ein gar nichts, die jeder beliebige beleidigen kann. Die Autorität und die Würde einer Frau verschwindet mit der Beseitigung des Schleiers". Das unserer Zivilisation am nächsten liegende Äquivalent ist die Autorität, die ein Ratsherr oder Richter mit seiner Kopfbedeckung (dem Barett) auf dem Kopf trägt, die (das) ihm die Macht überträgt. (*The Cities of Paul,* 1907, S. 203). Der Schleier repräsentierte daher „auch die Autorität, die die Frau über andere ausübt, indem sie sich weigert, sich den Lüsten aller anzubieten" (C.Vilain, 75, S. 59).[47] „Wie kann die Macht zum Kennzeichen der Abhängigkeit werden?" (C. Marquet, 84, S. 158). Indem sie die Autorität anerkennt, von der sie abhängig ist, hat die Frau selbst Autorität und erfüllt die Aufgabe, die ihr zukommt.

### 4. Um welche Engel handelt es sich?

In 1Kor 4,9 sind die Engel Zeugen der Leiden, die den Aposteln zugefügt werden. In 6,3 werden sie durch die Christen gerichtet. Andere Texte stellen sie als Zuschauer dar (Lk 15,10; Eph 3,10; 1Petr 1,12) oder als Diener der Christen (Hbr 1,14). Handelt es sich um Schutzengel oder abgefallene Engel? Um solche, die im Gottesdienst der Christen als Zuschauer zugegen sind und die

---

[47] „Das Zeichen der Autorität bezieht sich auf die Kopfbedeckung, die als soziales Symbol der Weiblichkeit der Frau dient ... Paulus hat die Vorstellung, daß das Tragen des Schleiers die Annahme ihrer geschlechtlichen Eigenart bedeutet, mit der sie geschaffen worden ist" (Ch. Talbert 87, S. 69).

durch ihre Unterwerfung Gott gegenüber Beispiel für Christen sind? Oder um menschliche Boten, deren Anstoß man nicht erregen sollte? Jede dieser Deutungen – und ein Dutzend anderer – hat Verteidiger gefunden. Die Korinther mußten diesen Hinweis verstehen, weil sie von Paulus eine Anleitung erhalten hatten. Diese ist uns nicht überliefert, zweifellos weil sie nicht Anlaß zu irgendeiner Verirrung war, die den Apostel gezwungen hätte, auf die Frage zurückzukommen.

Man kann auf jeden Fall die Idee menschlicher Boten ausschließen, die durch die Schönheit der Frauen hätten versucht werden können, weil diese ihr Gesicht nicht mit einem Schleier bedeckten. Aus demselben Grunde muß man auch die Vorstellung von Engeln ausschließen, die durch die Frauen verführt wurden. Außerdem hat das Wort „Engel" ohne Artikel und ohne Attribut niemals etwas mit gefallenen Engeln zu tun (Moulton-Geden: *Concordance to the Greek N.T.*, S. 9-10). Es gibt keinen Grund dafür, daß dieses Wort hier eine andere Bedeutung hat als in den übrigen Abschnitten dieses Briefes (4,9; 6,3; 11,10; 13,1). Die einzig möglichen Erklärungen sind die, daß die Engel als „Wächter über Gottes Ordnungen" (W. Neuer, 82, S. 106) durch die Mißachtung dieser Ordnung verletzt sind, bzw. daß sie im Gottesdienst präsent sind (Ps 138,1 wird in der Septuaginta übersetzt: „Ich werde dich vor den Engeln loben"), als Zeugen des Verhaltens der Männer und der Frauen (vgl. 4,9; Eph 3,10; 1Tim 3,16), und daß sie schockiert wären, wenn die Frau sich abscheuerregend verhält.

*5. Welche Verbindung besteht zwischen der Autorität (oder dem Zeichen der Autorität) der Frau und den Engeln?*

M. Radloff sagt, daß die Formulierung „um der Engel willen" in diesen Versen am schwersten zu verstehen ist. Deshalb begnügt er sich mit „dem Vorschlag einer zaghaften Antwort auf die Frage, weshalb die Engel hier erwähnt werden".

„Es könnte sein, daß die Engel uns als Warnung gegeben sind. Wir werden hier daran erinnert, daß es Engel gibt, die etwas anderes sein wollten als das, wofür Gott sie geschaffen hatte. Einige haben sich gegen Gott aufgelehnt, haben eine erste Verdammung hinnehmen müssen und sind in Erwartung einer zweiten (2Petr 2,4; Jud 6) ... Was den Engeln passiert ist, soll als Warnung dienen! So werden die Frauen, die die Sexualität ablehnen, die der Schöpfer ihnen gegeben hat, durch das Beispiel dieser Engel gewarnt, die sich 'ihrer Stellung nicht würdig erwiesen' haben. Diese letzte an die Frauen gerichtete Warnung betrifft auch die Männer (6,3). Und ein Richter sollte sich nicht einer Übertretung schuldig machen ähnlich der, die er richten soll" (91, S. 248f).

Der Vorschlag von M. Radloff ist interessant, selbst wenn man nicht an seiner Idee festhält, daß die Frau eine aufbauende Autorität über den Mann ausüben soll. In jedem Fall verletzt sie die Engel, wenn sie ihren sexuellen Status – und das Symbol, das ihn bezeichnet – ablehnt.

G. Fee hat die Entwicklung der Argumentation der Verse 4-10 nach dem für einen Hebräer üblichen Schema des Chiasmus strukturiert:

A. Der Mann soll nicht den Kopf bedecken (V. 4,7),
    B. weil er das Bild und der Abglanz Gottes ist (V. 7b);
    B.* die Frau ist der Abglanz des Mannes (V. 7c),
A.* deshalb muß sie auf ihrem Kopf das Zeichen seiner Autorität haben (87, S. 514).

Vielleicht werden die Engel hier auch erwähnt, weil sie nach Jes 6 ihr Gesicht verhüllen, um ihre Unterordnung auszudrücken.

Verse 11-12: *„Dennoch ist im Herrn weder die Frau ohne den Mann, noch der Mann ohne die Frau. Denn wie die Frau vom Mann ist, so ist auch der Mann durch die Frau; alles aber von Gott."*

In den Versen 11-12 will der Apostel anscheinend das, was er soeben über die Schöpfung und ihre Bedeutung gesagt hat, klären oder aber vermeiden, daß die Korinther daraus falsche Schlüsse ziehen. Deshalb beginnt er diesen Teil mit „dennoch" (*plaen*, was nach Blass-Debrunner auch mit „allein" oder „jedenfalls" übersetzt werden kann und „eine Erörterung zum Abschluß bringt und das Wesentliche klar herausstellt" *Neutestamentl. Griechische Grammatik*, zitiert nach A. Jaubert 72, S. 429). In diesen Versen betont Paulus die wesensmäßige Gleichheit von Mann und Frau. Jeder ist vom anderen abhängig (V. 11). Die Frau ist vom Mann genommen

(V. 8 und 1Mo 2,21), aber der Mann wird von der Frau geboren (wörtl.: ist durch (*dia*) die Frau), und beide verdanken ihr Leben Gott. Wir erinnern daran, daß schon D. Bergèse darauf hingewiesen hat, daß diese Verse Parallelen sind zu „Texten, die innerhalb des Ehepaares in die Richtung wechselseitiger Rechten und Pflichten gehen" (z.B. 1Kor 7,3-16). Der Vers 4 „enthält das Verb 'Autorität haben', d.h. weil der eine sich dem anderen schenkt, hat der andere Autorität über ihn und umgekehrt ... Beim Ehepaar liegt die Autorität nicht immer auf derselben Seite" (6/93, S. 7). „Neben der hierarchischen Linie, die die Beziehungen zwischen Mann und Frau regelt, gibt es in der Schrift ebenso eine Linie der Wechselseitigkeit" (S. 8).

Verse 13-15: *„Urteilt bei euch selbst: Ist es anständig, daß eine Frau unverhüllt zu Gott betet? Oder lehrt euch nicht selbst die Natur, daß, wenn ein Mann langes Haar hat, es eine Schande für ihn ist, wenn aber eine Frau langes Haar hat, es eine Ehre für sie ist? Denn das Haar ist ihr anstatt eines Schleiers gegeben."*

In den Versen 13-15 kommt der Apostel auf Argumente kultureller Ordnung zurück. Er appelliert an das persönliche Urteil der Korinther, an ihr Anstandsgefühl: „Urteilt bei euch selbst: Ist es anständig, daß eine Frau unverhüllt zu Gott betet?" J. Blocher sagte: „Die Korinther mußten ganz bestimmt antworten: Nein! Aber wenn er uns dieselbe Frage stellen würde, so würden wir sagen, daß wir darin nichts Unanständiges sehen würden. Dieser Appell an das Anstandsgefühl beweist den allgemein verbreiteten Brauch des Schleiers im apostolischen Zeitalter."

Damit, daß der Apostel den Christinnen von Korinth den Schleier empfiehlt, verlangt er von ihnen keinen unbekannten Brauch, sondern er erklärt eine vorhandene Sitte für richtig und begründet sie geistlich. Wenn sie den Schleier beibehalten, zeigen sie ihren Entschluß, in der Stellung zu bleiben, die Gott erwartet. Sie können dann nicht mit emanzipierten Frauen verwechselt werden, die ihre weibliche Natur ablehnen und sich mit Männern gleichzustellen versuchen. Sie werden auch nicht als unanständige Frauen betrachtet, die die Scham und die Zurückhaltung aufgeben, die christlichen Frauen gut anstehen. Mit seinem Festhalten am Brauch des Schleiers verbindet der Apostel den Wunsch, daß der tiefgehende Unterschied, der zwischen Mann und Frau besteht, sichtbar bleibt ... Die kurzen Haare des Mannes, die langen Haare der Frau, ihr verschleierter Kopf sind nur sichtbarer und regional bedingter Ausdruck ihrer Andersartigkeit" (C. Vilain, 75, S. 78).

A. Greiner sagt, daß es eine starke feministische Bewegung in der antiken Welt gab, die nach dem Zeugnis von 1Tim 2,12 und Offb 2,20 ff bis in die Gemeinde vordrang (*Positions Luthériennes*, 2/54, S. 13). „Der Verweis des Apostels auf den ehrlosen Charakter eines kahlgeschorenen Kopfes, seine Berufung auf den guten Anstand (V. 13) und auf die Natur (V. 14) scheinen uns zu zeigen, daß er die Schwestern von Korinth nicht dazu einladen will, die Bekleidungsgewohnheiten ihrer Zeit aufzugeben" (C. Vilain, 75, S. 37).[48]

Im Vers 14 bringt Paulus die Lehre der „Natur" zur Sprache. Handelt es sich um die Natur des Körpers? In diesem Fall ist das Argument falsch; denn in unseren Ländern können die Haare des Mannes fast genau so lang werden wie die der Frau, in Afrika dagegen bleiben die Haare der Frau kurz wie auch die des

---

[48] Dem ganzen Denken des Paulus in diesem Abschnitt wie auch in seinen übrigen Schriften liegt folgendes Prinzip zugrunde: „Die grundsätzliche christliche Freiheit muß in allen Fällen mit einem Gefühl dafür, was angemessen ist, und im Bewußtsein der Gefahr, bei anderen Anstoß hervorzurufen, ausgeübt werden. Das neue Recht, das den Frauen zugestanden wird, nämlich ihren Platz an der Seite der Männer einzunehmen und ihre gleichwertigen Partner im Gottesdienst der Gemeinde zu sein, muß unter Berücksichtigung dessen, was sich gehört, ausgeübt werden, d.h. mit Rücksicht einerseits auf die von Gott gewollte Unterscheidung, nämlich die Verschiedenheit zwischen den Geschlechtern, und andererseits auf die gesellschaftlichen Konventionen" (J. K. Howard 83, S. 34). Deshalb gibt Paulus zwei Gründe dafür an, daß eine Frau „bedeckt" sein soll: „Einerseits, die 'Schande' beim Gedanken an die Art und Weise, mit der sie von der Gesellschaft wahrgenommen werden kann, und andererseits die natürlichen Unterscheidungen zwischen den Geschlechtern, die durch die neue Ordnung in Christus nicht abgeschafft sind, sondern die beibehalten werden müssen, weil sie grundsätzliche theologische Aussagen anschaulich machen" (ebd.). „Die Frauen sollen ihr Haar auf eine Art kämmen, die die gute Ordnung und die Bescheidenheit widerspiegeln" (a.a.O., 83, S. 36). Auch J. N. Darby meinte, daß es „einfach eine Frage des Anstands und der Schicklichkeit ... der Bescheidenheit war".

Mannes. Man muß vielmehr in *physis* ein „instinktives Gefühl" sehen (Findlay *Cor.* II, S. 875) für das, was natürlich, d.h. in der gegenwärtigen Kultur normal ist. Das ist der Sinn, der aus der Übersetzung der BS hervorgeht: „Erscheint es nicht allerseits als natürlich, daß es eine Schande für einen Mann ist, lange Haare zu tragen." „In dieser Epoche trugen zivilisierte Männer, ob Juden, Griechen oder Römer, kurze Haare" (Robertson/ Plummer, o.J., S. 235).

Bei der Frau dagegen lehrt dasselbe natürliche Gefühl, daß die langen Haare eine Ehre (*doxa*), eine Zierde, ein Gegenstand legitimen Stolzes sind: „Ein langer Haarwuchs ist eine Ehre für die Frau, denn das Haar wurde ihr gegeben, um ihr als Schleier zu dienen" (*BS*). „Der Ausdruck *anti peribolaion* kann nur bedeuten 'an Stelle eines Schleiers'" (J. K. Howard, 83, S. 35). „Weil die Frau auf der natürlichen Ebene einen Schleier hat, braucht sie auch einen auf der geistlichen Ebene" (K. T. Wilson, 91, S. 458). Andere argumentieren in umgekehrter Richtung: Da die Frau schon einen Schleier trägt (durch ihr Haar), weshalb soll sie dann einen zweiten anlegen?

Vers 16: *„Falls aber einer mit mir darüber streiten möchte, kann ich nur eines sagen: Weder ich noch die Gemeinden Gottes kennen eine andere Sitte im Gottesdienst."*[49]

Der Apostel schneidet die Entgegnungen der starrsinnigen Andersdenkenden ab. Wenn er sagt: „diese Sitte", so denkt er selbstverständlich nicht an die des Diskutierens, sondern daran, daß die Frauen ohne das Kennzeichen ihrer Weiblichkeit beten oder weissagen. Dieses letzte Wort bringt, ebenso wie die Verse 5-6 und 13-15, die ganze Debatte zurück auf die Ebene der Sitten (*synaetheian*, V. 16). „Ein Jünger Christi paßt sich bereitwillig den Sitten seiner Zeit an, wie Paulus es seinerzeit tat" (H. Bruns).

Paulus nennt das, was er befürwortet, nicht eine *Lehre*, sondern eine Sitte. Das legt den Gedanken nahe, daß Paulus eine Sitte eingeführt hat, was eine angemessene Anwendung der biblischen Lehre ist. Dieses Verständnis schlägt eine Brücke

---

[49] V. 16 nach der GN.

zwischen zwei extremen Positionen: Die eine gibt vor, daß dieser Abschnitt ein für alle Zeiten gültiges Gebot enthält, das weltweit in der Form, in der es gegeben wurde, befolgt werden muß (nämlich, daß die Frau jederzeit eine Kopfbedeckung tragen muß); die andere behauptet, daß man diesen Text als kulturgebunden und heute nicht anwendbar verstehen muß ... Der Text enthält ein theologisches Prinzip im Hinblick auf die Mann-Frau-Beziehung; er ist einerseits mit dem Konzept der Autorität und andererseits mit einer angemessenen Anwendung (der „Sitte") in allen paulinischen Gemeinden verknüpft.

„Man erkennt heute mit zunehmender Deutlichkeit, daß Paulus nicht wollte, daß die christlichen Verhaltensformen den in der Gesellschaft akzeptierten moralischen Normen entgegenstehen. Es ging nicht an, daß die Ungläubigen denken konnten, die Christen hätten ein ungehöriges Betragen, und daß sie infolgedessen durch die Haltung und die Kleidung der christlichen Frauen abgestoßen wurden ... Er will gleichzeitig der Kritik der kon- servativen Juden und der Heiden aus dem Weg gehen und vielleicht auch jedem Anschein von Homosexualität oder von ritueller geschlechtlicher Vertauschung der Geschlechterrollen" (Tucker/Liefeld, 87, S. 456f).

## *Zeitunabhängige Prinzipien aus diesem Abschnitt*

*1. Anerkennung der Schöpfungsordnung: Die Frau muß ihre weibliche Eigenart annehmen*

Der Schleier – oder die Art der Haartracht – war im 1. Jahrhundert ein äußeres Zeichen zur Unterscheidung der Frau von dem Mann. „Was klar zu sein scheint", sagt M. J. Evans, „ist, daß es entehrend ist – für einen Mann oder eine Frau – sich auf eine Art zu verhalten, die in ihrer Gesellschaft nur für das andere Geschlecht angemessen ist, weil sie dadurch ihr eigenes Geschlecht verleugnen."

„Dieses Prinzip ist in der heutigen Gemeinde genau so gültig wie in der Gemeinde von Korinth im 1. Jahrhundert. Paulus zeigt durch seine Zitate aus dem 1. Buch Mose deutlich, daß die sexuelle Differenzierung Bestandteil der Schöpfung ist; „er weist daher eine falsche Gleichsetzung der Geschlechter zurück. Eine Frau soll als Frau am Gottesdienst teilnehmen, beten und weissagen, und ein Mann soll es als Mann tun" (in Henderson, 82, S. 35).[50]

---

[50] „Die eigentliche Frage hier ist zu wissen, ob Paulus sagt, daß die Schöpfungsordnung die Frau verpflichtet, ihren Kopf zu bedecken oder ob diese Ordnung bedeutet, daß die Männlichkeit und die Weiblichkeit auf kulturell angemessene Weise zum Ausdruck kommen ... Der Brauch bestimmt die Regeln der männlichen und weiblichen Haartracht; und die Natur lehrt, daß es für den Mann eine Schande ist, die so definierten Symbole der Weiblichkeit sichtbar zu tragen, und umgekehrt. Aber die Natur entscheidet nicht, welche Symbole das sind" (Grudem/Piper, 93, S. 105). „Der Apostel kämpft also nicht in erster Linie für eine Sitte, sondern für die Beachtung der göttlichen Zuordnung der Geschlechter" (W. Neuer, 82, S. 105).
„Wenn dieser Abschnitt so gesehen wird, daß er definiert, welche Art Kopfbedeckung die Frauen in der Gemeinde zum Gottesdienst tragen müssen, dann muß man daraus schließen, daß die Frauen heute ihren Kopf bedecken müssen. Wenn der Kern dieser Ausführung das Problem der Ablehnung des von allen akzeptierten Symbols für die Verschiedenheit von Mann und Frau ist, dann wird der kulturelle Faktor wichtiger und andere passende Symbole können gebilligt werden. Um es anders zu sagen: Entweder sagte Paulus den Korintherinnen, sie sollten einen Schleier als von Gott angeordnetes Unterscheidungsmerkmal zwischen Mann und Frau tragen, oder er verlangt, sie sollten das kulturell geeignete Symbol für die gottgewollten verschiedenen Rollen des Mannes und der Frau tragen. In diesem Fall fordert er von ihnen, daß sie das kulturell akzeptierte Symbol dieser Unterscheidung zwischen männlichen und weiblichen Rollen nicht aufgeben" (K. T. Wilson, 91, S. 460).
„Der Hauptgedanke des Paulus ist es, daß man die Unterscheidung zwischen den Geschlechtern erhalten soll. Diese Anordnung wendet sich an Männer wie an Frauen" (J. K. Howard, 83, S. 36). „Es kann sein, daß nicht mehr verlangt wird, als daß die Männer offenkundig Männer und die Frauen offenkundig Frauen sind in der Art und Weise, in der die einen und die anderen sich kleiden und benehmen" (a.a.O., S. 37). „Die Anweisungen waren fest gegründet auf drei Überzeugungen: 1. Es muß eine gerechte Beziehung zwischen Männern und Frauen geben; 2. man muß feinfühlig sein gegenüber den moralischen Konventionen der Leute außerhalb der Gemeinde, besonders derer, die man für Christus zu gewinnen sucht; und 3. man muß die persönliche Freiheit unter der Gnade respektieren" (Tucker/Liefeld, 87, S. 79).
In diesen Versen „beruft sich Paulus auf die natürliche Offenbarung (vgl. Röm 1,20). Männer und Frauen unterscheiden sich körperlich durch verschiedene Merkmale, z.B. durch die Länge der Haare. Ausnahmen sind zurückzuführen entweder auf eine Notlage (Verstellung, um zu fliehen: Apulejus: *Metamorphosen* 7.6) oder auf Perversität (Diogenes von

## 2. Zweideutigkeiten keinen Raum geben

Das Fehlen des Schleiers (oder eine männliche Haartracht) konnte als Zeichen der Homosexualität oder der Vertauschung der Geschlechterrolle verstanden werden. Denn in einigen Kulten waren sexuelle Verkleidungen erforderlich; im Kybelekult (wo der Oberpriester sich mit Halsketten, mit Ohrringen und weiblichen Kleidern schmückte), im Artemiskult (der Diana von Ephesus) und in dem des in Korinth berühmten Dionysos.[51]

## 3. Die kulturellen Normen für Scham anerkennen

Gewisse Haltungen, bemerkt G. Pella, oder gewisse Arten sich zu kleiden sind provokativ oder 'schändlich' (V. 6.14). Der Christ, dem 'alles erlaubt ist', wacht darüber, das Schamgefühl des anderen nicht zu verletzen, und enthält sich von allem, was die Gefahr birgt, ein Anstoß zu sein (vgl. 10,23-33)" (85, S. 11).[52]

---

Laerte: *Lebensgeschichten* 6.65). Aber Paulus denkt nicht so sehr an eine bestimmte Haarlänge als an die Unterscheidung zwischen Mann und Frau. Die Spartaner trugen zum Beispiel von den Schultern herabhängende Haare, die sie während des Kampfes auf dem Kopf befestigten, und doch hätte sie niemand als unmännlich behandelt. Lange Haare machten die „Ehre" der Frau aus, denn sie waren ein sichtbarer Ausdruck der Unterscheidung der Geschlechter" (D. K. Lowery, 86, S. 157f). Paulus „argumentiert dafür, daß ein Unterschied zwischen Männern und Frauen erhalten bleibt" (Engberg-Pederson, 91, S. 679).

„Das Thema ... ist die Unterscheidung der Geschlechter ... Aber jede Kultur bestimmt, worin das Zeichen der Weiblichkeit und der Männlichkeit besteht, und es ist wesentlich, daß der Mann und die Frau in Christus diese Unterscheidung (die *grundlegend* ist) respektieren, wenn auch ihr Ausdruck von der Kultur der Umwelt *abhängig* ist" (G. Pella, 85, S. 10).

[51] „Im Dionysoskult", erklärt C. Kroeger, „war die sexuelle Verkleidung Bestandteil der obligatorischen Riten (Philostrates *Imagines*, 1.2; Aritides *Rhaet*, 41.9; Euripides *Bacch*. 836, 852). Die Männer trugen Schleier und lange Haare als Zeichen ihrer Weihe an die Gottheit, während die Frauen ihre Schleier entfernten und ihren Kopf schoren, um ihre Ergebenheit zu bekunden. Auf einer in Korinth gefundenen Vase kann man als Frauen verkleidete Männer und eine als Satyr bekleidete und mit einem männlichen Geschlechtsteil versehene Frau sehen. Sie tanzt so vor Dionysos, einer Gottheit, die als Mädchen aufgezogen und „männliches Weibsbild" und „fiktiver Mann" (*sham-man*) genannt wurde" (87, S. 37).

[52] „Eine passende Etikette, die Anerkennung, daß der Mann unter der Autorität Christi steht und die einmalige Eigenart ihrer eigenen sexuel-

*4. Keinen Anstoß erregen, auf ein gutes Zeugnis bedacht sein*
Dieser Punkt war ein Hauptanliegen des Apostels. Im vorhergehenden Kapitel sagte er, daß er nichts tun wollte, was für Juden oder Griechen ein Glaubenshindernis oder für die Gemeinde Gottes ein Ärgernis (oder Skandal) sein könnte. „Man beachte das häufige Vorkommen der Wörter 'Ehre', 'Unehre', 'Schmach', in diesem Abschnitt. Diese Ausdrücke waren bei den Morallehrern zur Zeit des Paulus üblich, um die Aufmerksamkeit auf das zu lenken, was moralisch vertretbar war oder nicht. Wenn er von der Kopfbedeckung oder der Haartracht sprach, dann befaßt er sich mit einem gebräuchlichen Kennzeichen für das, was in dieser Gesellschaft ehrenhaft war" (Tucker/Liefeld, 81, S. 455).[53]

---

len Identität", das sind die drei Prinzipien, die J. K. Howard in diesem Text illustriert findet (83, S. 37). „Es ging um ein freiwilliges Zugeständnis christlicher Frauen, nicht um eine Änderung ihrer Überzeugung: Um zu vermeiden, daß jüdische und heidnische Morallehrer brüskiert werden, sollten sie sich verschleiern (oder eine angemessene Haartracht haben), wenn sie in einer öffentlichen Versammlung sprachen, und unter gewissen Bedingungen auf das Reden verzichten" (Tucker/Liefeld, 87, S. 78f).

[53] „1. Kor. 11", stellt O. Rogers fest, „ist eine normale Fortsetzung des Kapitels 10: 'Weshalb sollte ich meine Freiheit der Gefahr aussetzen, verurteilt zu werden, weil ein anderer Gewissensskrupel hat?' fragten einige Korinther (10,29). Darauf antwortet Paulus: 'Nichts in eurem Verhalten soll eine Ursache zum Ärgernis sein weder für Juden noch für Heiden noch für Glieder der Gemeinde Gottes' (V. 32). 'Seid daher meine Nachahmer, wie auch ich Christi ⟨Nachahmer bin⟩' (11,1). Welchem Aspekt des Beispiels Christi empfiehlt uns der Apostel zu folgen? Seiner freiwilligen Unterwerfung unter die Autorität des Vaters (Joh 8,28.42)! Wenn man die örtliche Sitte des Schleiers beibehält, sagt der Apostel, vermeidet man, für Juden oder Griechen anstößig zu sein. Denn das Weglassen des Schleiers hätte schwere Mißverständnisse hinsichtlich der in der Gemeinde herrschenden Moral bewirkt, und das mußte um jeden Preis vermieden werden, vor allem in der lasterhaften Stadt Korinth" (82, S. 61f). „Hätte man den Geschlechtern zu viel Freiheit gegeben, so hätte das für den Missionsauftrag der Gemeinde unter Juden Schwierigkeiten geschaffen und hätte die Gemeinde mit griechischen Mysterienkulten gleichgesetzt" (P. Richardson, „From Apostles to Virgins", zit. nach Tucker/Liefeld, S. 78). „Die primäre Sorge des Apostels in diesen Versen bleibt das gute Zeugnis, das die Gemeinde zum Ausdruck bringen soll ... Paulus lädt uns ein ... darauf zu achten, daß unser Verhalten kein Skandal ist" (C. Vilain, 75, S. 81). „Das Kapitel 11 ist Teil der apostolischen Empfehlungen hinsichtlich christlicher Freiheit (Kap. 8-14). Die für die Ansichten der Korinther typischen Wörter waren

*5. Solidarität der Frau mit ihrem Mann*
Unter den „großen ethischen Zielrichtungen dieses Textes" bemerkt G. Pella noch die Solidarität: „Das Betragen der Frau kann nicht isoliert betrachtet werden, sondern man muß die Konsequenzen berücksichtigen, die es für den Ehegatten hat" (85, S. 11). „Durch ihre bescheidene Aufmachung konnte die christliche Frau ihre spezifischen weiblichen Züge wahren, ihren Gatten ehren und vermeiden, jüdische und heidnische Morallehrer zu mißachten – für die es schon ziemlich schwer war zuzustimmen, daß eine Frau öffentlich redet, aber ganz unmöglich zuzulassen, daß sie in einer als unmoralisch angesehenen Kleidung auftritt" (Tucker/Liefeld, 87, S. 79).

## Muß heute die Frau in der Gemeinde eine Kopfbedeckung tragen?

Kommen wir zur am Anfang dieses Kapitels gestellten Frage zurück. Im Lauf dieser Untersuchung sind einige Tatsachen klar geworden:

1. Es handelt sich um einen schwierigen Text, für den es zahlreiche Erklärungen gibt.
2. Wahrscheinlich trugen anständige Frauen in der Öffentlichkeit einen Schleier, aber es ist auch möglich, daß die Empfehlungen des Apostels einen Haarstil zum Inhalt haben. Bis zum jetzigen Zeitpunkt haben die Fachleute noch keine Einmütigkeit in dieser Frage erzielt.

---

*eleutheros* (frei 9,1.19); *eleutheria* (Freiheit) 10,29 und *exousia* (Freiheit, Recht 8,9; 9,4-6.12.18). Paulus gebraucht diese Ausdrücke in seinen Kapiteln, um die Bedeutung der Liebe zu anderen hervorzuheben, die deren 'Gutes' sucht (*symphero*, *symphoros*: Zweckmäßigkeit 10,23.33; 12,7 vgl. 6,12), indem sie sie stärkt und aufbaut (*oikodomeo*, *oikodomia* 8,1.10; 10,23; 14,3-5.12.17.26). Diese beiden Themen: 'zuerst ich' oder 'zuerst ihr' verbinden diese Kapitel. Die erste Haltung bezeichnet die Mißbilligung (*adokimos* 9,27) Gottes und seine Disziplin (10,5-10; 11,30-32)" (Lowery, 86, S. 15). Dieselben Themen bilden den Leitfaden des Abschnitts 11,2 bis 14,40, der einsetzt und abschließt mit Bemerkungen über das Verhalten der Frau in der Gemeinde von Korinth.

3. Der Apostel reiht diese Frage unter den *Sitten* ein, bei denen er seine Leser auffordert zu beurteilen, was ihnen entspricht. Wir wissen aber, daß die Sitten sich im Lauf der Zeit und von Ort zu Ort wesentlich ändern können.
4. Die Ausleger stimmen darin überein, daß die Vorschriften dieses Textes im Zusammenhang mit einem Brauch aus dem 1. Jahrhundert stehen, selbst wenn sie nicht im Einklang über die genaue Natur dieses Brauches sind.
5. Dieser Brauch – wie immer er auch aussah – bezog seine Bedeutung aus dem, was er symbolisierte: die sexuelle Identität bzw. Unterscheidung und, aus der Sicht einiger, die Unterordnung der Frau unter ihren Gatten (oder unter den Mann).

In der gegenwärtigen westlichen Gesellschaft

– ist die Verwendung des Schleiers verschwunden und hat nicht mehr den symbolischen Wert, den er im 1. Jahrhundert hatte (außer bei den Moslems);

– haben sich die Formen weiblicher und männlicher Haartracht beträchtlich weiterentwickelt. Allerdings trägt die Frau *im großen und ganzen* weiterhin längere Haare als die Männer.


Die Frage nach der Kopfbedeckung ist:

1. eine Frage der Sitte des Lebensraums: Wenn wie in Afrika oder in einigen Ländern Osteuropas die Frauen gewöhnlich den Kopf bedeckt haben, ob allgemein oder im Gottesdienst, so ist eine der Lehren aus diesem Kapitel die Empfehlung an die christliche Frau, sich dieser Sitte anzuschließen, um nicht unnötig zu schockieren. Es ist

2. eine Frage der persönlichen Überzeugung: Die Christin, die aufgrund der theologischen Argumente, die der Apostel in diesem Kapitel anführt, denkt, daß es sich um eine von der Zeit unabhängige Anordnung handelt, und die es vorzieht, „eher zu viel als zu wenig zu gehorchen", wird gut daran tun, sich ihrer Überzeugung anzupassen.

In mehreren Gemeinden und Versammlungen unserer westlichen Länder tragen manche Christinnen im Gottesdienst und in Gebetsversammlungen aus Gehorsam gegenüber diesem Abschnitt weiterhin eine Kopfbedeckung, selbst wenn sie das Warum und Wieso für diese Vorschrift nicht verstehen.

In Röm 14 befiehlt der Apostel, die Überzeugungen jedes einzelnen ohne Geringschätzung oder Verurteilung zu achten. Die christlichen Frauen, die aus Liebe zum Herrn und aus Gehorsam gegenüber seinem Wort ihren Kopf bedecken, haben Anspruch auf unsern vollen Respekt.

## *Muß man dieses Zeichen allen Frauen auferlegen?*

In einigen Versammlungen findet man am Eingang eine Auswahl an Kopftüchern und einen Hinweis: „Die Frauen, die ohne Kopfbedeckung gekommen sind, werden gebeten, sich zu bedienen, um Christus nicht zu entehren." Ist das der Sinn dieses Abschnitts? Hätte der Apostel das den christlichen Frauen unserer Länder am Ende des 20. Jahrhunderts gesagt? Kenneth Wilson antwortet: „Die Frauen zu bitten, ihren Kopf zu bedecken, heißt, sie zu bitten, etwas eher Ungewöhnliches als das Normale zu tun. Genau das ist es, was Paulus vermeiden wollte. Er wollte, daß die Frauen das taten, was in ihrer Kultur normal war, und daß ihre Weiblichkeit, die Schöpfungsordnung und die im Vers 3 erwähnte Unterscheidung zwischen Mann und Frau widerspiegelte" (91, S. 461).

„Man kann heute nicht mehr sagen, daß das Kopftuch der betenden Frau eine Sitte der 'Gemeinden Gottes' (V. 16), also der ganzen Christenheit, ist" (W. Neuer, 82, S. 105). Selbst in der alten Kirche wurde diese Sitte nicht mehr beachtet: Bildnisse aus dem 2. und dem 3. Jahrhundert zeigen uns viele verschleierte Frauen wie auch andere ohne Schleier (G. Delling, 31, S. 97).[54]

---

[54] Der pfingstlerische Ausleger Gordon Fee sagt gleichfalls: „Für Paulus war das ganze Problem unmittelbar mit einer kulturellen Schande verbunden, die in der Mehrzahl der heutigen Kulturen kaum noch das Feld beherrscht. Darüber hinaus wissen wir einfach nicht, welche Bräuche es waren, die die Korinther übertraten. So ist ein buchstäblicher

Karl Barth greift die Lehre dieses Abschnitts auf, wenn er sagt: „Was die Hauptsache ist und was wir aus 1Kor 11 und 14 lernen sollen, ist das: Die Frau soll um jeden Preis sie selbst sein und bleiben; sie hat sich nicht als Mann zu betrachten und zu verhalten" (64, S. 161). Gérard Pella, der ihn zitiert, fügt hinzu: „Der Schleier hat nicht im geringsten dieselbe Bedeutung wie in dem jüdischen Umfeld der Zeit des Paulus. Sobald der Schleier nicht mehr in der Sprache der Scham (der ethischen Kategorie) verstanden wird, neigt er dazu, in gesetzlichen Kategorien eingeordnet zu werden (man muß ihn aufsetzen, weil das Wort Gottes es sagt, selbst wenn man nicht versteht, weshalb und wozu …) und sogar in magischen Kategorien (der Schleier schützt die Frau vor dem Einfluß böser geistlicher Mächte …). Höchstens ist es das Tragen des Schleiers, das heute eine Gefahr birgt, eine 'Gelegenheit zum Anstoß' zu werden, da er von unseren Zeitgenossen als vollkommen unzeitgemäß (oder magisch) aufgefaßt wird" (85, S. 11f).[55]

K. T. Wilson wird noch konkreter: „Heute hat die Erfahrung in der Seelsorge gezeigt, daß Kopfbedeckungen auf dem Kopf der Frauen bei Gästen und bei denen, die die Bedeutung des Symbols nicht verstehen, Verwirrung schaffen. Das verletzt das

---

'Gehorsam' dem Text gegenüber oft rein symbolisch. Leider ist die symbolische Bedeutung, die man zu unterstreichen versucht, die Unterordnung der Frau, aber das war es nicht, was Paulus sagen wollte. In einer Kultur, in der Frauen sich selten den Kopf bedecken, in der Gemeinde auf diesem Punkt zu bestehen, heißt außerdem das Gegenteil zu tun von dem, was Paulus wollte" (87, S. 512). „Ein besonderer Haarstil oder ein Schleier (und noch weniger ein Hut), hat ganz einfach nicht die Bedeutung, die sie zur Zeit des Paulus hatten. Daher entspricht die Einführung dieser Sitte nicht dem Ziel, das Paulus vor Augen hatte (I. H. Marshall, 84, S. 188). „Paulus wollte, daß die Frauen, die am Gottesdienst teilnahmen, alles vermieden, was anscheinend dem Prinzip der Unterordnung unter ihre Ehemänner, das Paulus dem Alten Testament entnommen hat, entgegenstand: Die Gleichheit in Christus bedeutete nicht, daß die Frauen sich anschicken könnten, die Männer zu beherrschen" (a.a.O., S. 194).

[55] „Der bleibende Wert von 1Kor 11 liegt nicht in der Vorschrift eines Kleidungsstücks, das die Frauen tragen sollen, sondern in den Mitteln, mit denen wir unsere Sensibilität gegenüber ethischen Gewohnheiten anderer ausdrücken und mit denen wir unsre eigenen auf die Bibel gegründeten ethischen Werte bekanntmachen" (Tucker/Liefeld, 87, S. 79).

Prinzip, daß die Gemeinde nichts tun soll, was seltsam erscheinen könnte, 'wenn Unkundige oder Ungläubige hereinkommen' (14,23). Wenn man die Gewohnheit beibehält, daß die Frauen ihren Kopf bedecken, dann muß die Gemeinde mit den Schwierigkeiten fertig werden, die entstehen, wenn man die zahlreichen Gäste gewinnen und behalten möchte" (91, S. 462).[56]

*Wie kann man dann an dem Prinzip festhalten ohne das Symbol, das es im 1. Jahrhundert zum Ausdruck brachte?*

Es ist offensichtlich, daß die Unterscheidung zwischen den Geschlechtern mit Hilfe äußerer Zeichen im Lauf des 20. Jahrhunderts mehr und mehr verwischt wurde. Die „Unisexmode" reflektiert sicher eine Denkweise, die darauf abzielt, die Unterschiede zwischen Mann und Frau zu beseitigen. Tatsächlich hat die Frau heute zu den meisten Posten und Ämtern Zutritt, die bisher den Männern vorbehalten waren. Muß die Gemeinde dem Beispiel der aktuellen Mentalität folgen? Obwohl das Wort Gottes die Gleichheit von Mann und Frau erklärt, verwechselt es ihre Rollen nicht. Dieses Kapitel ist dazu da – neben anderen – uns daran zu erinnern.

Wie kann man sich gegen das Einschleusen feministischer Prinzipien in die Gemeinde wehren? Manche Christen haben sich dafür entschieden, äußere biblische Zeichen für die Unterscheidung der Geschlechter beizubehalten, indem sie es ablehnen, daß Frauen Hosen tragen und auf Schleier verzichten. Wie bereits erwähnt, haben diejenigen, die aus Überzeugung so handeln, Anspruch auf unsere Hochachtung. Sie dürfen aber nicht die Augen verschließen vor den Konsequenzen dieser Entscheidung, vor allem auf dem Gebiet der Evangelisation.

---

[56] Claude Vilain geht in dieselbe Richtung: „Wenn in einer bestimmten Gesellschaft die Kopfbedeckung der Frau keinerlei Bedeutung hat, wenn geschnittene Haare nicht mehr als Zeichen eines ausschweifenden Lebens betrachtet werden, dann verlieren die Empfehlungen des Apostels ihre Aktualität ... Weiterhin auf dem Gebrauch des Schleiers durch die Frau zu bestehen und ihr zu untersagen, ihre Haare zu kürzen, hieße, sich dem Gedanken des Apostels zu widersetzen" (75, S. 81).

Der Apostel Paulus hatte den Grundsatz, „allen alles zu werden, um auf alle Weise (wenigstens) einige zu erretten" (1Kor 9,22). „Wenn ich bei Juden bin, sagte er, dann lebe ich wie sie, um sie zu gewinnen ... Bei denen, die nicht unter der Regie des Gesetzes sind, lebe ich ohne Rücksicht auf das Gesetz, um die für Christus zu gewinnen, die das Gesetz nicht kennen ... In meinen Beziehungen mit im Glauben schwachen Christen lebe ich wie einer von ihnen, um sie zu gewinnen" (V. 20-22a). Hätte er es gebilligt, daß man sich seiner Empfehlungen bedient, die in dem untersuchten Abschnitt gegeben werden mit dem Ziel, seine Zeitgenossen nicht zu schockieren, um eine Kleiderordnung durchzusetzen, die die Gemeinde und ihre Glieder zu den Sitten des vergangenen Jahrhunderts abschiebt und dabei riskiert, neue Gäste abzuschrecken? Besteht nicht die Gefahr, wenn man auf der Reinigung der „Außenseite des Bechers" (Mt 23,25) besteht – was relativ leicht ist –, das religiöse Leben auf äußere Verhaltensformen zu konzentrieren, eine Gesetzlichkeit zu fördern, die dem neutestamentlichen Glauben diametral entgegengesetzt ist, und einen pharisäischen Urteilsgeist gegenüber all denen zu pflegen, die sich diesen Regeln nicht anpassen?

Die Frage bleibt aber: Wenn man auf das antike Symbol verzichtet, welche Zeichen setzt man dann an ihre Stelle, um sich nach dem Prinzip zu richten, das diesem Abschnitt zugrunde liegt? Kenneth Wilson erklärt: „Paulus fordert die Korinther auf, dem kulturellen Brauch zu folgen, der zu ihrer Zeit den Gedanken des Schöpfers widerspiegelte, daß Gott Männer und Frauen geschaffen hat, um verschiedenartige Rollen auszufüllen. Solange die Männer und Frauen von heute durch ihre Kleidung nicht zum Ausdruck bringen, daß die Schöpfungsordnung aufgehoben und jede Unterscheidung überholt ist, gehorchen sie diesem Abschnitt" (91, S. 461). „Was die Schöpfung begründet hat, kann keine Kultur zerstören. Das Tragen des Schleiers oder einer besonderen Haartracht war ein kultureller Ausdruck für die Unterordnung der Frau unter den Mann. Dies können andere geeignetere Ausdrucksformen in unserer Zeit symbolisieren; aber die Rolle des Mannes als Haupt ist schöpfungsmäßig und nicht kulturell begründet" (J. Stott, 89, S. 151). Auch wenn sich die Mode weiterentwickelt hat, ist es noch möglich, daß eine ganz und gar moderne Frau eine spezifisch weibliche Kleidung findet, die die Schönheit, welche ihr der Schöpfer verliehen hat, zur Geltung bringt – und dabei trotzdem vermeidet, bei anderen Anstoß zu erregen.

Andererseits hat die Bemerkung des Paulus, daß „langes Haar ein wesentlicher Bestandteil weiblicher Schönheit" (PV, S. 15) ist, nichts von seiner Aktualität verloren. Da die heutigen Frauen die Wahl zwischen verschiedenen Haartrachten haben, ermutigt sie dieser Abschnitt, einen Männerhaarschnitt eher zu vermeiden.

Über diese äußeren Fragen hinaus zielt dieser Text auf jedes Verhalten ab, das die Besonderheit der Aufgaben des Mannes und der Frau in der Gemeinde leugnen und der Frau typisch männliche Rollen geben will. Mehr als durch äußere Maßnahmen sollen „der Mann und die Frau durch ihre ganze Wesensart zugleich deutlich machen, daß sie zusammengehören, daß sie sich voneinander unterscheiden und daß sie entschlossen sind, niemandem Anstoß oder Ärgernis zu geben" (Pella, 85, S. 13).

## *Kann eine Frau im Gottesdienst Hosen tragen?*

Diese Frage wird vielen Lesern überflüssig erscheinen. Trotzdem ist sie in gewissen Kreisen ein neuer Grund zur Uneinigkeit, zur Diskriminierung und zur Spaltung geworden. Es ist daher normal, daß diese Frage in einem Kapitel angeschnitten wird, das der Kleidung der Frau im Gottesdienst – und überhaupt im Leben – gewidmet ist. Das Tragen eines Kleides ist in einigen Kreisen *das shiboleth* (Kriterium) einer guten Christin geworden. Unter Berufung auf 5Mo 22,5 lehnen einige Brüder es ab, daß Frauen Hosen tragen, weil sie es für zu weltlich erachten. Diese „Unisexmode", sagen sie, wird durch das Wort Gottes verboten und ist ein „Greuel für den HERRN". Andere sind der Meinung, daß es sich um eine Frage der Sitte handelt, die von der Zeit und vom Land abhängig ist, und daß man sich der Sitte des Ortes anpassen muß, an dem man lebt, um die in 1Kor 11,2-16 (und 9,20-22) zugrunde liegenden Prinzipien zu befolgen.

Die Frage ist daher weit davon entfernt, unbedeutend zu sein, da sie dazu führt, Brüder zu trennen und Gemeinden zu spalten. Die Antwort auf diese Frage kann, ebenso wie die Frage des Schleiers, auch nicht mit einem einfachen Ja oder Nein gegeben werden.

5Mo 22,5 spricht nicht von Hosen, sondern von der männlichen bzw. weiblichen Kleidung. Die Anweisung zielt wahrscheinlich ab auf die Sitte der Transvestiten in den heidnischen Tempeln und auf den Opferhöhen, ein Schauspiel aller Arten sexueller Verwirrungen. In diesem Kapitel gibt es Vorschriften – auf die heute niemand Rücksicht nimmt –, die darauf abzielen, dasselbe Prinzip einzuschärfen: keine Verwechslung zwischen dem, was Gott in seiner Schöpfung unterschieden hat (z.B. Gewebe, gemischt aus Wolle und Leinen, zur Anfertigung von Kleidern V. 11. Wer richtet sich noch nach dieser Regel?). Nun machen einige regionale Sitten aus der Hose ein weibliches Kleidungsstück (in China, in einigen arabischen Ländern ...). Zur Zeit werden Hosen im Westen nicht mehr als ausschließlich männliche Bekleidung angesehen. Der praktische Aspekt, das Klima und die Teilnahme von Frauen an verschiedenen Sportarten und seinerzeit männlichen Transportmitteln (Ski, Fahrrad) in Verbindung mit den Erfordernissen des Feingefühls haben erheblich zum allgemeinen Gebrauch von Hosen durch beide Geschlechter beigetragen. Vielleicht hat die Neigung zur Gleichstellung mit dem Ziel, alle sexuellen Unterscheidungen aus der Welt zu schaffen, eine gewisse Rolle in dem Augenblick gespielt, als die Welle ins Rollen gebracht wurde, aber man kann in der Mode eine ebenso starke Tendenz feststellen, die Weiblichkeit zu betonen und ihr zu schmeicheln. Auf jeden Fall ist es heute eine Tatsache, daß in unseren Ländern niemand mehr daran denkt, daß sich eine Frau als Mann geben will, wenn sie Hosen trägt. Das ist es aber, was für den Apostel in diesem Kapitel 11 entscheidend ist.

Es ist übrigens zu bemerken, daß Hosen in Europa durch mongolische Reiter eingeführt wurden, und aus diesem Grunde ist das Tragen von Hosen durch die Männer als Kleidung von Heiden kirchlich verurteilt worden. Weder Jesus noch Paulus haben jemals Hosen getragen.

Im Gegensatz dazu sind Frauen in Ländern oder Gegenden, wo es noch allgemeine Sitte ist, daß Frauen Kleider oder Röcke tragen, wohl beraten, wenn sie sich diesem Brauch anschließen. So machen sie als Frauen ihren Anspruch erkennbar, mit derselben Berechtigung wie Männer zu beten, zu weissagen und an allem, was im Gottesdienst geschieht, voll und ganz teilzunehmen.

Übrigens sind sie anderswo frei, sich zu kleiden, wie sie wünschen, sofern sie die vier biblischen Bezugsgrößen beachten: die Konventionen, den Anstand, die Weiblichkeit und die „Bescheidenheit", d.h. die Zurückhaltung und den guten Geschmack. Die Missionarin Dr. M. Ropp sagt mit vollem Recht: „Die Frau soll sich nach den Anstandsnormen der Kultur kleiden, in der sie sich befindet, wie übrigens auch der Mann" (92, S. 74). Die heutige Mode ist vielfältig genug, um jeder Frau, im Rahmen dieser Bezugsgrößen, vielerlei Möglichkeiten zu bieten, ihre persönliche Identität durch die Sprache der Kleidung auszudrücken.

Kapitel 9

# Die Frauen sollen in den Gemeinden schweigen

## Unangenehme Verse

Wir haben gesehen, daß Paulus in 1Kor 11,5 nebenbei als von einer ganz normalen Sache davon spricht und es zuläßt, daß die Frau in den christlichen Versammlungen betet und Gottes Weisungen weitergibt. Und jetzt auf einmal, ohne Vorwarnung und ohne ausführliche Rechtfertigung wie bei seinen Ausführungen über den Schleier (oder die Haartracht) kommt, unvermittelt wie eine Straßensperre, die klare Anweisung: „Eure Frauen sollen in den Gemeinden schweigen, denn es wird ihnen nicht erlaubt zu reden" (14,34).

Man muß zugeben, diese Verse sind unangenehm, und zwar für alle: Für diejenigen, die den Frauen eine größere Freiheit geben möchten, aber auch für die, die sich auf diese Verse berufen, um den Schwestern das Reden zu verbieten, denn sie sind gezwungen, allen Bibelstellen, die dieser Anordnung widersprechen, eine Deutung zu geben, die sich mit ihr verträgt.

Wie soll man diese Verse mit den verschiedenen Aussagen in Einklang bringen, die in der Apostelgeschichte von der Redefreiheit einer Frau Zeugnis ablegen? Oder konkreter mit der Möglichkeit, zu beten oder von Gott inspirierte Botschaften zu bringen, die in demselben Brief, drei Kapitel früher, eingeräumt wird?

Um den Zusammenhang der biblischen Botschaft aufrechtzuerhalten, haben wir die Wahl zwischen zwei Lösungen:

1Kor 11,5 dem Kap. 14,34 unterzuordnen oder 14,34 dem Kap. 11,5 unterzuordnen, d.h.:
- von der Grundgegebenheit des Schweigens der Frau auszugehen und Kap. 11,5 als rhetorisches, provisorisches oder auf

bestimmte Versammlungen begrenztes Zugeständnis zu erklären, oder
- von Kap. 11,5 und anderen Aussagen des Neuen Testaments, die in dieselbe Richtung gehen, auszugehen und Kap. 14,34 als unecht anzusehen oder als Zitat eines Schlagworts der Gegner des Paulus (das er im V. 36 zurückweist) oder auch als Hinweis auf eine gewisse Form mündlicher Einmischung (welche andere Formen nicht ausschließt, insbesondere nicht das Gebet und die Prophetie).

Man kann es ebensogut gleich zugeben: Keine Lösung ist vollkommen zufriedenstellend; beim derzeitigen Stand unserer Erkenntnisse kann man nur Hypothesen aufstellen, die nicht unbedingt überzeugen, und auf den Tag warten, an dem wir erkennen werden, wie Gott uns erkannt hat (vgl. 13,12), um dann Paulus (oder die damaligen Korinther) zu fragen, was er wirklich sagen wollte.

Wir geben im folgenden eine summarische Übersicht über die verschiedenen vorgeschlagenen Lösungen. Wir wollen zunächst zeigen, daß die Fragestellung nicht einfach ist und es nicht genügt zu behaupten: „Man muß sich nur nach dem Wort Gottes richten", um die Schwierigkeiten aufzulösen. Beiden Seiten in den Verzweigungen ihrer Gedankengänge zu folgen, hat außerdem - wie wir hoffen - einen anderen Nutzen: Wir lernen, die zu respektieren, die anders denken als wir, wenn wir sehen, daß sie auch „gute biblische Gründe" haben, um sich eine andere Sichtweise zu eigen zu machen. Wir werden die von uns bevorzugte Lösung vortragen sowie unsere Einwände gegen andere Lösungen erheben, aber „mit Fingerspitzengefühl", ohne es zu wagen, denen gegenüber dogmatisch zu sein, die eine andere Wahl getroffen haben. Indem wir mit Wohlwollen die Argumente und Gegenargumente der einen und der anderen prüfen, lernen wir, uns gegenseitig besser zu schätzen und anzuerkennen. Die Mühe, die man sich macht, die verschiedenen Harmonisierungsversuche der biblischen Vorgaben zu verstehen, trägt mehr zur echten christlichen Einheit bei als der Versuch, seine eigene Interpretation allen aufzuzwingen.

## Verschiedene Harmonisierungsversuche

Der scheinbare Widerspruch zwischen den beiden Bibelstellen hat die Ausleger in große Verlegenheit gebracht: „Es geht nicht darum zu wissen, ob das Schweigen der Frau heute ärgerlich ist, sondern ob dieser Text im Widerspruch steht zu dem Recht, öffentlich zu beten und prophetisch zu reden, das Paulus den Frauen im 11. Kapitel zu geben scheint. Außerdem ist dieses Recht (oder vielmehr dieser Dienst) in Übereinstimmung mit der Erklärung des Petrus in der Apg 2,17ff, in der er Joel zitiert und sagt, daß ein wichtiges Kennzeichen der neuen Ära des Heiligen Geistes darin besteht, daß Frauen ebenso wie Männer prophetisch reden würden" (Tucker/Liefeld, 87, S. 457).

Die Harmonisierungsversuche zwischen den beiden Kapiteln sind sehr zahlreich. „Sie sind wie die Dämonen in bestimmten Fällen der Besessenheit: Legion" (D. A. Carson, 87, S. 122). M. Radloff untersucht 40 von ihnen - ohne erschöpfend sein zu wollen. Er teilt die Deutungen in vier Gruppen ein:

1. diejenigen, die meinen, daß 1Kor 14,34-36 ein späterer Einschub ist, der einem Abschreiber des 2. oder 3. Jahrhunderts zuzuschreiben ist;

2. diejenigen, die aus diesem Text schließen, daß die Frau in einer Gemeindeversammlung immer schweigen muß;

3. diejenigen, die denken, daß Paulus kein absolutes Schweigen fordert, sondern von der Frau verlangt, in besonderen Fällen zu schweigen;

4. diejenigen, die diese Aussagen Leuten von Korinth zuschreiben, die Paulus zitiert.

Wir werden seine Klasseneinteilung übernehmen, aber die letzten beiden Gruppen vertauschen.

*1. Sind diese Verse echt?*

Es erscheint nicht notwendig, sich lange bei der ersten Gruppe aufzuhalten. Bekanntlich haben Abschreiber bei schwierigen Stellen manchmal eine erklärende „Glosse" auf den Rand gesetzt. Und es ist auch vorgekommen, daß spätere Abschreiber diese Randglossen in den Text integriert haben. Auf diese Weise sind die meisten „Interpolationen" entstanden. Allerdings bei diesem Text bei der Lösung einer Interpolation Zuflucht zu suchen, heißt, „das Hindernis mit Dynamit zu beseitigen". Viele moderne Theologen helfen sich auf diese Weise, aber auch nicht nur sie.

Im November 1986 hat sich der Pfingstler Gordon Fee bei dem jährlichen Kongreß der Theologischen Gesellschaft der USA in einem Vortrag für die Interpolationsthese eingesetzt. In seinem Kommentar zum 1. Korintherbrief macht er eine Bestandsaufnahme der verschiedenen Schwierigkeiten, die sich ergeben, wenn man diese Stellen Paulus zuschreibt, und kommt dann zu dem Schluß: „Schon die Auslegung dieses Textes führt zu der Folgerung, daß er nicht echt ist" (87, S. 708). Der konservative Baptist Werner de Boor findet diese Lösung ebenfalls verlockend: „V. 37 aber würde ohne jede Schwierigkeit gut an V. 33a unmittelbar anschließen. So ist aus inhaltlichen und formellen Gründen zu bedenken, ob nicht diese ganze Stelle ein erst später in den Text gekommener Einschub ist, den Paulus nicht selbst schrieb" (68, S. 246). Als Unterstützung betont er die Tatsache, daß einige Manuskripte diesen Vers nach dem Vers 40 bringen. Ein Kodex liefert sie sogar als Randbemerkung. E. E. Ellis, der sich auf Textabweichungen stützt, entscheidet sich ebenfalls für eine in den Text geschobene Randglosse. Diese Verse finden sich jedoch in allen bekannten Handschriften. Der Codex Fuldensis (zwischen 541 und 546), der sie nach dem Vers 33 an den Rand setzt, hat sie auch nach dem Vers 40 im Text. Die große Mehrheit der Manuskripte bringt sie nach dem Vers 33. Wenn sie eine in den Text eingefügte Randglosse wären, so hätte diese Textverschiebung schon gegen Ende des 1. Jahrhunderts erfolgen müssen (wie Fee denkt), aber zu diesem Zeitpunkt war der Brief schon mehr als 40 Jahre im Umlauf. Es ist sehr bedenklich, daß kein Manuskript ohne diese Randglosse bis ins 2. Jahrhundert gelangt ist. Anderseits sind die meisten Glossen länger und erklären den Text, aber sie bringen dort keine fremden Gedanken hinein (nach D. A. Carson, o.J., S. 3-8).

„Alle Versuche, dieses heute vielen anstößige Wort durch text- und literarkritische Operationen auszuscheiden, müssen als gescheitert angesehen werden ... sie fehlen in keiner einzigen uns überlieferten Handschrift" (*Chrischona 93*, S. 9f).

## 2. *Können Frauen in einer Gemeindeversammlung sprechen?*

Die 2. Gruppe, die aus denen besteht, die der Meinung sind, daß die Frau in der Gemeindeversammlung immer schweigen muß, zerfällt in zwei Untergruppen:

A. Diejenigen, die denken, daß die Versammlungen, von denen in 1Kor 11 die Rede ist und in denen die Frau beten oder Gottes Weisungen weitergeben kann, keine Gemeindeversammlungen waren.

B. Diejenigen, die zugeben, daß es sehr wohl Gemeindeversammlungen waren, aber die verschiedene Gründe angeben, um den Frauen das im Kapitel 11 zugestandene Recht praktisch zu entziehen.

A.* Einige schieben 1Kor 11 beiseite, weil dieses Kapitel ihrer Ansicht nach nicht von einer „Gemeindeversammlung" spricht. Es gibt solche, die denken, daß es dort nur Frauen gab, andere, daß es ein Familientreffen in einem Hause war oder eine kleine Gruppe von Christen. Wenn die Gemeinde sich offiziell trifft, dann muß die Frau schweigen.

D. A. Carson (87 a), S. 123) und andere haben geantwortet:
a) Die prophetische Rede findet immer im Rahmen der Gemeinde statt, wo sie bewertet werden kann (14,23-29); in Verbindung mit dem Gebet macht sie sogar das Wesen des Gottesdienstes aus;
b) im 1. Jahrhundert bestand die Gemeinde immer aus Hausgruppen, es gab keinen Unterschied zwischen Treffen im familiären Rahmen und „offiziellen Gemeindeveranstaltungen"; nach Mt 18,20 war die Personenzahl ohne Bedeutung;
c) Kap. 11,16 („auch nicht die Gemeinden Gottes") legt den Gedanken nahe, daß Paulus gerade ein Gemeindeproblem behandelt hat; dieser Vers „setzt voraus, daß Paulus an einen öffentlichen Gottesdienst denkt" (F. Godet); die Verse 11,17ff

behandeln ein spezifisches Gemeindeproblem; übrigens spricht Paulus schon von Kapitel 10 an von Fragen des Gottesdienstes und der Gemeinde (V. 15-17). Wenn Paulus diesen Ton anderswo anschlägt (14,33b.36), spricht er immer von Gemeindeproblemen;

d) wenn die Verse 2-16 des Kapitels 11 von dem in einer Kleingruppe gewünschten Verhalten sprechen würden, welches wäre dann das in der Gemeinde verlangte Verhalten? Übrigens berufen sich diejenigen, die diese Verse auf eine Kleingruppe beziehen, genau auf diese Verse, um die Kleidung der Frau im Gottesdienst zu regeln. Man kann auch fragen, ab welcher Personenzahl eine Gruppe aufhört, „klein" zu sein;

e) wenn die „Töchter" in den messianischen Gemeinschaften nicht das Recht haben prophetisch zu reden, dann wird die Prophetie von Joel 3,1-5, an die zu Pfingsten erinnert wird (Apg 2,17), stark eingeschränkt; wenn die „Mägde" nicht „die Botschaften weitergeben" können, die ihnen Gott eingibt (V. 18), so wird die Verheißung für null und nichtig erklärt. Das Ziel der Prophetie ist die Erbauung der „ganzen Gemeinde" (1Kor 14,4).

D. K. Lowery sagt zu diesem Thema: „Die Tatsache, daß sich Paulus als Teil seiner Argumentation in diesem Abschnitt auf die Praxis der Gemeinden andernorts beruft, läßt denken, daß er von Gemeindeversammlungen spricht. Die moderne Unterscheidung zwischen Gemeindetreffen zum Gottesdienst und anderen christlichen Versammlungen basiert eher auf Hilfskonstruktionen (um den Widerspruch zu 14,34 zu vermeiden) als auf biblischen Beweisen" (86, S. 157). J. K. Howard erklärt: „Paulus gewährt der Frau eindeutig das Recht, aktiv an den Treffen der Ortsgemeinden teilzunehmen. Wenn Paulus (und die Gemeinde im allgemeinen) ihr das Recht, im öffentlichen Gottesdienst zu beten und prophetisch zu reden, nicht gegeben hätte, so wäre diese ganze Ausführung gegenstandslos" (83, S. 33).

B.* Diejenigen, die erkennen, daß Paulus im 11. Kap. doch von einer Gemeindeversammlung spricht, führen verschiedene Argumente ins Feld, um die Tragweite des Kapitels herunterzuspielen:

a) Paulus regele im Kap. 11 nur eine Frage der Haartracht, ohne das Problem der Redebeteiligung der Frau wirklich zu behandeln. Aber warum erwähnt er dann das Gebet und die prophetische Rede?
b) Er berufe sich auf die Praxis in Korinth, ohne ein Werturteil zu fällen, und enthülle sein eigentliches Denken erst im Kap. 14 (Calvin, Bonnet, Ryrie ...).
Aber in 14,5+31, schränkt er das „alle" nicht auf die Männer ein. „Man stellt keine Bedingung an die Ausführung einer Handlung, die man uneingeschränkt zu verbieten beabsichtigt" (F. Godet, *1 Corinthiens*, S. 132). Übrigens lobt Paulus die Korinther in 11,2, weil sie die Überlieferungen festhalten, die er ihnen überliefert hat. Außerdem, wie R. Tucker und W. Liefeld sagen, liefe das darauf hinaus zu sagen: „Paulus hat einen beträchtlichen Raum dafür vorgesehen, eine Verhaltensweise zu regeln, die er kurz darauf ablehnt" (87, S. 454).
c) Zwischen den Kap. 11 und 14 habe Paulus beunruhigende Nachrichten aus Korinth erhalten, die ihn dazu gebracht hätten, die früher zugestandene Freiheit einzuschränken.
In diesem Fall hätte Paulus gesagt, daß er das Kap. 11 korrigiert; nun aber beziehen sich 11,16 und 14,33b alle beide auf die Praxis der Gemeinden, die sich inzwischen nicht verändert hat.
d) Kap. 14,34 gebe die allgemeine Regel; in 11,5 bringe Paulus die seltenen Ausnahmen der Regel zur Sprache (Godet, Allo), wo die Initiative zur Rede beim Heiligen Geist liegt, der die prophetische Rede inspiriert. Da diese Gabe seitdem verlorengegangen sei, sei die Ausnahme heute überholt.
Kann man dieselben Argumente gegen das Gebet erheben? Ist es bewiesen, daß die Gabe, von Gott eingegebene Botschaften zu bringen, die „ermahnen, erbauen, trösten" (14,3) der Gemeinde entzogen wurde?
e) Diese Freiheit sei ein Zugeständnis des Apostels, das er mit erheblicher Zurückhaltung denen gemacht habe, die sich der Regel aus 1Kor 14,34 nicht unterwerfen können.
Logischerweise sollte die Regel zuerst erscheinen, die Ausnahme danach; nichts deutet in 11,5 darauf hin, daß es sich um ein Zugeständnis handelt. Die Freiheit der Frauen, inspirierte Botschaften weiterzugeben, bildet einen Teil der im

Neuen Bund enthaltenen Vorrechte, die der Gemeinde am Pfingsttag übertragen wurden (Apg 2, 17).

f) 1Kor 11 beziehe sich auf eine Gemeindeversammlung (mit Abendmahl), Kap. 14 auf eine offene Versammlung, bei der Ungläubige hätten zugegen sein und die Freiheit der Frauen schlecht verstehen können (Kuhns, 80, S. 51).

Wir haben im vorangehenden Kapitel gesehen, daß der Apostel auch für die Versammlung in 1Kor 11 die Sorge um das gute Zeugnis gegenüber Außenstehenden hatte. 11,4-5 bezieht sich auf die prophetische Rede von Männern und Frauen - genau wie 14,24: „Wenn aber alle Gottes Weisungen verkünden und irgendein Ungläubiger kommt herein ...", das zeigt doch, daß es sich um dieselbe Art von Versammlung handelt.

## 3. Sind diese Verse ein Zitat der Judaisten von Korinth?

Die 3. Gruppe wird von denen gebildet, die in Kap. 14,34f eine bekannte Redensart sehen, die in Korinth von christlichen Judaisten gebraucht wurde, die das Rederecht für sich in Anspruch nehmen und es der Frau verweigern wollten. Paulus weise sie im Vers 36 zurück. Diese 1926 von K. C. Bushnell vorgebrachte These wurde von W. Kaiser, G. Bilezikian, Allison, M. Radloff und anderen aufgegriffen.

Paulus zitiert mehrfach Redensarten, die in Korinth üblich waren (1,12; 6,12.13; 7,1; 8,1.4.8; 10,23; 11,2; 15,12). Sie waren ihm durch den Brief der Korinther (7,1) oder auch durch die drei Boten der Gemeinde (1,11) weitergegeben worden.

Diese These gehört zu denen, die in evangelischen Kreisen die meisten Verteidiger gefunden haben; deshalb erschien es uns angebracht, sie im einzelnen genauer zu untersuchen, indem wir auch auf die Argumente hinweisen, die man ihr entgegensetzen kann. Dies sind die Argumente, auf die sie sich stützt:

1. Nach den Verfechtern dieser These *unterbrechen diese Verse 34-35 die Gedankenentwicklung* des Paulus. Der „westliche" Text gibt sie ja auch am Ende des Kapitels wieder. Aus der Perspektive, die wir in der 4. Gruppe ins Auge fassen

werden, fügen sich diese Verse im Gegenteil vollkommen in den Kontext ein.

2. *Der Kontext* paßt kaum zu diesen Worten. Das Kap. 14 spricht von der Erbauung der Gemeinde und von der Ordnung in den Versammlungen. Alle können der Reihe nach an der prophetischen Rede (V. 1.5.26.31.39) teilnehmen. „Es wird nicht gesagt, ob diese oder jene Gabe nur für Männer geeignet ist" (E. Kähler, 60, S. 73). Zwei Anliegen bilden den Hintergrund dieser Verse: a) Vers 31 und 39: die Teilnahme aller; b) Vers 33 und 40: die Ordnung in den Versammlungen. Andererseits ziehe Paulus nicht mit zwei nebenbei geäußerten Versen die Berechtigung zum Beten und zum prophetischen Reden zurück, die er den Frauen in 11,5 gegeben habe. W. de Boor weist darauf hin, mit welcher Fülle von Argumenten Paulus die Pflicht der Frau zum Schleier, d.h. einer einfachen äußeren Sache, motiviert (11,2-16). „Dagegen jetzt, wo es sich um die ganze Stellung der Frau in dem Gemeindeleben handelt, wird ihr kurz und schroff das völlige Schweigen auferlegt. Und als Begründung wird neben dem Hinweis auf die einheitliche Sitte 'in allen Gemeinden der Heiligen' nur die Behauptung hingestellt: 'Denn es ist eine Schande für eine Frau, zu reden in einer Gemeinde (Gemeindeversammlung)'" (68, S. 246). Demnach „neigt sich das Gewicht des Kontexts zugunsten der mündlichen Beteiligung der Frau" (M. Radloff, S. 411).

Wie wir sehen werden, entspricht auch da die durch die 4. Gruppe vorgeschlagene Lösung besser der logischen Gedankenführung als ein Einschub. Denn der Haupteinwand von Carson gegen diesen Deutungsvorschlag ist, daß er nicht angemessen erklärt, weshalb sich diese Worte hier finden, in diesem Zusammenhang, in dem es um die prophetische Rede und das Zungenreden geht. Die Verse 39f zeigen, daß Paulus nicht das Thema gewechselt hat. Wenn wir den Text annehmen, wie er ist, müssen wir uns die Frage stellen: „Warum scheint Paulus seinen Gedankengang zu unterbrechen, um diesen kleinen Abschnitt ohne Verbindung zum Kontext hinzuzufügen" (8, S. 129).

3. *„Wie in allen Gemeinden der Heiligen ..."* Die „Gemeinden der Heiligen" ist ein Ausdruck, der im ganzen Neuen Testament nur hier erscheint. Am Anfang waren „die Heili-

gen" die vom Judentum in Jerusalem und Palästina ausgegangenen Christen (Apg. 9,13.32.41; 26,10). Das ist der Ausdruck, der sie auch weiterhin bezeichnet hat (1Kor 16,1; 2Kor 8,4; 9,1.12; Röm 15,25.26.31), selbst wenn alle Christen sonst nicht mehr so bezeichnet wurden. „Die Einführungsformel ‚wie in allen Gemeinden der Heiligen' bezeichnet in diesem Fall die Gemeinden Palästinas, die der Synagoge noch nahestanden, und schließt alles ein, was das für den Umgang mit den Frauen bedeutet" (A. Loverini).

Der Ausdruck „Gemeinden der Heiligen" ist einmalig, das ist richtig, aber andere analoge Ausdrücke sind es ebenfalls, ohne daß man daraus einen Schluß ziehen könnte („die Gemeinde des Herrn" (Apg 20,28); „die Gemeinden Christi" (Röm 16,16); „die Gemeinde in Gott, dem Vater, und dem Herrn Jesus Christus" (2Thess 1,1); „die Gemeinden der Nationen" (Röm 16,4); „der Erstgeborenen" (Heb 12,23), „die Miterwählte" (1Petr 5,13). Außerdem wendet Paulus das Wort „Heilige" auf Christen aus dem Heidentum an (Röm 16,2; 2Kor 1,1; 13,12; Phil 1,1; 1Tim 5,10).

4. *„Die Frauen sollen schweigen."* Das hier und in den Versen 28 und 30 gebrauchte Verb *sigao* spricht von einem absoluten Schweigen. Das ist nicht der Gedanke des Paulus (11,5). Man kann auch die Verse 28 und 30 so verstehen, daß sie ein relatives Schweigen verlangen: Wenn es keinen Ausleger gibt, soll derjenige, der die Gabe der Sprachenrede hat, nicht in Sprachen reden (V. 28), aber es wird nicht gesagt, daß er nicht das Recht habe, Gottes Weisungen weiterzugeben; im V. 30 können die beiden Propheten reden, aber der eine nach dem anderen, das Schweigen ist daher nur relativ.

5. „Wie es auch das Gesetz sagt" ruft viele Einwände hervor: a) Paulus stützt sich gewöhnlich nicht auf das Gesetz, das nicht mehr die Norm des Christen ist (Röm 7,6; Gal 3,23-25). „Nirgendwo sonst wendet sich Paulus auf so absolute Weise an das Gesetz, als wäre es maßgebend für das Verhalten des Christen" (G. Fee, 87, S. 707). b) Das Gesetz des A.T. sagt an keiner Stelle, daß die Frau in einer religiösen Versammlung schweigen muß oder daß es schändlich für sie ist, dort zu sprechen. Das Gesetz verbot es den Frauen nicht, Gott zu loben oder in der

Gegenwart von Männern prophetisch zu reden. Mirjam, Debora und Hulda haben prophetisch geredet, inspiriert durch den Heiligen Geist.

Wenn Paulus das A.T. zitiert, zieht er nicht das Gesetz (*nomos*) heran, sondern die Schriften (*graphai*) (1Kor 15,4). Folglich „kann sich *nomos* nicht auf das A.T. beziehen" (A. Padget, 86, S. 130). Es handelt sich vielmehr um das durch die Rabbiner ausgelegte A.T., d.h. um die mündliche Tradition. Es heißt in der Tat in der *Sifre Deut.* 235, der Sammlung der rabbinischen Überlieferungen: „Es ist der Frau nicht erlaubt, anstelle eines Mannes zu sprechen (*diber*)". Auch in den Apokryphen ist der Frau das Schweigen geboten (Sirach 26,14). Philon und Josephus sind derselben Meinung. Josephus sagt insbesondere, daß die Frau dem Mann in allen Dingen unterlegen ist und daß alle Autorität dem Mann verliehen wurde (Gegen Appion 2.201). Im rabbinischen Judentum wurde das Wort *Thora* (Gesetz) bisweilen für die mündliche das Gesetz erklärende Überlieferung verwendet (G. Fee, S. 707). Aber im Gegensatz zu den Judaisten bezieht sich Paulus niemals darauf. Was die römischen und griechischen Gesetze betrifft, so gibt es keinen Konsens zum Thema des öffentlichen Auftretens der Frau. Das N.T. spricht mehrmals von der Unterordnung der Frau (Eph 5,22; Kol 3,18; Tit 2,5; 1Petr 3,1.5) als einer „freiwilligen Handlung, um sich in eine als gut und notwendig anerkannte Ordnung einzufügen" (G. Casalis), aber ohne sich auf das Gesetz zu berufen, um damit Druck auf die Frau auszuüben.

Dieser Bezug auf das Gesetz ist eigenartig bei Paulus, aber man kann ihn auf zwei Arten erklären, ohne auf die Lösung des Zitats zurückzugreifen (Näheres siehe S. 174).

6. Der Apostel sagt nicht: „Erlaubt nicht!", sondern *„Es ist nicht erlaubt"*, womit er deutlich macht, daß jemand anders dieses Verbot erläßt. Der Apostel verwendet viele Formen verschiedener Ausdrucksweisen. Der Schluß, den man aus dieser Formel zieht, erscheint nicht zwingend.

7. Die Frau soll ihren Ehemann fragen. Wir wissen aber, daß einige christliche Korintherinnen ungläubige Männer hatten (7,15-17). Und was sollten die unverheirateten Frauen tun (die Paulus auf dieselbe Ebene wie die verheirateten Frauen stellt: 7,34)?

Diese Richtlinie würde einen jüdischen Hintergrund widerspiegeln, wo alle Frauen verheiratet und alle Männer in Religionsfragen gebildet waren.

Nach dieser These haben die Judaisten ihre Richtlinie jedoch in Korinth aufgestellt; sie mußten die Situation der Frauen kennen: Die Schwierigkeit besteht in beiden Optionen.

8. Wenn eine Frau in der Gemeinde beten und Gottes Weisungen weitergeben kann, weshalb wäre es „*schändlich*" für sie, dort zu reden? Es ist der Talmud, der diese Meinung äußert. Alles hängt von der Bedeutung dieser Aussage ab. Nur einige Arten der Beteiligung, die wir hier ins Auge fassen, sind ungehörig.

9. Die Entscheidung der *Konferenz von Jerusalem* hat die Christen davon entbunden, jüdische Überlieferungen zu beachten, sogar diejenigen, welche in der Heiligen Schrift niedergelegt waren (mit zwei Ausnahmen). Weshalb fügt Paulus jene hinzu? Nichts beweist, daß es sich um eine jüdische Überlieferung handelt.

10. Wenn Paulus Anweisungen gibt, die für alle Gemeinden gelten, so präzisiert er sie (7,17; 11,16; 16,1). „Wie in allen Gemeinden der Heiligen" ist eine hinreichende Präzisierung.

11. *Die grammatische Struktur* des V. 36 weist einen scharfen Bruch auf zwischen den vorangehenden Erklärungen: „Was!" oder „Aber endlich!" „Wie!" Paulus geht mit einem barschen Zuruf von der 3. Person zur 2. Person des Plural über. „Die Formulierung, die Paulus verwendet (*ae* gefolgt von einer Frage) ist eine Formulierung der Ablehnung. Bei allen anderen Verwendungen dieser Formulierung im Korintherbrief richtet sie sich direkt gegen das Vorangehende: Paulus weist eine These zurück, die er soeben dargestellt hat (6,1.9.16.19; 9,6.8.10; 10,22; 11,13). Wenn diese Formulierung hier wie anderswo funktionierte, was müßte man daraus schließen? Daß die Verpflichtung zu schweigen genau das ist, was Paulus ablehnt" (A. Loverini).

In diesem Zusammenhang sagt D. Carson (D. A. Carson, o.J., S. 21), daß selbst wenn die Partikel *ae* trennend ist, doch die Erklärung fehlt, die sie einführen soll. Im allgemeinen leitet sie einen Satz ein, der im Widerspruch zum Vorangehenden steht, um dem Argument mehr Gewicht zu geben. „Wenn jemand das soeben Gesagte leugnet, so muß er wenigstens das nun Folgende zugeben" (Thayer, z.B. Röm 3,29; 6,3; 7,1; 11,2; 1Kor 6,9.16.19; 9,6; 10,22; 11,14). In jedem Fall verstärkt das, was auf die Partikel *ae* folgt, das vorher Gesagte.

12. Im V. 37 wende er sich an die Verfechter dieser Sicht, die sich auf „das Gesetz" stützten und sich Propheten nannten, indem sie sich selbst auf ein „Gebot des Herrn" beriefen. Das ist eine Interpretation – überhaupt nicht zwingend.

13. „Die Aufrufe zum Schweigen, die man in vorangehenden Versen findet, werden immer durch sehr genaue praktische Erwägungen motiviert. Hier werden sie absolut gesetzt" (A. Loverini). Das ist richtig, aber in der weiter unten vorgeschlagenen Lösung hat das verlangte relative Schweigen kaum Bedarf für ergänzende Erklärungen.

14. Bis zum Jahr 200 scheinen die Kirchenväter diese Verse nicht als Ausdruck des paulinischen Denkens verstanden zu haben. Wenn Irenäus, Appolonius und ein von Euseb Ungenannter diesen Vers als Wiedergabe des wirklichen Denkens des Paulus verstanden hätten, so hätten sie ihn sicher zitiert, als sie sich gegen die montanistischen Frauen wandten, die prophetisch redeten (vgl. M. Radloff, 91, S. 267-460). Folgerungen aus dem Schweigen – dem der Kirchenväter – haben als Argumente niemals ein großes Gewicht.

15. In Kap. 14,36 verwendet Paulus das Maskulinum *monous*, er wendet sich demnach an die *Männer*, die ihre chauvinistischen Ansichten den Frauen auferlegen wollten. Das Maskulinum wurde (im Griechischen wie im Deutschen) auch für gemischte Gruppen verwendet. Wenn es sich um ein Zitat handelt, dann ist es nicht klar identifiziert, auf die Zurückweisung der zitierten Aussage folgt nicht, wie gewöhnlich, die Erklärung und die Meinungsäußerung des Paulus selbst.

D. A. Carson hat dieser Zitatlösung noch die folgenden Argumente entgegengesetzt:
1. Die Zitate, die als solche von allen anerkannt sind (z.B. 6,12; 7,1b; 8,1b) haben eine gewisse Anzahl gemeinsamer Merkmale:
    a) Sie sind kurz; b) Paulus fügt sofort seinen Kommentar hinzu

(„aber nicht alles ist nützlich" 6,12) und widmet der Darlegung seiner Sichtweise mehrere Verse; c) seine Antwort ist klar und läßt keinen Zweifel. Hier fehlt die Erklärung völlig.
2. Allgemein ist ein Zitat leichter zu erkennen, sei es durch die Art, mit der der Apostel es einführt („der eine sagt:") – sei es durch die offensichtliche Widerlegung, die er vornimmt („es ist gut für einen Menschen, keine Frau zu berühren – jeder habe seine eigene Frau" – „Alles ist erlaubt – aber nicht alles ist nützlich" – „Die Speisen sind für den Bauch ... Der Leib aber ist nicht für die Hurerei"). Hier dagegen läge die ganze Widerlegung in dem *ae* – dem übrigens einige Kenner der griechischen Sprache nicht das Gewicht einer Hinführung zu einer Widerlegung von etwas soeben Gesagtem zugestehen (o.J., S. 21; siehe auch H.W. House, 90, S. 43-46).

Man muß daher zugeben, daß diese Lösung, obwohl sie verlokkend ist und manche Probleme löst, der kleinen Partikel *ae* ein beträchtliches Gewicht gibt, und man kann sich fragen, ob das, was Paulus sagen wollte, wirklich in dieser Partikel liegt, wenn er nicht die Möglichkeit sah, näher darauf einzugehen. Es erschien uns indessen nützlich, diese Lösung im einzelnen zu entwickeln, um den Stellenwert der Argumente aufzuzeigen, auf die diese Brüder sich stützen, die entschieden im evangelikalen Feld angesiedelt sind.

## *4. Die Lösungen des relativen Schweigens*

Die 4. Gruppe von Harmonisierungen umfaßt all jene, die in 1Kor 14,34-36 kein absolutes Schweigegebot für die Frau in Gemeindeversammlungen sehen. Das ist der natürlichste Sinn des Verbs „schweigen" in diesem Zusammenhang.

Es gibt drei Anweisungen zu schweigen im Kap. 14 (V. 28.30.34), die sich an drei verschiedene Personengruppen wenden; an diejenigen, die in Sprachen reden (V. 2.5.9-19.27f), an diejenigen, die prophetisch reden (V. 3.24.29-32) und an die Frauen (V. 34f). Alle drei haben das gleiche Ziel: die Ordnung im Gottesdienst. „Dasselbe Verb (schweigen) wird noch zweimal in diesem Kapitel verwendet, in den Versen 28 und 30. Wir werden das in unserer Untersuchung berücksichtigen müssen. Statt in diesem Vers einen absoluten Befehl zu sehen, der der Frau ein totales Schweigen auferlegt, könnte man diesen Vers nicht als eine Aufforderung verstehen, die sich an die Frau richtet, unter bestimmten Bedingungen Schweigen zu wahren?" (C.Vilain, 75, S. 91).

a) Man hat gedacht, daß nur *gewisse Frauen* schweigen sollten: diejenigen, die nur gelegentlich prophetisch redeten; oder die verheirateten Frauen oder die anwesenden Nichtchristinnen. Aber nichts im Text unterstützt diese Vermutungen. Die Verse 14,5.23.24.26.27.29.31 und 39 geben allen das Recht, prophetisch zu reden, ohne genauere Bestimmungen, allen Menschen.

b) Es ist logischer zu denken, daß nur gewisse Arten des mündlichen Eingreifens unter dieses Verbot fallen.

Es wurde vorgeschlagen:

1. *Das Reden in Sprachen* (vgl. 14,28). Aber der Vers 35 wäre in diesem Fall unberechtigt.

2. *Die Lehre*, weil sie die Ausübung von Autorität wäre. So spricht Vers 34b von Unterordnung. Aber die prophetische Rede, die im allgemeinen vor der Lehre genannt wird, ist genauso Ausübung von Autorität, und hier geht es nicht um Lehre.

3. *Das gellende Reden und das Geschwätz*. Es wären die zu lauten Frauen, die schweigen sollten, oder diejenigen, die nicht geschult waren, oder solche, die Irrlehren verbreiteten oder es ablehnten, sich der Regel des V. 29 unterzuordnen. Die englische Version der Jerusalemer Bibel übersetzt: „Die Frauen sollen in den Versammlungen nicht ihre Stimmen erheben (*raise their voices*)." Für J. K. Howard rührt das Problem daher, daß „die Frauen die Versammlungen lauthals unterbrachen" (83, S. 38). Diese Ausleger stützen sich auf eine der Bedeutungen des Wortes *lalein*. Das Wort *lalein* (sprechen) „kann hier zum Beispiel lange Reden halten, fragen, diskutieren, widersprechen, schwatzen bedeuten", sagt G. Campbell-Morgan, der in diesem Vers einen Hinweis auf die Haltung der Frauen sieht, die „fragten und widersprachen und ihr Talent und ihre Freiheit zeigen wollten" (*The Corinthian Letters*, S. 119; dieselbe Auslegung bei F. Baudraz, W. Simon, L. Morris, G. Deluz). R. Shallis sagt, *laleo* hat „im klassischen Griechisch eine eindeutig abwertende Nebenbe-

deutung: *Lalia* bezeichnet das Geschwätz". Nach Shallis erhebt sich Paulus hier gegen die weibliche Neigung, außerhalb des Themas zu reden, eigene Wege zu gehen, miteinander zu tuscheln. Er will, daß das Wort Gottes sich ausbreiten kann ohne Unterbrechung oder Ablenkung (Shallis, 90, S. 105-112). Das ist auch die Meinung von F. de Coninck: Paulus „benutzt ein Verb, das genauer mit 'Schwatzen' zu übersetzen ist – die erste Bedeutung von *laleo* ist: undeutliche Laute auszusprechen ... Es steht im Gegensatz zu *lego*, welches das klare und durchdachte Wort bezeichnet" (90, S. 55).

Aber auch hier unterstützt der Text diese Vermutungen nicht. Zum Beispiel antwortet Jeremia in der Septuaginta auf den Befehl des Herrn, der ihn zum „Propheten der Nationen" einsetzt: „Ich kann nicht reden (*lalein*)." So wird dieses Verb gebraucht, um das öffentliche prophetische Reden zu bezeichnen. „*Laleo*", sagt W. House, „wurde im klassischen Griechisch für Schwatzen gebraucht, aber nicht im 1. Jahrhundert, wo es ein Synonym für *lego* war" (88, S. 309). In der Koine, der Sprache des NT, bedeutet *laleo* einfach „sprechen".

W. Grudem weist auf folgendes hin: Der Vers 33b spricht von einer in allen Gemeinden verbreiteten Praxis, er widerspricht somit der Vorstellung, daß Paulus die besonders lauten Frauen in der korinthischen Gemeinde aufs Korn nimmt. Der Hinweis auf das „Gesetz" legt auch den Gedanken an eine allgemeine Anwendung nahe (nicht nur auf Korinth). Wenn in Korinth jedoch das unkontrollierte Reden das Problem gewesen wäre, so hätte der Apostel gefordert, diese Art zu reden zu vermeiden, aber nicht jede Einmischung (87, S. 21). Paulus sagt allen Frauen, daß sie schweigen sollen. Außerdem erscheint es auch nicht richtig, die Bedeutung von *lalein* auf „schwatzen" einzuschränken.

4. *Die Bewertung der Weissagungen*. Eine andere Lösung scheint eine wachsende Mehrheit evangelikaler Exegeten zu vereinen: Was Paulus den Frauen hier untersagt, ist die Teilnahme an der Bewertung der prophetischen Reden.

Der Vers 29 gibt die allgemeine Regel: „Propheten aber laßt zwei oder drei reden, und die anderen laßt urteilen." Danach zeigt Paulus in den Versen 30-35, wie das, was er gerade gesagt hat, anzuwenden ist; die Verse 30-33 erläutern den Vers 29a: wie erfolgt innerhalb der Zwei oder Drei, die prophetisch reden, der Übergang von einem zum anderen; die Verse 34-35 erläutern den Vers 29b: wer „die anderen" sind, die urteilen sollen.

K. T. Wilson findet Bestätigung für diese Interpretation auch in der Struktur der Verse 26-35 (91, S. 449; vgl. Hurley, *Man and Woman*, S. 188f). In der Bible du Semeur beginnen die Verse 30 und 34 mit einem Spiegelstrich, der zeigt, daß sie alle beide dem Vers 29 untergeordnet sind, der Vers 34 wird so formuliert: „Wie in allen Gemeinden derer, die Gott gehören, sollen die Frauen sich in den Versammlungen nicht einmischen; denn es ist ihnen nicht gestattet, sich zu äußern. Sie sollen in der Unterordnung zu bleiben wissen, wie es auch das Gesetz empfiehlt." „Da Paulus bei den Propheten verlangt hat, daß ihre Botschaften beurteilt würden, um sicherzustellen, daß sie keine falsche Lehre enthielten, und weil Frauen zu den Propheten zählten, war ein Problem der Unterordnung unter die Männer aufgetreten" (Hurley, 73, S. 217).

„Das Verbot, von dem in diesen Versen die Rede ist, bezieht sich auf das Stellen von Fragen, die ein Urteil über prophetische Aussagen enthielten (das wenigstens läßt der Textzusammenhang denken)" (F. F. Bruce 82, S. 10). „Die Frauen sollen sich nicht an der mündlichen Beurteilung der prophetischen Reden beteiligen" (D. A. Carson, 87, S. 129). Paulus will „die Frauen zum Schweigen bringen, die im Widerspruch zu jüdischen und griechischen Gepflogenheiten an der Diskussion teilnehmen wollten. Es ist wirklich allein diese Gefahr, von der in den Versen 33b-35 die Rede ist" (J. Héring, 59, S. 130).[57]

---

[57] „In 1Kor 14,34-35 geht es nicht mehr um die prophetische Rede. Es handelt sich darum, das Wort Gottes zu erklären und die Probleme zu lösen, welche die Ausübung der prophetischen Rede mit sich bringt, denn der Apostel lädt die Verantwortlichen ein, ihr Urteilsvermögen einzusetzen, das Gesagte zu beurteilen. Und die Ausübung dieses Urteilsvermögens ist die Ausübung der Autorität. Die gewöhnliche Lehre, um die es in 1Kor 14 geht, wie auch die Diskussionen, welche das Praktizieren der Weissagung mit sich bringt, eignen sich nicht für Frauen" (M. Lüthi, 80, S. 49). „Die Aussprache über Texte des AT war ein wesentlicher Teil der Entdeckung der Wahrheiten des neuen Glaubens (Apg 17,2.17; 18,4.19; 19,8f; 20,9). Man nannte das 'Lehre mit Autorität': ein großer

Nach 1Kor 14,26 bestand der Gottesdienst im wesentlichen aus Beiträgen von verschiedenen Seiten: Gesang, Lehrwort, Offenbarung, Sprachenreden und Auslegung. Wie das noch in unseren Tagen in einem Hauskreis geschieht, gab dieser Austausch Anlaß zu Zwischenfragen an die Redenden, sei es, um die Verdeutlichung eines Punktes zu verlangen, sei es, um eine Behauptung zu differenzieren oder sogar zu bestreiten. Das ist die Freiheit, die der Apostel gibt, sogar im Hinblick auf diejenigen, die durch den Geist Gottes inspirierte Botschaften bringen: „Die anderen laßt urteilen!" Aber zu urteilen, ob eine Botschaft richtig oder falsch ist, heißt, sich über den Botschafter zu stellen, mehr zu wissen als er, sich fähig zu fühlen, im Bedarfsfall zu berichtigen. Also: eine unbestreitbare Autorität auszuüben.[58]

W. Grudem unterstützt ebenfalls diese Lösung (87, S. 21-23). Im Vers 29 hat Paulus gesagt, die anderen (nämlich der Rest der Gemeinde – hätte er sagen wollen: die anderen Propheten, so hätte er die Wendung *hoi loipoi* verwendet, nicht *hoi alloi*) sollen urteilen, werten, Kritik anmelden – aber im V. 34 sagt er es genau: nicht die Frauen.

---

[58] Teil dieser Lehre geschah in der Form des Dialogs und der Aussprache. Die Frau, die das Recht hatte – und sogar die Aufgabe zu lernen – sollte sich nicht in die Gespräche unter Lehrenden einmischen" (O. Rogers, 82, S. 62f).
„Lernen" und „fragen" (V. 35) sind zwei Verben, die „auf ein Lehrgespräch hindeuten, bei dem es um die für die Gemeinde gültige Lehre geht" (W. Neuer, 82, S. 108). „Prophetisch reden war eine Sache, aber ins Gespräch eintreten, verfängliche Fragen stellen und sich zu erlauben, die Worte der Propheten zu beurteilen, war eine ganz andere Sache ... Wie diejenigen, die in Sprachen redeten, schweigen mußten, wenn es keinen Ausleger gab (V. 28) und diejenigen, die prophetisch redeten, zu schweigen hatten, wenn der Geist einem anderen ein prophetisches Wort anvertraute (V. 30), so mußten auch die Frauen zu bestimmten Zeiten still bleiben." (Tucker/Liefeld, 87, S. 80). „Wenn es um das Prüfen prophetischer Rede geht, so ist ein Reden der Frau in der Gemeinde in diesem Sinn insofern schändlich (*aischron*, V. 35), als sie sich damit über die vorgegebene Ordnung in der Gemeinde erhebt (V. 34: sie sollen sich unterordnen). Sie erhebt sich damit über die schöpfungsgemäße Stellung der Frau zum Mann" (*Chrischona 93*, S. 10f). W. House entscheidet sich auch für die Beurteilung der Weissagungen, „denn das würde die Frau über die männlichen Propheten stellen (88, S. 309); das, worum es geht, ist ein Reden, in dem sie sich den Männern in der Gemeinde nicht unterordnet" (S. 310).

„Vom Aufbau her", sagt er, „ist diese Lösung sicher die überzeugendste von allen, die vorgeschlagen wurden. Sie bedeutet, daß Paulus einem sehr logischen Verfahren gefolgt ist. Zuerst spricht er einen allgemeinen Satz aus: 'Propheten aber laßt zwei oder drei reden und die anderen laßt urteilen' (V. 29). Anschließend gibt er in den Versen 30-33a ergänzende Anweisungen zur ersten Hälfte von Vers 29, sodann in den Versen 33b-35 weitere Anweisungen zur zweiten Hälfte des Verses."

Im Vers 34 sagt Paulus: „es wird ihnen nicht erlaubt zu reden (sich zu äußern), aber (*alla*) sie sollen sich unterordnen." Dieses aber bezeichnet einen starken Gegensatz. Demnach ist die Art der Rede, die Paulus im Blick hat, speziell eine Rede, die Ablehnung von Unterordnung einschließt, und das wäre der Fall bei einer Beurteilung oder der Kritik an einer Weissagung. Damit würde man zum Ausdruck bringen, daß man eine höhere Autorität in Fragen der Lehre oder der ethischen Unterweisung besitzt.

*Wie auch das Gesetz sagt*

Dieser Bezug auf das Gesetz hat auch die Ausleger in Verlegenheit gebracht, die nicht zu der Ansicht gelangt sind, daß es sich um ein Zitat der Judaisten handelt, weil man im AT tatsächlich keine Anordnung findet, die der Frau das Schweigen ausdrücklich befiehlt.

Zwei Erklärungsmöglichkeiten bieten sich an:

a) Paulus beruft sich auf das zivile (griechische oder römische) Recht. C. Kroeger liefert zu diesem Thema die folgenden näheren Angaben: „Der Isiskult, der die Gleichheit von Männern und Frauen verkündete, wurde in Rom mindestens dreimal verboten. Die griechische und römische Gesellschaft hat versucht, mit brutaler Gewalt wie auch mit gesetzlichen Maßnahmen die weibliche Frömmigkeit zu regeln und mit Einschränkungen zu belegen (Stobaeus 4,23-61; Plutarch: *Leben des Solon*; Cicero: *Gesetze* 2,15). Der römische Senat ergriff eine drakonische Maßnahme gegen den Dionysuskult, zum großen Teil weil seine Anhänger hauptsächlich Frauen waren (Tite-Live 38,15-18) und Cicero verbot den Frauen, nachts Opfer zu bringen (Gesetze

2,7,19-27). Es ist gut möglich, daß 1Kor 14,35 sich auf ein Gesetz dieser Art bezieht, das von den Frauen verlangt, sich zurückzuhalten" (C. Kroeger, 87, S. 30).⁵⁹

b) *Der Bezug auf das Gesetz* (des AT) würde sich nicht auf das Schweigen der Frau beziehen, sondern auf ihre Haltung der Unterordnung, die durch eine Beteiligung an der Diskussion über prophetische Botschaften in Gefahr wäre, beeinträchtigt zu werden. „Der Verweis auf das Gesetz", sagt das Dokument *Chrischona 93*, „bezieht sich gar nicht unmittelbar auf das Schweigegebot, sondern auf die Forderung der Unterordnung der Frau ('Sie sollen sich unterordnen, wie auch das Gesetz sagt'). Tatsächlich läßt sich im ganzen Alten Testament nirgendwo eine speziell dem Schweigegebot entsprechende Aussage ausmachen, wohl aber finden sich allgemeinere Aussagen über die Unterordnung der Frau (Gen 2,18; 3,16)" (S. 13). „Paulus hat sich schon auf das Gesetz berufen (V. 21). Er versteht darunter das Alte Testament. Er bezieht sich hier nicht auf 1Mo 3,16, sondern auf die Schöpfungsordnung von 1Mo 2,20b-24; denn es ist dieser Text, dem er sich bei zwei anderen Gelegenheiten explizit zuwendet, als er über die Rolle der Frauen spricht (1Kor 11,8-9; 1Tim 2,13). Dieser Text verlangt nicht das Schweigen der Frauen, sondern er legt den Gedanken nahe, daß, weil der Mann zuerst und die Frau für den Mann geschaffen wurde, für die Rolle von jedem der beiden ein Modell gegeben wurde. So wie Paulus

---

⁵⁹ „Das Gesetz" (V. 34) würde sich auf das allgemeine jüdische oder griechische Gesetz beziehen, welches zu der Zeit von der Frau das Schweigen in den öffentlichen Versammlungen verlangte. „Der Christ soll die Werte seiner Zeit achten" (M. Radloff, S. 385). Plutarch hatte gesagt: „Das Wort der Frau ist nicht für die Öffentlichkeit bestimmt. Sie soll bescheiden sein und sich hüten, irgend etwas zu sagen, was die Leute draußen hätten hören können, denn das hieße, daß sie sich bloßstellt; denn in ihren Worten kann man ihre Gefühle, ihren Charakter und ihre Stimmungen erkennen" (*Moralia*: Ratschläge an Verlobte, S. 31). Sie soll nur „mit ihrem Mann oder auf dem Weg über ihren Mann" sprechen, der „sie regieren soll wie die Seele den Leib". R. Tucker und W. Liefeld ziehen auch die Möglichkeit in Betracht, daß „das Gesetz" sich auch auf zivile römische und griechische Gesetze bezieht, die die Unterordnung der Frau befehlen. Das ließe den reisenden „Missionar" hinter dieser Einschränkung noch deutlicher in Erscheinung treten. Paulus wollte, daß „die Frauen in der Gemeinde nicht auf eine Art aktiv würden, die das allgemeine moralische Empfinden verletzt" (Tucker/Liefeld, S. 76).

es versteht, muß nach der Schöpfungsordnung die Frau dem Mann untergeordnet sein – oder wenigstens ihrem Ehemann. Im Kontext der Beurteilungen der prophetischen Reden in Korinth konnte diese Unterordnung nicht beibehalten werden, wenn die Frauen daran teilnahmen" (D. A. Carson, o.J., S. 23).[60]

R. Tucker und W. Liefeld geben zu bedenken, daß Paulus sich möglicherweise auf die Auflehnung der Mirjam und des Aaron (4Mo 12,1-15) bezieht. „Mirjam war Leiterin und Prophetin aus eigenem Recht, aber sie hätte sich Mose nicht widersetzen dürfen. Es ist möglich, daß Paulus sagen will, daß die Frauen zwar ihren Dienst in der Gemeinde ausüben können, aber daß sie eine Haltung der Unterordnung einnehmen sollten, wenn es darum geht, zu urteilen oder die von anderen gegebenen prophetischen Reden zu bewerten" (87, S. 458). C. Vilain denkt, daß Paulus sich nicht auf einen bestimmten Text (z.B. 1Mo 3,16) beruft. „Seine Sicht war wahrscheinlich umfassender und schließt die gesamte Schöpfungsordnung ein, die in den (Schöpfungs-)Berichten enthalten ist" (75, S. 101; s.a. Ch. Trombley, 85, S. 18-40). „Es gibt viele Parallelen zu dieser Art, sich auf das Alte Testament zu beziehen, nicht mit einem Zitat, sondern um daraus ein Prinzip zu entnehmen (und das in Frage kommende Prinzip ist ohne jeden Zweifel das aus 1Mo 2,20b-24; auf das Paulus auch in 1Kor 11,8f und in 1Tim 2,13 zurückgreift)" (D. A. Carson, 84, S. 40).

*Weshalb konnte die Frau nicht einmal Fragen stellen?*

Der Vers 35 versteht sich als Fortsetzung der Überlegungen. Vielleicht hat Paulus sich vorgestellt, einige Frauen in Korinth könnten sagen: „Einverstanden! Wir kritisieren die Propheten nicht. Aber wir können trotzdem einige Fragen stellen." Nun, diese Fragen könnten sich leicht in versteckte Kritik verwandeln.

---

[60] „Das Gesetz ... spricht von der Stellung der Frauen im allgemeinen ... Es ist daher diese durch das Gesetz definierte Stellung, aus der Paulus die Konsequenz des Schweigens 'in den Versammlungen zieht'" (D. Bergèse, 5.93, S. 8).

Und genau das ist es, was Paulus vermeiden will. Weil er diesen Einwand vorausgesehen hat, verlangt Paulus von den Frauen, die sich informieren wollen, daß sie ihre Fragen daheim an ihre Ehemänner richten. F. de Coninck macht im Zusammenhang mit diesem Vers die Bemerkung: „Wenn der Apostel den Frauen vorschlägt, ihren Mann zu Hause um die Erklärung des Gehörten zu bitten, so ist er weit davon entfernt, sie von dem auszuschließen, was sich gerade abspielt. Er gibt ihnen Zugang zum Recht, religiöse Fragen mit ihrem Mann zu besprechen, was vollkommen neu ist" (90, S. 53).

Wie in Kap. 14,28 bedeutet Schweigen nicht die Unterlassung jeder Äußerung, sondern den Verzicht darauf, sich mit der Art Rede einzumischen, um die es gerade geht (im V. 28: die Sprachenrede; hier: die Kritik an Propheten).[61]

Die Hauptvorteile dieser Lösung sind die folgenden: Diese Deutung fügt sich nahtlos in den Gedankengang des Kapitels 14 ein: die Aufrechterhaltung der Ordnung beim Gebrauch der Gaben. Das allgemeine Thema der Kap. 12-14 wurde nicht aufgegeben, wie die Verse zeigen, die das Kap. 14 abschließen. Andererseits berücksichtigt diese Lösung den Aufbau des Abschnitts: Die Verse 26ff geben praktische Richtlinien für die Ausübung der Gabe des Sprachenredens und der Gabe der Weissagung in der Gemeinde; die Verse 27f betreffen diejenigen, die in Sprachen reden, die Verse 29ff diejenigen, die prophetisch reden.[62]

Außerdem fragen sich einige, ob der Vers 35a nicht für sich genommen den Schlüssel zu diesem ganzen Abschnitt liefern könnte: „Was zu Hause zu geschehen hat – und nicht im Gottesdienst – ist das Fragen, Einhaken und Eingreifen, ob es paßt oder nicht paßt" (J. Blandenier).

---

[61] „Dieser Abschnitt ist vergleichbar mit 1Tim 2,11-15, der den Frauen die Ausübung der – selbst gelegentlichen – Leitung einer Gemeinde in Fragen der Lehre und der Ethik verweigert" (W. Grudem, 87, S. 23).

[62] „Paulus hat die Freiheit der Frauen nur im Bereich ihrer Beteiligung an der Bewertung der prophetischen Reden eingeschränkt. Eine beträchtliche Zahl von Spezialisten neigt heute dazu, den Bezug auf die 'Bewertung der Propheten' für die beste Lösung zu betrachten, die zur Zeit in Sicht ist, aber die Debatte ist keineswegs abgeschlossen" (Tucker/Liefeld, 87, S. 458).

Bei dieser Einschränkung wäre es Paulus vor allem um die Ordnung in den Versammlungen und um das gute Zeugnis gegenüber den Ungläubigen gegangen.

## Die Bedeutung der Sitten

Wahrscheinlich nimmt der Apostel auch Bezug auf die Sitten der Epoche. „Der gute Anstand dieser Zeit verlangte es, daß die ehrbare Frau sich vor jeder Einstellung hütete, die sie als Prostituierte oder als heidnische Priesterin gekennzeichnet hätte – das waren die einzigen Frauen, die in der Öffentlichkeit redeten. Paulus appelliert daher an ein Urteil von nur lokalem Wert. Die Parallele zu 1Kor 11,13-15 liegt auf der Hand ..." (C. Vilain, 75, S. 106). F. Godet, der von der Bedeutung von *aischron* (schändlich, unanständig) ausgeht, sagt gleichfalls, daß es weder gesetzwidrig noch unmoralisch ist, in der Gemeinde zu reden, „es ist eine Frage der Schicklichkeit und des Feingefühls" (*1 Corinthiens*, S. 314). „Der Grund für dieses der Frau auferlegte (teilweise) Schweigen muß ausschließlich in der Sorge gesucht werden, die in der Epoche allgemein gängigen Regeln des guten Benehmens nicht zu verletzen" (J. Héring, 59, S. 130).

W. de Boor geht sogar noch weiter: „Daß Paulus bei dem Redeverbot an die Frau keine andere Begründung bringt als nur die einheitliche Sitte der Gemeinden und das Gefühlsurteil, es sei 'eine Schande für eine Frau, zu reden in einer Gemeinde', erleichtert uns heute die eigene Stellungnahme. Was Paulus in dieser Frage den Korinthern sagt, hatte sein ganzes Recht und volles Gewicht in der damaligen Zeit. Der große griechische Schriftsteller Plutarch urteilt: 'Nicht nur der Arm, sondern nicht einmal das Wort der züchtigen Frau soll öffentlich sein, und sie soll die Stimme wie eine Entblößung scheuen und unter den Menschen draußen behüten.' Von der Synagoge her kannte Paulus ebenfalls die schweigende Frau als ganz selbstverständlich. Sollte die junge Christenheit die Sitte der Zeit durchbrechen, das Schicklichkeitsgefühl bei Heiden und Juden verletzen und die Gefahr der Unordnung in ihren Versammlungen steigern? Im Empfinden jener Zeit wäre ganz ebenso auch die Lehrerin, die

Ärztin, die Rechtsanwältin, die Ministerin eine Unmöglichkeit, ein unerträglicher Anblick, 'eine Schande' gewesen. Nun liegt es Paulus daran, daß dieses starke Empfinden der Zeit in der Gemeinde Jesu nicht verletzt wird. Dem Evangelium darf nicht dadurch der Weg verbaut werden, daß es in den Kreisen der Bevölkerung heißt: Die christlichen Frauen werden schamlos und ergreifen in aller Öffentlichkeit das Wort und reden mit den Männern um die Wette" (68, S. 247f).

Man darf allerdings auch nicht vergessen, daß der Apostel ebenfalls vom Gesetz spricht, er also „seine Anordnung mit der Autorität der Bibel rechtfertigt" (H. Krimmer, 85, S. 326). Wenn das Gesetz, auf das sich Paulus bezieht, 1Mo 3,16 und das im Pentateuch enthaltene Prinzip der Unterordnung der Frau ist, so drückte sich dieses Gesetz zur Zeit des Paulus darin aus, daß sich die Frau nicht an Lehrgesprächen der Männer beteiligte, denn ein Sich-Einschalten in der Öffentlichkeit wäre als Zeichen der Emanzipation von Seiten der Frau verstanden worden – was heute nicht mehr der Fall ist.

„Der Leitgedanke für das Kapitel 14", sagt A. Padget, „ist die Ordnung im Gottesdienst" (86, S. 131). „In diesem Kapitel verwendet Paulus eine musikalische Metapher für die Gemeinde, in der Gottes Geist der Dirigent ist (V. 7f; vgl. 13,1). Er hat den Wunsch, daß die Anbeter wie in einem Orchester mit den anderen Musikern zusammenspielen, und zwar jeder in jedem Augenblick an der Stelle, mit dem Tempo und der Lautstärke, die der Dirigent vorschreibt. Das Ergebnis ist dann ein Wohlklang, der Gott ehrt und der die Gemeinde besser aufbaut als ein konfuser Lärm" (ebd., S. 129).

## Was haben uns diese Verse heute zu sagen?

1. Diese Verse bilden vor allem eine Warnung gegen simple radikale Lösungen: Alle ernst zu nehmenden Untersuchungen dieser Texte zeigen, daß es in der Bibel schwierige Stellen gibt, bei denen es überheblich wäre zu denken, man könne ihnen eine „einfache" Auslegung geben. Wenn es nur diese Verse gäbe, die

zu einem bestimmten Thema etwas zu sagen haben, so wären sie einfach und man müßte sich ihnen nur fügen. Aber das Problem rührt genau daher, daß andere Texte das Gegenteil sagen. Diejenigen, die der Frau in der Gemeinde das Wort ganz und gar verwehren, indem sie sich auf diese Verse berufen, tun es unter Nichtachtung einer der fundamentalen Regeln biblischer Auslegung (undurchsichtige Stellen müssen im Licht verständlicher Stellen erklärt werden) sowie des Prinzips der „Analogie des Glaubens" (bevor man zu einem Schluß kommt, müssen alle Stellen zu einem bestimmten Thema geprüft werden). Wer nach dem Lesen der Argumente, die in diesem Kapitel entfaltet werden, weiterhin entschieden das absolute Schweigen seiner Schwestern in Christus fordert, beweist damit, daß sein Verlangen nach Herrschaft und nach der Erhaltung der Tradition stärker ist als sein Wunsch, sich auf das Wort Gottes in seiner Gesamtheit einzustellen.

2. Die verschiedenen Lösungen zur Harmonisierung, die von Christen vorgetragen wurden, welche die Autorität des Wortes Gottes anerkennen, zeigen an einem ganz konkreten Beispiel die Notwendigkeit, gegenüber denen tolerant zu sein, die sich eine andere Betrachtungsweise als wir zu eigen gemacht haben. Niemand kann sich brüsten, die einzige Wahrheit zu besitzen, die alle Schwierigkeiten löst. Wer sich für eine der beschriebenen Lösungen entscheidet, muß in jedem Fall ein kleines Fragezeichen dahinter offen lassen: „Ich ziehe diese Erklärung vor, aber es mag sein, daß du mehr Recht hast als ich – oder daß wir beide falsch liegen." Eine solche Haltung – auch in anderen kniffligen Fragen, wo die evangelikalen Christen geteilter Meinung sind – gewährleistet die Gemeinschaft der Kinder Gottes. Um diese Geisteshaltung zu fördern, haben wir die Argumente für die verschiedenen Thesen im einzelnen entwickelt.

3. Wenn wir uns für die Erklärung entscheiden, die uns am plausibelsten zu sein scheint – die Beurteilung der prophetischen Reden – welche Leitgedanken finden wir durch die Anordnung des Paulus illustriert? Es handelt sich dabei um „eine Praxis, die nur selten – oder überhaupt nicht – im heutigen Leben der Gemeinde in Erscheinung tritt" (I. H. Marshall 84, S. 190). Diese Bewertung war in der Urgemeinde bestimmt wichtiger, weil da

jede Gemeinde und jeder Christ noch nicht über eine objektive Norm – das Neue Testament – verfügte, mit dessen Hilfe es relativ leicht ist zu beurteilen, ob eine Botschaft dem „ein für allemal den Christen überlieferten Glauben" (Jud 3) entspricht.

Die Herrnhuter Brüder hatten die Gewohnheit, sich am Sonntagnachmittag zu treffen, um sich über die Predigt am Morgen auszutauschen. Das ist ein Beispiel für die „Bewertung der prophetischen Reden", die man ermutigen sollte, wenigstens von Zeit zu Zeit. Müßte man in diesem Fall den Frauen auf der Grundlage dieser Verse verbieten, sich an diesem Austausch zu beteiligen? Verschiedene Gründe weisen eher in eine andere Richtung. Zum einen entspricht diese Art Austausch nur sehr begrenzt dem, was Paulus sich vorstellte, als er die Brüder einlud, eine prophetische Botschaft zu „beurteilen". Zum anderen ist die Autorität, mit der wir heute ein Urteil fällen können, das Wort Gottes, das allen, Männern und Frauen zugänglich ist. Wenn eine Frau darauf aufmerksam macht, daß diese oder jene Behauptung durch eine bestimmte Aussage der Bibel widerlegt wird, so ist es nicht ihre eigene Autorität, auf die sie sich stützt, sondern die des Wortes Gottes. Und schließlich würde ihr Beitrag im heutigen gesellschaftlichen Gefüge ganz anders aufgefaßt als eine derartige Einmischung zur Zeit des Apostels Paulus – was uns dazu führt, aus diesen Versen einen anderen Schluß zu ziehen.

In einigen Gemeinden charismatischer Prägung, in denen die prophetische Rede die Bedeutung einer unmittelbar an eine bestimmte Person aus dem Zuhörerkreis gerichteten Botschaft hat oder einer Ermahnung, die auf einen Mangelzustand der Gemeinde Antwort geben soll, ist es üblich, daß die Person die Botschaft vor der Weitergabe an die Gemeinde einem Verantwortlichen vorlegt, dessen Amt es ist, als „Filter" zu dienen. Diese Vorbewertung der prophetischen Reden erfordert eine Kompetenz in Lehrfragen, ein psychologisches Feingefühl und eine von allen anerkannte Autorität. In diesen Gemeinden sind es durchweg Brüder, die „Ältesten", die mit dieser Beurteilung beauftragt werden, was gut mit diesem Wort Gottes übereinstimmt.

4. Die verschiedenen Zitate griechischer und lateinischer Verfasser haben uns gezeigt, daß Paulus ein gutes Gespür dafür

hatte, wie ein bestimmtes Verhalten in der Gemeinde von Leuten außerhalb der Gemeinde aufgefaßt werden konnte. Er hat in demselben Brief die Grundsätze erklärt, die ihn leiteten (1Kor 9,19-22) und das Ziel, das ihm vor Augen stand („um immer mehr Menschen für Jesus Christus zu gewinnen" V. 19, „um auf alle Weise einige zu erretten" V. 23). Die gleichen Motive beseelen oft diejenigen, die wir manchmal ein bißchen voreilig als „Feministen" bezeichnen. Wenn wir nicht nur am Buchstaben der Schrift festhalten wollen, um „auf einer Linie mit Gott" zu sein, sondern unser höchstes Motiv das Heil der „Außenstehenden" wäre, dann würden wir vielleicht unsere Verhaltensweise an vielen Stellen ändern. Gerade damit würden wir der Liebe Gott gegenüber den rechtmäßigen Vorrang gegenüber der Liebe zum Nächsten sichern und Gott mehr zu gefallen suchen als Menschen (Gal 1,10).

Wir haben gesehen, daß Jesus häufig über den Buchstaben des Gesetzes hinausging, um zum Geist vorzustoßen, der es inspiriert hatte. Damit hat er den Widerstand der Pharisäer ausgelöst, die um eine peinlich genaue Einhaltung aller Einzelheiten dieses Gesetzes bemüht waren („das Verzehnten des Anis und des Kümmels"), um sich das Wohlwollen des Gesetzgebers zu sichern.

5. Es ist uns auch aufgefallen, daß eine andere Überlegung dem Apostel diese Beschränkung eingab, das Prinzip der Unterordnung (V. 34b), das er auch in anderen Stellen an den Anfang stellte (1Kor 11,2-16; 1Tim 2,12f): Es durfte nicht sein, daß die Frau ihre Rangstufe verläßt und bei Diskussionen Autorität über ihren Mann oder über andere Männer beansprucht. Bei Unterredungen, die der Bewertung von prophetischen Reden im 1. Jahrhundert ähneln können, ist es gut, sich auch an dieses Prinzip zu erinnern und den Vorsitz des Treffens einem Mann anzuvertrauen, der es versteht, jedem Teilnehmer den Platz zu geben, der ihm zukommt.

6. „Sie sollen daheim ihre eigenen Männer fragen". Diese Auflage zeigt uns die Bedeutung des Gesprächs über geistliche Fragen im Heim und die Verantwortung des Ehemanns. Im 1. Jahrhundert war die religiöse Erziehung der Frau eine große Neuerung im Verhältnis zum Judentum. Die Frauen haben von

dieser neuen Bestimmung erheblich profitiert, und zwar in einem solchen Ausmaß, daß sie in vielen Gemeinden die Mehrheit übernommen haben und oft mehr als die Männer von religiösen Fragen verstehen. Heute müßte der Apostel in vielen Fällen den Männern empfehlen: Wenn sie nicht verstehen, was der Pastor in seiner Predigt gesagt hat, dann sollen sie ihre Frau zu Hause fragen.

Hier ist eine empfindliche Lücke und eine Herausforderung an die Männer: Werden sie in der Lage sein, die notwendige Schulung auf sich zu nehmen, um die religiöse Erziehung ihrer Frau und ihrer Kinder im häuslichen Rahmen zu leiten und dem Ruf gerecht zu werden, den Gott in der Gemeinde an sie richtet?

7. Der Ausdruck „wie in allen Gemeinden der Heiligen" lenkt unsere Aufmerksamkeit darauf, wie wichtig es ist, die eigenen Ansichten mit denen anderer Gemeinden in Einklang zu bringen, deren Grundlage die Versammlung derer ist, „die zu Gott gehören" (der „Heiligen"). Auch wenn man jeder Gemeinde einen großen Spielraum bei der Auslegung in Einzelfragen läßt, wäre es für Neubekehrte beruhigend, wenn sie sich bei diesem Thema, das noch heute die Christen trennt, vor einem breiten Konsens aller evangelikalen Gemeinden finden würden, denen es ein Anliegen ist, ihr Verhalten am Wort Gottes auszurichten. Eine solche Übereinstimmung gibt es schon unter den meisten dieser Gemeinden hinsichtlich des Gebets der Frauen im Gottesdienst – und sie ist relativ neu. In vielen Gemeinden können die Schwestern ein Zeugnis geben, ein Lied zum Singen vorschlagen, manchmal an der Austeilung des Abendmahls teilnehmen; in weiteren Gemeinden gehören sie zum Rat der Ältesten und Diakone und engagieren sich in der Unterweisung der Kinder und der Jugendlichen. All diese „kleinen Schritte" sind manchmal Gegenstand endloser Diskussionen, aber sie machen den Weg frei für weitere Entwicklungen und geben Hoffnung für die Zukunft. Wenn die Entwicklung in dieser Richtung weitergeht, so ist ein Konsens in unserer Frage nicht mehr ein fernes Wunder, und man kann hoffen, daß in ziemlich naher Zukunft alle evangelikalen Gemeinden unseren Schwestern den Platz anbieten, der ihnen nach dem Wort Gottes zukommt.

Wenn diese Verse uns alle diese Wahrheiten lehren oder uns an sie erinnern können, wäre es schade, wenn man sie als unecht aus dem Kanon streichen oder ihnen jede Autorität dadurch nehmen würde, daß man sie als ein Schlagwort der Gegner des Paulus versteht.

## Schlußfolgerung zu 1. Korinther 11 und 14

In den beiden letzten Kapiteln „geht es dem Apostel um ein doppeltes Anliegen. Er muß darüber wachen, daß die Frau auf dem ihr in der Schöpfungsordnung von Gott bestimmten und ihr angemessenen Platz bleibt, und er muß auch darüber wachen, daß das Zeugnis nicht verfälscht wird durch ein Verhalten oder durch Worte, die im Widerspruch zum guten Ton stehen. Im Gefolge des Apostels stehen auch wir vor einer schwierigen Wahl. Auf der einen Seite liegt die Achtung einer Struktur, die ihren Ursprung nicht in kulturellen Gebräuchen, sondern in einem göttlichen Plan hat. Auf der anderen Seite haben wir eine Frage bloßen Anstands, der entscheidet, daß es für eine Frau ungehörig ist oder auch nicht, in der Öffentlichkeit das Wort zu ergreifen" (C. Vilain, 75, S. 111). „Die Beachtung beider Kriterien – die Beziehungsstruktur zwischen Mann und Frau und der Bezug auf Anstand und Sitten – muß uns erlauben, ein ausgewogenes Verständnis der Texte über die Frau in der Gemeinde zu behalten. Wenn man einem dieser Kriterien eine größere Bedeutung beimißt als dem anderen, läuft man Gefahr, zu einer gezwungenen Deutung der Texte zu gelangen", wo „die Struktur zum Prinzip gemacht oder die Berufung auf die Gepflogenheiten verabsolutiert wird" (a.a.O., S. 143).

In einigen Bemerkungen aus einem Kolloquium von Professoren der Evangelisch-Theologischen Fakultät von Vaux-sur-Seine, die in ICHTHUS (Nr. 85, S. 3) veröffentlicht wurden, heißt es: „Es gibt sicher ein Element in den Argumenten des Apostels, das sich auf die Umstände bezieht. Er bemüht sich, verständlich zu machen, was sich gehört und was sich nicht gehört. Er will alles aus dem Weg räumen, was eine Gefahr bedeuten könnte, die

Gemeinde Christi in Mißkredit zu bringen bzw. Verleumdungen auszulösen, was dort der Fall wäre, wo die Frauen ihre neue Freiheit mißbrauchen und die Anstandsregeln mißachten würden (1Kor 11 und 14 sind Beispiele dafür). Das ermutigt uns, die Verhaltensweisen und die Sensibilität unserer Zeit bei der Anwendung der Prinzipien, welche uns die Schrift gibt, zu berücksichtigen."

„Aber Paulus beruft sich nicht nur auf Anstandsargumente. Er gründet seine Verbote auf die Unterordnung der Frau unter den Mann. Nach 1Tim 2,9-15 steht diese Unterordnung in Verbindung mit ihrer gemeinsamen Schöpfung zum Bilde Gottes in der von Gott gewollten ursprünglichen Rangordnung. Unsere Achtung vor der biblischen Inspiration verpflichtet uns, dem Apostel in seinen Schlußfolgerungen zu folgen, die er aus diesem Genesistext zieht." Diese Schriftstelle und die Frage der Unterordnung müssen wir daher in den letzten Kapiteln untersuchen.

Kapitel 10

# „Ich erlaube aber einer Frau nicht zu lehren"

## Eine schwierige Stelle

Die Erklärungen des Paulus in 1Tim 2,8-15 werden „allgemein als die kategorischsten angesehen unter denen, die sich dem Recht der Frau, ein Amt in der Gemeinde einzunehmen, widersetzen" (G. P. Hugenberger 92, S. 341). Die Antifeministin Susan Foh sagt sogar: „Das ist der einzige Grund, der der Ordination der Frau im Wege steht" (80, S. 238) und Bruce Baron denkt: „ohne diesen Abschnitt wäre die evangelikale Begründung für den Ausschluß von Frauen aus der (Gemeinde-)Leitung sehr schwach – ja: sie wäre sogar gar nicht erst aufgetaucht" (90, S. 452). „Diese Verse bilden das Herz der Debatte über den Dienst der Frau. Es lohnt sich daher, sie näher zu untersuchen" (J. Hurley, 84, S. 131).

Da diese Stelle darüber hinaus mehrere Wörter enthält, die verschiedene Bedeutungen haben, und doppeldeutige grammatische Konstruktionen sowie einen der undurchsichtigsten Verse des NT (V. 15), so ist es nicht erstaunlich, daß die Auslegungen dieses Textes und die Folgerungen, die daraus gezogen wurden, sehr weit auseinandergehen. Man versteht D. Pawson, der bei diesen Versen ausruft: „Es ist doch frustrierend, Paulus nicht zur Hand zu haben, damit er selbst seine Meinung zu dem sagt, was er angeblich sagen wollte" (92, S. 86). Walter L. Liefeld stellt fest, daß Feministen und Antifeministen das Problem im allgemeinen voreingenommen angehen, wobei jeder von einer Reihe biblischer Texte und persönlicher Überzeugungen ausgeht. Er schlägt daher vor, an die betrachteten Verse 4 Fragen oder Ketten von Fragen zu richten:

„1. Eine *Definitionsfrage*: Werden alle exegetischen Schwierigkeiten so definiert, daß sie beide Seiten befriedigen?

2. Eine *Anwendungsfrage*: Ist auf befriedigende Weise bewiesen, daß diese Texte nicht zeitgebunden, sondern allgemeingültig sind, selbst wenn die Umstände offensichtlich anders sind als die, die der Text vor Augen hat?

3. Eine *Harmonisierungsfrage*: Wenn anderswo in der Heiligen Schrift Frauen die Dienste verrichten, die in den fraglichen Versen verboten zu sein scheinen, hat man für diese offensichtliche Diskrepanz eine befriedigende Lösung gefunden?

4. Eine *Frage der umgekehrten Kontextualisierung*: Wenn man heute einer Frau die Ausübung eines bestimmten Dienstes aufgrund eines bestimmten Bibeltextes untersagt, ist eigentlich bewiesen, daß der heute in Frage stehende Dienst mit dem in diesem Text ausgeschlossenen Dienst übereinstimmt? Ist unsere heutige Verwirklichung dieses Dienstes tatsächlich biblisch hinsichtlich a) seiner Natur, b) der Qualifikationen, die für die Ausübung des Dienstes erforderlich sind, c) seines Umfangs, d) seiner Form?" (87, S. 49f).

Diese Fragen könnten auch mit Gewinn auf die verschiedenen Texte angewandt werden, die in den vorangehenden Kapiteln betrachtet wurden. Sie sind besonders zweckmäßig und wichtig bei der Stelle 1Tim 2,8-15, für die W. Liefeld sie entwickelt. Wir folgen seiner Vorgehensweise, indem wir sie mit einigen eigenen Überlegungen weiterentwickeln.

## *Erste Frage: Definition der verwendeten Wörter und Ausdrücke*

Mehrere Begriffe müssen definiert werden:
a) „Ich erlaube nicht": Gibt Paulus eine Anweisung oder erklärt er seine persönliche Verfahrensweise?
b) Was heißt hier „lehren"?
c) Was bedeutet „herrschen" (*authentein*: ein seltenes Wort, das sich von dem gewöhnlichen Wort *exousia* unterscheidet, V. 12).
d) In welcher Beziehung steht das Lehren zum Herrschen? Handelt es sich um zwei verschiedene Tätigkeiten oder nur um eine (in herrschender Weise lehren)?

e) Soll die Frau im Schweigen verharren oder mit innerer Ruhe lernen?
f) Handelt es sich um Frauen überhaupt oder um die Beziehung zwischen Mann und Frau?

Beginnen wir also mit dieser etwas trockenen, aber unentbehrlichen Frage nach der Bedeutung der Wörter, ohne die jeder in Gefahr ist, sein eigenes Verständnis in den Text hineinzulegen (Eisegese) statt die Bedeutung aus dem Text herauszulösen (Exegese), die der Verfasser ihm hat geben wollen.

*a) „Ich erlaube nicht ... "*

Auf den ersten Blick, vor allem wenn diese Aussage für sich genommen außerhalb ihres Kontextes zitiert wird, scheint sie eine unumstößliche, immer und überall gültige Anordnung wiederzugeben; es ist ein apostolischer Befehl, über den es verwegen wäre zu diskutieren. Und doch neigen die Spezialisten wegen der Verwendung des Indikativs des Präsens statt des Imperativs („Erlaube nicht ...") heute dazu, darin den Ausdruck einer persönlichen und zeitgemäßen Verfahrensweise des Apostels zu sehen. W. Liefeld (*JETS* 30/1, 1987, S. 49-61), Spencer (*JETS* 17/4, 1974, S. 215-222) und Padgett weisen darauf hin, daß „ich erlaube nicht" (*ouk epistrepho*) den Gedanken an „eine vorübergehende, bestimmten Frauen auferlegte Einschränkung" nahelegt oder an eine „persönliche Verhaltensweise", aber nicht an ein Gebot (Lowe, *JETS* 34/1, S. 74).

Man sollte diesem Argument aber kein übertriebenes Gewicht geben. Wenn die Feministen diese Redewendung lesen, als ob sie bedeutet: „Ich persönlich erlaube der Frau zur Zeit nicht ...", dann könnte man daran erinnern, daß der Apostel anderswo, selbst wenn er einfach seine Meinung weitergibt, hinzufügt: „Ich denke aber, daß auch ich Gottes Geist habe" (1Kor 7,40), und wenn er Vorschriften zum Ausdruck bringt, so nimmt er für sie göttliche Autorität in Anspruch (1Thess 4,8, vgl. Lk 10,16). Diese Vorschriften werden uns außerdem im Wort Gottes mitgeteilt, das für alle Zeiten maßgebend ist, wir können sie daher nicht wegschieben als eine einfache Meinung, an die wir heute nicht mehr gebunden wären.

## b) Welche Bedeutung gibt der Apostel hier dem Wort lehren?

Eine breite Palette von Bedeutungen

„*Didaskein*, lehren, ist ein Wort, das im Neuen Testament eine große Mannigfaltigkeit von Diensten beinhaltet: 1. Eine formlose gegenseitige Schulung unter den Gläubigen, 2. der in der Weissagung enthaltene Unterricht, 3. der Unterricht in Lehrfragen und 4. die Verkündigung der apostolischen Überlieferung dessen, was Jesus über sich selbst gelehrt hat (wobei sich diese verschiedenen Bedeutungen nicht gegenseitig ausschließen)" (W. Liefeld, S. 51).

Viele Aspekte des Verkündigungsdienstes waren in diesem Wort enthalten, von der Verkündigung des Evangeliums (wenn Jesus zu der Volksmenge sprach, heißt es oft, daß er sie „lehrte") bis hin zur ausgeprägten Tätigkeit des Meisters, der seine Kenntnisse an seine Schüler weitergibt. F. Grünzweig greift die verschiedenen Bedeutungen auf, wenn er sagt: „Lehren konnte bedeuten: a) Leuten eine Einführung in die Botschaft Jesu zu geben, damit sie zum Glauben kommen, b) sie in der Erkenntnis weiterzuführen, nach der Taufe ... c) die Botschaft des Alten und des Neuen Testaments verständlich machen, um jemanden dahin zu bringen, daß er im Gehorsam des Glaubens lebt und denkt, spricht und handelt ... d) Andererseits hatte *didasko* auch eine sehr spezielle Bedeutung: ‚Richtlinien erteilen, anordnen, entscheiden, befehlen'. In diesem Sinn wird das Wort hier gebraucht" (*1. Timotheus*, Neuhausen 1990, S. 106). Das ist auch die Ansicht von H. Bürki: Was Paulus der Frau nicht erlaubt, ist „verpflichtende Weisung zu geben, autoritative Ausübung der Gemeindezucht gegen Irrlehre und unordentlichen Lebenswandel. Das zeigt der nachfolgende Satz: ‚Sie soll nicht über einen Mann herrschen'" (*1-2 Timotheus*, Wuppertal 1974, S. 90).

Die „autoritative" Lehre

Wir haben ein Beispiel für diese autoritative Lehre in der Lehre Jesu, der gegen die traditionelle Lehre Stellung bezog, als er sagte: „Ihr habt gehört ..., aber ich sage euch" (Mt 5,21-48). C. Vilain denkt, daß „Paulus vor allem die öffentliche und fachmännische Lehre in der Gemeinde im Blickfeld hat ... Er verweigert der Frau den Zugang zum Dienst des Lehrers ..., ein Lehrwort zu bringen" (75, S. 120f).[63] „Was Paulus der Frau nicht erlaubt", schließt K. Wuest, „ist es, Lehrer zu sein auf der Linie derer, von denen Apg 13,1; 1Kor 12,28f und Eph 4,11 reden: von Gott berufene und ausgerüstete Lehrer, anerkannt in der Gemeinde als solche, die über sie in Fragen der Lehre und der Auslegung Autorität ausüben."[64]

„Wir müssen uns klarmachen, daß der Lehrer (*ho didaskon* in Röm 12,7 und *katechon* in Gal 6,6) eine einzigartige und hoch geschätzte Stellung im Judentum und in der griechisch-römischen Welt einnahm, eine Stellung, die als ungeeignet für eine Frau angesehen wurde. In Griechenland waren die Frauen als Prophetinnen akzeptiert, aber nicht als Lehrerinnen. Die Rolle eines Wanderlehrers war die eines Zeugen für die Wahrheit, aber das Zeugnis der Frauen war nicht zulässig. Die *Didache* (Kap. 15) zeigt, daß diese Wanderlehrer eine höhere Achtung genossen als die Ältesten der Ortsgemeinde" (W. Liefeld, S. 51).[65]

„Das Wort lehren (*didaskein*) hatte in dem rabbinischen jüdischen Umfeld der Gemeinde des Neuen Testaments einen Klang,

---

[63] Nach dem *Handbuch der griechischen Grammatik des Neuen Testaments* von Dana und Mantey, zitiert von K. Wuest (Pastoral Epistels, Eerdmans 1954, S. 48), kennzeichnet der hier gebrauchte Infinitiv Präsens eine Bedingung oder einen Prozeß, eine regelmäßige Lehre, während der Aorist (*didaxai*) die Handlung des Lehrens bezeichnet hätte.

[64] „Was Paulus wahrscheinlich meinte, war die apostolische Lehre, also eine Lehre mit Autorität" (D. Watson, 78, S. 285).

[65] „Der christliche Unterricht in der Urgemeinde verlief nach dem jüdischen Vorbild ... Der Lehrende gab personenbezogene Anweisungen und übte die Autorität über die Studierenden aus ... Die Lehrer waren Häupter der Glaubensgemeinschaften oder Meister, die ihre Jünger hatten. Der Unterricht umfaßte Zurechtweisungen für die, die der Lehre, die sie angenommen hatten, nicht folgten (vgl. 1Tim 4,11; 4,16-5,23; 2Tim 4,1-4; Tit 2,15; 3,8-11)" (W. House, 88, S. 314).

der unsere moderne Vorstellung übertrifft, die sich auf die Weitergabe von Ideen oder auf die akademische Bildung anderer Personen beschränkt. Seine Bedeutung ging sogar über die Verkündigung religiöser Wahrheiten mit Autorität hinaus. Sie beinhaltete eine Autoritätsbeziehung zwischen Lehrendem und Lernendem ähnlich der zwischen Meister und Jünger im Neuen Testament. Das wird uns bestätigt durch die Verbindung dieses Wortes mit der Funktion des Ältesten und Bischofs in 1Tim 3,2; 4,11-16; 5,17 und 2Tim 2,2; 4,2. In Mt 23,8 wird das Wort Lehrer (*didaskalos*) als Synonym für Rabbi gebraucht. Die Nebenbedeutung der Macht und der Autorität dieses Ausdrucks war so stark, daß Jesus es seinen Jüngern verwehrt hat, das Wort für jemand anders als Gott selbst zu gebrauchen" (R. W. Pierce, 93, S. 349).

Die Autorität der Lehre im 1. Jahrhundert

Dieser Dienst des Lehrers war um so wichtiger in einer Epoche, in der es noch kein Neues Testament gab, um als Maßstab für die Lehre zu dienen. „Vor der Abfassung und der Zusammenstellung der Bücher des Neuen Testaments als Kanon waren die Lehrer die Herolde der christlichen Wahrheit. Ihre Autorität war uneingeschränkt und maßgebend, vorausgesetzt, sie waren entsprechend gebildet und mit Autorität ausgestattet ... Heute liegt die Autorität im Text der Bibel und nicht in der Person, die sie lehrt" (G. Bilezikian 85, S. 184; 92, S. 145-146).[66]

---

[66] Das sagen auch R. Tucker und W. Liefeld: „Man nimmt zu leicht an, daß jede heutige Lehre dasselbe Gewicht hat wie zur Zeit, wo das Neue Testament noch nicht zur Verfügung stand, als die Lehre die Weitergabe der apostolischen Überlieferung der Worte und Taten Christi einschloß. Die ersten Lehrer bestätigten die Wahrheiten dieser Überlieferung, indem sie eine Zeugenaussage machten, die von seiten einer Frau nicht annehmbar gewesen wäre. Ebenso hätten in der Urgemeinde Männer, die eine Frau gehört hätten, die dabei war zu lehren oder die Lehre anderer aus der Gemeinde zu bewerten, sie ganz anders betrachtet als Männer, die eine Frau heute hören" (87, S. 437-438).
Im 1. Jahrhundert „konnte keine Institution als Bezugspunkt für eine Person dienen, die sprach ... Heute hat sich die Situation sehr verändert. Eine Frau, die lehrt, kann sich auf andere Instanzen als sie selbst stützen, um eine Autorität außerhalb ihrer selbst anzuerkennen ... Das Lehrwort ist heute ... weniger stark mit der persönlichen Autorität einer Person

Die Erklärung der Professoren der Evangelisch-Theologischen Fakultät von Vaux-sur-Seine hebt diese Verbindung zwischen Lehrdienst und Autorität im 1. Jahrhundert hervor: „Zur Zeit des Paulus war die Verbindung zwischen Autorität und Lehre für alle offensichtlich; in unserer kulturellen Situation können wir das heute nicht so sagen. Es könnte sein, daß ebenso das Schöpfungsprinzip sich heute auf andere Art verwirklicht. Andererseits kann man sich vorstellen, daß die von Paulus aufgestellte Regel die gewöhnliche Lage beschreibt, daß Gott aber frei bleibt, eine Frau zu einem außergewöhnlichen Dienst zu berufen, wozu er ihr wie in den Fällen von Debora und Priscilla die erforderlichen Gaben anvertraut."

Heute lehren ja wirklich viele Frauen auf allen Ebenen bis zur Universität, was im 1. Jahrhundert unvorstellbar gewesen wäre. Die Evangelische Gesellschaft des Kantons Bern hat in ihren Satzungen festgestellt, daß sich 1Tim 2,12 vor allem auf „die Formulierung der für alle Christen verbindlichen Lehre bezieht, wenn z.B. Unruhen oder Irrlehren auftreten" (*IDEA Magazin* 4.6.93, S. 4). Heute ist das Amt, das durch diesen Hinweis des Apostels ausgeschlossen wird, das des Lehrers, „der eine schwierige oder kontroverse Lehrfrage behandelt" (C. Vilain).

### c) Was bedeutet „Autorität beanspruchen[67]"?

Paulus verwendet nicht das übliche Wort für Autorität (*exousia*), sondern einen ziemlich seltenen Ausdruck. Er erscheint im Neuen Testament nur an dieser Stelle (*authentein*). Weshalb diese Unterscheidung? Es war erst im Jahre 1972, daß die Aufmerksamkeit der Ausleger auf dieses „sonderbare griechische Wort" ge-

---

verbunden ... Die Frau kann heute ein Wort der Lehre aussprechen, ohne sich auf den symbolischen Platz eines Mannes begeben zu müssen, ohne versuchen zu müssen, dem Mangel, der in ihr ist, dadurch abzuhelfen" (F. de Coninck, 90, S. 57f).

[67] Anmerkung des Übersetzers: In diesem Abschnitt geht es um die Bedeutung des in 1Tim 2,12 verwendeten griechischen Wortes *authentein*, das in der EB mit „herrschen" und in der französischen Bibel (*Bible du Semeur* und *Übersetzung von Louis Segond*) mit „prendre autorité" (= Autorität beanspruchen) wiedergegeben wird.

lenkt wurde. Das ist der Titel eines Artikels von Catherine Kroeger.[68] Sie hat die Untersuchung in Gang gesetzt und gleichzeitig die Auffassung vertreten, daß Paulus, als er ein so seltenes Verb wählte, der Frau nicht jede Art von Autorität versagen wollte. Aber schon im Jahre 1947 sagte der Pater C. Spicq, daß *authentaes* „denjenigen bezeichnet, der von sich aus handelt und daher den absoluten Chef. Es wird zunächst angewandt auf den Anstifter eines Verbrechens, besonders auf den Mörder, um ihn von seinem Komplizen zu unterscheiden; von dort wird es ausgedehnt auf jeden, der die Initiative ergreift, der als eigener Chef eine Verantwortung übernimmt" (*Les épîtres pastorales*, Paris 1947, S. 70).

*Authentein* deckt eine große Breite von Bedeutungen ab. Die University of California hat eine Konkordanz der griechischen Wörter veröffentlicht, in der 63 Millionen Wörter von etwa 3000 griechischen Verfassern aufgeführt sind von Homer (ca. 600 v.Chr.) bis zum 4. Jahrhundert unserer Zeitrechnung (*Thesaurus Linguae Graecae*). L. Wilshire hat 329 Verwendungen des Wortes *authentein* in dieser Konkordanz analysiert.[69] Im 1. Jahrhundert verwenden es mehrere Verfasser mit der Bedeutung „eine mißbräuchliche Herrschaft ausüben", „sich als Chef aufführen". Auch wenn die Mehrzahl der griechischen Wörterbücher diese Wortbedeutung nicht aufgreift, wollen wir sie den folgenden Ausführungen zugrunde legen.

In *L'autorité: une affaire d'homme* sagt D. Pawson, daß „*authentein* den Ausdrücken 'jemanden abkanzeln', 'über jemanden bestimmen' und 'jemanden von oben herab behandeln' nahesteht". Für S. S. Bartchy heißt es, „eine absolute Herrschaft auf destruktive Art, zu seinem persönlichen Vorteil zu gebrauchen, ohne die Bedürfnisse und die Interessen der anderen in Betracht zu ziehen" (*Essays*, Cincinnati 1978, S. 61). „Hier ist das verwendete Verb für über den Mann *Autorität ausüben* sehr stark; es unterstreicht die völlige Autorität, die Beherrschung und nicht nur die Ausübung einer beliebigen Autorität"

---

[68] *Reformed Journal* 29 (1979), S. 12-15.
[69] *NTS* 30 (1984), S. 143-157 und 34 (1988), S. 120-134; weitere bibliographische Hinweise finden sich in Hugenberger, 92, S. 344.

(M. Lüthi, 80, S. 49). Wie R. W. Pierce in einem kürzlich erschienenen Artikel sagt, scheint es jedenfalls klar zu sein, daß die Verwendung von *authentein* in 1Tim 2,12 „eine ausgeprägte negative Komponente beinhaltet (mit dem Beigeschmack von 'herrschen', 'auf gewaltsame und aggressive Art die Leitung übernehmen', 'Unruhe stiften'), eine Komponente, die ihrerseits auf den Klang des Verbs *didaskein* (lehren) in demselben Vers abfärbt" (93, S. 349).[70]

W. Liefeld denkt, daß das Wort den Sinn hat, „eine Handlung in Gang zu setzen" oder den einer eigenständigen Handlung, wenn jemand als sein eigener Chef agiert; das wäre demnach eine Autorität, die man sich selbst zuteilt oder die man sich unabhängig von den in der Gemeinde eingesetzten Autoritäten aneignet.[71]

---

[70] Die Autorität, die Paulus den Frauen vorenthält, war keine gewöhnliche Autorität. Wenn er das unübliche Wort *authenteo* in 1Tim 2,12 verwendet, so hatte er einen übertriebenen Anspruch von Autorität vor Augen oder eine andere illegitime Einmischung eines autoritären Charakters; heute muß die ganze Frage von Frauen in Autoritätsstellungen in anderem Licht gesehen werden (Tucker/Liefeld, 87, S. 430) „... *Authentein* bezieht sich auf eine absolute Autorität. In der griechischen Übersetzung des Buches der Weisheit (12,6) hat man diesen Ausdruck gebraucht, um die Gewalttätigkeit von Eltern zu beschreiben, die ihre Kinder mißhandelten" (J. Mead, S. 42). „*Authentein*", sagt K. Wuest, „ist das Ausüben einer Herrschaft. In Gesprächen über Fragen der Lehre oder der Auslegung, wo Aussagen mit Autoritätscharakter gemacht werden müssen, hat die Frau Stillschweigen zu wahren" (*Pastoral Epistels*, S. 49). Wir lehnen aber die von Ch. Trombley (85, S. 173-178) vorgeschlagene Bedeutung „eine erotische Verführung zu bewirken" ab, die nicht ausreichend belegt zu sein scheint.

[71] P. Chantaine sagt in seinem *Dictionnaire étymologique de la langue grecque* (Paris 1968, Künckslek, S. 138), daß *authentein* sich auf „denjenigen bezieht, der eine Handlung ausführt, der ihr Urheber ist, der verantwortlich ist, weshalb es zur Bezeichnung des Chefs dient". C. Kroeger bestätigt ebenfalls diese Bedeutung: „Sich selbst für den Verfasser und den Initiator einer Sache zu erklären" (*Women, Authority* ... 1960, S. 232). R. Shallis spricht von der „widerrechtlichen Aneignung von Autorität, von unabhängigem, autonomem Handeln" (90, S. 103). „Das Belehren, von dem Paulus spricht", stellt das Dokument *Chrischona 93* fest, „ist hier nicht nur im Sinne einer unverbindlichen Wissensvermittlung gemeint. Es geht vielmehr um eine autoritative, auf Prägung des Glaubens und Lebens der Gemeinde zielende Unterweisung,

Die Frage ist daher: Hat sich der Lehrende diese Funktion selbst herausgenommen oder ist sie ihm übertragen worden?

„Paulus war damit einverstanden, daß Frauen und Männer in der Gemeinde Autorität hatten, aber er betrachtete es als unpassend, daß Frauen sich selbst Autorität anmaßten. Das würde erklären, weshalb er nicht das viel geläufigere Wort *exousiazo* in 1Tim 2,12 benutzt" (Liefeld, S. 52).

Man sollte dieses Argument aber nicht soweit pressen, daß es besagt, daß Paulus der Frau nicht erlaubt, sich eine Autorität anzumaßen, aber daß der Mann es tun kann; daß sie keinen Dienst ausführen darf, wenn er durch unreine und verkehrte Beweggründe motiviert ist, was aber für den Mann ganz in Ordnung wäre. Es handelt sich vielmehr um die Frage: ist ihr die Autorität zu lehren delegiert worden oder hat sie sie sich in eigener Regie zugeteilt (siehe Kap. 12).

---

als Feststellung dessen, was in der Gemeinde als Lehre verbindliche Geltung hat. Ein Lehren der Frau in diesem Sinn als Wahrnahme des Lehramts in der Gemeinde würde deshalb bedeuten, daß sie sich, die natürliche Ordnung auf den Kopf stellend, über den Mann erhöbe, indem sie aus eigener Vollmacht handelt (*authentein*)" (*Chrischona 93*, S. 11). Diese Lehre ist daher mit dem Dienst des Hirten und Lehrers verbunden. 1Tim 3,2 präzisiert, daß der für die Gemeinde Verantwortliche fähig sein muß zu lehren. „Paulus ist dabei zu sagen, daß die Frauen nicht widerrechtlich Autorität über Männer an sich reißen oder sich aneignen dürfen. Die Nominierung einer Frau für eine Leitungsaufgabe (außer der des Ältesten und des Diakons) verträgt sich mit der Schrift, vorausgesetzt, daß sie ihr von Gott gegeben wurde (indem sie durch die übrigen Gemeindeleiter gewählt wurde) und sie nicht das Ergebnis eines persönlichen Erfolgs in einem Konflikt der Gemeindepolitik ist" (K. Gangel, 83, S. 62). „Lehren, indem man Autorität ausübt" heißt „auf autoritäre Weise lehren, indem man sich auf Konfrontation zum Schöpfungsprinzip der Verantwortung des Mannes und zu dem der Gleichheit des Mannes und der Frau in der neuen Schöpfung begibt. Das Ziel von 1Tim 2,12 ist es, vor der Versuchung zu warnen, einen Dienst auszuüben, der durch unreine und schuldhafte Beweggründe motiviert ist" (I. H. Marshall, in Lees, 84, S. 154).

## d) Welche Beziehung besteht zwischen lehren und herrschen?

Handelt es sich um zwei verschiedenartige Tätigkeiten: „Ich erlaube aber einer Frau nicht zu lehren noch über den Mann zu herrschen" oder eine Tätigkeit mit näherer Bestimmung: „zu lehren *indem sie* auf autoritäre Weise und gebieterisch über den Mann *herrscht*", oder „ein Lehren mit Autorität"? Entsprechend den verschiedenen weiter oben angegebenen Bedeutungen des Wortes „lehren" wäre es normal, daß der Apostel deutlich macht, welche er hier meint: „lehren, *indem* sie über den Mann Autorität ergreift" oder „*indem* sie über den Mann herrscht" oder „auf herrschsüchtige Art". In diesem Fall hätten wir es mit einem Hendiadioin zu tun, was Paulus häufig verwendet (z.B.: er hat „Gnade und Apostelamt empfangen" mit der Bedeutung: „die Gnade, Apostel zu sein"). P. B. Payne hat in allen Schriften des Paulus die 34 anderen Verwendungen des Wortes *oude*, der Konjunktion, die lehren und Autorität ausüben verbindet, analysiert und versichert, daß es keine Parallele gibt, bei der es um zwei verschiedenartige Dinge geht.[72]

Selbst wenn man wie H. W. House es ablehnt, in dem Ausdruck ein Hendiadioin zu sehen, kann man den zweiten Teil der Formulierung nicht als unabhängige Komponente betrachten, es steht da, um den im ersten Teil enthaltenen Gedanken zu verstärken. Thomas Edgar hat sämtliche 144 Verwendungen von *oude* (das Bindeglied zwischen den beiden Satzstücken) im Neuen Testament untersucht. Er hat gezeigt, daß „dieses Wort gebraucht wird, um einen Begriff, auf den sich die beiden Komponenten beziehen, zu verstärken oder zu intensivieren" (zitiert nach H. W. House, 85, S. 51). Weil die Frau nicht über den Mann herrschen soll, wird ihr das Amt des Lehrers vorenthalten.

---

[72] Zu den Beispielen, die 1Tim 2,12 am nächsten stehen, gehören Röm 3,10; 9,16; 1Kor 2,6; 5,1; 11,16; Gal 1,17; 2Thes 3,8; 1Tim 6,16 (gemäß einem Konferenzbeschluß auf der Generalversammlung der *Evangelical Theological Society*, zitiert von Hugenberger, S. 358). Anders sieht es W. Bauer (*Wörterbuch zum Neuen Testament*, 6. Aufl. 1988, Spalte 1172): „oude ... knüpft negative Sätze oder Satzteile an ebensolche an."

Was den Apostel bei der Lehre der Frau stört, ist nicht die einfache Weitergabe von Kenntnissen (im allgemeinen unter der Verantwortung eines Mannes, wie Priscilla den Apollos unter der Verantwortung des Aquila unterwiesen hat), sondern wenn diese Lehre die Dimension von Autorität annimmt, nämlich eines Befehls: „Das ist es, was Sie glauben müssen, das ist es, was Sie tun müssen."

Der Apostel gibt hier sogar ein Beispiel dieser Art von Lehre: „Ich ermahne nun vor allen Dingen ... Ich will nun, daß ..." (1Tim 2,1.8). In Fragen der Lehre oder der Ethik ist es manchmal nötig, sich zu entscheiden. Das ist die Verantwortung der Leiter (Aufseher), „die Widersprechenden zu überführen" (Tit 1,9). Im Gegensatz zu den Diakonen gibt es für die Anweisungen des Apostels bei den Leitern (Aufsehern) (1Tim 3,11) kein weibliches Gegenstück. Phoebe war Diakon.

Die Ältesten und die Diakone übernehmen gemeinsam die Leitung der Ortsgemeinde. Die Frauen konnten daher an der Leitung beteiligt sein, aber sie durften nicht den Platz des leitenden Ältesten anstreben, die „Oberaufsicht" über die Ortsgemeinde. „Aus dem Vers 12 geht klar hervor, daß, obwohl den Frauen in den Versammlungen der Gemeinde die mündliche Teilnahme erlaubt ist, sie nicht nach der Rolle des Leiters als Oberhaupt der Ortsgemeinde trachten dürfen" (J. K. Howard, 83, S. 41).[73]

*e) Schweigend oder ruhig?*

*En haesychia* kann schweigend oder still bedeuten. In Kap. 2,2 hat Paulus diesen Ausdruck schon verwendet: „damit wir ein ruhiges und *stilles* Leben führen mögen" (sogar die Übersetzungen, die in 2,11 *haesychia* mit Schweigen übersetzen, geben es in 2,2 mit still wieder). Dieser Vergleich spricht für die zweite Alternative, „um so mehr als in diesem Text der Rahmen der Stille und des Friedens mit der Kenntnis der Wahrheit verbunden ist,

---

[73] „Die Frau darf nicht als Älteste lehren, im Sinn eines Gemeindeleiters, eines, der den öffentlichen Gottesdienst hält ... sie darf nicht das Amt des *episkopos-didaktikos* innehaben" (P. Welss, 90, S. 3).

die in Beziehung zur Lehre steht. Übrigens, wenn der Begriff des Lernens Aufmerksamkeit und Respekt beinhaltet, so führt er doch nicht zum Stillschweigen, sondern zum aktiven Zuhören" (A. L. Danet, 90, S. 35). „Der Schwerpunkt des ganzen Abschnitts liegt in einem Geist der Unterordnung: sich still (*haesychios*) verhalten, eine von den Stoikern geschätzte Tugend: der innere Frieden. Paulus verwendet dasselbe Adjektiv, wenn er von dem stillen Leben spricht, das die Christen führen können, wenn die Obrigkeit durch ihre Gebete unterstützt wird" (J. K. Howard, 83, S. 40).[74]

*f) Die Frau oder die Ehefrau?*

Schon Luther hat in seinen „Reden über 1. Timotheus" die Anwendung dieses Abschnitts auf die verheiratete Frau eingeschränkt, die ihren Mann weder lehren noch beherrschen soll. Im 16. und 17. Jahrhundert haben holländische und deutsche Ausleger diese Interpretation übernommen. Vor dem Zweiten Weltkrieg gab die englische Übersetzung von C. B. Williams die Verse 11f so wieder: „Eine verheiratete Frau soll in der Stille und in völliger Unterordnung lernen. Ich gestatte einer Frau nicht, ihren Mann zu lehren oder zu beherrschen. Sie soll still bleiben" (1937).

Später schlug der Ausleger C. K. Barrett die Übersetzung „nicht ihren Ehemann beherrschen" vor. M. Griffiths dachte ebenfalls, daß „der Ehemann und Gatte" im großen und ganzen der Bedeutung des Textes besser entspricht (*The Church and the World Mission*, Grand Rapids, Zondervan 1980, S. 196).

In einem Artikel des *Journal of the Evangelical Theological Society* (35/3, Sept. 1992) hat G. P. Hugenberger aus dieser Perspektive die gesamte Auslegung dieses Abschnitts überarbeitet. Zur Unterstützung seiner These stellt er interessante Argu-

---

[74] R. Shallis stützt sich ebenfalls auf 2,2 wie auch auf 2Thes 3,12 („daß sie *in Stille* arbeiten"), wenn er übersetzt: „in der Stille, friedlich, ohne Ablenkung". Diese Bemerkung richtet sich, sagt er, gegen die Neigung, während des Studiums des Wortes Gottes zu unterbrechen bzw. durch Einzelgespräche oder Fragen ohne Bezug zum Thema abzulenken (90, S. 101f).

mente vor, die den üblichen Auslegungen dieser Stelle entgegenstehen:

Im Vers 8 sagt Paulus, daß er will, „daß die Männer an jedem Ort beten, indem sie heilige Hände aufheben", also nicht nur bei den Versammlungen in der Gemeinde. Das Erheben der Hände war die normale öffentliche oder private Gebetshaltung.

Die Vorschriften über die Bekleidung und das Äußere der Frauen beschränken sich auch nicht auf christliche Versammlungen. Die „guten Werke" (V. 10) oder das „Gebären" oder „Aufziehen der Kinder" bestimmt auch nicht.

Sich still (oder ruhig) verhalten bezieht sich (wie in 1Thess 4,11) auf das ganze Leben.

Das Beispiel von Adam und Eva wird auch an anderer Stelle (Eph 5,31; 1Kor 11,8-19; 2Kor 11,2f) als Beispiel für das Leben des Ehepaares gebraucht. Zuerst nennt Paulus ihren Namen „Eva", später im V. 14 bezeichnet er sie als *hae gynae*: die Ehefrau (und nicht: die Frau) und so legt er den Gebrauch dieses Wortes im gesamten Text fest.[75] Im V. 15 geht der Apostel von der 3. Person Singular („sie wird gerettet werden") zum Plural über („wenn sie bleiben"). Damit deutet er an, daß sich die Anwendung auf alle Frauen erstreckt.[76]

Neben 1Tim 2 erscheint das Wort *aner* (Mann) 50mal in den Schriften des Paulus, *gynae* (Frau) 54mal in 11 verschiedenen Zusammenhängen, und jedes Mal bedeuten sie Ehemann und Ehefrau. Es gibt kein Beispiel dafür, daß diese Ausdrücke sich auf den Mann und die Frau allgemein beziehen, wenn sie sich in demselben Zusammenhang befinden.[77]

---

[75] Aber D. Key macht darauf aufmerksam, daß Paulus sich hier auf 1Mo 2 stützt, d.h. auf die Zeit, bevor Adam und Eva Ehemann und Ehefrau wurden (*ein* Fleisch). Sie waren also noch Repräsentanten aller Männer und aller Frauen (in Lees, 84, S. 147).

[76] D. Moo hat gegen diese Interpretation eingewandt, daß Paulus in diesem Fall das Possessivpronomen (*ihr* Ehemann) oder wenigstens den Artikel vor *andros* (der Mann, V. 12) hätte verwenden müssen. Hugenberger zitiert Lk 1,34; 2,36; 16,18 und 1Kor 7,10, wo die Schreiber weder Possessivpronomen noch den Artikel verwenden, aber der Zusammenhang klar zeigt, daß es sich um den Ehemann und seine Frau handelt.

[77] Belege siehe G. P. Hugenberger, 92, S. 354.

Die Parallelen zu diesem Abschnitt in Tit 2,4-5 und 1Petr 3,1-7 stellen ähnliche Empfehlungen in den Zusammenhang der Familie. Tit 2,5 und 1Petr 3,5 fordern die Frauen auf, sich *ihren eigenen Ehemännern* (*tois idiois andrasin*) unterzuordnen; der Ausdruck für Unterordnung (*hypotagae*) ist derselbe wie in 1Tim 2,11 und in Eph 5,21-33 und Kol 3,18-19. An jeder dieser Stellen werden die Frauen ermahnt sich unterzuordnen, nicht den Männern ganz allgemein, sondern ihren Ehemännern.

Die Parallelen zwischen 1Tim 2 und 1Petr 3 sind so zahlreich und so eindeutig, daß sie mehrere Verfasser erstaunt haben, so daß sie eine gemeinsame Quelle angenommen haben (Selwyn, Dibelius, Conzelmann). Eine Übersicht in der Form von zwei synoptischen Spalten läßt sie deutlicher zutage treten:

| *1Tim 2,8-11 (HfA)* | *1Petr 3,7 und 3, 3-5 (HfA)* |
|---|---|
| V. 8: Ich will, daß die Männer (*tous andras*) in allen Gemeinden beten (*proseuchesthai*), mit reinem Gewissen, ohne Zorn und Zweifel. | V. 7: Aber auch ihr Männer (*hoi andres*), verhaltet euch euren Frauen gegenüber einsichtig und verständnisvoll. ... Nichts soll zwischen euch stehen, das euch am gemeinsamen Gebet (*proseuchas*) hindert. |
| V. 9: Ebenso sollen die Frauen (*gynaikas*) unauffällig und schlicht gekleidet zum Gottesdienst kommen [wörtl.: sich mit sittsamer (*kosmio*) Kleidung schmücken (*kosmein*)]. Sie sollen sich weder durch ausgefallene Frisuren (*plegmasin*) noch durch kostbaren Schmuck [wörtl.: mit Gold (*chrysio*)] oder durch irgendwelche Modetorheiten [wörtl.: kostbare Kleidung (*himatismo*)] hervortun. | V. 3: Nicht äußerliche Dinge (*kosmos*) – wie kunstvolle Frisuren (*emplokaes*) wertvoller Schmuck (*chrysion*) oder modische Kleidung (*himation*) – dürfen für euch Frauen wichtig sein. V. 4: Nein, euch sollen vielmehr Eigenschaften von unvergänglichem Wert schmücken wie Freundlichkeit und Güte [wörtl.: ein friedlicher (*haesychion*) Geist]. |

| *1Tim 2,8-11 (HfA)* | *1Petr 3,7 und 3, 3-5 (HfA)* |
|---|---|
| V. 10: Der wahre Schmuck der Frauen ist es, Gutes zu tun. Damit beweisen sie, daß sie Gott lieben und ehren (*theosebeian*). | V. 5: So haben sich auch die frommen Frauen (*hagiai gynaikes*) zur Zeit unserer Väter geschmückt (*ekosmoun*): Sie setzten ihre ganze Hoffnung auf Gott (*theon*) und ordneten (*hypotassomenai*) sich ihren Ehemännern (*andrasin*) unter. |
| V. 11: Die Frau soll in einem Geist des Friedens (*haesychia*) und völliger Unterordnung (*hypotagae*) lernen. | |

Mehrere, beiden Abschnitten gemeinsame, Ausdrücke (*plegmasin, emplokes*) finden sich an keiner anderen Stelle im Neuen Testament, andere kommen nur ganz selten vor (*haesychia, haesychious, kosmio, kosmein, kosmos*). Petrus, der sich vor allem an Juden (1,1) wendet, zitiert als Beispiel eines Ehepaares Abraham und Sara; Paulus, der die gemischte Zuhörerschaft von Ephesus kennt (Apg 16,10), nimmt als Beispiel das Juden und Nichtjuden gemeinsame Paar Adam und Eva. Der Gedankengang aus 1Tim 2-3 geht von der Gesellschaft (2,1-7) zur Familie (2,8-15) über, und dann zur Gemeinde (Kap. 3). Zum Thema des in Ephesus so bedrohten Familienlebens (4,3) gibt es keinen weiteren Abschnitt in dem Brief. Es ist daher naheliegend, den vorliegenden Abschnitt auf dieses so wichtige Thema zu beziehen.

Aus dieser Sicht ist die Aussage, daß die Frau nicht lehren soll – oder vielmehr, daß sie nicht autoritär lehren soll – die gleiche Aussage wie, daß sie nicht herrschen soll, nämlich über ihren Ehemann.

Hugenberger findet eine andere Parallele zu 1Petr 3: Nach 3,1 will Petrus nicht, daß die Frauen mit ihren ungläubigen Männern reden, um sie zu belehren, indem sie mit ihrer überlegenen Kenntnis der Wahrheit prahlen; der Mann muß durch das Verhalten der Frau gewonnen werden, d.h. durch die Eigenschaften, die auch von 1Tim 2,9-11 und 15 hervorgehoben werden.

Die Anwendung dieses Textes auf das Umfeld der Familie einzuschränken, bedeutet nicht, wie der Verfasser deutlich macht, „das Recht der Frauen – einschließlich der Ehefrauen – einzurichten, in der Gemeinde eine Autorität auszuüben" (S. 359), aber es beseitigt wenigstens ein Haupthindernis für den Dienst der Frau.

Die Argumente von Hugenberger haben ein unleugbares Gewicht. Das Beunruhigende daran ist, daß die fast völlige Einmütigkeit der Übersetzer und der Ausleger bei der Erklärung dieser Stelle im Irrtum gewesen wäre – was zwar nicht unmöglich, aber doch schwer anzunehmen ist. Fast ganz allein bei der Wahrheit zu sein, ist immer eine unbequeme Position. Dabei läuft man kaum Gefahr, die allgemeine Zustimmung derer zu gewinnen, die sich auf diese Stelle stützen, um der Frau jede Art Rede, die der Lehre ähnelt, mit der Begründung zu verbieten, daß Paulus hier offenkundig nicht vom privaten Leben eines Ehepaares, sondern vom öffentlichen Leben spricht. Aus diesem Grunde fahren wir damit fort, diesen Text zu untersuchen, indem wir ihn, wie die Mehrheit der Ausleger, auf das Reden der Frau in der Gemeinde beziehen. Gleichwohl führen uns die Unsicherheit, die diese Auslegung auf den Anwendungsbereich für das von Paulus ausgesprochene Verbot wirft, und das Gewicht der vorgelegten Argumente dazu, in unseren Schlußfolgerungen nicht zu dogmatisch zu sein und es denen, die die Dinge anders sehen als wir, zu überlassen, diesen Text anders zu interpretieren.

## Zweite Frage: Wie ist die Anordnung des Paulus anzuwenden: nur auf Ephesus oder auf die Gemeinde aller Zeiten?

Nachdem wir die Bedeutung der einzelnen Ausdrücke geklärt haben, müssen wir uns, bevor wir die Vorschrift des Paulus auf unsere Zeit übertragen, vergewissern, daß es sich wirklich um eine zeitunabhängige Anweisung und nicht nur um eine auf die Gemeinde in Ephesus oder auf die Zeit des Paulus beschränkte Auflage handelt.

Dieser Brief enthält eine gewisse Anzahl weiterer Empfehlungen, die wir nicht mehr als solche übernehmen, weil sie uns mit den örtlichen Gegebenheiten von Ephesus oder den zeitlichen

Umständen des 1. Jahrhunderts verbunden zu sein scheinen: Die Anordnung des Paulus an die Männer, mit erhobenen Händen zu beten (2,8), die Forderung an die Leiter, Gastfreundschaft zu üben (3,2); das Behandeln von Magenleiden mit Wein (5,23), Schmuck aus Gold oder Perlen (2,9; wenige christliche Frauen beschäftigen sich mit diesem Vers), das Führen eines Verzeichnisses der Witwen (5,9) und das Aufstellen der Bedingung für die Eintragung, daß sie die Füße der Christen gewaschen haben (V. 10), die Forderung an die Witwen unter 60 Jahren, daß sie heiraten und Kinder haben (5,9.14), die Aufforderung, mit Nahrung und Kleidung zufrieden zu sein (6,8) und nicht danach zu trachten, reich zu werden (V. 9) ...

Bei einigen dieser Empfehlungen begreifen wir, daß sie mit den Bedingungen der Zeit zusammenhängen: Der Leiter mußte gastfrei sein, um Reiseprediger aufnehmen zu können, denn die „Hotels" waren anrüchige Unterkünfte; die Stellung der alleinstehenden Frau in der Antike war von dem, was sie heute ist, weit entfernt; das Waschen der Füße war eine Sitte der Länder, in denen man barfuß ging ... Bei anderen ist der zeitliche Bezug nicht so klar, und doch fühlen wir uns nicht durch sie gebunden.

Diejenigen, die in 1Tim 2,12 eine Bestimmung sehen, die mit den Bedingungen der Gemeinde von Ephesus zusammenhängt, schlagen einige Umstände vor, die Paulus dazu veranlaßt haben konnten, ortsbezogen und vorübergehend den Frauen das Recht zur Lehre zu entziehen.

*a) Die Unwissenheit der Frauen*

Einige feministische Ausleger verstehen es so, daß Paulus den Frauen verboten hat zu lehren, weil sie unwissend waren. „In der griechisch-römischen Gesellschaft", sagt D. M. Scholer, „war das Durchschnittsalter, in dem die Männer heirateten, dreißig Jahre und das der Frauen achtzehn Jahre oder weniger" (91, S. 315). „Es waren noch kleine Mädchen, die niemals Erlaubnis gehabt hatten zu antworten, wenn jemand an die Tür ihres Hauses klopfte. Sie setzten alle zwei Jahre ein Kind in die Welt; sobald das Kind entwöhnt war, wurden sie wieder schwanger"

(91, S. 316). Das war zweifellos die Situation der meisten Frauen aus dem Volk. Paulus fordert sie auf zu *lernen,* was schon einen gewaltigen Fortschritt im Verhältnis zum Judentum darstellte, wo eine Frau nicht einmal das Recht hatte, nach der Mahlzeit den Segen zu sprechen (MBer 7.2). Indem er die Frauen auffordert, sich die Unterweisung anzuhören, begibt sich Paulus auf dieselbe Linie wie Jesus, der Maria in dem „guten Teil", das sie gewählt hatte, ermutigte (Lk 10,38-41).

Weil sie ungebildet waren, hatten sie es nötig zu lernen und waren folglich nicht fähig zu lehren. „Der Vers 12 ist mit dem Vers 11 durch das Partikel *de* verbunden, das hier eine erklärende Bedeutung hat (Mt 3,4; Joh 5,19). Die Betonung liegt auf der Folgerung, die sich aus der Tatsache des Lernens ergibt, einer Folgerung, die eigentlich einleuchtend ist: nicht zu lehren. Die Partikel *de* leitet den Folgesatz aus dem V. 11 ein, nämlich daß die Frau, wenn sie lernen muß, nicht lehren darf" (A. L. Danet, 90, S. 34). „Die Betonung liegt in 1Tim 2,11f nicht auf der Lehre, sondern auf der Notwendigkeit und der Art und Weise des Lernens" (a.a.O., S. 37).

Die Anweisung ist daher nur provisorisch: *„Zum jetzigen Zeitpunkt* erlaube ich nicht", „aber wenn diese Frauen genug gelernt haben durch den Dienst qualifizierter Lehrer, wenn sie still und aufnahmebereit zugehört haben und wenn sie 'im Glauben, in der Liebe, in der Heiligung und der Zurückhaltung durchhalten', dann steht dem nichts mehr im Weg, daß sie als Lehrerinnen tätig werden ebenso wie andere Frauen in anderen Gemeinden als Prophetinnen wirken" (G. Bilezikian, 85, S. 180; 92, S. 143).

Diese Auslegung setzt zu stark auf das Präsens des Verbs „ich erlaube nicht", indem sie hinzufügt: „zum jetzigen Zeitpunkt", denn das Verb kann sehr wohl eine fortdauernde Bedeutung haben. Außerdem wird zweifellos das Bild der Frau in Griechenland zu schwarz gemalt: Nicht alle Frauen waren ungebildet und unfähig zu lehren: es war in Ephesus, wo *Priscilla* und Aquila den Apollos unterwiesen haben; das Neue Testament berichtet die Namen mehrerer Frauen, die Mitarbeiterinnen des Apostels Paulus, seine „Mitstreiterinnen" bei der Evangelisation waren.

Hätte Paulus nur die ungebildeten Frauen von der Lehre ausschließen wollen, dann hätte er es sagen müssen, um denen nicht Unrecht zu tun, die dazu befähigt waren. Im Gegenteil: Der Apostel motiviert sein Verbot keineswegs mit der Unkenntnis, sondern er beruft sich auf die ursprünglich von Gott eingesetzte Schöpfungsordnung. In 1Tim 2,13, sagt Diane Jerdan, scheint Paulus „zu behaupten, daß die Frau ihren Auftrag in der Gemeinde immer von ihrer Beziehung zu ihrem Mann her verwirklichen muß. In der Gemeinde hätte man daher mehr in Betracht zu ziehen als die persönlichen Begabungen der Frau" (93, S. 6). Dieser Sachverhalt ist daher unzureichend, um diese Verse zu erklären. Allerdings ist im großen und ganzen die Situation der Frau im 1. Jahrhundert sehr verschieden von der heutigen: Das ist ein Faktor, den man nicht aus den Augen verlieren darf.

*b) Die Lehrfragen von Ephesus*

Zu der Zeit, in der Paulus die Briefe an Timotheus geschrieben hat, war die Gemeinde von Ephesus Angriffen von Leuten ausgeliefert, „die Lügenreden gebrauchten, um sich Anhänger zu verschaffen", wie Paulus es den Ältesten der Gemeinde dieser Stadt einige Jahre vorher vorausgesagt hatte (Apg 20,30). „Die Bedrohung durch die Irrlehrer ist ein Anliegen, das sich quer durch beide Briefe zieht; sie hat in der Glaubensgemeinschaft Unruhe und einige Verwirrung gestiftet (1Tim 4,1; 6,21; 2Tim 1,15 ...). Daher die Dringlichkeit dieser Briefe angesichts der Schwere der Situation" (A. L. Danet, 90, S. 26). „Das Hauptziel der Pastoralbriefe ist, den Gemeindeleitern die notwendige Weisheit weiterzugeben, um ihre Gemeinden vor den Raubzügen der Irrlehrer zu bewahren" (B. Barron, 90, S. 453).

Nachdem er Timotheus ermahnt hatte, den guten Kampf (gegen die Irrlehren: 1,3.18) zu kämpfen, zitiert Paulus zwei Lästerer (1,20), er warnt vor endlosen Geschlechtsregistern (1,4), vor einer falschen Askese (4,3), vor absurden und dem Glauben gefährlichen Fabeln (4,7). Und er warnt vor Leuten, die sich vom Wort der Wahrheit und von der christlichen Lehre entfernen, um sich in Spekulationen und Gezänk um Worte zu stürzen (6,3), indem sie den Glauben als Mittel betrachten, um Kapital daraus zu schlagen (V. 5) und sich auf sogenannte „Erkenntnis" (*gnosis*: 6,20) berufen. Der Gnostizismus, der sich in der Kirche des 2. Jahrhunderts herausgebildet hat, hatte mit der Irrlehre, die Paulus in diesem Brief bekämpft hat, mehrere gemeinsame Züge: Die Berufung auf Lehren über die Entstehung des Kosmos (vgl. 1,4), die Verachtung alles dessen, was materiell ist und den Körper berührt, besonders die Ehe (vgl. 4,3-5), die Errettung durch Erkenntnis (6,20) und gelegentlich die Vorstellung, daß man durch diese Erkenntnis schon hier auf der Erde den Zustand der Auferstehung erreichen kann (vgl. 2Tim 2,18).

*Der Prägnostizismus von Ephesus*
Die Fachleute sind der Meinung, daß sich schon zur Zeit des Paulus ein „Prägnostizismus" entwickelt hat, der mit dem Gnostizismus des zweiten Jahrhunderts mehrere gemeinsame Züge hat. „Ephesus war der Knotenpunkt einer schweren Krise, die durch den massiven Zustrom von falschen Lehren und durch das Eindringen von Mysterienkulten ausgelöst wurde (vgl. Apg 19,9.13.18-19.27; 20,29f)" (G. Bilezikian 85, S. 181; 92, S. 144). „Die Gnostiker trugen in Ephesus falsche Lehren vor (1,3-9), wobei sie vorgaben, besondere Kenntnisse zu besitzen (6,20). Manche Frauen, die das Wort Gottes nicht kannten (2,11) und den Glauben verlassen hatten (2,15; 6,21), wollten lehren (2,12). Sie sind es, denen Paulus es verbietet" (Ch. Trombley, 85, S. 166). „Diesen unwissenden Frauen und gnostischen Irrlehrern erlaube ich nicht zu lehren, nicht weil sie Frauen sind, sondern weil sie 'keine Ahnung haben, wovon sie reden' (1,3-9)" (a.a.O., S. 172f).

Die Gnostiker sahen in den Frauen Werkzeuge der Offenbarung. Sie deuteten die Geschichte von Adam und Eva um, indem sie Eva zur Heldin machten: Als Adam die Frucht gegessen hatte, die sie ihm angeboten hat, wurde er durch die Erkenntnis „erleuchtet" und er dankt ihr dafür, daß sie ihm das Leben geschenkt hat. Die gnostischen Frauen beriefen sich auf den chronologischen Vorrang und die intellektuelle Überlegenheit der

Eva, um den Auftrag, den sie sich angemaßt hatten, zu rechtfertigen.

Diese Vorstellung von der Frau als Offenbarerin oder Urheberin wurde aus dem Heidentum eingeführt. In den heidnischen Kulten wurden die Frauen häufig als Urheberinnen und als Vermittler zwischen den Männern und den Göttern betrachtet. Es waren oft Frauen, die die Orakel in Delphi und in Dodona ausgaben. Nach Euripides dienten sie als Mittlerinnen, indem sie den Männern den Willen des Zeus oder des Apollo erklärten. In künstlerischen Darstellungen treten sie als „Mystagogen" auf, die die Männer in göttliche Geheimnisse einweihen. C. Kroeger weist darauf hin, daß 1Tim 2,9-15 auf einen Abschnitt folgt, der darauf besteht, daß Jesus Christus „der einzige Mittler zwischen Gott und den Menschen" ist (2,5). „Es gibt im Kontext einige Belege dafür, daß das Verbot aus 2,12 sich gegen Frauen richtet, die sich einer den Männern überlegenen weiblichen Spiritualität und kreativen Kraft rühmten" (87, S. 32).

Man versteht, weshalb Paulus sich in diesem Zusammenhang auf den Bericht im 1. Buch Mose beruft, nicht um das Lehrverbot für alle Frauen durch ein auf die Schöpfung bezogenes Argument zu rechtfertigen, sondern um die Wahrheit über Adam, der zuerst gebildet wurde und sein Leben vor der Eva hatte, wiederherzustellen (V. 13). Außerdem war nicht er es, der verführt wurde und Bedarf an der Erleuchtung durch Eva hatte, „es war die Frau, die betrogen wurde und die dem Gebot Gottes nicht gehorcht hat" (V. 14). Dieser Hintergrund würde erklären, weshalb, im Gegensatz zu dem, was er in Röm 5 sagt, Paulus hier aussagt, daß „Adam nicht betrogen wurde".

Im Gnostizismus spielen die predigenden Frauen eine wichtige Rolle. Es waren solche Predigerinnen in Ephesus, denen Paulus zu lehren verbot. Die Anziehungskraft dieser Lehren, besonders auf die Frauen, ist leicht zu verstehen: Darin wurden sie als Offenbarerinnen verherrlicht, sie konnten mit vollem Recht alles Materielle (was gewöhnlich den größeren Teil ihres Lebens ausmachte) verachten, auf die Ehe verzichten und insbesondere die mit der Schwangerschaft und der Entbindung verbundenen Risiken und Gefahren ausschließen. Das würde den so rätselhaften Hinweis auf das „Kindergebären" in Vers 15 erklären: Aus dieser Sicht beruhigt Paulus die christlichen Frauen, die „am Glauben und an der Liebe festhalten und ein Leben führen, das Gott gefällt", damit, daß sie gerettet werden (Zukunft) (d.h. bewahrt, geschützt, geheilt: verschiedene Inhalte, die zu den Bedeutungen des Verbums *sozo* gehören) durch das Kindergebären hindurch (*dia* mit Genitiv, nicht mit Akkusativ) (nach B. Barron, 90, S. 453-458).

Damit diese Irrlehre nicht weiter um sich greift, verbietet es Paulus aus dieser Sicht für eine begrenzte Zeit den Frauen, die der Irrlehre verfallen waren – oder allen Frauen – ein Lehramt innezuhaben, das sie selbst widerrechtlich an sich gerissen hatten.

Die Einwände, die man gegen diese Vermutungen geltend machen kann sind: 1. Wenn das so ist, warum hat sich Paulus dann nicht genauer ausgedrückt und gesagt: Ich erlaube der Frau nicht, Irrtümer zu lehren? Nicht alle Frauen von Ephesus hatten teil an diesen falschen Lehren. Weshalb hat er das Verbot auf alle ausgedehnt? 2. Den Briefen zufolge gab es vor allem Männer, die diese Irrlehren verbreiteten. Weshalb hat er dann die Schuld bei den Frauen gesucht? Die Vertreter dieser Interpretation antworten, daß Paulus „ein heidnisches kulturelles Gepäck" (Frauen als Priesterinnen) oder ketzerische Bräuche (Frauen in der Leitung) nicht vermehren wollte. „Die den wirklich begabten Frauen vorläufig auferlegten Einschränkungen erzeugten weniger Komplikationen in einer Gemeinde als die mit leitenden Frauen in einem gnostischen Umfeld verbundene Verwirrung ... Vielleicht sind ironischerweise die Perioden, in denen die feministische Ideologie blüht, gerade diejenigen, in denen es die Gemeinde nötig hat, zeitweise Einschränkungen hinsichtlich der den Frauen zugestandenen Leitung zu erwägen" (B. Barron, 90, S. 456).

Die Idee eines gnostischen Einflusses auf die besonderen Bedingungen der Gemeinde von Ephesus „wird derzeit von einer wachsenden Zahl von Spezialisten akzeptiert" (R. W. Pierce, 93, S. 348). Es ist aber schwierig, diesen ganzen Abschnitt ausschließlich im Licht eines solchen Einflusses zu erklären. Andere Denkrichtungen sind erkundet worden.

*c) Die reichen Frauen von Ephesus*

Die Frauen, die sich sorgfältig ausgearbeitete Frisuren, Goldschmuck, Perlen und aufwendige Kleidung leisten konnten (2,9) waren begüterte Frauen. Die Apostelgeschichte spricht von „vornehmen Frauen" (17,4.12.34), die sich durch den Dienst des Paulus bekehrt hatten (vgl. 16,15). Einige von ihnen werden zu seinen „Förderern" gezählt (Röm 16,2). In Ephesus gehörten einige Asiarchen (einflußreiche Leute der Provinzverwaltung von Asien) zu seinen Freunden (19,31). Ihre Frauen spielten bestimmt eine wichtige soziale Rolle. In Ephesus war eine Frau sogar Hohepriesterin des Kaiserkultes. Sie führte den Vorsitz der für die ganze Provinz repräsentativen jährlichen Ratsversammlung (*Koinos Asianos*) und hatte offizielle Funktionen bei verschiedenen Festen im Kaiserkult. Die Inschriften erwähnen fünfzehn *archierai* (Erzpriesterinnen) in zwei Jahrhunderten. Diese Frauen genossen ein hohes Ansehen unabhängig von ihren Ehemännern und besaßen eine umfangreiche philosophische Bildung.

Man kann sich vorstellen, daß Paulus – und Petrus: 1Petr 3,1-7 – sich an die reichen Frauen wendet, die sich ihrer Bedeutung und ihrer Rechte bewußt waren: Sie sollten in der Gemeinde nicht mit allen äußeren Zeichen ihres Reichtums erscheinen. Hatten sie die Angewohnheit, von ihren Ehemännern unabhängig zu sein? Als Christinnen, die ihnen untertan sein sollten, ohne den Versuch, sie zu beeinflussen (wenn man für den gesamten Abschnitt vom Rahmen der Familie ausgeht) oder die Gemeinde mit ihrer intellektuellen Ausrüstung zu indoktrinieren. Sie sollen im Gegenteil „in der Stille in aller Unterordnung" (V. 11) unter ihren Ehemann wie unter den in der Gemeinde Lehrenden lernen, ohne durch Zwischenbemerkungen oder unangebrachte Fragen zu stören (vgl. 1Kor 14,34) – selbst wenn der Gemeindeleiter zu einer niedrigeren sozialen Schicht gehört oder intellektuell weniger geschult ist als sie.

P. W. Barnett, der diese Deutung vorstellt (91, S. 321-334) lenkt die Aufmerksamkeit auf die chiastische Struktur der Verse 9-15:

A: daß die Frauen sich ... mit Sittsamkeit (*sophrosynaes*) ... schmücken (V. 9),

B: daß die Frau lerne (V. 11),
B*: sie wird gerettet (V. 15),
A*: die Frauen (werden gerettet), wenn sie bleiben in Glauben ... mit Sittsamkeit (*sophrosynaes*).

Die mittleren Zeilen (B, B*) beziehen sich in erster Linie auf die Frau, die nicht lehren soll, indem sie den Mann (oder ihren Mann) beherrscht.

„Diese Frau ist unserer Meinung nach eine nach dem Amt des *episkopos* trachtende Frau, d.h. daß sie in der Gemeinde gegen Bezahlung lehrt. Um diesen Dienst vollzeitig in der Versammlung zu versehen, muß sie bereit sein, auf die *teknogonia* (das Kindergebären, die Kindererziehung) zu verzichten. Paulus entmutigt eine solche Haltung, indem er zeigt, daß die Rolle als Mutter Vorrang hat und nicht für ein Bischofsamt aufgegeben werden sollte. Eine solche Frau soll begreifen, daß für sie der Weg zur Errettung die Annahme der christlichen Mutterrolle einschließt. Dann fügt Paulus, indem er sich an alle Frauen wendet, hinzu, daß das Heil nicht nur einfach an die teknogonia gebunden ist, sondern an das Bleiben 'in Glauben und Liebe und Heiligkeit, wenn sie in allem einen Sinn für das rechte Maß behalten'" (91, S. 331f).

P. W. Barnett schließt aus diesem Abschnitt, daß „eine Frau nicht der wichtigste Lehrer in einer Gemeinde sein kann" (S. 333), teilweise wegen der Auswirkungen, die das auf ihr eigenes Heim hätte. Aber, fügt er hinzu, heute wird der selbstherrliche Dienst eines einzigen Pastors mehr und mehr in Frage gestellt. „In unseren industrialisierten Städten wird der Dienst einer Pastorenmannschaft zunehmend als die Lösung der Zukunft angesehen ... Es gibt keinen Grund, weshalb eine Frau nicht Teil einer solchen Mannschaft sein und unter der Leitung eines entscheidenden Lehrers alle pastoralen, unterrichtlichen und sakramentalen Aufgaben übernehmen kann" (S. 334). Das ist auch die von anderen – eingeschlossen John Stott – befürwortete Lösung.

Es ist unleugbar, daß der Vers 9, der von Schmuck und kostbarer Kleidung spricht, ein Teil des gesamten Abschnitts ist, der sich an (einzelne oder bestimmte) Frauen wendet. Jedoch spricht nichts dafür, daß Paulus in die Anwendung der Verse 11 und 12 nicht alle Frauen einbezieht. Die Berufung auf das Beispiel der Eva in den Versen 13f würde mehr in diese Richtung gehen.

## d) Die „Witwen"

Der 1. Timotheusbrief widmet einige wichtige Überlegungen den Witwen (5,3-16). Sie mußten ziemlich zahlreich sein oder zu Problemen in der Gemeinde Anlaß gegeben haben. Das war in der Gemeinde von Jerusalem der Fall gewesen (Apg 6). Dorthin waren viele Juden, die in der Diaspora gelebt hatten, in das verheißene Land zurückgekehrt, um daselbst ihren Lebensabend zu verbringen. Da die Frau oft länger lebt als der Mann und sie außerdem früher heiratete (durchschnittlich mit 18 Jahren), war die Anzahl der Witwen bedeutend.

Der Apostel scheint sich allerdings vor allem mit den jungen Witwen intensiv zu befassen (5,9.11-15). Weshalb hatten so viele relativ junge Frauen (V. 14: vor den Wechseljahren) ihren Mann verloren? Das erlebt man in Zeiten des Krieges, aber seit Jahrzehnten herrschte die *pax romana* im ganzen Kaiserreich.

M. Radloff trägt folgendes zur Antwort bei: Im Griechischen gebrauchte man das Wort *chaera* (Witwe) für jede Frau, die ohne Mann lebte. So gebrauchen es auch die Septuaginta und Philo (*Chaera* im *TWNT,* 73, S. 433). So konnte eine unverheiratete Frau *chaera* genannt werden. In 5,12 geht es um die Frage der „ersten Verpflichtung" dieser Witwen. Es kann sich um eine Verpflichtung zum Dienst in der Gemeinde oder um ein Gelübde zur Keuschheit handeln. Die Verse 11 und 14 sprechen nicht von der *Wieder*verheiratung, Paulus will, daß sie heiraten. Es waren also unverheiratete Frauen.

Wenn wir diese Verse mit Kap. 4,3 vergleichen, könnte es sich um Frauen handeln, die durch die Lehre von Leuten beeinflußt waren, die die Ehe ablehnten. Das würde uns helfen, die rätselhafte Formulierung „die wirklich Witwen sind" besser zu verstehen. Die das nicht waren, blieben *chaera* aufgrund ihrer Entscheidung, aus „Berufung". Hatten sie schon einen Vorteil durch eine Ehrenstellung in der Gemeinde, wie es später in der Frühkirche bei den Jungfrauen der Fall war? Es war jedenfalls ein privilegierter Stand, der eine Freiheit verbürgte, deren Vorteile die antike Frau im allgemeinen nicht genoß, da sie beständig unter der Autorität eines Vaters oder eines Ehemanns war. Sie waren daher auf derselben Stufe wie die Männer, da sie nicht unter deren Autorität standen. Wenn sie darüber hinaus ihren Lebensunterhalt von der Gemeinde erhielten, so hatten sie ihre ganze Zeit für „geistliche" Aktivitäten; sie „gewöhnten es sich an, nichts zu tun, und sie verbrachten die Zeit damit, von Haus zu Haus zu gehen" (5,13), wobei sie vielleicht versuchten, Anhänger für ihre Ideen zu finden, indem sie die Vorteile ihres Standes lobten.

„Diese Frauen waren es, denen Paulus zu lehren verbot" (M. Radloff, 91, S. 506). Der Apostel betont die Wichtigkeit der Familie und der Berufung der Frau zur Mutter (2,15; 5,14). Die alten Frauen sollen „das Gute lehren (*didaskein*): So sollen sie die jungen Frauen zur Weisheit führen, indem sie ihnen beibringen, ihren Mann und ihre Kinder zu lieben, ein ausgeglichenes und reines Leben zu führen, gute und fleißige Hausfrauen zu sein und sich ihren Ehemännern unterzuordnen. So wird das Wort Gottes nicht verunglimpft" (Tit 2,4-5). Der oben skizzierte Hintergrund gibt diesen Worten einen besonderen Charakter. Man kann sich nämlich fragen, ob es unter normalen Umständen nötig ist, eine Frau zu lehren, ihre Kinder zu lieben und ein ausgeglichenes Leben zu führen.

Diese Interpretation kann sehr gut mit den beiden vorangehenden Aussagen in Beziehung stehen: Die Frauen, die in Versuchung waren, ledig zu bleiben und die anderen zu lehren, waren in erster Linie begüterte und schon für gewisse Irrlehren gewonnene Frauen. Hingegen schließt diese Interpretation die Anwendung auf den Familienrahmen aus.

*Schlußfolgerung*

Die örtlich und zeitlich bedingten Umstände der Gemeinde von Ephesus zur Zeit des Paulus haben bestimmt eine Rolle gespielt, um den Apostel zu motivieren, diese Beschränkung für den Dienst der Verkündigung auszusprechen; und doch bleibt uns nichts anderes übrig als mit R. W. Pierce zu sagen: „Mit den uns zur Zeit verfügbaren Informationen ist es nicht möglich, diese Vermutungen eindeutig zu bestätigen oder sie zu entkräften" (93, S. 348). Außerdem erlauben uns die Art und Weise, wie Paulus diese Einschränkung ausspricht und die Gründe, die er angibt, nicht, sie heute als überholt und gegenstandslos abzutun.

Wie die Erklärung der Professoren von Vaux feststellt: „In diesem Text bezieht sich Paulus auf die von Gott gewollte Schöpfungsordnung: Man kann daher diesen Vers nicht ausschalten, indem man darin nur einen durch die Umstände diktierten bloßen Ratschlag betrachtet" (*ICHTHUS,* 85, S. 4). „Wenn Paulus seine Schlußfolgerungen nicht auf relativen kulturellen Grundlagen aufbaut, sondern auf Schöpfungsmodellen, dann muß jeder Vorschlag, der andere Schlüsse als die seinen beinhaltet, zeigen, weshalb die Berufung des Paulus auf die Schöpfung für die Gemeinde seiner Zeit gültig war, es aber nicht mehr für die Gemeinde von heute ist" (J. Hurley, 84, S. 137). Auf diesen Punkt werden wir im folgenden Kapitel noch zurückkommen.

Begeben wir uns wieder auf eine höhere Ebene, so kann man sich sogar fragen, weshalb der Heilige Geist, der den Apostel inspiriert hat, es zuläßt, daß in einer Schrift, die ein Teil der maßgeblichen Dokumente der Gemeinde aller Zeiten werden sollte, eine Anweisung erscheint, für deren zeitlichen und örtlichen Charakter es im unmittelbaren Kontext nicht den leisesten Hinweis gibt.

Als die Apostel, die Ältesten und die Brüder von Jerusalem die bekehrten Heiden unter anderem dazu aufgefordert haben, „sich vom Erstickten und vom Blut zu enthalten" (Apg 15,20), wurde der Grund dafür deutlich gemacht: „denn Mose hat ... in jeder Stadt ⟨solche⟩, die ihn predigen, da er an jedem Sabbat in den Synagogen gelesen wird" (V. 21). Jeder Leser des Wortes Gottes kann daher den Grund für diese Freiheitseinschränkung erkennen und beurteilen, ob sie sich noch auf ihn bezieht (z.B. wenn er Beziehungen zu Juden hat, die er evangelisieren will). Eine andere Einschränkung aus demselben Beschluß: „sie sollen sich vom Götzendienst fernhalten" (V. 20a) wurde zum Thema von drei Kapiteln des 1. Korintherbriefes. Sie hat für die meisten Christen, die in westlichen Ländern leben, keine Bedeutung mehr – mit Ausnahme der dahinter stehenden weiterhin gültigen Prinzipien (einem Bruder keinen Anstoß geben, ihn aufbauen).

Selbst die Ermahnungen, die sich auf den Schleier (oder die Haartracht) der Frau beziehen, werden durch die Bemerkung des

Paulus: „Urteilt selbst, ob es schicklich ist ..." und durch die Tatsache, daß er diese Aufmachung unter die *Sitten* einordnet, relativiert.

Hier nichts davon. Viele in den vorangehenden Ausführungen zitierten Argumente stammen aus einer bis ins kleinste gehenden Textstudie oder allgemein aus außerbiblischen Quellen, die dem gewöhnlichen Sterblichen nicht zugänglich sind (was damit bewiesen wird, daß es nötig war, das 20. Jahrhundert abzuwarten, um sie zu entdecken).

Außerdem treffen diese Autoren eine Auswahl aus den Informationen, die sie vorlegen. Man kann daher dem „naiven" Leser keinen Vorwurf machen, wenn er weiterhin denkt, daß Paulus der Frau verbietet, in der Gemeinde zu lehren. Aber dann kommt man zurück zur Frage: Wenn ein absolutes Lehrverbot gemeint ist, wie soll man verstehen, daß in der Bibel Frauen gelehrt haben? Das bringt uns zurück zur 3. Frage von W. Liefeld.

## Dritte Frage: Die Harmonisierung der verschiedenen Vorgaben der Schrift hinsichtlich der Frau

*a) Ein absolutes Verbot?*

Wenn man die Worte des Paulus „Ich erlaube der Frau nicht zu reden" als uneingeschränktes Verbot auffaßt, dann setzen wir den Apostel in Widerspruch mit sich selbst, da er, wie wir gesehen haben, von den alten Frauen verlangt, daß sie die jungen Frauen *lehren* (Tit 2,4). Wörtlich, daß sie „Lehrerinnen des Guten" sind (*kalodidaskaloi*), ein wie Gesetzeslehrer (*nomodidaskalos*) zusammengesetztes Wort. Nach der grammatischen Konstruktion sind die jungen Frauen nicht unbedingt die einzigen Nutznießer dieser Lehre. Paulus lobt die Mutter und die Großmutter des Timotheus, die ihn von seiner Kindheit an in den Heiligen Schriften unterwiesen haben (2Tim 1,5; 3,15).

Übrigens würde kein Antifeminist den Frauen das Recht verweigern, ihre Schwestern und die Kinder zu lehren. Alle vertrauen ihnen also ein sehr wichtiges Lehramt an. Jeder weiß, daß das, was man in seiner Kindheit lernt, das ganze Leben formt und bis zu einem fortgeschrittenen Alter im Gedächtnis haften bleibt, während das Erinnerungsvermögen mit den Jahren nachläßt. So sehen die Frauen, daß man ihnen die wirksamste Lehraufgabe anvertraut und dabei den Männern die viel weniger effektive Unterweisung der Erwachsenen überläßt.

Außerdem wirft das einige haarige Fragen auf: Wer entscheidet, in welchem Alter ein junger Mann in das Stadium eines Erwachsenen übergeht? Geht es um jede Unterweisung oder nur um biblische Inhalte? Könnte zum Beispiel eine wissenschaftliche Spezialistin in einer Gemeinde eine Tagung über ihr Gebiet abhalten, es wäre ihr aber verboten, daraus geistliche Anwendungen abzuleiten? Eine andere biblische Sachlage, die mit dem Lehrverbot in Übereinstimmung gebracht werden muß, ist die der an erster Stelle genannten Priscilla (Apg 18,26), die mit ihrem Ehemann Aquila dem Apollos, einem Mann, der die Schriften sehr gut kannte (V. 24) und dessen Lehre sorgfältig war (V. 25), „den Weg Gottes genauer auslegte" (V. 26).

Frauen können Frauen und Kinder unterrichten. Man erlaubt ihnen nicht, Männer zu lehren unter dem Vorwand, daß sie leichter dem Irrtum unterliegen. „Aber dann", sagen R. Tucker und W. Liefeld, „dürfte man ihnen noch weniger gestatten, Frauen zu lehren, die leichter verführt werden und nicht wissen können, ob die Lehre, die sie von diesen Frauen erhalten, richtig oder falsch ist. Sollte man nicht auch die Kinder und die Neubekehrten auf dem Missionsfeld vor der Lehre durch Frauen schützen? Das sind aber diejenigen, bei denen die Verfechter der Theorie von den leichter verführbaren Frauen ihre Zustimmung dazu geben, daß sie von Frauen unterwiesen werden" (87, S. 439).

Ist im Fall der Priscilla der Ort ausschlaggebend (nicht „in der Gemeinde")? Aber alle Gemeindetreffen fanden im häuslichen Rahmen statt. Oder die Tatsache, daß Apollos unverheiratet war? Oder das Verb *ektithaemi* (erklären) statt *didasko* (lehren)? Tatsache ist aber, daß Priscilla dem Apollos biblische Inhalte dargelegt hat. Wenn sie das bei einem so kompetenten Mann gut gemacht hat, weshalb konnte sie es nicht bei zwei, drei oder mehr in ihrem Haus versammelten Personen tun?

Außerdem erlaubt Paulus der Frau, Gottes Weisungen weiterzugeben (1Kor 11,5). In 1Kor 14,31 sagt er auch: „Ihr könnt doch alle der Reihe nach in Gottes Auftrag reden, damit alle *lernen* (jede prophetische Rede enthält also einen Anteil an Unterweisung, d.h. an Lehre) und alle *ermutigt* werden (ermutigen bedeutet immer, eine gewisse Autorität innezuhaben über diejenigen, die man ermutigt)." Der Anteil an Lehre, den jede prophetische Rede enthält, ist sogar eine Lehre, die mit einem höheren Siegel versehen ist, weil die Person aus göttlicher Eingebung spricht.

Die Erklärung der Professoren von Vaux bestätigt das: „Die Trennlinie zwischen prophetischer Rede und Lehre ist in der Schrift nicht immer ganz sauber; einige geben der ersten mehr Autorität als der zweiten. Die Ausübung der Lehre durch zahlreiche Frauen in der heutigen Welt (und in christlichen Missionen in Übersee) stellt eine im Vergleich zur apostolischen Zeit neue Tatsache dar und scheint sich sehr gut mit dem Heraustreten der Frau aus ihrem Schattendasein zu vertragen. Es erscheint möglich, sich in der Gemeinde Formen gewöhnlicher Lehre vorzustellen, deren Autorität nicht den Charakter des Herrschens über den Mann hat, von der der Apostel spricht."

Im Alten Testament haben wir gesehen, daß Gott Frauen wichtige Aufgaben bei der Vermittlung seiner Offenbarung und sogar bei der Leitung seines Volkes anvertraut hat. „Wenn nun", wie J. Mead sagt, „Gott in der Epoche des Alten Bundes 'Ausnahmen' machen konnte, weshalb kann er sie nicht ebenso gut heute machen in der Epoche des Neuen Bundes? Einige wenden ein, daß es sich um Frauen des Alten Bundes handelt und daß es heute anders wäre. Aber wenn es eine Änderung beim Übergang vom Gesetz zur Gnade gegeben hat, dann sicher nicht in Richtung der Gesetzlichkeit und auch nicht einer größeren Einschränkung des Dienstes der Frau" (S. 46).

Das Hauptmotiv dafür, daß Paulus der Frau das Lehren verbietet, ist, daß sie nicht über den Mann Autorität ausüben soll. Aber ist diese Verbindung zwischen Lehre und Autorität unausweichlich? Wir werden auf diesen Punkt im folgenden Kapitel zurückzukommen haben.

## b) Einige verallgemeinerte „Inkonsequenzen"

Wollte man die Anweisung des Paulus in ihrem engen Sinn begreifen, dann gäbe es viele „Inkonsequenzen" in allen heutigen Gemeinden richtigzustellen. Man müßte zum Beispiel aus unseren Gesangbüchern all jene Lieder ausmerzen, die von Frauen verfaßt wurden. Ja noch mehr: Man müßte sie aus dem Wort Gottes selbst streichen, da es vier von Frauen verfaßte Lieder wiedergibt (Mirjam, Debora, Hanna, Maria, die Mutter Jesu).

Ihnen folgten zahlreiche Christinnen, die ihre poetischen Talente in den Dienst der Gemeinde gestellt haben. B. Baigent zitiert unter den bekanntesten Lobliedern des englischsprachigen Liedgutes 25 Lieder, die von Frauen verfaßt wurden. In einem Gesangbuch hat er 76 Lieder, in einem anderen 127 von Frauen verfaßte Lieder gefunden – die ohne Vorbehalt von den Versammlungen gesungen wurden, die sich dem Dienst der Frau am meisten widersetzen.

Wir haben in unseren herkömmlichen Liederbüchern unter den bekanntesten geistlichen Liedern eine ganze Anzahl von Liedern, die von Frauen stammen oder von Frauen ins Deutsche übersetzt wurden: „Ich brauch dich allezeit" (Annie Hawks), „Sicher in Jesu Armen" (Fanny Crosby), „O Gott, dir sei Ehre, der Großes getan" (F. Crosby), „So wie ich bin, so muß es sein" (Charlotte Elliott), „Näher, mein Gott zu dir" (Sarah Adams), „Kommt her, ich will erzählen" (Arabella Catherine Hankey), „Nimm mein Leben, Jesu, dir übergeb ich's für und für" (Frances Ridley Havergal, ins Deutsche übersetzt von Dora Rappard), „Der Herr, mein Hirte, führet mich" (F. Rous, übersetzt von Charlotte Sauer), „Näher, noch näher, fest an dein Herz" (Lelia Morris), „Nimm du mich ganz hin, o Gottes Sohn" (Adelaide Pollard), „Zünde an dein Feuer, Herr, im Herzen mir" (Berta Schmidt-Eller), „Ich lebte einst in Satans Macht" (Elisabeth Aebi), „Vor meines Herzens König leg eine Gab ich hin" (Dora Rappard), „Weiß ich den Weg auch nicht, du weißt ihn wohl" (Hedwig von Redern) „Auf, denn die Nacht wird kommen" (Annie Louisa Coghill).[78]

---

[78] Anmerkung des Übersetzers: Die hier angegebenen Lieder wurden von dem Übersetzer nach dem Buch *Bekannte Lieder – wie sie entstanden*

Was ist aber eigentlich der Unterschied zwischen einer Botschaft und einem Lied? Die Botschaft wird *einmal* an einen begrenzten Zuhörerkreis gerichtet, das Lied wird tausendfach wiederholt, sogar von den Leuten, an die es sich wendet. Jeder weiß aber, daß das, was man selbst wiederholt, einen deutlich stärkeren Eindruck hinterläßt als das, was man hört.

Ebenso hat man keine Bedenken dagegen, daß eine Frau ein Buch schreibt. Wir lesen mit Freude und Gewinn die Bücher von J. Penn-Lewis, Ruth Paxson, H. W. S. (Hannah W. Smith, Verfasserin des Buches: *Das Geheimnis eines glücklichen Lebens*), Joni Eareckson, Corrie ten Boom ..., von denen ein guter Teil nichts anderes ist als Botschaften der Lehre in Schriftform, die ein viel größeres Publikum ansprechen als eine Rednerin es jemals hoffen könnte. In den meisten Bibelschulen und theologischen Fakultäten unterrichten Frauen zukünftige Diener Gottes. Wären alle diese Tätigkeiten auf das Konto der Untreue gegenüber dem Wort Gottes zu setzen?

Im Grunde „sehen sich fast alle Ausleger, die sagen, daß die Frau kein Recht zu lehren hat, gezwungen, dieses Verbot zu relativieren, und sie begrenzen es auf bestimmte Formen der Lehre" (M. Radloff, 91, S. 466).

*c) Eine eingeschränkte Anweisung*

Das Wort Gottes, die Geschichte, die Erfahrung – und das gesunde Empfinden – verpflichten uns zu dieser Einschränkung, aber statt den Beweggrund dafür in den örtlichen und zeitlichen Umständen von Ephesus im 1. Jahrhundert zu suchen, muß man ihn direkt in der Formulierung der Anweisung durch den Apostel Paulus sehen: lehren, indem man herrscht (mit allen Nebenbedeutungen der Abwertung und der Intensität, die in dem Wort *authentein* anklingen). Sieht man es so, dann verschwindet das

---

(Wolfgang Heiner, Hänssler-Verlag, Neuhausen-Stuttgart 1979) zusammengestellt. Der französische Text enthält neben einigen der angeführten Lieder auch andere Lieder aus dem französischen Sprachraum, die entweder nicht ins Deutsche übersetzt sind oder deren deutsche Übersetzung weniger bekannt ist.

Problem der Harmonisierung; denn keine der in der Schrift genannten Frauen hat auf solche Weise gelehrt: Mirjam blieb unter dem Befehl des Mose (der Herr hat sie streng bestraft, als sie sich über ihn stellte und ihn kritisierte: 4Mo 12,10), Debora hat ihr Lied gesungen „mit Barak" (Ri 5,1), Priscilla handelte unter der Verantwortung des Aquila usw. Wenn heute eine Frau lehrt, ohne Anspruch auf Autorität über ihren Mann zu erheben noch über die Männer, die in der Gemeinde die Autorität innehaben, sondern es unter ihrer Verantwortung tut, dann scheint dieser Vers ihnen die Ausübung einer Gabe nicht verbieten zu können, die der Herr ihnen allem Anschein nach gegeben hat.

Nach dem evangelikalen Kolloquium über „die Frauen und die Bibel" im Jahre 1984 ist J. I. Packer, obwohl er die hierarchische Sicht vertrat, zum Schluß gekommen, daß „die Beweislast für den Ausschluß der Frauen von den Lehrdiensten in der Gemeinde heute mehr bei denen liegt, die diesen Ausschluß befürworten als bei denen, die ihn bestreiten" (*Understanding*, S. 289, zitiert nach R. W. Pierce 93, S. 353).

## Vierte Frage: umgekehrte Kontextualisierung

Wenn wir einen biblischen Text „kontextualisieren", dann fragen wir uns im allgemeinen, wie man ihn in *unserem* heutigen Bezugsrahmen, in *unserer* Auffassung vom Amt anwenden kann – was die Gültigkeit unserer Auffassungen nicht tangiert. „Wir sollten uns eher fragen", sagt W. Liefeld, „'Wie können wir unsere Vorstellungen über das Amt mit denen der Bibel besser in Einklang bringen?' Für den Text, den wir studieren, bedeutet es, daß wenn er gebraucht wird, um der Frau heute die Ausübung eines gewissen Amtes zu untersagen, dann müssen wir uns unbedingt fragen, ob bewiesen ist, daß das zur Diskussion stehende Amt auch mit dem Amt übereinstimmt, das der Text verbietet" (87, S. 53).

Diese Frage zerfällt in vier Teile: Ist das betrachtete Amt ganz biblisch hinsichtlich a) seiner Natur, b) der erforderlichen Qualifikationen, c) seiner Tragweite und seines Umfangs und d) seiner Form.

*a) Die Natur des Amtes*

Jesus hat deutlich gezeigt: Amt = Dienst (Mk 10,42-45; vgl. A. Kuen, *Ministères dans l'Eglise*, S. 10-16). Heute ist jedoch im Denken unserer Zeitgenossen das Wort Amt mit der Idee einer Macht verbunden. Auf politischem Gebiet heißt Minister zu sein einen gesamten Tätigkeitsbereich eines Landes kommandieren zu können, und in der Volksvorstellung ist der Premierminister eher derjenige, der „die Macht" hat, als der „Diener aller". „Nachdem man die geschichtliche Entwicklung der Frauen im Lauf von zwanzig Jahrhunderten der Christenheit gesehen hat", sagen R. Tucker und W. Liefeld, „kann man mit Recht denken, daß einer der möglichen Gründe dafür, daß Männer das Amt der Frauen stark eingeschränkt haben, der Verlust der Auffassung des Amts als Dienst und die Einführung einer anderer Vorstellung war: der Dienst verleiht Rang und Autorität. Es war für die Gemeinde leicht zu vergessen, daß das griechische Wort für Amt (*diakonia*) sich ableitet von dem Verb dienen (*diakonein*) ... Die Fragen, die die Autorität in der Gemeinde betreffen, besonders die zum Amt der Frauen, könnten mehr biblisch beantwortet werden, wenn man mehr Aufmerksamkeit auf die Tatsache richten würde, daß Amt soviel wie Dienst bedeutet" (87, S. 441).

In einigen Gemeinden scheidet die Frage, ob eine Frau das Abendmahl austeilen darf, die Geister, aber das Austeilen einer Mahlzeit ist nichts anderes als ein Dienst, und weshalb sollten Frauen nicht das Recht haben, am Tisch des Herrn zu dienen, wenn alle Leute es normal finden, daß sie und nicht die Männer in den Häusern das Essen servieren?

Ist das Lehramt automatisch mit dem Anspruch von Autorität verbunden? W. Liefeld hat die verschiedenen Abschnitte des Neuen Testaments analysiert, in denen es um Autorität geht (die Vollmacht, Dämonen auszutreiben, zu heilen, die Autorität der Apostel zum Bau der Gemeinde ...). Er kommt zu dem Schluß: „Es gibt keine Bibelstelle, die das Pastoren- oder Lehramt mit der Ausübung von Autorität gleichsetzt und umgekehrt haben die meisten Texte, die von Autorität reden, nichts mit diesen Ämtern zu tun" (S. 55f). Wenn wir 1Tim 2,12 als Bezugnahme auf „autoritatives Lehren" verstehen (d.h. auf die Entfaltung neuer Glaubenssätze oder auf die Festlegung dessen, was für einen Christen erlaubt und verboten ist: „binden" und „lösen"), dann sind wir uns darüber im klaren, daß diese Art Lehre nur einen sehr geringen Teil des Verkündigungsdienstes ausmacht. Selbst bei der Lehre durch Männer nimmt sie – vor allem in der heutigen Zeit – nur einen sehr begrenzten Raum ein. „So wie wir es sehen", sagt John Stott, „gibt es Situationen, in denen es für Frauen zulässig ist zu lehren, insbesondere auch Männer zu lehren, vorausgesetzt daß sie sich nicht eine ungebührliche Autorität anmaßen" (89, S. 163). Dann legt er drei Bedingungen fest:

1. Zum *Inhalt*: Die Apostel haben der Gemeinde eine unfehlbare Lehre gegeben. Sie alle waren Männer, sie brauchten eine große Autorität, um schriftgemäße Fundamente zu legen. Die Situation ist heute bei weitem anders: Die Autorität liegt in der Schrift. Der Inhalt der Lehre muß daher mit dieser biblischen Norm übereinstimmen.

2. Zum *Rahmen* des Lehramts: „Es sollte innerhalb einer Mannschaft in der Ortsgemeinde ausgeübt werden."

3. Zum *Stil*: Alle Lehrenden – Männer und Frauen – sollten Demut zu erkennen geben, Unterordnung unter das Wort Gottes und Bescheidenheit (vgl. 1Petr 5,1-3). „Es scheint daher zulässig zu sein, daß Frauen Männer lehren, vorausgesetzt, daß der Inhalt ihrer Lehre biblisch ist und daß ihr Dienst innerhalb einer Mannschaft und in Demut ausgeübt wird" (S. 165). I. H. Marshall bringt dieselbe Ansicht zum Ausdruck: „Wir sind es gewohnt, Männer und Frauen zu sehen, die lehren oder leiten, ohne den Eindruck zu haben, daß die einen oder die anderen in ihrer Würde angegriffen werden. Übrigens versagen diejenigen, die in der Gemeinde von den Frauen das Schweigen verlangen, christlichen Frauen nicht die Möglichkeit, im säkularen Bereich gemischte Gruppen zu lehren oder zu führen. Bei dieser Sachlage können wir schließen, daß es dort, wo die Prinzipien der Schöpfung und der Erlösung nicht durch Frauen, die am Dienst teilhaben, in Mitleidenschaft gezogen werden, daß es dort gut und richtig ist, daß sie dabei mitwirken" (84, S. 196).

*b) Die Qualifikationen für das Amt*

„Hauptsächlich weil man denkt, daß es ein 'Pfarramt' gibt, das mit Autorität und besonderen Vorrechten ausgestattet ist, benutzt man gewöhnlich einen speziellen Ritus, die Ordination, um diejenigen, die dieses Amt bekleiden, von denen zu unterscheiden, die es nicht bekleiden. Der Ritus der Ordination beruht allerdings auf eher problematischen biblischen Grundlagen. Man beginnt zu erkennen, daß er sich im Lauf der ersten drei Jahrhunderte entwickelt hat" (Liefeld, 87, S. 57). „Sich auf die Ordination der Frauen zu fixieren, ist trügerisch, wenigstens wenn man nicht auch die Ordination von Männern in Frage stellt. Es gibt im Neuen Testament keine Rechtfertigung für ein Priestermonopol derart, daß gewisse Männer (oder Frauen) das Recht hätten, die Sakramente auszuteilen, und auch keine Einschränkung des Priestertums auf ein einziges Geschlecht" (D. Pawson, 92, S. 97).

Die ganze Kontroverse um die Ordination der Frauen in der anglikanischen Kirche betrifft daher diejenigen Christen nicht, die ihr Vorbild ausschließlich im Neuen Testament suchen.

Welches sind die *biblischen* Qualifikationen für jedes Amt? 1. Die Berufung. Aber was soll man einer Frau antworten, die sich von Gott berufen fühlt, bestimmte Aufgaben zu übernehmen? 2. Die entsprechenden geistlichen Gaben. Aber „die Schrift macht bei der Zuteilung der geistlichen Gaben absolut keinen Unterschied zwischen Männern und Frauen ... Im Griechischen erscheint kein männlicher Ausdruck oder einer, der als solcher verstanden werden könnte. Wenn der Besitz geistlicher Gaben für das Amt wirklich wesentlich ist und wenn Frauen diese Gaben besitzen, muß dann die Beweislast nicht bei denen liegen, die der Frau Ämter versagen, für die Gott sie qualifiziert hat, indem er ihnen die entsprechenden Gaben gewährte?" (Liefeld, 87, S. 58). „Wenn der Apostel Paulus von geistlichen Gaben spricht, die der Heilige Geist 'jedem besonders austeilt, wie er will' (1Kor 12,11), sind die Frauen davon nicht ausgeschlossen. Nichts im Text läßt diese Annahme zu" (M. Lüthi, 80, S. 40).

Nun hat Gott offensichtlich Frauen Gaben zugestanden, die nicht in den begrenzten Rahmen zu passen scheinen, den die meisten Ausleger der Vergangenheit ausgehend von 1Kor 14,34 und 1Tim 2,12 abgesteckt haben. Diese Frauen haben ihre Gaben in den Dienst Gottes gestellt, der ihre Aufgabe gesegnet hat. Es genügt zum Beispiel, an die Namen von *Catherine Booth*, der Gattin des Gründers der Heilsarmee zu erinnern, die jahrzehntelang mit ihrem Mann evangelisiert hat – gefolgt von zahllosen weiblichen Offizieren einschließlich der Marschallin Katharina Booth, der Tochter des Generals, die Tausende von Leuten zum Heil geführt haben – ferner an *Eva von Tiele-Winckler*, deren Dienst vielen Menschen zum Segen wurde, *Mathilda Wrede*, der Engel der Gefangenen, *Elisabeth Fry*, Predigerin der Quäker und Reformatorin des Strafsystems, *Florence Alshorn*, eine Missionarin, die geistliche Leiterin für Hunderte von Frauen und Männern war und viele andere ...

„Wenn der Heilige Geist nach seinem souveränen Wohlgefallen Gläubigen verschiedenartige Gaben austeilt, dann werden diese dazu gegeben, daß sie mit Rücksicht auf das Wohlbefinden der gesamten Gemeinde ausgeübt werden. Wenn er Christinnen offensichtlich keine Gaben der Lehre oder der Leitung gibt, dann müssen wir das als Beweis seines Willens akzeptieren (1Kor 12,11). Die Erfahrung zeigt aber, daß er diese Gaben – und andere – ohne Unterschied Männern und Frauen gewährt" (F. F. Bruce, 82, S. 11f).[79]

*c) Die Tragweite des Amtes*

Für die Frauen ist die Frage der Lehre, wie wir gesehen haben, mit der Frage der Autorität verbunden. Stimmt es, daß alle Ämter in der Gemeinde die Ausübung einer Autorität einschließen?

---

[79] „Wo Gott bestimmte klar erkennbare Gaben gewährt, da sollte man diesen Gaben auch den Platz geben, an dem sie in entsprechenden Aufgaben ausgeübt werden können; denn die Gnadengaben sind nicht zur Zierde gegeben, sondern zur Ausrüstung für bestimmte Dienste" (F. Grünzweig, *1. Timotheus*, Hänssler, Neuhausen 1990, S. 105). „In unseren Gemeinden", sagt Blandenier, „vergessen wir oft, daß die (weibliche) Hälfte der Glieder den Heiligen Geist zum gemeinsamen Nutzen empfangen hat. So erweckt der Leib manchmal den Eindruck, halbseitig gelähmt zu sein" (80, S. 35).

Gilt das für jedes Lehramt? Wenn der Begriff der Lehre klar definiert ist, sein Ziel und seine Methoden vom Ältestenrat der Gemeinde umgrenzt sind, dann hat der oder die, denen man diese Ämter anvertraut, nur die Autorität, die ihnen übertragen worden ist. Er – oder sie – hat demnach keine persönliche Autorität auszuüben, mit unabhängiger Autorität zu handeln, die er – oder sie – sich in eigener Regie (*authentein*) herausgenommen hat, noch eine „Lehre mit Autorität" weiterzugeben.

So wird von einer Frau, der man die Unterweisung einer Sonntagsschulgruppe oder eines Bibelkurses für junge Leute anvertraut, erwartet, daß sie das Programm ihrer Unterweisung und oft auch die anzuwendenden Methoden genau festlegt. Sie ist daher nur die Ausführende dessen, was die Gemeindeleiter in eigener Autorität bestimmt haben. F. de Coninck sagt: „Wenn eine Frau sich dabei unwohl fühlt, wenn sie ein Wort mit Autorität sagt, kann sie dann nicht mit der Unterstützung eines Gemeindegremiums rechnen?" (90, S. 58). Eine Bibelschullehrerin handelt genauso, wenn es sich um eine Englisch- oder Griechischstunde handelt und im letzten Fall mit oder ohne Anwendung grammatischer Regeln bei der Exegese eines biblischen Textes. Aber wenn sie das Recht hat, in einer Griechischstunde Auslegung zu betreiben, weshalb soll sie es dann nicht in einem anderen Kurs haben? Mit viel Streit um Kleinigkeiten kommt man zu rabbinischen Unterscheidungen, die man nicht haben kann, ohne sich an die zu erinnern, die Jesus den Pharisäern angekreidet hat (Mt 23,16-22).

Aber wenn eine Frau in einer Bibelschule zukünftige Diener Gottes unterrichten kann, weshalb sollte sie dann nicht das Recht haben, ein Bibelstudium vor einfachen Gemeindegliedern durchzuführen? Weil es an einem geweihten Ort stattfindet? Und wenn das Bibelstudium sich in einem bestimmten Haus abspielt, hat sie dann das Recht dazu?

Jeder findet es in Ordnung, denke ich, einer Ärztin die Leitung einer Konferenz über AIDS oder über Ernährung anzuvertrauen – selbst im Rahmen einer Gemeinde. Ein Geschichtsprofessor hätte wohl auch das Recht, über die antike Geschichte der Völker des Orients einschließlich des hebräischen Volkes zu sprechen. Aber die biblische Geschichte ist nicht neutral. Sie wurde „zur Ermahnung für uns" (1Kor 10,11) geschrieben. Wenn die Konferenzleiterin aus einigen Episoden der Geschichte des Volkes Gottes die Lektionen ableiten würde, die sie enthalten, wer würde sich dann erheben und sagen: „Ich erlaube der Frau nicht zu lehren"?

So könnte eine Frau zweifellos biblische Lehren vor einem gemischten Zuhörerkreis ansprechen – vorausgesetzt, es ist samstagabends und nicht sonntagmorgens!

Man sieht, unsere Bedenken ergeben sich aus Orten, Tagen, Umständen, also aus Äußerlichkeiten, die das Wesentliche an keiner Stelle tangieren. Jedenfalls tritt die Frage der Autorität bei diesen Unterscheidungen überhaupt nicht auf.

*Die Predigt: Privileg eines geistlichen Standes?*
Wir bleiben manchmal abhängig von kulturellen Vorurteilen, die aus einer alten Vergangenheit stammen. Im Laufe des Mittelalters wurde die Predigt nach und nach das Monopol des geweihten Klerus. Wie E. Schillebeeckx feststellt, war es im Lauf des 12. Jahrhunderts, daß die Predigtaufgabe „klerikalisiert" und ausschließlich den geweihten Priestern vorbehalten wurde. „Das unmittelbare Ergebnis war …, daß ein Laie *per se* als unfähig zu predigen deklariert wurde" (85, S. 178). In dieser Epoche unterlag der Dienst der Frauen denselben Einschränkungen. Bis dahin konnte eine Äbtissin in ihrem Kloster selbst zu Männern predigen. Im 12. Jahrhundert wurde ihr das untersagt.

Die Reformation hat das Predigtrecht des Klerus nicht abgeschafft: Nur der geweihte Pfarrer hatte – und hat immer noch oft – das Recht, auf die Kanzel zu steigen, um zu predigen. „Die Auswirkung dieses Vorgangs ging dahin, die Aufmerksamkeit mehr auf den Prediger als auf die Heilige Schrift zu richten … Ist es möglich, daß die Ablehnung des Lehramts der Frauen – unter dem Vorwand, daß ihnen das Autorität in der Gemeinde übertragen würde – mit einer Abkehr von dem protestantischen Prinzip des *Sola Scriptura* verbunden ist?" (W. Liefeld, 87, S. 59).

In der römisch-katholischen Kirche des Mittelalters war die Frau auch von der Feier der Eucharistie ausgeschlossen, hauptsächlich, weil man dachte, daß ihre Regel sie periodisch unrein machte. Weil aber die Ordination das Recht gab, die Sakramente zu verwalten, konnten die Frauen folglich nicht ordiniert werden. Die katholische Kirche hat diese Auffassung bis in unsere Tage beibehalten. Im Jahre 1976 hat die Congregatio de propaganda fide beschlossen, daß die Frauen von der Leitung der Kirche ausgeschlossen wurden, weil sie der Eucharistie nicht vorstehen konnten (*Declaratio* vom 15. Oktober 1976).

Werden wir abhängig bleiben von Atavismen, die ihre Wurzeln in unser unbewußtes religiöses Kollektiv ausstrecken? Werden wir in der Lage sein, uns von überkommenen Vorstellungen zu befreien, in die wir gefühlsmäßig verstrickt sind?

W. Liefeld sagt: „Von der Bibel her gesehen scheint die Feier des Herrenmahls weniger ein Teil der Amtsfunktionen zu sein als des allgemeinen Priestertums der Gläubigen, das offensichtlich auch die Frauen einschließt" (87, S. 60) und wir haben gesehen, daß F. F. Bruce, der auch zu den Brüderversammlungen gehörte, keinen Hinderungsgrund dafür sah, daß eine Frau beim Herrenmahl ein Segensgebet für das Brot und den Wein sprach.

Die einzige Einschränkung, mit der die Bibel den Umfang des Dienstes der Frau begrenzt, scheint daher die „Lehre mit Autorität" gewesen zu sein oder eine Betätigung in der Kirche mit einer unabhängigen Autorität, die die Frau sich selbst zuteilt. Aber setzt das biblische Verständnis vom Wesen des Dienstes nicht allen die gleichen Grenzen, dem Mann und der Frau?

*Kann eine Frau predigen?*

Kann denn dann die Frau sich am Predigen beteiligen? Wenn man dem Apostel Paulus diese Frage stellen würde, wäre seine Antwort zweifellos: „Ihre Frage ist falsch gestellt. Denn was Sie Predigt nennen, nämlich eine Ansprache *ex cathedra* gab es im 1. Jahrhundert nicht. Die Versammlungen bestanden aus informellen Gesprächen, bei denen jeder seinen Beitrag zur gemeinsamen Erbauung lieferte (1Kor 14,26.31). Wenn eine oder mehrere Frauen durch einige Worte zu diesen Augenblicken des Austauschs beitrugen, so war das genau so natürlich und bereichernd wie ihre Teilnahme am Gebet."

Die Predigt in unseren Kirchen ist eine „erschreckende Einengung im Vergleich zum NT", das mindestens vier verschiedene

Arten von Äußerungen kannte: die Lehre, die Ermutigung (Trost), das Zeugnis und die prophetische Rede (F. de Coninck, 90, S. 54). R. Tucker und W. Liefeld stellen zu diesem Thema treffende Fragen: „Wird die Predigt einfach als Weitergabe des eigenen Glaubens verstanden? Ist sie gleichwertig mit der prophetischen Rede, die der Frau erlaubt ist (1Kor 11)? Oder enthält sie immer Lehre? Wird Lehre als Akt der Autorität gesehen oder ist sie einfach die Verkündigung der Schrift, in der allein die eigentliche Autorität ruht? Ist Lehre heute dasselbe wie zur Zeit des Neuen Testaments?" (87, S. 437).

In vielen evangelischen und evangelikalen Kirchen und Gemeinden bildet die Predigt den Schwerpunkt des Gottesdienstes; sie beansprucht den größten Teil der Zeit, sie ist der Brennpunkt, um den sich alle Erwartungen der Anbetenden (die in Zuhörer verwandelt werden) konzentrieren, sie muß Erbauung, Ermutigung, Trost, Lehre, Evangelisation, Anbetung sein („ein gutes Zuhören ist ein Akt der Anbetung"). Wie soll es unter diesen Umständen möglich sein, den Prediger nicht mit beträchtlicher Autorität auszustatten? Er ist *die* Autoritätsperson der wichtigsten Gemeindeversammlung: eine Rolle, in der sich eine Frau kaum wohlfühlen wird.

Wir haben in früheren Veröffentlichungen des Verfassers über den Gottesdienst[80] gesehen, daß diese Überfrachtung der „protestantischen Predigt" eine Reaktion der Reformation auf die Vernachlässigung des Verkündigungsdienstes in den Kirchen des Mittelalters war, eine Erneuerung des biblischen Urbildes die Reaktion aber überwinden und wenigstens teilweise den Reichtum der Gottesdienste der Urgemeinde wieder herstellen muß. Wenn man heute die Frage stellt: „Kann eine Frau predigen?", ohne die Form des Gottesdienstes berühren zu wollen, dann zwängt man die Frau in eine deformierte Gußform, die nicht für sie geschaffen ist. Die Gestalt des lutherischen bzw. reformierten Gottesdienstes ist von Männern für Männer konzipiert worden.

---

[80] A. Kuen: *Le culte dans la Bible et dans l'histoire* (Der Gottesdienst in der Bibel und in der Geschichte) und *Renouveler le culte* (Die Erneuerung des Gottesdienstes) Ed. Emmaüs 1993 und 1994). Diese Bücher werden ins Deutsche übersetzt und veröffentlicht.

Luther hat sich sehr wohl vorgestellt, daß eine Frau das Predigtamt ausfüllen könnte (W. A. 8, 498, 12-14, zitiert von M. Lienhard: *Martin Luther*, Paris und Genf 1983, S. 167), aber im 16. Jahrhundert hat eine Frau diese Aufgabe niemals ausgeübt.

Die Predigt ist der Dienst der Unterweisung und der Autorität par excellence. Dagegen muß sich, wenn er durch eine Frau ausgeübt wird, *ipso facto* der Einwand aus 1Tim 2,12 erheben (siehe Kap. 11 und 12). Wenn die Antifeministin Susan Foh als Titel ihres Artikels die Frage stellt: „Eine Frau auf der Kanzel?", dann konnte sie nur mit einem Nein antworten – sie hat sich aber nicht die Frage gestellt, ob „eine Kanzel in der Kirche" biblisch ist. Wir haben in *Renouveler le culte* gesehen, wie aufschlußreich der äußere Rahmen ist, in dem sich die Gemeinde versammelt: Eine Kanzel gegenüber einer Reihe von Bänken (manchmal zwei Meter über den Köpfen der Zuhörer), versieht die Predigt von vornherein mit einem Glanz unbestreitbarer Autorität.

Bevor man die Frau in den Bezugsrahmen einer Gottesdienstform eintreten läßt, die als unantastbar angesehen wird, wäre es nicht angebracht, sich zu fragen, ob man nicht zuerst den Gottesdienst erneuern muß, damit er ihrer Berufung entspricht und allen, Männern und Frauen, Gelegenheit gibt, wirklich *teilzunehmen* (im Sinn von 1Kor 14,26)?

Die Teilnahme der Schwestern am Verkündigungsdienst geschieht am leichtesten, wenn man neue Formen von Botschaften im Unterschied zur Predigt *ex cathedra* einführt (Interview mit mehreren, eine Botschaft mit einem einzigen Thema, das sich aus mehreren „Minibotschaften" zusammensetzt, eine mit Hilfe von Zeugnissen illustrierte Botschaft, freie Beiträge ...).

*d) Die Form des Amtes*

Ein Christ aus dem 1. Jahrhundert, der an einem Sonntagmorgen eine unserer Kirchen betreten würde, wäre ohne Zweifel ziemlich verwirrt: ein großes Gebäude, hintereinander aufgereihte Bänke, eine Kanzel, eine Orgel – oder ein Klavier – ganz zu schweigen von der Form des Gottesdienstes, von dem im allgemeinen ein großer Teil durch die Rede eines Mannes ausgefüllt wird. Wenn wir ihn nach dem Grund seiner Verunsicherung fragen würden, gäbe er uns zweifellos zur Antwort: „Zu meiner Zeit, lief das alles viel einfacher ab: Wir haben uns bei einem der unsrigen getroffen. Einer schlug ein Lied vor (oder sang selbst), ein anderer sprach eine Belehrung, eine Offenbarung, ein Reden in Sprachen oder eine Auslegung, ganz nach den Anweisungen des Apostels Paulus" (1Kor 14,26).

– Konnten die Frauen sich daran beteiligen?

– „Der Apostel hat nicht gesagt, daß sich seine Anweisungen nur an die Männer richteten. Er hat uns aufgefordert, uns *gegenseitig* zu lehren und zu ermahnen (Kol 3,16). Wenn eine Schwester einige Worte zu dem hinzufügte, was ein Bruder gerade gesagt hatte, dann ergab sich das ganz natürlich. Übrigens hielt es der Apostel selbst für normal, daß die Frauen im Gottesdienst beten und von Gott inspirierte Botschaften bringen konnten, um uns zu erbauen, zu ermahnen und zu trösten" (1Kor 11,5; 14,3)."

Wenn unser Bruder außerdem erfahren würde, daß diese Frau dem Ältestenrat vorstehen, die Gemeinde nach außen vertreten und sich mit allen Verwaltungsfragen sowie der Organisation der Gemeinde, mit Seelsorge und tausend anderen Aufgaben befassen sollte, so würde er sich in der Gemeinde überhaupt nicht mehr zurechtfinden. „Es gibt einen beträchtlichen Unterschied", sagt W. Liefeld, „zwischen den wechselseitigen Diensten der Urgemeinde und unserer heutigen polarisierten Struktur mit einem Prediger und einer Zuhörerschaft" (87, S. 60).

„Wir statten die Person des Pastors mit aller Macht und Allwissenheit aus ... Der Pastor vereinigt in seiner Person die Gesamtheit aller Dienste im Neuen Testament ... Die neutestamentliche Verteilung hatte genau das zum Ziel, die Verzahnung der Dienste und Fragen der (ausgeübten oder eingebildeten) Macht zu vermeiden" (F. de Coninck, 90, S. 53).

„Die Überlastung der Rolle des Pastors bildet ein größeres Hindernis für die Beteiligung der Frau an den pastoralen Aufgaben; eine Reform in Richtung einer größeren Kollegialität und mit dem Ziel, den verschiedenen Gaben Geltung zu verschaffen, wäre nach dem Neuen Testament wünschenswert; sie würde das harmonische Zusammenspiel der männlichen und weiblichen Dienste erleichtern" (Erklärung von Vaux).[81]

„Zahlreiche Gemeinden erkennen in unseren Tagen den Fehler, die Praxis eines einzigen Pastors ermutigt zu haben, und kommen zu dem viel gesunderen Vorbild der kollegialen Gemeindeleitung aus dem Neuen Testament zurück. Die Glieder einer Mannschaft können alle ihre Begabungen vereinigen. Sollte nicht eine oder mehrere Frauen Teil einer solchen Mannschaft sein? Trotzdem, um der biblischen Lehre über die Rolle des Mannes als Haupt treu zu bleiben, sollte nach unserer Auffassung ein Mann die Verantwortung für eine solche gemeinsame Gemeindeleitung tragen" (J. Stott, 89, S. 164, vgl. aber im folgenden Kapitel die Abschnitte mit den Überschriften: „Kann eine Frau eine Gemeinde leiten?", „Kann eine Frau Älteste sein?") „Es ist überhaupt nicht sicher, daß die neutestamentliche Vorstellung vom 'Dienst' sich auf diejenige des 'lehrenden Pastors' nach dem reformierten Modell beschränkt" (a.a.O., S. 166).[82]

Je mehr die Form des Verkündigungsdienstes sich derjenigen der Urgemeinde nähert, um so mehr wird die Beteiligung der Frau fast unbemerkt zugelassen werden und um so weniger läuft sie Gefahr, das Empfinden der Teilnehmer am Gottesdienst zu verletzen. In der ungezwungenen Atmosphäre eines Treffens in einer Wohnung ist es vielleicht am leichtesten, diese Beteiligung einzuführen oder zu fördern, bevor man sie in andere Gemeindeversammlungen überträgt.

---

[81] „Der pastorale Dienst", sagt C. Vilain, „kann daher auf Grund seines Charakters als Führung in Lehrfragen und als Aufsicht über die Gemeinde einer Frau nicht anvertraut werden, außer in Ausnahmefällen" (75, S. 146) – die schon im A.T. existierten, „wo Gott Frauen Verantwortungen übertragen hat, die im Normalfall hätten Männern zukommen sollen".

[82] Siehe zu diesem Thema: M. Lüthi, *Les Assemblées évangeliques de Suisse romande sous la loupe* (Die evangelikalen Versammlungen der französischen Schweiz unter der Lupe), Ed. Je sème 1994 (CP 73 1247 Anières).

## Schlußfolgerungen

Wenn dieser Vers aus 1Tim 2,12 jahrhundertelang die Festungsmauer bildete, hinter der sich alle verbarrikadierten, die der Frau eine mündliche Beteiligung am kirchlichen Leben verweigerten, so haben wir gesehen, daß die vertieften Studien seines Kontextes ihn seltsam rissig gemacht haben. Die Untersuchungen über die Bedeutung der Wörter und über die grammatischen Strukturen haben deutlich gemacht, daß das Wort *lehren* viele Bedeutungen hatte, die bestimmt nicht alle unter das Verbot des Paulus fallen. Die Lehre, die der Apostel der Frau verbietet, kennzeichnet er durch ein sehr starkes Wort (eine autoritäre, herrschsüchtige Lehre, die man sich selbst anmaßt), das das Feld für die meisten heute in der Gemeinde praktizierten Formen der Lehre weit offen läßt. Andererseits kann man nicht mit Sicherheit behaupten, ob der Geltungsbereich für dieses Verbot die Gemeinde oder der häusliche Rahmen ist.

Diese Unsicherheiten, in denen wir die Definitionsfragen zurücklassen, müssen uns sehr vorsichtig machen, bevor wir unumstößlich behaupten, daß dieser Vers so und so gemeint ist, und uns dazu führen, im Rahmen des Glaubens aller bibelgläubigen Christen im Zweifelsfall zugunsten derer zu entscheiden, die ihn anders verstehen. Das Studium des historischen Umfeldes, in das sich der erste Timotheusbrief einfügt, so wie er sich aus dem Text selbst und aus den außerbiblischen Dokumenten ergibt, zeigt, daß dieser Brief sich darum bemühte, auf eine sehr komplexe Situation der Gemeinde von Ephesus Antwort zu geben: Die Lage der Frau war sehr verschieden von der, wie sie sich in unserer Gesellschaft darstellt; die Gemeinde war unterminiert von Irrlehren, die zum Teil von reichen und vielleicht aus Berufung unverheirateten Frauen propagiert wurden.

Diese Situation hat Paulus möglicherweise zum Eingreifen bewogen, um „den Schaden zu begrenzen". Indessen berechtigt uns die Einfügung dieses Verbots unter der Leitung des Geistes Gottes in den Kanon der inspirierten und für die Gemeinde aller Zeiten maßgeblichen Schriften nicht, den örtlich bedingten Faktoren ein derartiges Gewicht zu geben, daß sie diesen Imperativ des Wortes Gottes praktisch ausradieren würden.

Die Grenzen des Verbots sind vielmehr in seiner Formulierung selbst zu suchen: die Lehre mit Autorität, unter der alleinigen Verantwortung der Frau. Die Einschränkung auf die Art der Lehre stimmt auch am besten mit den Bibelstellen überein, die uns Frauen vorstellen, die verschiedene Formen der Lehre ausübten.

Bevor wir schließlich diesen Vers auf unsere heutige Lage anwenden, sollten wir uns vergewissern, daß sie der Situation entspricht, in die hinein die Anordnung gegeben wurde. Im 1. Jahrhundert unterschied sich der Dienst von dem unsrigen gleichermaßen durch seine Natur, durch die erforderlichen Qualifikationen, durch seine Tragweite und durch seine Form. Wenn wir zu einer der Urgemeinde näheren Auffassung zurückgelangen würden, dann würden viele Einwände gegen eine Beteiligung der Frau an der Lehre innerhalb der Gemeinde dahinschwinden.

Besagt das, daß alle Hindernisse gegen eine völlige Gleichstellung der Dienste des Mannes und der Frau aus dem Weg geräumt sind und der Zugang der Frau zu allen Ämtern der Gemeinde biblisch gerechtfertigt ist? Nein, denn es bleibt die Frage nach der Autorität, der wir uns jetzt zuwenden müssen.

Kapitel 11

# „... noch über den Mann zu herrschen"

Der Hauptgrund für diejenigen, die die Frau vom Pastorenamt und von Aufgaben der Gemeindeleitung ausschließen, ist dieses kleine Teilstück des Satzes aus 1Tim 2,12: „noch über den Mann zu herrschen". Wir haben im vorangehenden Kapitel gesehen, daß diese Redewendung nicht so unabhängig ist, wie sie es wäre, wenn Paulus geschrieben hätte: „Ich erlaube der Frau nicht, über den Mann zu herrschen". Sie ist verknüpft mit der vorangehenden Formulierung: „Ich erlaube aber einer Frau nicht, zu lehren *noch über den Mann zu herrschen.*" Was Paulus der Frau versagt, ist eine „Lehre mit Autorität". Übrigens ist das Wort Autorität die Übersetzung eines sehr kräftigen Ausdrucks, der eine mißbräuchliche, widerrechtlich erworbene, herrschsüchtige Autorität andeutet, eine Autorität, die man sich selbst herausgenommen hat. Man kann daher nicht *jede* Autorität für die Frau aufgrund dieser Formulierung leugnen.

Ist diese Frage durch diese Feststellung exegetisch geregelt? Nein, denn 1. fährt Paulus fort, indem er sein Verbot mit einem Schöpfungsargument begründet, in dem der Begriff der Autorität wieder auftritt: „Paulus beruft sich auf die Schöpfungsordnung und zeigt damit, daß er seine Weisungen nicht von der damaligen, gesellschaftlichen Stellung der Frau herleitet (vgl. 1Kor 11,2-16)." (A. M. Stibbs, *Kommentar zur Bibel*, Neues Testament, S. 456). 2. Der Gedanke des „Hauptes" und der Unterordnung findet sich immer wieder in vielen Texten der Schrift.

*Das Wesen der Feminismen*

Für viele Christen sind die jüngsten Diskussionen über die Stellung der Frau in der Gemeinde nichts anderes als der Widerhall der Frauenbewegung (in Deutschland: Allgemeiner deutscher Frauenverein, Deutscher Frauenring u.a.) auf die religiöse Welt.

Da die Frau Gleichheit mit dem Mann auf allen Gebieten erlangt hat, warum gesteht man sie ihr nicht auch in der Gemeinde zu? Anders ausgedrückt: Man will sich einfach „der heutigen Zeit anpassen", alle aktuellen Zugeständnisse sind daher ein Zeichen für die Verweltlichung der Gemeinde.

Welchen Wahrheitsgehalt haben diese Vorwürfe? Worin besteht das Wesen des Feminismus? Welchen gemeinsamen Nenner haben der Laien-, der religiöse und der evangelikale Feminismus?

*Der Laienfeminismus*

Der *Laien-* oder *politische Feminismus* entstand in Frankreich mit den Revolutionen von 1789, 1830 und 1848. Im Jahr 1789, parallel zur Erklärung der Menschenrechte, hat Marie Olympe de Gouge ihre „Erklärung der Frauenrechte" veröffentlicht. Die Revolutionäre von 1830 und 1848 haben die „jahrhundertlange Unterdrückung der Frau" gebrandmarkt und ihre „Befreiung" gefordert, ihre „Emanzipation" und einen Platz, der dem des Mannes in der Gesellschaft gleichkommt. Diese Stimmen haben zu ihrer Zeit kaum ein Echo gefunden. Der Feminismus ist tatsächlich ein neues Phänomen. Er hängt hauptsächlich mit dem Erscheinen des Buches von Simone de Beauvoir (*Das andere Geschlecht,* 1949, dt. 1951) zusammen und hat sich erst im Laufe der siebziger Jahre entwickelt. Sein wichtigstes Anliegen ist „der Wille zur Gleichheit unter den Geschlechtern, der Willen zum Gleichsein, zu Ähnlichkeit oder Analogie, manchmal sogar zur gegenseitigen Ergänzung" (G. Fraysse, *Encycl. Universalis,* Suppl. I, 1990, S. 831). „Die Gleichheit unter den Geschlechtern ist die notwendige Utopie des Feminismus" (ebd.).

„Nach Simone de Beauvoir ist jeder polare Gegensatz zwischen Mann und Frau erworben, d.h. gesellschaftlich bedingt." Die Frau unterscheidet sich daher vom Mann nur „durch die Gestalt ihres Körpers und durch die Funktionen, die darin ihren Ursprung haben." (F. J. Buytendijk, *Universalis,* Vol. 6, S. 978). In „Das andere Geschlecht" schrieb Simone de Beauvoir: „Man kommt nicht als Frau zur Welt, man wird es erst." Evelyne Sullerot bemerkt einen Zwiespalt, der die feministische Bewegung schwer belastet: Wenn sie einerseits fordert, daß die Frau dieselben Rechte bekommt wie der Mann, dann neigt sie dazu, die biologischen und psychologischen Unterschiede zu leugnen, die sie vom Mann unterscheiden; und andererseits zielt sie darauf ab, die Originalität ihrer Person zu verherrlichen: „Was wollen wir?" fragt sie sich, „den Männern mehr ähneln oder unsere Eigentümlichkeit zum Ausdruck bringen?" (*Le fait féminin*, Paris, Fayard 78, zitiert nach Tournier, 79, S. 110). Die Frau, sagt Régine Pernoud, sollte „dieser Welt ihr eigenes Gepräge geben, denn genau das ist es, was unserer Gesellschaft fehlt", und nicht damit zufrieden sein, den Mann nachzuahmen, „um als fähig beurteilt zu werden, dieselben Berufe auszuüben und das Verhalten ihres Partners bis hin zu seinen Bekleidungsgewohnheiten zu übernehmen" (*Pour en finir avec le Moyen-Age*, Paris, Seuil 1979).

Obwohl Feministen der zweiten Generation diese „Androgynie" als eine „Anomalie" erkannt haben, weil die Verschiedenheit zwischen den Geschlechtern „den entscheidenden sozialen Sachverhalt" darstellt (G. Gilder, *Sexual Suicide*, S. 63), wurde der Zugang zu allen Ämtern der sozialen und politischen Hierarchie die Haupttriebfeder der feministischen Forderungen. „In Großbritannien waren in den sechziger Jahren immer noch zwei Berufe für Frauen verboten: Das Pastorenamt und die Börsenberufe. Aber 1973 hat die Börse kapituliert. Das Pfarramt in gewissen Kirchen bildet daher in unseren Tagen die einzige Aufgabe, welche Frauen nicht ausüben können" (J. Stott, 89, S. 134). Aber diese Barriere ist auch gefallen.

Die Kirche, die der einzige Bereich bleibt, in dem die Frau nicht dieselben Positionen erreichen kann wie ihre männlichen Kollegen, übt auf den Geist der Feministen eine ähnliche Faszination aus wie der einzige Baum im Paradies, dessen Früchte verboten waren. Ist es verwunderlich, daß die Anstrengungen der verschiedenen Feminismen sich darauf konzentriert haben? Wie Letham kann man einen religiösen, einen christlichen und einen evangelikalen Feminismus unterscheiden (*Themelios* 4-5.92).

*Der religiöse Feminismus*

Der religiöse Feminismus ist einfach intensiv damit beschäftigt, das feministische Ideal auf religiösem Gebiet genauso wie auf allen Sektoren des öffentlichen Lebens triumphieren zu sehen. Der christliche Feminismus ist entscheidend geprägt worden durch die Schriften von R. R. Ruether und Elisabeth Schuessler-Fiorenza. Die letztere bekämpft den Gedanken, daß die Bibel als Richtschnur Autorität hat. Ihre Urheber, sagt sie, lebten im Rahmen einer patriarchalischen Gesellschaft, sie haben daher für uns keine Autorität. Bezugspunkte für uns sind das Leben und der Dienst Jesu, die im Licht der menschlichen Erfahrung interpretiert werden. Da jedoch all diese Texte von Männern aus einer „androzentrischen" Perspektive geschrieben wurden, muß man sie skeptisch und kritisch bewerten. Ihre „Gynozentriertheit", sagt Letham, tendiert in Richtung eines Neopaganismus.[83]

*„Evangelikaler" Feminismus?*
Selbst der „evangelikale" Feminismus einer Mary Evans (*Woman in the Bible*, Eerdmans 1983) oder einer Elaine Storkey (*What's right with Feminism*, Eerdmans 1985) ist sehr selektiv im Gebrauch theologischer Modelle. Gewiß, für die evangelikalen Feministen bleibt die Bibel die höchste Autorität. Ihr Ziel ist es aber, die völlige Gleichrangigkeit von Mann und Frau zu beweisen, von denen daher jeder Zugang zu allen Ämtern in der Gemeinde hat. Sie gehen im allgemeinen so vor, daß sie die einschränkenden Texte durch örtliche (Verwirrungen in Korinth, Irrlehre in Ephesus) oder durch kulturelle Umstände (die Stellung der Frau in der antiken Gesellschaft) erklären. Die Bibelabschnitte, die an eine strukturelle Mann-Frau-Beziehung erinnern,

---

[83] Die päpstliche Bibelkommission unterscheidet drei Formen des Feminismus: 1. Eine radikale, anthropozentrische Form, die der Bibel keinerlei Autorität zugesteht, 2. eine neoorthodoxe Form: die Bibel wird als prophetisches Buch im Kanon verstanden und 3. eine kritische Form, die sich darum bemüht, die Stellung und die Rolle der Bibel wiederzuentdecken. „In dem Maße, in dem die feministische Exegese sich auf die Entscheidung für eine bestimmte Überzeugung gründet, setzt sie sich dem Vorwurf aus, die biblischen Texte auf tendenzielle und daher fragwürdige Art zu interpretieren" (*L'interprétation de la Bible dans l'Eglise*, Cerf, Paris 1994, S. 60).

werden unschädlich gemacht, indem dem Wort *kephalae* (Haupt) eher die Bedeutung Quelle als die Bedeutung Haupt oder Autorität gegeben wird. Die Argumente, die zu einer Position führen sollen, die „jenseits der mit dem Geschlecht verbundenen Rollen" liegt (G. Bilezikian: *Beyond sex roles,* 1985) haben eine gewisse innere Logik, aber in ihrer Gesamtheit erzeugen sie einen anderen Klang als das unvoreingenommen gelesene biblische Zeugnis. „Die Schwierigkeit bei den meisten Büchern, die zu Recht die Ebenbürtigkeit von Mann und Frau verteidigen, liegt darin, daß sie das im allgemeinen tun, indem sie den Begriff des 'Hauptes' aus dem Weg räumen oder ihn auf einen Anachronismus ohne Bedeutung (für uns) reduzieren" (R. P. Stevens, 92, S. 21).

Wenn man die Prämissen jedes Verfassers akzeptiert, so läßt sich jeder Bibelabschnitt zurechtbiegen, so daß er sich in sein Gedankenschema einfügt, aber wenn man zu einer unbehinderten Lektüre des Wortes Gottes zurückfindet, so erscheint ein anderes Bild: Auch wenn sie vor Gott gleichwertig sind, wurden der Mann und die Frau verschiedenartig und für verschiedene Rollen geschaffen. Aus diesem Grunde kann ein bereitwilliges Hinhören auf das biblische Zeugnis nicht zur Einnahme einer feministischen Position führen. Deshalb ist es auch nicht richtig, diejenigen als Feministen zu bezeichnen, die der Frau den Platz geben wollen, den Jesus und die Urgemeinde ihr gegeben haben und dabei gleichzeitig dem Mann gewisse Funktionen vorbehalten.

*Verweltlichung der Gemeinde?*
Ebenso ungerecht ist es, von einer Verweltlichung der Gemeinde zu sprechen. In allen Jahrhunderten und lange bevor feministische Bewegungen in politischen Kreisen entstanden, haben Frauen in der Gemeinde viel wichtigere Aufgaben gehabt als in der Welt. Sie haben einen beträchtlichen Einfluß ausgeübt. W. Liefeld und R. Tucker haben das in ihrer umfangreichen Geschichte der Frauen in der Kirche (*Daughters of the Church*) bewiesen. „Die Geschichte der Religion", sagen sie, „ist wahrscheinlich das einzige Gebiet der Geschichte, auf dem die Frauen eine so einflußreiche Rolle gespielt haben – obwohl man ihnen jede Autori-

tätsstellung systematisch vorenthalten hat" (Tucker/Liefeld, 87, S. 15).

Daß die Entwicklung der sie umgebenden Gesellschaft die christliche Gemeinde dazu geführt hat, ihre Einstellung gegenüber der Frau zu überprüfen, ist unleugbar, aber, wie C. Powell sagt, „das moderne kulturelle Klima hinsichtlich der Frauenfrage kann auf ein der Wahrheit entsprechendes exegetisches Verständnis negativ abfärben, doch ist es auch möglich, daß es gegenwärtig ein falsches Erfassen der Vergangenheit *richtigstellt*" (92, S. 19) – wie es im 19. Jahrhundert bei der Sklavenfrage der Fall war.

Es ist genauso unleugbar, daß viele große Kirchen sich dem Beispiel der Welt angeschlossen haben, indem sie den Frauen den Einstieg in *alle* Positionen kirchlicher Hierarchie gewährten: Pastor, (anglikanischer) Priester, Prälat oder Superintendent und Bischof. Diese Beispiele entfernen sich in zweierlei Hinsicht von der biblischen Vorgabe. 1. Diese Art kirchlicher Hierarchie gab es in der Urgemeinde nicht. 2. Die Leitungs- und Autoritätsaufgaben waren auf die Männer begrenzt. Aber vergessen wir nicht, daß die Männer jahrhundertelang das Machtmonopol besaßen und das Rederecht beschlagnahmt hatten, und zwar auf gerader Linie mit dem, was in „der Welt" ablief – die dann diesen offensichtlichen Konformismus anprangerte.

Die sich an das Wort Gottes halten wollen, können sich daher nicht in dieser Richtung einsetzen, aber dann hat man auch nicht das Recht, ihnen Verweltlichung vorzuwerfen, weil sie der Frau den ihr von Gott bestimmten Platz geben wollen.

Was ist die Lehre der Heiligen Schrift über den jeweiligen Platz des Mannes und der Frau?

## Ist die sexuelle Differenzierung wissenschaftlich bewiesen?

Im allgemeinen behaupten die Feministen, daß alle Unterschiede zwischen dem Mann und der Frau – mit Ausnahme der Unterschiede bei der äußeren Erscheinung und bei den Reproduktionsorganen – keine Basis haben, nicht einmal im Wesen des Mannes oder der Frau. Nach ihrer Meinung sind das erworbene Eigenarten, die durch Erziehung und durch soziale Archetypen eingehämmert wurden. In einem Artikel des *Journal of the Evangelical Theological Society* (Nr. 30/1; März 1987) versucht Robert D. Culver auf die Frage zu antworten: „Widerlegen die neueren wissenschaftlichen Forschungen die Behauptungen des radikalen Feminismus und bestätigen sie die biblischen Normen menschlicher Sexualität?" Er hat Hunderte von Büchern und wissenschaftlichen Abhandlungen auf den Gebieten der Anthropologie, der Psychobiologie, der Genetik und der Soziologie durchgesehen.

Im Bereich der Anthropologie zitiert er Dr. Béatrice Hamburg, die Forschungen zusammenfaßt, die in mehr als 600 verschiedenen Gesellschaften durchgeführt wurden. Überall verhalten sich Männer anders als Frauen, sie sind herrschsüchtiger und weniger empfindsam. Im allgemeinen werden die Kulturen um die Männer herum organisiert. „Die institutionelle Unterordnung der Frauen ist weiter verbreitet und umfassender als das, was man ausschließlich als Variationen der Herrschsucht oder der Aggression erklären kann. Sie muß eine biologische Grundlage haben" (vgl. Stephen B. Clark: *Man and Women in Christ*).

Nach dieser Feststellung hat sich R. D. Culver der Biologie zugewandt. Er zitiert unter anderem Melvin Konner, der sich auf Arbeiten von elf weiblichen Spezialisten beruft, die ihr Leben dem Studium des Gehirns, der Hormone oder dem des menschlichen oder tierischen Verhaltens gewidmet haben. „Jede von ihnen hat sich besonders um eine klare Antwort auf die Frage bemüht, ob die Abweichungen beim Verhalten der beiden Geschlechter eine biologische Grundlage haben. Ohne eine einzige Ausnahme ist ihre Antwort positiv ... Die Geschlechter sind unheilbar andersartig, von einer Verschiedenartigkeit, die ihr Fundament in der Biologie hat und die weit über die körperlichen Vorgänge und die Funktionen der Reproduktion hinausgehen ..."

„Die durch die endokrinen Drüsen im Mann und in der Frau hervorgebrachten Hormone unterscheiden sich stark genug, um Unähnlichkeiten in der Emotionalität, in der kognitiven Kompetenz und bei den Handlungen zu erzeugen, die sich aus den Gefühlen und den Gedanken ergeben ... Diese Unterschiede treten schon vor der Pubertät auf, also zu einer Zeit, in der die sexuellen Hormone nicht in genügender Menge vorhanden sind, um die Unterschiede zu erklären ... 1973 wurde bewiesen, daß das männliche und weibliche Gehirn sich sogar in ihrer Struktur voneinander unterscheiden ... Experimente, die mit Babys durchgeführt wurden, haben gezeigt, daß die neugeborenen Mädchen anders reagierten als die kleinen Jungen: sie antworteten zum Beispiel viel öfter auf das Schreien anderer Kinder – wie sie es später als Mütter tun werden, während der Vater weiterschlafen wird."

Während einer Konferenz, die am 29. 1. 1977 vor einer feministischen Zuhörerschaft in der Akademie der Wissenschaften in New York stattfand, sagte Helen Block Lewis, daß der Unterschied zwischen einem Mann und einer Frau genetisch viel wichtiger ist als der zwischen einem Weißen und einem Schwarzen, denn im letzten Fall gibt es keine Differenzierung zwischen den Chromosomentafeln, „aber bei den Geschlechtern, macht es einen Unterschied von gewaltiger Wirkung, ob man ein XX oder ein XY als 23. Chromosomenpaar hat".

Auf die in seinem Titel gestellte Frage antwortet R. D. Culver daher mit einem massiven Ja: Ja, die wissenschaftlichen Forschungen widerlegen die Behauptungen des radikalen Feminismus und bestätigen die biblischen Normen menschlicher Sexualität. Und dieses Ja steht den auf Gleichheit ausgerichteten Mutmaßungen der Feministen total entgegen.

In „Le fait féminin" (Paris, Fayard 1978) bestätigt Evelyne Sullerot, die sich auf die Arbeiten von René Zazzo stützt, den biologischen Ursprung der sexuellen Unterscheidung, speziell den der Dominanz des Interesses bei Männern für Dinge und bei Frauen für Personen. Von Kindheit an ist die „verbale Überlegenheit bei den Mädchen" zu bemerken, die die Kommunikation mit Personen begünstigt, die „Überlegenheit der räumlichen Fähigkeiten bei Jungen", die sie für technische Brauchbarkeit, für das Studium der *Dinge*, die den Raum ausfüllen, prädisponiert.

Diese Unterschiede sind bedingt durch eine asymmetrische Spezialisierung der beiden Hirnlappen: Das gewöhnlich in der linken Hirnhälfte gelegene Sprachzentrum ist auch das, womit wir Personen wahrnehmen. Das ist bei Frauen besser entwickelt. Die rechte Hirnhälfte „ist stärker beteiligt bei der Behandlung der globalen, nicht verbalen und räumlichen Aufgaben": das sind ja die Gebiete, auf denen der Mann hervorragt. „Das könnte die Vorliebe der Männer an großen abstrakten Theorien und den Hang der Frauen an kleinen konkreten Einzelheiten erklären" (P. Tournier, 79, S. 44).

## Die Unterordnung der Frau: eine vorläufige Bestimmung?

„Die Vorschriften des Paulus über die Unterordnung der Frau", sagt A. Hauge, „müssen vor allem als ein Ausfluß seiner missionarischen Prinzipien verstanden werden: um der Sache des Evangeliums willen müssen die Christen, wenn möglich, die laufenden Sitten übernehmen und jeden unnötigen Stein des Anstoßes vermeiden" (92, S. 10). Nun konnte in Griechenland, wie wir gesehen haben, eine Frau prophetisch reden, aber nicht lehren. Für Paulus war die Einschränkung der Redefreiheit der Frauen unter gewissen Umständen notwendig, um die römischen und griechischen Moralisten nicht aufzuregen. Gleichzeitig vermied er es ebenso, die Juden zu verstimmen. Ben Sirach hatte gesagt: „Eine Frau, die wenig spricht (oder: die still ist) ist ein Geschenk des Herrn" (26,14).

### *Hat Paulus die Unterordnung der Frauen aus „missionarischer Anpassung" gefordert?*

Hat Paulus aus diesen Gründen – ausschließlich oder grundsätzlich – der Frau eine gewisse Form der Lehre untersagt und sie aufgefordert, sich unterzuordnen?

„Die größten Schwierigkeiten für einen biblischen Feministen (d.h. für jemanden, der die Autorität und die Gesamtheit des biblischen Textes anerkennt) kommen aus den Pastoralbriefen", sagt A. Padgett (87, S. 40), denn sie verlangen eindeutig die

Unterordnung der Frau unter ihren Mann. In Tit 2,4f fordert der Apostel die älteren Frauen auf, die jungen Frauen zu lehren, „sich ihrem Mann unterzuordnen". Dieser Abschnitt befindet sich innerhalb einer „Hausordnung", in der die Aufgaben der älteren Männer und Frauen, der jungen Frauen und Männer wie auch der Sklaven aufgeführt sind. Wir finden andere Hausordnungen dieser Art in Eph 5,22-6,9; Kol 3, 18-21; 1Petr 3,1-7. Alle sprechen von der Unterordnung der Frau. Diese Ordnungen finden sich anderswo in der hellenistischen Welt, und sie stellen in den Schriften der Stoiker die griechisch-römische Norm dar (s. Balch, 81). Das römische Ideal war die Unterordnung der Frau. Die Römer haben die Kulte des Dionysos, der Isis und anderer religiöser Gruppen, welche die Stellung der Frau heraufsetzten, ungern gesehen oder sogar verboten (Balch, 81, S. 63.74).

In der Familienordnung aus Tit 2,1-10 empfiehlt der Apostel Paulus den Christen die Tugenden, die auch in der hellenistischen Welt sehr geschätzt waren. Für die Frauen „sind Wörter wie *philandros* (die den Ehemann liebt), *philoteknos* (die die Kinder liebt) und *oikourgos* (die im Haus arbeitet) typisch für die hellenistische häusliche Ethik und ebenso für das Gebot der Unterordnung. Die Ausdrücke, die verwendet werden, um die Männer zu ermahnen, sind ebenso typisch: *sophron* (besonnen), *naephalios* (nüchtern) und *semnos* (ehrbar)" (A. Padgett, 87, S. 48).

Der Beweggrund für diese verschiedenen Anweisungen wird am Ende der Verse 5, 8 und 10 gegeben: „damit (*hina*) das Wort Gottes nicht in Verruf gerät ... damit (*hina*) die Gegner beschämt sind, da sie nichts Nachteiliges über uns vorzubringen haben ... um (*hina*) in allem der Lehre Gottes, unseres Erlösers, Ehre zu erweisen." Der Grundgedanke ist es daher, die Kritik der Heiden zu vermeiden und das Wort Gottes (nämlich das Evangelium) attraktiv (*kosmosin* V. 10) zu machen. In 1Tim 6,1 hat Paulus schon denselben Grund angegeben: „damit der Name Gottes und unsere Lehre nicht in Verruf geraten" (vgl. 1Petr 2,18).

„Wenn Paulus die Gleichheit von Mann und Frau verteidigt", fragt A. Padgett, „weshalb verlangt er dann von den Frauen, daß sie untertan sind? Die in Titus gegebenen Gründe zeigen alle in dieselbe Richtung: um des Evangeliums willen" (87, S. 50). Das Christentum wurde als eine aufständische Bewegung aufgefaßt. Die Römer verurteilten die Religionen, welche die Gleichwertigkeit von Mann und Frau verkündeten. Obwohl Paulus weiß, daß in Christus Männer und Frauen gleich sind, verlangt er von den Frauen, auf die Behauptung zu verzichten, daß sie dem Mann gleichgestellt sind und sich ihren heidnischen Ehemännern unterzuordnen, damit das Evangelium auf keinen Widerstand stößt. In Übereinstimmung mit 1Kor 10,32f war Paulus bereit, Zugeständnisse bei nicht wesentlichen Punkten zu machen und auf gewisse Rechte und Privilegien zu verzichten, um die zu gewinnen, die dem Glauben noch fern standen.

Es geschieht also aus „missionarischer Anpassung", daß er die Frauen auffordert, sich unterzuordnen. „Aber heute", schließt Padgett, „leben wir in einer anderen Situation. Mehr als für irgend etwas anderes wird die Kirche diffamiert, weil sie weiterhin auf der Unterordnung der Frau besteht. Das bedeutet, daß wir uns in einer völlig umgekehrten Situation wie Paulus befinden … Die Gründe, die er in Titus 2 angibt (*damit ..., um zu ...*) zeigen mir, daß Paulus nicht ein für alle Zeiten gültiges Gesetz festlegen, sondern Marschanweisungen für die Gemeinde geben wollte, so daß das Evangelium voranschreiten und alle Völker erreichen konnte" (87, S. 51f).

*Einwände*

Dieser Abschnitt aus Titus 2 unterstreicht sicher eine der Begründungen für die verschiedenen Ermahnungen, unter anderem für die an die Adresse der Frau. 1Petr 3,1 fordert dieselbe Unterordnung, „damit, wenn einige Ehemänner dem Wort nicht gehorchen, sie auch ohne Worte durch die Lebensführung ihrer Frauen gewonnen werden". Aber Eph 5,22-24 und Kol 3,18 motivieren die Anweisung der Unterordnung nicht mit denselben Gründen. Im Epheserbrief ist die Unterordnung der Frau Teil einer Serie: „indem ihr euch in der Furcht Christi einander unterordnet"; sie hat als Vorbild die Unterordnung der Gemeinde unter Christus (wie in 1Kor 11,3). Kol 3,18 sagt einfach: „wie es sich im Herrn gehört" (nämlich für die Frauen, die dem Herrn angehören). Demnach gibt der Apostel an dieser Stelle Gründe an, die nicht an eine bestimmte Epoche gebunden sind.

Außerdem ist in Titus 2,4-5 nicht nur die Unterordnung unter den Ehemann mit dem Nebensatz verbunden: „damit das Wort Gottes nicht in Verruf gerät." Die jungen Frauen sollen durch die älteren Frauen „zur Besonnenheit angeleitet werden, zur Liebe für ihren Mann und für die Kinder, zur Führung eines ausgeglichenen und unbefleckten Lebens und dazu, daß sie gute und arbeitsfreudige Hausfrauen sind". Sollten alle diese Eigenschaften ebenfalls als zeitlich begrenzte Werte einzuordnen sein, die nur in der hellenistischen Epoche geschätzt wurden und daher heute abzulehnen sind?

P. Wells sträubt sich gegen die Idee, daß die Verfasser „die Gedanken ihrer Epoche übernommen haben, ohne sich um ihren Wahrheitsanteil in Bezug auf den Glauben zu kümmern ... Die Bibel übernimmt Ideen, die aus der Zeit stammen, in der sie geschrieben wurde, ausschließlich, wenn diese der Wahrheit der Offenbarung entsprechen ... Was den Dienst der Frau mit Autorität betrifft, so hatten die Apostel alle Gründe, ihn in der Gemeinde einzuführen, da es die äußerst wichtige und in ihrer Epoche verbreitete Rolle der Priesterinnen in den griechischen Religionen gab und die Zustimmung zur geistlichen Gleichstellung von Mann und Frau in Christus vorlag: und doch, sie haben es nicht getan" (93, S. 6).

Schließlich könnte man hier noch aufgreifen, was weiter oben zu 1Tim 2,12 gesagt wurde: Wir finden die Ermahnung zur Unterordnung durch den Heiligen Geist in das für alle Zeiten gültige Wort Gottes eingefügt. Wie kann der einfache Christ, der seine Bibel liest und sie „als reine Wahrheit" aufnimmt, wissen, daß diese Unterordnung einen Teil des hellenistischen Ideals bildete und diese Ermahnung daher hinfällig ist? Ist man außerdem ganz sicher, daß dieses Ideal wirklich für alle unsere Zeitgenossen überholt ist und der Egalitarismus bessere Früchte trägt als die Unterordnung in Liebe?

Wie dem auch sei, wir haben gesehen, wie Claude Baecher sagt, daß „eine Unterordnung der Ehefrau unter ihren Mann sehr präsent ist und bei zahlreichen Gelegenheiten im NT wieder zur Sprache kommt" (92, S. 12). Oder, wie Susan Foh bestätigt: „Das Prinzip der Unterordnung der Frau in der Gemeinde wird von der biblischen Geschichte vom Anfang bis zum Ende unterstützt" (*Fundamentum* 1985/2, S. 54). Das entscheidende Argument gegen den vorläufigen Charakter des Verbots zu lehren, indem sie über den Mann herrscht, ist der Grund, den der Apostel dafür angibt: Statt sich auf die örtlichen Gegebenheiten der Gemeinde von Ephesus zu berufen, zieht er die Berichte über die Schöpfung und den Sündenfall heran. Was lehren uns diese Berichte über die Frau? Paulus führt zwei Punkte an, die wir näher untersuchen müssen: Der Mann wurde zuerst erschaffen, und die Frau wurde durch die Schlange verführt.

## Autorität: eine Sache der Männer?

In einem Buch mit dem Titel: „Autorität: eine Sache des Mannes", will David Pawson „die Grenzen des christlichen Feminismus" (Untertitel des Buches) abstecken. Er begründet mit den (*sehr* frei wiedergegebenen) Berichten aus 1Mo 1 und 2 die Autorität des Mannes über die Frau damit, daß er zuerst geschaffen wurde.[84] Eva war auch die erste, die sündigte, aber das NT macht eher Adam für die Einführung der Sünde und des Todes in die menschliche Rasse verantwortlich als sie (Röm 5,12). Der Sündenfall hat den Kampf um die Macht in Gang gebracht und die *Herrschaft* des Mannes statt seiner *Führung* eingeleitet. Die Patriarchen, die Propheten (mit wenigen Ausnahmen), die Könige und die Priester waren alle Männer. Jesus war ein Mann. Er hat nicht jede Unterscheidung zwischen den Geschlechtern und jeden Unterschied abgeschafft.

---

[84] „Der 'Erstgeborene' ist für die Jüngeren verantwortlich und mit Autorität über sie ausgestattet" (S. 28), weil Eva aus dem Mann gebildet wurde und nicht aus dem Staub, um des Mannes willen (1Kor 11,9) als seine Hilfe geschaffen wurde. Es ist wahr, dieses Wort „beinhaltet in keinerlei Hinsicht eine *Unterlegenheit*, weil es oft verwendet wird, um von der Hilfe zu sprechen, die Gott uns bringt" (a.a.O.).

Indessen „waren seine Beziehungen zu den Frauen völlig einzigartig in der Religionsgeschichte und standen in scharfem Widerspruch zu denen der Rabbiner" (S. 48). „Niemand hat die Frauen mit mehr Hochachtung behandelt, auch die, welche die anderen verachteten" (S. 49). Er „entschied sich dafür, an erster Stelle einer Frau zu erscheinen und es ihr anzuvertrauen, den Männern diese unglaubliche Neuigkeit mitzuteilen" (S. 51).

Aber er hat sich auch „aus freien Stücken dafür entschieden, von drei oder zwölf Männern begleitet zu werden, ohne die Gegenwart einer Frau" (S. 53). Niemals wird das Wort Jünger für eine Frau gebraucht (aber s. Mt 27, 56f: Nach der Aufzählung der Frauen heißt es von Joseph von Arimathia: auch *er* war ein Jünger Jesu), dieses Wort erscheint allerdings auch in der Apostelgeschichte, um Tabitha zu bezeichnen (9,36). „Die *patriarchalische* Natur der Obrigkeit mitten im Volk Gottes setzt sich fort und geht vom alten Bund auf den neuen Bund über" (S. 56). „Nur Männer waren bei der Himmelfahrt dabei, nur Petrus hat am Pfingsttag gepredigt. Das Buch der Apostelgeschichte berichtet von keiner Begebenheit, bei der irgendeine Frau predigte oder lehrte" (S. 61). „Der Lehrstreit um die Frage der Beschneidung wurde von Männern geregelt" (S. 62). Wie im alten Bund ist „die Leitungsaufgabe immer eine Sache der Männer" (S. 63).

*Bewertung*

Pawson gibt die Gleichstellung von Mann und Frau auf der geistlichen Ebene zu, die auch von Paulus bestätigt wird: „kein Rabbiner hat jemals eine Frau ermutigt, etwas zu *lernen*, was es auch sei (1Tim 2,11), und hat auch bestimmt niemals Frauen eheliche Rechte über den Körper ihrer Männer gegeben (1Kor 7,4)" (S. 72). Aber nach Eph 5,21-33; 1Kor 11,2-16; 14,33-38 und 1Tim 2,11-15 untersteht die Frau weiterhin der Autorität des Mannes. „Es ist möglich, daß das Wort 'Haupt' [...] oder 'Haupt' mit der Bedeutung 'Quelle' im klassischen Griechisch verwendet wurde, aber sein biblischer Gebrauch hat durchweg mit Hierarchie und Regierung zu tun. Die griechische Übersetzung des AT, als Septuaginta bezeichnet, verwendet es eindeutig in diesem Sinn (5Mo 28,13; Ri 11,11; Jes 7,8) und diese Bedeutung ergibt gleichfalls einen besseren Sinn für den neutestamentlichen Gebrauch (Eph 1,10.22; Kol 2,10)" (S. 79).

In 1Kor 14, 33-38 „ist Paulus offenbar dabei, die Frauen vom Dialog mit den Lehrern während der Gemeindeversammlungen auszuschließen, ja sogar sie daran zu hindern, Fragen zu stellen!" (S. 83). „Die Debatten und die Dialoge sollen den Männern überlassen werden ... Die Frauen sollen auf gar keinen Fall in einer gemischten Versammlung lehren" (S. 89). „Obwohl er die Frauen von jeder Aktivität ausschließt, die eine *Führerschaft* über Männer einschließt, ermutigt Paulus die Frauen zu zahlreichen Arten von *Diensten*" (S. 91).

„Die Kirchen wurden mehr von Männern beherrscht als von Männern geleitet, wobei die weibliche Natur eher Unterdrückung fand als Freiheit zur Äußerung. Aber eine subjektive Reaktion auf empfangenes Unrecht kann leicht dazu führen, die Waagschale zum anderen Extrem hin zu neigen. Objektiv zu bleiben setzt einen klaren Geist und einen kühlen Kopf voraus" (S. 96).

Pawson kommt zu drei Schlußfolgerungen: 1. Die Gemeinde sollte damit aufhören, Frauen in Autoritätspositionen über Männer zu stellen (wie die Position eines Ältesten oder eines Lehrers für ein gemischtes, d.h. aus Männern und Frauen zusammengesetztes Publikum); 2. den Frauen häufiger Gelegenheiten bieten, einen Dienst auszuüben; 3. den Männern eine bessere Ausbildung für Leitungsaufgaben anbieten (S. 101-105).

Man spürt, quer durch das Buch, daß der Verfasser auf eine Tendenz reagiert, die jede Unterscheidung von Mann und Frau beseitigen will und darauf abzielt, ihre Rollen in der Gemeinde gleichzusetzen, „über die Geschlechterrollen hinaus" zu gehen. Wie jede Reaktion, so läuft auch die von Pawson Gefahr, in die entgegengesetzte Richtung zu gehen. Der Verfasser ist sich dessen bewußt. Die oben wiedergegebenen Zitate zeigen, daß er sich darum bemüht, im biblischen Gleichgewicht zu bleiben, indem er sich einerseits dem männlichen Überlegenheitsgefühl entgegenstellt, das weitgehend die kirchliche Szene der vergangenen Jahrhunderte beherrscht hat, und indem er andererseits den Frauen das Spektrum ihrer Dienste weit öffnet. Seine charismatische Vorstellung von der Prophetie läßt ihn diesen Begriff auf übernatürliche Botschaften beschränken, deren Autorität völlig auf ihrem Urheber beruht, d.h. auf Gott. Das erlaubt es ihm, den Einwand auszuräumen, daß jede Ausübung der prophetischen Rede einen Anteil an Lehre und an Ausübung von Autorität enthält.

Indem er die Verbindung zwischen Lehre und Autorität, die durch die grammatische Form von 1Tim 2,12 („lehren, indem sie über den Mann herrscht") nahegelegt wird, aufhebt, kommt er notgedrungen dazu, der Frau jede Form der Lehre bei gemischtem Zuhörerkreis vorzuenthalten. Dadurch fällt er unter die Entgegnungen, die an anderer Stelle gegen diese radikale Auffassung erhoben wurden (Lehre in schriftlicher Form, durch Lieder ...).

Abgesehen von diesem Punkt ist seine Reaktion jedoch angebracht und gerechtfertigt. In vielen Schriften moderner Autoren bekommt man den Eindruck, daß sie aus der Bibel systematisch jeden Hinweis auf eine Autorität des Mannes und eine Unterordnung der Frau ausmerzen wollen. In den untersuchten „einschränkenden Texten" versuchen sie durch exegetische Raffinessen das Nichtvorhandensein der Idee des Hauptes oder deren Begrenzung auf lokale Umstände zu beweisen. Wer jedoch mit der gesamten biblischen Botschaft vertraut ist, hat sehr schnell den Eindruck, daß ihr Beweis nicht denselben Klang hat wie die Heilige Schrift.

## Unterscheidung zwischen den Geschlechtern und Dienste in der Gemeinde

Das Buch von Wayne Grudem und John Piper *Recovering Biblical Manhood and Womanhood* (Crossways Books, Wheaton 1991) geht in dieselbe Richtung wie das Buch von Pawson (der es empfiehlt), obwohl es dessen oben angesprochene extreme Positionen vermeidet. Eins der feministischen Argumente gegen die Unterordnung der Frau ist die Anweisung, sich *einander* unterzuordnen (Eph 5,21). „Der Schlüssel zu dem Problem", sagen Grudem und Piper, „ist die Beziehung zwischen Christus und der Gemeinde als Modell für die Beziehung zwischen Ehemann und Ehefrau. Ordnen Christus und die Gemeinde sich 'einander' unter? Die Antwort ist 'nein', wenn man darunter versteht, daß Christus sich der Autorität der Gemeinde unterordnet. Sie ist 'ja', wenn Unterordnung bedeutet, daß Christus zum Wohl der Gemeinde das Leiden und den Tod auf sich genommen hat. Die Unterordnung der Gemeinde unter Christus ist jedoch nicht von dieser Art. Sie besteht eher darin, die Autorität Christi anzuerkennen und ihm zu folgen" (S. 10).

Ebensowenig verschafft es Klarheit, den Begriff der Quelle für den des Hauptes einzusetzen. „Wenn 'Haupt' soviel wie 'Quelle' bedeutet, wovon ist der Ehemann die Quelle?" (in Eph 5,23). „Und selbst wenn man dem Wort 'Haupt' die Bedeutung 'Quelle' gibt, so ist die einfachste Deutung dieser Verse, daß der Ehemann von Gott gerufen ist, im Bilde Christi gleichzeitig das Haupt und der Diener der Familie zu sein, sie zu beschützen und für alle ihre Bedürfnisse zu sorgen, während die Berufung der Gattin darin besteht, ihren Mann zu ehren, über die Achtung vor seiner Autorität zu wachen und ihm mit all ihren Begabungen zu helfen" (S. 10f). Diese Worte sind leicht übertragbar auf die Beziehungen zwischen der Frau und den Autoritäten der Gemeinde.

Übrigens sprechen die Schreiber nicht von einer uneingeschränkten Autorität des Mannes, sondern von einer vorrangigen Autorität, indem sie erklären, daß „die Frauen auf gewissen Ebenen und in gewissen Bereichen eine Verantwortung übernehmen können und es oft tun. In der Familie wie in der Gemeinde gibt es Gebiete, wo sie die Initiative zu ergreifen haben: Lehre, Verwaltung, Organisation, Dienst, Zeugnis ... Die Autorität des Mannes ist umfassend und allgemeiner Art zu Hause und in der Gemeinde und besagt nicht, daß er alles im Detail regelt" (S. 11).

Man sieht: Die Auffassung dieser Verfasser ist stärker nuanciert als die von Pawson, sie ist ausgeglichener und entspricht besser der in der Gemeinde erlebten Realität. Den Frauen jede Lehre und jede Position, in der sie eine etwaige Autorität über Männer auszuüben hätten, massiv zu verbieten, ist weder logisch noch biblisch noch realistisch.

In der Tat gibt es, wie wir im Zusammenhang mit 1Tim 1,12 gesehen haben, viele Formen der Lehre, die in der Bibel mit

Gottes Zustimmung von Frauen ausgeübt wurden und erfolgreichen Unterricht, der in allen Kirchen durch Frauen erteilt wurde (z.B. männlichen Kindern), und bei prophetischen Reden, die je nach Fall Zeugnisse, Mitteilungen, Berichte usw. genannt wurden. Das Absolute führt zur Heuchelei.

## Was uns das 1. Buch Mose lehrt

*„Adam wurde zuerst geschaffen, danach die Eva"*

Die Folgerungen aus der Reihenfolge

Paulus stützt sich auf 1Mo 2, um zu sagen, daß Adam als erster geschaffen wurde. Es handelt sich nicht um eine zeitliche Vorrangstellung (die Tiere wurden vor ihm geschaffen); der Apostel bezieht sich auf das Recht des Erstgeborenen, der ein doppeltes Erbteil empfängt (5Mo 21,15-17) und Herr des Hauses mit der Verantwortung für das häusliche religiöse Leben wurde. In diesem Sinn heißt Christus der Erstgeborene, nicht weil er zuerst *geboren* wurde, sondern weil er in allen Dingen den Vorrang hatte (Kol 1,18). Nach dem Recht des Älteren „erbte der Erstgeborene das Recht, über die Güter zu bestimmen, und die Verantwortung zu leiten" (J. Hurley, 81, S. 206).

„Paulus stützt sich auf die durch die Schöpfung gegebene Rangfolge (1Tim 2,13), auf die Art der Schöpfung (1Kor 11,8) und auf den Zweck der Schöpfung (1Kor 11,9) ... Die Frau wurde nach dem Mann, aus dem Mann und um seinetwillen erschaffen" (J. Stott, 89, S. 150).

Adams Autorität erscheint ebenso in der Tatsache, daß er den Tieren und seiner Frau Namen gab (1Mo 2,19-23). Das Recht der Namensgebung ist ein Autoritätsrecht über die, die einen Namen erhalten.[85]

---

[85] „Adam hat Eva 'Frau' genannt; nun aber bezeichnet die Macht, einen Namen zu geben, ... die Existenz einer Autorität" und Eva ist um Adams willen geschaffen worden, um ihm ein Gegenüber in seinem Dienst für Gott und in seiner Verwaltung der Erde zu sein" (J. Hurley, 81, S. 214).

„Das Gegenüber von Mann und Frau ist nicht eine einfache Gegenseitigkeit, die man genauso gut von rechts nach links wie von links nach rechts lesen kann. Der Apostel Paulus hat aus diesem Bericht entnommen, daß der Mann das Haupt der Frau ist (1Kor 11,3) und daß man der Frau in den Gemeinden, in denen Timotheus tätig ist, nicht ein mit Autorität ausgestattetes Lehramt anvertrauen kann (1Tim 2,12). Geben wir nicht demagogisch der Versuchung nach, das zu verschleiern; so ist die Lehre der Heiligen Schrift, ob sie unserer Zeit zusagt oder nicht" (H. Blocher, 79, S. 97f).

Nach 1Mo 2,24 „ist es der Mann, dem die Initiative zur Gründung eines neuen Heimes obliegt. Vor allem empfängt die Frau von dem Mann ihren Namen ... Durch dieses Detail zeigt der Text unzweideutig, daß eine Ordnung die Beziehung zwischen den Geschlechtern regelt ... In der Beziehung zwischen den Geschlechtern liegt das Vorrecht der Autorität, die Vertretung Gottes, auf der männlichen Seite" (a.a.O., S. 99).

*Eine fortwährende Vorgabe der Heiligen Schrift*
Diesen Begriff des „Hauptes" (des Chefs, des Verantwortlichen) haben wir schon in 1Kor 11 entfaltet gesehen. Er findet sich in allen Schriften des Neuen Testament, die die Beziehungen zwischen Mann und Frau behandeln. Zu 1Tim 2,12-14 macht John Stott eine interessante Bemerkung über den Aufbau dieses Abschnitts: „Paulus verwendet zwei Gegensätze. Der erste stellt das 'schweigende Lernen' (oder das 'Lernen im Frieden') dem 'Lehren' gegenüber und der zweite 'dem völligen Unterordnen' das 'über jemanden Herrschen'. Der zweite Gegensatz ist grundlegend: Er greift die unveränderliche Lehre des Paulus über die Unterordnung der Frau und die Rolle des Mannes als Haupt auf und gründet sich auf die Gegebenheiten der Schöpfung (V. 13) ... ; der erste Gegensatz die Aufforderung zu schweigen und das Verbot zu lehren scheinen eher eine *Äußerung* des zweiten Gegensatzes zwischen Autorität und Unterordnung zu sein als dessen *Ergänzung*. Kein mit dem Unterschied zwischen den Geschlechtern verknüpfter Aspekt scheint die Frauen zwangsläufig für immer ungeeignet zu machen, die Männer zu lehren. Daher

unsere Frage: wenn es stimmt, daß die Forderung nach der 'Unterordnung' eine permanente und allgemeine Geltung hat, weil sie ihre Wurzeln in der Schöpfung hat, ist die Forderung nach dem 'Schweigen' wie die nach dem Tragen des 'Schleiers' in 1Kor 11 nicht einfach ein Ausdruck der Kultur, die sich an den Praktiken des 1. Jahrhunderts ausrichtet? Das Verbot für die Frauen zu lehren ist demnach vielleicht nicht absolut, sondern beschränkt sich auf Formen der Lehre, die das Prinzip der männlichen Verantwortung verletzen" (J. Stott, 89, S. 163).

Man könnte daher die Überlegung von J. Stott mit dem folgenden Schema aufgreifen:
- *Grundlegendes Prinzip;*
- *permanent und allgemeingültig:* ganze Unterordnung *im* Gegensatz zur Herrschaft;
- *kultureller Ausdruck*: schweigendes Lernen *im Gegensatz zum* Lehren.

Obwohl er die Ablehnung des Lehrens relativiert, behauptet J. Stott „die Notwendigkeit der 'Unterordnung'", die „eine permanente und allgemeine Gültigkeit hat, da sie in der Schöpfung verwurzelt ist".

Adam, dem von Gott die Verantwortung für das Paar übertragen wurde, hat seine Verantwortung nicht wahrgenommen: Er hat der Eva die Initiative für den Ungehorsam gelassen und das von Gott gegebene Gebot übertreten (1Mo 2,18-24).

Deshalb legt Paulus in Röm 5,12-19 neunmal die Verantwortung für die Schuld dafür, daß die Sünde in die Welt gekommen ist und die ganze Menschheit in den Fall hineingezogen hat, auf Adam: „durch einen Menschen ist die Sünde ... der Tod herrschte von Adam ... die Übertretung Adams ... des einen Übertretung ... durch den einen, der sündigte ... von einem zur Verdammnis ... die Übertretung des einen ... durch eine Übertretung ... durch des einen Menschen Ungehorsam." „Der Fall der Menschheit entstand in einer Umkehrung der durch Gott aufgestellten Ordnung. Statt daß Adam die Eva in den Gehorsam führt, führt Eva den Adam in das Verderben" (D. Bergèse, 5/93, S. 8).

## *Hat Eva größere Schuld als Adam?*

Die Schlange hat Eva getäuscht, so daß „sie dem Gebot nicht gehorchte". Weshalb kehrt Paulus hier die Rollen um, die er in Röm 5 definiert hat? Es ist nicht unmöglich, daß die Auseinandersetzung mit gnostischen Ideen, die der Eva die Rolle einer Anstifterin und einer Vermittlerin (s. Kap. 10) zugewiesen haben, den Apostel dazu geführt haben, die unglückliche Initiative der Eva im Bericht vom Sündenfall zu unterstreichen. Die jüdische Tradition hat die Hauptverantwortung für den Fall auf die Schultern der Frau gelegt. „Mit einer Frau, sagt Jesus Sirach, hat die Sünde angefangen und ihretwegen müssen wir alle sterben" (Sir 25,24). „Die falsche Überlieferung ..., die der Frau das ganze, oder fast das ganze Gewicht der Schuld gibt, widerspricht der Intention des Berichts, weil er den Bruch in dem Augenblick eintreten läßt, in dem *der Mann* von der verbotenen Frucht ißt und weil er die Todesstrafe in dem Urteil gegen den *Mann* ausspricht" (H. Blocher, 82, S. 84).

Die jüdische Tradition wurde leider von vielen Kirchenvätern übernommen. Tertullian schrieb: „Frau, du bist die Pforte des Teufels. Du hast so leichtfertig das Bild Gottes zerstört: den Mann. Deinetwegen war es, daß der Sohn Gottes hat sterben müssen; du solltest immer in Trauerkleidern und Lumpen einhergehen, um völlige Sühnung für das zu leisten, was in dir von der Eva stammt – ich meine die Schande der ersten Sünde und der widerliche Charakter, der ihr anhaftet damit, daß sie die Ursache des Verderbens für die Menschheit gewesen ist" (*De cultu feminarum,* 1.1). Aber in Wirklichkeit ist die Schuld Adams viel schwerer als die der Eva. „Eva hat gesündigt, weil sie betrogen worden ist, Adams Sünde geschah mit offenen Augen" (D. Guthrie, 69, S. 77). E. H. Bancroft verwendet denselben Ausdruck: „Adams Ungehorsam erfolgte mit offenen Augen und überlegt, statt seiner Frau zu helfen, Gott zu bitten, ihr zu vergeben und ihn selbst zu beschützen. Ihm war die Warnung erteilt worden. Er war der Anführer der Rasse und hat sie in die Sünde hineingezogen" (60, S. 182). Wie Bilezikian zu verstehen gibt, hat Adam das Verbot, von der Frucht des Baumes zu essen, direkt von Gott gehört. Eva hat es nur durch die Verbindung über ihn erfahren.

Vergessen wir aber auch nicht, daß Paulus dieses Argument vorbringt, um seine Ablehnung dagegen verständlich zu machen, daß er den Frauen eine bestimmte Art der Lehre anvertraut. Will Paulus sagen, daß die Frau nicht lehren kann, weil sie leichter zu täuschen ist?

*Kann die Frau leichter getäuscht werden als der Mann?*

Die Schöpfungsordnung, an die Paulus gerade erinnert hat: zuerst Adam, danach Eva, ist bei der Versuchung umgekehrt worden: Die Schlange hat sich nicht an den Mann gewandt, sondern an die Frau. Weshalb? Wußte sie, daß die Frau leichter getäuscht werden kann, weil sie Argumenten affektiver Art eher zugänglich ist? Hat Paulus ihr vielleicht aus diesem Grunde das Lehren verboten? Eine der Thesen zur Erklärung dafür, daß Paulus der Frau verboten hat zu lehren, ist die „größere Neigung des schwachen Geschlechts dazu, betrogen zu werden" (D. Guthrie, 69, S. 77), weil also Frauen für Irrlehren offener sind.

Diese These hat tiefe Wurzeln in der Kirchengeschichte. Johannes Chrysostomus sagte: „Die Frau hat einmal gelehrt und sie hat alles zerstört. Das ist der Grund, weshalb Paulus ihr zu lehren verbietet" (*Hom.* IX, 1). Augustin sagte auch: „Weil sie die leichtgläubigere war, machte die Schlange sie zu ihrer Komplizin" (*Civitas dei*, XIV, 11).[86]

Es ist sicher, daß der Versucher seine Gründe hatte, wenn er sich lieber an die Frau als an den Mann wandte. Darunter gab es das, was Petrus die „Schwäche" ihres Geschlechtes nannte.

---

[86] Der Pater Spicq begründet die offizielle Lehre der katholischen Kirche mit zwei Details aus V. 14: „Der Aorist betont, daß diese Möglichkeit der Verführung fortbesteht. Sie ist sozusagen das Besondere an der weiblichen Natur. So schrieb Paulus *hae gynae* (die Frau) und nicht Eva; eine Frau wird daher immer leichter zu täuschen sein als ein Mann, und das ist der Grund, weshalb der Apostel es den Frauen nicht nur verwehren will, daß sie Autorität über den Mann haben, sondern vor allem auch, daß sie in der Gemeinde lehren, besonders in Ephesus, wo der Glauben bedroht ist" (47, S. 71).

H. Blocher sagt dazu: „Ohne zu stark zu allegorisieren (schon Philon hat den Weg dazu bereitet), indem man die Sünde als die Verführung des *logos* (des Mannes!) durch die Empfindlichkeit (der Frau) darstellt, ist es verlockend, an der Rolle der Eva das Thema der *Schwäche* festzumachen. Die Schrift legitimiert nämlich diese Verknüpfung (1Petr 3,7) und die Schwäche ist ein Aspekt der Sünde, den herauszustellen von Anfang an zweckmäßig ist" (82, S. 85).

Worin bestand diese Schwäche? Es kann wohlweislich nicht um körperliche oder geistige Schwäche gehen. Handelt es sich um eine intellektuelle Schwäche? Sicher nicht: Die Frauen haben auf allen Gebieten bewiesen, daß ihre intellektuellen Fähigkeiten denen der Männer gleichwertig – und oft überlegen – sind. Aber ihre Überlegung ist empfänglicher für die emotionalen Gesichtspunkte einer Frage. Das ist eine Stärke, es kann aber auch ein Handikap sein.

*Der Mechanismus der Verführung*
So scheint es jedenfalls die Schlange dargestellt zu haben: „Hat Gott wirklich gesagt, daß ihr von keinem Baum die Früchte essen dürft?" (1Mo 3,1 *Hfa*). Indem sie die göttliche Anordnung abändert, „stellt die Schlange das Verbot als eine ungeheure Einengung dar. Es ist nicht so sehr das Wort Gottes, das sie in Zweifel setzen will als seine *Güte*". Sie zeichnet Gott „als Egoisten, eifersüchtig, unterdrückend, herrschsüchtig" (H. Blocher, 79, S. 134f). „Die Denkfähigkeit der Eva wurde bezwungen durch die Behauptung, daß Gott neidisch ist, eine Behauptung, die für eine mehr durch Gefühle als durch die Überlegung geleitete Natur plausibel ist ... Das bessere Urteil Adams wurde durch den persönlichen Einfluß besiegt (1Mo 3,17), er wurde nicht getäuscht" (*Expositor's Greek Testament* zur angegebenen Stelle).

In ihrer Antwort auf den Versucher erinnert Eva an den göttlichen Befehl, aber mit einigen bedeutsamen Abänderungen: Gott hatte zu Adam gesagt: „Von *jedem* Baum des Gartens *darfst* du essen." Eva sagt: „Von den Früchten des Gartens essen wir", aber sie läßt die Wörter „*darfst*" und „*jedem*" aus, als ob sie schon anfangen würde, das großzügige Angebot Gottes einzuschränken. Sie fügt hinzu: „und sollt sie nicht berühren", womit sie die Härte des Verbots betont. Im Gegensatz dazu wird die Gewißheit der Strafe, die durch die Worte „an dem Tag, da du davon ißt, mußt du sterben" ausgedrückt wird, abgeschwächt in: „damit ihr nicht sterbt" (oder: „sonst sterben wir"). „Nach Young", sagt H. Blocher, „könnten die Abänderungen, die die Frau an den Anweisungen Gottes vorgenommen hat, zeigen, daß das Vertrauen der Eva in ihren Schöpfer schon angefangen hatte zu wanken ... Die Änderung zeigt, wie weit sich die Frau von dem Abschluß des Bundes entfernt hat (2,16f), daher ihr 'abgeleiteter' Status, ihre 'Abhängigkeit'" (H. Blocher, 79, S. 140).

Diesmal spielt die Schlange ihre Lügenkarte gründlich aus („Keineswegs!"). Sie karikiert Gott („Gott weiß, daß ... eure Augen aufgetan werden"). Sie fügt eine andere „Lüge hinzu, die dynamisch genug ist, um die Flut der Emotionen und Ambitionen umzuleiten" (D. Kidner, 71, S. 68), während sie gleichzeitig „auf der Tastatur des Verlangens" (H. Blocher) spielt: „Ihr werdet sein wie Gott".

Diese Argumente „nach Maß" überzeugen die Frau. „Sie folgt ihren Eindrücken lieber als den Anweisungen und macht ihre Selbstverwirklichung zum Ziel" (D. Kidner, a.a.O.). Sie betrachtet die verbotenen Früchte mit neuen Augen: „die Frau sah ... und sie nahm ... und aß. Und sie gab davon auch ihrem Mann" (V. 6).

Einige Theologen haben erklären wollen, weshalb Satan sich lieber an die Frau als an den Mann gewandt hat, indem sie von einer größeren Leichtgläubigkeit und Beeinflußbarkeit der Frau gesprochen haben. J. Hurley, R. Tucker und W. Liefeld weisen diese Schlußfolgerung zurück: „Paulus hat bestimmt nicht sagen wollen, daß alle Frauen leichtgläubig sind und daß man ihnen als Lehrerinnen kein Vertrauen schenken kann. Seine Achtung vor Priska, sein umfangreicher Einsatz von Frauen als Mitarbeiterinnen, sein Lob für den durch seine Mutter und seine Großmutter gegebenen Unterricht an Timotheus, seine an ältere Frauen gerichtete Aufforderung, junge Frauen zu lehren, all diese Fakten wenden sich gegen eine solche Annahme (Röm 16,3-4; 2Tim 3,15; Tit 2,3)" (J. Hurley, 84, S. 135). R. Tucker und W. Liefeld kommen am Ende ihrer Geschichte der Rolle der Frau im Laufe von 20 Jahrhunderten des Christentums zu dem Schluß: „Es ist unmöglich, historisch zu beweisen, daß Frauen sich leichter als Männer zu dogmatischen Fehleinschätzungen hinreißen lassen. Die meisten im Lauf der Kirchengeschichte aufgetretenen Irrlehren stammten von Männern" (87, S. 436). Die Frauen, sagen sie, sind im Gegenteil im allgemeinen weniger schnell dabei als Männer, eine nicht-orthodoxe Theologie oder eine abträgliche Bibelkritik zu übernehmen. Frauen sind nicht empfänglicher für ekstatische oder visionäre Bewegungen, die hauptsächlich bei Männern ihren Ursprung und ihre Anhänger gefunden haben.

Welches sind dann die wahren Gründe?

*Die Gründe für das Desaster*
Wenn wir zum Kern des Problems vorstoßen und begreifen wollen, wo die falsche Weichenstellung erfolgte, die Ausgangspunkt für die Verführung der Eva und für den Fall Adams war, so müssen wir zu der Absicht Gottes bei der Erschaffung des Mannes und der Frau zurückkommen. W. Hendriksen sagt: „*Er* wurde geschaffen, um zu führen, *sie*, um zu folgen." „Die Neigung zu folgen wurde in die Seele der Eva eingepflanzt, als sie aus der Hand ihres Schöpfers hervorging ... Der Fall der Eva erfolgte plötzlich, als sie die Stellung außer Acht ließ, die ihr von Gott vorgeschrieben wurde. Statt zu folgen, traf sie die Wahl zu führen ... Sie hat geführt, wo sie hätte folgen müssen, d.h. sie hat auf den Weg der Sünde geführt, wo sie hätte folgen müssen auf dem Weg der Gerechtigkeit ... Sie hat sich dafür entschieden, den zu beherrschen, der in diesem Augenblick noch ihr Ehemann ohne Sünde war; jetzt muß sie der Kreatur gehorchen, die teilweise ihr Werk ist: ihrem sündigen Mann" (64, S. 109f). H. A. Kent folgt demselben Gedankengang: „Die Frau hat die Richtung eingeschlagen, und der Mann hat sich ihr in vollem Bewußtsein dieser Tatsache gefügt und von der Frucht gegessen. Sie stehen alle beide im Widerspruch zu der Stellung, die Gott ihnen zugewiesen hatte. Die Unterordnung der Frau unter den Mann ist keine Erfindung des Paulus. Sie hat ihre Wurzel direkt in der Wesensart der Geschlechter, und es ist Gott, der sie so eingesetzt hat" (81, S. 97).

Viele Schreiber machen aus dieser Umkehrung der Rollen den entscheidenden Grund für den Sündenfall. „Sie hat in unangemessener Weise die Führungsrolle übernommen: sie ist in Sünde gefallen und hat ihren Mann mit sich gezogen" (E. Hiebert, 57, S. 62). „Als Eva unabhängig gehandelt und die Initiative ergriffen hat und es damit ablehnte, ausschließlich eine Mitarbeiterin für Adam zu bleiben, da hat die Sünde Eingang gefunden" (A. N. Nùte, *BCFT* 1,1556). Eva hat sich für die Unabhängigkeit entschieden, statt sich an Adam zu wenden. Sie hat sich eine Autorität angeeignet, die ihr nicht gegeben worden war. Sie hat auf eine Art gehandelt, die der Apostel später mit *authentein* kennzeichnet mit allen Schattierungen, die wir mit diesem Wort verbunden haben: angemaßte Autorität, die man sich selbst widerrechtlich aneignet, die von der eigenen Initiative abhängt.

Die wahren Gründe für den Sündenfall scheinen mehr auf dieser gedanklichen Linie zu liegen. Die Umkehrung der hierarchischen Reihenfolge hat mit dem Hören auf die Schlange angefangen: Sie gehörte zu den Tieren, über die der Mann und die Frau „herrschen" sollten (1Mo 1,28). Danach, als sie hinter der Unterstellung der Schlange die Stimme des Argwohns gegen Gott erkannt hatte, taten sich ihr zwei Wege auf: Entweder warf sie ihm, wie es Jesus später tat, die Worte „Hinter mich, Satan!" (Mt 4,10) entgegen, indem sie die Taktik anwandte, die Jakobus später empfohlen hat: „Unterwerft euch nun Gott! Widersteht aber dem Teufel, und er wird von euch fliehen" (Jak 4,7); oder aber sie schickte ihn zu ihrem Mann: denn schließlich war er es, an den die Anweisung Gottes gerichtet waren, er war berechtigt zu antworten, weil er das Oberhaupt der Familie war. „Sie verteidigte Gott zwar, jedoch nicht als 'treuer Zeuge', sondern als selbständiger Richter. Damit war sie bereits gestrauchelt" (M. G. Kline, *KB*, S. 88).

Jedoch lag die Schuld ebenso auf der Seite Adams. 1Mo 3,16 sagt uns, daß er in ihrer Nähe war (oder: bei ihr). War er bei dem Gespräch zugegen, ohne zu reagieren, obwohl er der Frau als ihr Beschützer gegeben worden war? Man kann sich das schwer vorstellen. Indem er aber, ohne Einspruch zu erheben, dem Beispiel und dem Vorschlag seiner Frau folgte, hat er auf jeden Fall seine Rolle als Verantwortlicher aufgegeben, er ist darauf eingegangen, „geführt zu werden, statt zu führen" (D. Kidner, *Genesis*, S. 68), und er hat bewußt den Befehl, den Gott ihm, dem Mann, gegeben hat, schon bevor er die Frau erschuf (1Mo 2,18-24), mißachtet (V. 16f). „Die Verführung, der Eva erlag, ist kein Zeichen einer weiblichen Schwäche, sondern Ausdruck der Umkehrung der von Gott eingesetzten und auf dem Primat des Mannes beruhenden Autoritätsstruktur. Das ist der Grund, weshalb der Apostel von der Sünde *Adams* spricht; es war Adam, der die Verantwortung für das Paar hatte" (P. Wells, 90, S. 4).

„Das Böse", sagt H. Blocher, „liegt nicht in dem Guten, das Gott geschaffen hat, sondern in der Ablehnung der Rangordnung, die Gott zum Nutzen der Welt eingesetzt hat" (79, S. 136). „Die Sünde wird von einer Abänderung der Rangordnung und der ursprünglichen Ausgewogenheit begleitet" (S. 138). Was den Sündenfall verursacht hat, ist „die Umkehrung der Schöpfungsordnung: die Frau ergreift die Initiative, entgegen den Hinweisen von 1Mo 2. In einem Abschnitt, in dem er die Rangordnung festlegt, die Gott zwischen dem Mann und der Frau haben will, hebt der Apostel Paulus die Umkehrung hervor: In der Schöpfung kommt zuerst der Mann und dann die Frau; in der Sünde ist es umgekehrt (1Tim 2, 13f). Aber für diese Umkehrung der Reihenfolge ist der Mann mitverantwortlich, weil er zugestimmt hat" (S. 139).

## Die Bedeutung von Unterordnung

Der Apostel gibt sein Verbot zu lehren im Rahmen einer Ermahnung zur Unterordnung und zu einer friedfertigen Einstellung: „Eine Frau lerne in der Stille in aller Unterordnung. Ich erlaube aber einer Frau nicht zu lehren, noch über den Mann zu herrschen, sondern daß sie sich in der Stille halte."

Das mit Unterordnung übersetze Wort *hypotasso* beschreibt eine bereitwillige Haltung der Zusammenarbeit von jemandem, der bereit ist, Verantwortung zu übernehmen und eine Last zu tragen, sich aus freien Stücken einem Gleichrangigen unterzuordnen.

Einige Autoren haben darauf aufmerksam gemacht, daß Unterordnung eine von beiden Geschlechtern geforderte Grundhaltung war. „Die Unterwürfigkeit ist nicht mehr eine Aufgabe der Frau allein als die Liebe eine Aufgabe des Mannes allein ist" (C. Powell, 92, S. 16). „Die Unterordnung der Frau ist ein Beispiel der gegenseitigen Unterordnung, die genauso durch die Liebe des Mannes bewiesen wird" (M. Barth, 74, S. 608). Aber diese Unterordnung, wenn sie gegenseitig ist, hat nicht eine austauschbare Richtung. Man hat den Satz „Ordnet euch *einander* unter" aus Eph 5,21 zu sehr hochgespielt, als ob es sich um eine beliebig umkehrbare Reihenfolge handeln würde. R. Tucker und W. Liefeld weisen darauf hin, daß der dazu parallele Abschnitt aus Kolosser nicht mit einer Ermahnung zur *gegenseitigen* Unterordnung beginnt. Der Apostel verlangt einfach von den Frauen, sich ihren Männern unterzuordnen (3,18; vgl. Tit 2,5). „Das Wort *hypotasso*", erklärt K. Gangel, „ist ein logistischer Ausdruck, der sich auf militärische Anordnungen für das Schlachtfeld im Hinblick auf eine wirksame Strategie bezieht. Es bezieht sich daher auf die Funktion, nicht auf die Wesensart" (83, S. 58).

Eine geordnete Struktur ist für jedes soziale Leben unabdingbar. „Damit Ordnung möglich ist, erfordert es der Aufbau einer echten Gemeinschaft, die sich nicht damit zufrieden gibt, zwei Individuen zusammenzufügen, daß sie ihre besondere Struktur und ihren symbolischen 'Kopf' hat" (H. Blocher, 79, S. 98). „Das, was die Bibel über die Berufung und die Rolle der Frau sagt, kann ihrem Wohl nicht entgegenstehen, auch wenn es nicht den Anschein hat und gegenteilige Behauptungen gang und gäbe sind ... Wenn die Bibel sagt, daß es in der Beziehung zwischen Mann und Frau eine Ordnung gibt, so entspricht das, was sie sagt, dem inneren Wesen der Tatsachen ... Wenn die Bibel sagt, daß es in der Schöpfung eine Reihenfolge Mann/Frau gibt, und wenn sie sie im Bereich der Gemeindedienste einführt, dann ist es abwegig, darin einen Ausdruck des heute abzulehnenden Patriarchats zu sehen" (P. Wells, 93, S. 2).

„Die vierfache Stufenordnung von 1Kor 11,3 findet sich bei Paulus immer wieder: Sowohl von der Unterordnung Jesu unter den Vater (vgl. Phil 2,8; Röm 5,19; 1Kor 15,26-28) als auch von der Unterordnung der Frau unter den Mann (Eph 5,22 ff; Kol 3,18; Tit 2,5) ist mehrfach die Rede ... Dieser Vergleich macht deutlich, daß die von Paulus gemeinte Unterordnung der Frau unter den Mann nicht im geringsten etwas zu tun hat mit einer Minderbewertung oder Unterdrückung der Frau. Er zeigt vielmehr, daß es sich um eine Über- und Unterordnung gleichwertiger Personen handelt! Denn Jesus ist im uneingeschränkten Sinne Gott (vgl. Röm 9,5; 2Kor 12,8; Phil 2,6f; Kol 1,15 ff; 2,2f 9f; Tit 2,13)" (W. Neuer, 82, S. 102f).

## Das Mann/Frau-Geheimnis im Licht des biblischen und des trinitarischen Modells

In einem Artikel in *Themelios* (4-5,92), spricht R. P. Stevens, der Dekan des Regent College in Vancouver, von der „inspirierten Doppeldeutigkeit" des Wortes Gottes, wenn es auf die Beziehung zwischen Mann und Frau zu sprechen kommt.

„Ich bin zu dem Schluß gekommen", sagt er, „daß die Doppeldeutigkeit, die an der Wurzel der Unterschiede zwischen den beiden Geschlechtern liegt, kein Zufall, sondern von Gott inspiriert ist" (S. 20). Er zählt einerseits eine Reihe von Feststellungen auf, die die *radikale Gleichheit* der beiden Geschlechter in der Schöpfung und in Christus unterstreichen: Beide sind im Bilde Gottes geschaffen, der Plan Gottes ist ihre gegenseitige Ergänzung; in Christus wurde der Fluch, den die Sünde mit sich brachte, aufgehoben, und beide Geschlechter empfangen völlige Gleichheit (Gal 3,28) und alle geistlichen Gaben, die ohne Unterscheidung der Geschlechter zugeteilt werden (sogar die „Gaben der Leitung": Apostel, Propheten, Evangelisten, Hirten und Lehrer, Eph 4,11).

In einer zweiten Auflistung erwähnt R. P. Stevens Fakten, die den Schluß auf eine radikale Unterscheidung zwischen beiden Geschlechtern zulassen: die verschiedenartige äußere Erscheinung, die tiefgreifende psychologische und geistliche Unterschiede nahelegt, ein Vorrang des Mannes gegenüber der Frau (1Kor 11,8f; 1Tim 2,13; obwohl der Apostel die Verschiedenheit mit der Gleichwertigkeit ins Gleichgewicht bringt), drei Abschnitte, die auf notwendige Unterscheidungen im Dienst bestehen (1Kor 11; 14; 1Tim 2), die Beziehung beim Ehepaar (Eph 5,21-33), das Bild Gottes des Vaters, das durch männliche und weibliche Metaphern veranschaulicht wird. „Das Heilswerk Christi hat den Fluch, aber nicht die Schöpfung beseitigt. Die Verschiedenheit zwischen Mann und Frau dringt bis in die Ehe und in den Dienst hinein" (S. 21).

Um eine Antwort auf diesen scheinbaren Widerspruch zu finden, muß man über menschliche Kategorien hinausgehen zu den „Geheimnissen", die die Schrift uns als Metaphern für Einheit in Verschiedenheit bietet.

*1. Das Geheimnis: Christus und die Gemeinde*
Paulus spricht davon als von einem „großen Geheimnis" (Eph 5,22) das es uns erlaubt, die Beziehung zwischen Gott und dem auserwählten Volk (Israel oder die Gemeinde) mit Hilfe einer menschlichen Beziehung, der Ehe, zu verstehen und diese in idealer Form in dem Vorbild der Beziehungen zwischen Gott und dem auserwählten Volk und zwischen Christus und seiner Braut dargestellt zu sehen. Das Bild geht sogar noch weiter: Christus identifiziert sich mit der Gemeinde (Apg 9,5), erfüllt die Gemeinde, die ihrerseits *seine* Fülle ist (Eph 1,23). Es gibt zugleich Verschiedenheit und gegenseitige Abhängigkeit zwischen dem Kopf und dem Leib, zwischen dem Ehemann und der Ehefrau. Christus lenkt die Gemeinde nicht so, wie er das Universum lenkt (Eph 1,22), er investiert sich in ihr soweit, daß er die Entscheidungen, die sie fällt, bestätigt (Joh 15,16; 20,23; Mt 18,18). Dieses Modell, in dem sich zugleich die Gleichrangigkeit und die Verschiedenheit darstellen, ist viel reicher als eine Gleichstellung, in der beide auswechselbar sind.

*2. Das Geheimnis der Juden und der Nichtjuden in der neuen Menschheit*
Paulus verwendet das Wort Geheimnis (Eph 2,14f) auch für diese Einheit, die über die Unterschiede zwischen den beiden Völkern hinausgeht, ohne sie zu entfernen. So hat die Gemeinde eine tiefere Einheit kennengelernt, als wenn es nur eine messiani-

sche jüdische Gemeinde oder eine rein heidenchristliche Gemeinde gegeben hätte.

Um diese neue Einheit zu kennzeichnen, prägt der Apostel Paulus neue Wörter und unbekannte Ausdrücke: mitlebendig gemacht (2,5), mitauferweckt mit Christus (2,6), mitsitzen mit ihm (2,6), Mitbürger (2,19), zusammengefügt (2,21; 4,16), mitaufgebaut (2,22), Miterben (3,6), Mitteilhaber (3,6), Miteinverleibte (3,6). Die zwei so verschiedenen Völker bilden in Christus eine reiche und geheimnisvolle soziale Einheit, ein Bild der Einheit zwischen Mann und Frau, das „die sexuellen Verschiedenheiten feiert statt sie zu vermengen".

## 3. Das Geheimnis der heiligen Trinität

Obwohl die drei Personen der Trinität gleichwertig sind, sich gegenseitig mit ihrer Liebe durchdringen und in allen göttlichen Handlungen zusammenwirken, bleiben sie voneinander verschieden und durch eine strukturelle Ordnung zusammengebunden: Der Sohn gehorcht dem Vater und der Heilige Geist verherrlicht den einen und den anderen. Wer Christ wird, findet sich in diese Einheit der Trinität einbezogen, er hat Teil an der gegenseitigen Liebe, der Rangordnung und der gegenseitigen Abhängigkeit der drei Personen der Trinität (Joh 17,11.25f).

Die drei Bilder sind drei Fenster in Richtung auf die letztliche Versöhnung zwischen Mann und Frau. In jedem von ihnen gibt es wirkliche Einheit in Christus, *weil* es Unterschiede gibt, und nicht, weil es Ähnlichkeit gibt: Der Kopf unterscheidet sich vom Körper, die Unterschiede zwischen Juden und Griechen sind überschritten, aber nicht eliminiert worden: die Juden haben den Vorteil der Priorität, aber sie erteilen den Nichtjuden keine Befehle; es gibt Gleichwertigkeit, aber nicht Identität zwischen den göttlichen Personen. Die Verschiedenheit und die Rangordnung tragen eher zur Einheit bei, als daß sie sie behindern. W. Meyer sagte auch: „In der liebevollen Unterordnung der Frau unter den Mann spiegelt sich die trinitarische Herrlichkeit der Beziehung des Sohnes zum Vater wider. Könnte man Größeres über die Frau sagen?" (45, II, S. 17). „Die Berufung auf die Unterordnung fußt auf der selbstlosen Liebe Christi, die auch das Vorbild für jede Führerschaft ist" (S. 43). „Im Reich Gottes haben Unterordnung und Führung mit der uneigennützigen Liebe zu tun, die zu dienen sucht (vgl. Phil 2,5-11)" (D. R. Kuhns, 80, S. 45).

Wir werten dieses Geheimnis ab, wenn wir alle auf dasselbe Geschlecht reduzieren oder auch, wenn wir in der Gemeinde die Geschlechter in Abteilungen aufteilen. Wir müssen uns daher der modernen sehr starken Neigung zu einer androgynen Gesellschaft (d.h. ohne Unterscheidung der Geschlechter) oder einem für Mann und Frau gleichartigen Dienst in der Gemeinde widersetzen. C. S. Lewis gebraucht das Bild der Geige und des Bogens: alle beide sind nötig, um einen Ton zu erzeugen. Es gibt mehr Einheit zwischen einer Geige und einem Bogen als in einem Raum gefüllt von Geigen oder gefüllt von Bogen.

## Kann eine Frau lehren ohne über den Mann zu herrschen?

In der Gemeinde ist jede Autorität eine delegierte Autorität – einerseits durch den Herrn, andererseits durch die Gemeinde. In der Tat stellt die Gemeinde die Gabe fest, die der Herr einer Person gegeben hat, und sie überträgt ihr offiziell das Recht, den Auftrag und die Autorität, diese Gabe auszuüben. Wenn zum Beispiel die Gemeinde feststellt, daß dieser Bruder oder jene Schwester eine Gabe zu ermahnen (oder zu ermutigen) hat, dann wird sie ihm oder ihr einen Seelsorgedienst anvertrauen; wenn es eine Gabe ist zur Ausübung der Barmherzigkeit, so wird sie ihm oder ihr einen sozialen Dienst übertragen. Und wenn es sich um eine Gabe zu lehren handelt? Kein Problem bei der Unterweisung von Kindern, von Frauen und eventuell von jungen Männern und Mädchen.

Wenn wir die weiter oben entfaltete Auslegung von 1Tim 2,12 akzeptieren: „nicht mit dem Anspruch einer (unabhängigen) Autorität über den Mann lehren", dann verbleibt auch über die weiter oben angegebenen Gebiete hinaus ein weites Feld von Aktivitäten, das für eine Frau mit der Gabe der Lehre offensteht, nämlich alle Formen der Lehre, in der die Frau keine unabhängige Autorität über den Mann annimmt. Das ist zum Beispiel immer dann der Fall, wenn sie unter der Autorität – und unter der

Verantwortung – der Ältesten lehrt, insbesondere unter der Autorität desjenigen oder all derer unter ihnen, die speziell mit dem Dienst der Lehre beauftragt wurden (des „Lehrers" oder der „Lehrer" der Ortsgemeinde).

Nach W. Grudem und S. Piper stellt 1Tim 2,12 „kein absolutes Lehrverbot dar", sie zitieren Tit 2,3-4, wo Paulus den älteren Frauen empfiehlt, die jungen Frauen zu lehren; 2Tim 1,5 u. 3,14, wo er die von Eunike und Lois an Timotheus weitergegebene Lehre billigt; Spr. 31,26: die Frau „öffnet ihren Mund mit Weisheit, und freundliche Weisung ist auf ihrer Zunge"; 1Kor 14,31: die Männer können mit Hilfe von prophetischen Reden (zu denen Frauen befugt sind 11,5) unterrichtet werden; Kol 3,16: „Lehrt und ermahnt euch gegenseitig" (ohne nähere Bestimmung: „Ihr Männer"). „Lehren und Lernen sind Ausdrücke mit einer so breit gefächerten Bedeutung, daß es unmöglich ist, wenigstens in einem gewissen Sinn, daß die Frauen den Männer nichts beibringen und daß diese nichts von ihnen lernen", da sogar die Natur (1Kor 11,14), der Feigenbaum (Mt 24,32), das Leiden (Hebr 5,8) und das menschliche Verhalten (1Petr 3,1) uns etwas lehren (91, S. 17f).

„Ein Lehren kann nicht akzeptiert werden, das der Berufung des Mannes widerspricht, die erste Verantwortung in Fragen der Lehre und der Leitung zu tragen" (a.a.O., S. 18). Die Frau kann unter zwei Bedingungen lehren: mit der Zustimmung der Ältesten und „wenn sie Situationen vermeidet, in denen sie *de facto* die Rolle des 'Hirten' übernimmt oder eine Art Lehre verabreicht, deren Wesen einen starken Druck von Gott und durch seine Autorität auf das Gewissen der Männer voraussetzt". „Letzten Endes verlangt Paulus weniger ein völliges Schweigen seitens der Frauen als eine Beteiligung, die auf verschiedene Art und Weise ein fröhliches Festhalten an dem Grundgedanken deutlich macht, daß Gott den Männern die Aufsicht und das Wächteramt für die Herde anvertraut hat" (a.a.O., S. 20).

Es kann vorkommen, daß man zum Beispiel eine Lehraufgabe über das Thema „Familie" einem Ehepaar überträgt: Jeder liefert seinen Beitrag, indem er seine Erfahrung und seinen Blickwinkel einfließen läßt. Beide Eheleute lehren miteinander Seite an Seite vor der Versammlung. In den Augenblicken, in denen die Frau spricht, stellt sie sich erkennbar unter die Autorität ihres Mannes – der jederzeit unterbrechen könnte, wenn sie eine Irrlehre aussprechen würde.

Wenn einer einzelnen Frau eine bestimmte Lehraufgabe übertragen wurde, kann die Versammlung von einem Ältesten geleitet werden, der nach Bedarf in ihrer Nähe bleiben kann.

„Für mich", sagte mir eine Frau in einer 'Kommunität', „liegt die Lösung in einer Mannschaft. Wenn ich eine Unterweisung zu geben habe, dann tue ich es immer als Glied einer Mannschaft, bedeckt und beschützt durch die männlichen Glieder der Truppe."

„Im Normalfall", sagt D. Watson, „soll die Leitung in den Händen eines Mannes liegen, aber wenn sie gut aufgefaßt und ausgeübt wird, dann gibt sie der Frau einfach den Schutz und die 'Bedeckung', die sie braucht, um den ihr von Gott anvertrauten Dienst auszuüben, worin dieser auch bestehen mag. Das gibt ihr die Bevollmächtigung, unter der männlichen Leitung der Gemeinde zu handeln, und in diesem Sinn sollte ihr Dienst von der ganzen Gemeinde akzeptiert werden" (78, S. 279). So könnte die schwierige Unterscheidung zwischen prophetischer Rede und Lehre entwirrt werden. Weil durch die prophetische Rede „alle lernen und alle getröstet werden" (1Kor 14,31), enthält diese prophetische Botschaft ja auch Lehre. Andererseits: Wozu dient eine Lehre, die keine Stoßkraft für das geistliche und moralische Leben der Zuhörer hat – die somit die wesentliche Aufgabe der prophetischen Rede nicht erfüllt?

Es würden sich mit einem Schlag auch die subtilen Unterscheidungen zwischen Botschaft und Zeugnis, zwischen einem jungen Zuhörerkreis, einem aus Jung-Erwachsenen oder aus Erwachsenen auflösen, zwischen einem Wort, das im Hauskreis oder an einem offiziellen Versammlungsort gebracht wird, zwischen schriftlicher und mündlicher Lehre.

Im Endeffekt, wie Elisabeth Huser feststellt „ist das, was den Frauen verwehrt wird, nur das Amt des Lehrers oder der Leitung der Männer oder der ganzen Gemeinde. Im Neuen Testament finden wir keine Frau, die eine Gemeinde leitet, aber Frauen werden als Mitarbeiterinnen und Mitstreiterinnen aufgeführt" (85, S. 43).

Jede andere Form der Lehre, die, „ohne (in selbstherrlicher Weise) Autorität über den Mann zu beanspruchen", und unter der Verantwortung der Ältesten erteilt wird, steht den Frauen ebenso wie den Männern, welche die Gabe dazu empfangen haben, offen, unabhängig von dem äußeren Rahmen, der Bedeutung, der Uhrzeit oder dem Ort.

Die Lehre ist jedoch nicht die einzige Art und Weise, Autorität in der Gemeinde auszuüben und die gegenwärtige Debatte hat eine gewisse Anzahl weiterer Aktivitäten im Blickfeld, die einige Gemeinden den Frauen schon zugänglich machen: Gemeindeleitung, Ältestenamt, Teilnahme an Gemeindeversammlungen. Diesen Fragen wollen wir uns im letzten Kapitel zuwenden.

Kapitel 12

# Die Autorität in der Gemeinde

## Wie wird Autorität in der Gemeinde ausgeübt?

„Die grundsätzliche Frage", sagt John Stott, „ist nicht das 'Pastorenamt' oder die 'Ordination', sondern das Maß an Autorität, das man mit der Ausübung eines Dienstes verbindet" (89, S. 166). Es geht daher nicht in erster Linie um die Lehre, sondern um den Dienst überhaupt.

Wer besitzt die Autorität in der Gemeinde? „Ich werde *meine* Gemeinde bauen", sagte Jesus (Mt 16,18) und erklärte, bevor er seine Jünger verließ: „Mir ist alle *Macht* (*exousia*: jede Autorität) gegeben im Himmel und auf Erden" (Mt 28,18). Er ist der *Herr* (*kyrios*), d.h. der Meister, derjenige, der die Macht hat, die Autorität. Dieser Titel erscheint auf Jesus bezogen mehr als 500 mal im Neuen Testament. „Ihr nennt mich Lehrer und Herr, und ihr sagt recht; denn ich bin es" (Joh 13,13).

„Und alles hat er seinen Füßen unterworfen und ihn als Haupt über alles der Gemeinde gegeben, die sein Leib ist" (Eph 1,22). „Er ist das Haupt des Leibes, der Gemeinde" (Kol 1,18). Da er der Herr der Gemeinde ist, ist er es, der darin die höchste Autorität hat.

Wie übt Jesus seine Macht in der Gemeinde aus?

1. Durch sein Wort, das als „höchste Autorität in Fragen des Glaubens und der Lebens" anerkannt ist;
2. durch die Gesamtheit der Gemeindeglieder;
3. durch die Männer, denen er eine gewisse Autorität übertragen hat;
4. durch verschiedene Dienste, die er den Gliedern seiner Gemeinde zugeteilt hat.

## 1. Die Autorität des Wortes Gottes

Jesus gründete die Autorität seines Wortes auf die Autorität, die Gott selbst hat. „Das Wort, das ihr hört, ist nicht mein, sondern des Vaters, der mich gesandt hat" (Joh 14,24; vgl. 7,15f; 14,31; 15,15). „Der Vater, der mich gesandt hat, er hat mir ein Gebot gegeben, *was* ich sagen und *wie* ich reden soll ... Was ich nun rede, rede ich so, wie mir der Vater gesagt hat" (Joh 12,49f; vgl. 14,10). „Denn der, den Gott gesandt hat, *redet die Worte Gottes"* (Joh 3, 31-36; vgl. 8,26-27.40; Lk 8,11). „Der Himmel und die Erde werden vergehen, meine Worte aber sollen nicht vergehen" (Mt 24,35). Er hat auch mit seiner Autorität die Schriften des Alten Bundes besiegelt: „Dein Wort ist Wahrheit" (Joh 17,17); „die Schrift kann nicht aufgelöst werden" (Joh 10,35).

Zur Zeit der Apostel war die Autorität des Wortes Jesu an die Person der Apostel gebunden, die bevollmächtigten Hüter der Überlieferung des Evangeliums (z.B. Joh 17,20; Gal 1,11; 1Kor 2,16; 1Thess 2,13). Dieses Wort vertrauten die Apostel treuen Menschen an, tüchtig auch andere zu lehren (2Tim 2,2), dann haben sie es unter der Leitung des Heiligen Geistes schriftlich festgehalten. Eine der Hauptbedingungen dafür, daß eine Schrift in den Kanon aufgenommen wurde, war ihre Abfassung von einem Apostel oder unter seiner Autorität. Diese Schriften, die das Neue Testament bilden, sind heute die Hüter der Überlieferung des Evangeliums. Die Autorität der Gemeindelehrer in Lehrfragen hängt daher von der Übereinstimmung ihrer Lehre mit derjenigen des inspirierten Wortes Gottes ab.

„Es ist seltsam", sagen R. Tucker und W. Liefeld, „daß die Gemeinden, die die Heilige Schrift als ihre einzige Autorität geltend machen, sich weiterhin der Predigt und der Lehre durch Frauen mit dem Vorwand entgegenstellen, daß diese keine Autorität ausüben sollen. Wenn man das heutige Geschehen beobachtet, bemerkt man sogar, daß diejenigen, die an der Unfehlbarkeit der Heiligen Schrift festhalten, Gefahr laufen, in der Person des 'richtigen Auslegers der Schrift' eine dazu parallele Autorität aufzurichten. Das ist deshalb besonders befremdlich, weil dieselben Personen auf der 'Durchschaubarkeit' der Bibel bestehen (d.h. auf der Klarheit ihrer fundamentalen Lehren) im Gegensatz zu denen, die behaupten, daß sie einen beauftragten Ausleger benötigt" (87, S. 438). Die beiden Verfasser sprechen von einer „subtilen Tendenz der heutigen evangelikalen Richtung, den Pastor (oder den Fernsehprediger, den Lehrer auf Kassetten, den Professor an einer Fakultät) auf eine Autoritätsstellung zu erheben, eine Art evangelischer Magister. Man findet unter den Fundamentalisten und den Evangelikalen eine Vorstellung vom geistlichen Dienst, die faktisch dem Pastor ebenso viel Autorität gibt, wie es einige hierarchische Denominationen beim ordinierten 'Magister' tun" ...

## 2. Die Autorität der gesamten Ortsgemeinde

In seinen Anweisungen über Gemeindezucht (Mt 18,15-20) hat Jesus drei Schritte vorgesehen:
1. „Wenn dein Bruder sündigt, so geh hin, überführe ihn zwischen dir und ihm allein." „Bruder" hat hier den Sinn eines Oberbegriffs (Bruder oder Schwester), den es oft im Neuen Testament hat. Dieser erste Schritt betrifft alle in der Gemeinde, Männer und Frauen.
2. „Wenn er aber nicht hört, so nimm noch einen oder zwei mit dir (ohne festzulegen: Männer oder Frauen) ..."
3. „Wenn er aber nicht auf sie hören wird, so sage es der Gemeinde."

Die höchste Instanz ist daher die Gesamtgemeinde, die zusammengekommen ist, um zu hören und sich zu äußern („wenn er nicht auf die Gemeinde *hören* wird"), weil Christus selbst geistlich unter ihnen anwesend ist (V. 20). Er überträgt der Gesamtgemeinde eine enorme richterliche Macht: „Wenn ihr etwas auf der Erde binden werdet, wird es im Himmel gebunden sein, und wenn ihr etwas auf der Erde lösen werdet, wird es im Himmel gelöst sein" (Mt 18,18), was die *Hfa* übersetzt mit: „Wem ihr auf der Erde seine Sünde anlastet, der soll auch im Himmel damit belastet sein. Und wen ihr auf der Erde von seiner Schuld freisprecht, der soll auch im Himmel frei sein." Oder, wie es in der Anmerkung der BS heißt: „Alles, was ihr auf der Erde verbieten werdet, wird in den Augen Gottes verboten sein und alles, was ihr auf der Erde erlaubt, wird in den Augen Gottes erlaubt sein."

Die beiden Auslegungen dieser rabbinischen Formulierung (binden und lösen) entsprechen der Autorität der Gesamtgemeinde in Fragen der Lebensführung und der Lehre. „Wenn ihr jemandem die Sünden vergebt, dem sind sie vergeben, wenn ihr sie jemandem behaltet, sind sie ihm behalten" (Joh 20,23).

Der Apostel Paulus hat die Anweisungen Jesu folgendermaßen in die Praxis umgesetzt: „Wenn ein Mensch von einem Fehler übereilt wird, so bringt ihr, die Geistlichen (oder ihr, die ihr euch vom Geist leiten laßt, Männer oder Frauen), einen solchen im Geist der Sanftmut wieder zurecht" (Gal 6,1).

Um den Fall des Blutschänders von Korinth zu regeln, verlangt der Apostel, eine Gemeindeversammlung einzuberufen und „wenn ihr und mein Geist in der Kraft unseres Herrn Jesus versammelt seid, so fällt dieses Urteil in der Kraft Jesu ..." (1Kor 5,4). In der Gemeinde der Thessalonicher fordert er: „Weist die Unordentlichen zurecht" (1Thess 5,14). „Wenn aber jemand unserem Wort durch den Brief nicht gehorcht, den bezeichnet, habt keinen Umgang mit ihm ... weist ihn zurecht als einen Bruder" (2Thess 3,14f).

In Rom sind es alle Christen, die Stellung beziehen sollen gegenüber „denen, die Parteiungen und Ärgernisse anrichten" (Röm 16,17). In Kolossae sollen die *Gemeindeglieder* zu Archippus, einem ihrer Leiter, sagen: „Sieh auf den Dienst, den du im Herrn empfangen hast, daß du ihn erfüllst" (Kol 4,17). Bei allen Fragen zur Organisation (1Kor 11,33f; 14,39f; 16,2f), zur Gemeindezucht (Röm 16,17; 1Kor 6,1-6; 16,22) und zum geistlichen Wachstum der Gemeinde (Röm 15,14; 1Kor 14,31; Eph 4,15; Phil 2,4; Kol 3,16; 1Thess 5,11) wendet sich der Apostel an die Gesamtgemeinschaft und nicht direkt an die Verantwortlichen. Die Ältesten und die Diakone werden einmal in einem Grußwort (Phil 1,1) *nach* „allen Heiligen in Christus Jesus, die in Philippi sind", genannt (vielleicht, wie Fachleute sagen, weil sie eine besondere Rolle bei der Sammlung und der Übersendung der Gabe an den Apostel gespielt haben, 4,10ff). Alles weitere im Brief wendet sich an alle Gemeindeglieder.

Der Apostel Johannes schreibt auch an die Gesamtheit seiner geistlichen „Kinder", die er „Geliebte" nennt (ein weniger zweideutiger Ausdruck als „Brüder"): „Was ihr von Anfang an gehört habt, bleibe in euch ... Glaubt nicht jedem Geist, sondern prüft die Geister, ob sie aus Gott sind, denn viele falsche Propheten sind in die Welt ausgegangen" (1Joh 2,24; 4,1 vgl. 2Joh 10). Selbst die Prüfung von Lehrfragen wird der Gesamtgemeinde anvertraut, die sich selbstverständlich auf diejenigen berufen wird, die die Gabe zu lehren empfangen haben (die „Lehrer").

„Nach Jesus liegt die Autorität in der Gemeinde, und nicht in einem ihrer Leiter. Er beseitigt den Begriff der kirchlichen Autoritätspyramide, um ihn durch das Prinzip der Teilnahme aller und durch die Regel des gemeinschaftlichen Einvernehmens zu ersetzen. Jesus gibt niemandem das Recht, sich Autorität über irgend jemanden in der Gemeinde anzueignen. Diese Autorität gehört ihm und ihm allein" (G. Bilezikian, 92, S. 84f).

## 3. Die Autorität der Verantwortlichen in der Gemeinde

Während seines irdischen Dienstes hat Jesus wiederholt einen Teil seiner Autorität an diejenigen weitergegeben, die er mit einer Aufgabe aussandte: „Wenn ihr aber hingeht, predigt und sprecht: Das Reich der Himmel ist nahegekommen. Heilt Kranke, weckt Tote auf, reinigt Aussätzige, treibt Dämonen aus!" (Mt 10,7f; Aussendung der zwölf Apostel; vgl. Lk 10,1-11). „Ich gebe euch die Macht (*exousia*: die Autorität), auf Schlangen und Skorpione zu treten, und über die ganze Kraft des Feindes, und nichts soll euch irgendwie schaden" (Lk 10,19). Er verleiht ihrem Wort dieselbe Autorität, die sein Wort hatte: „Wer euch hört, der hört mich; und wer euch verwirft, verwirft mich, wer aber mich verwirft, verwirft den, der mich gesandt hat" (Lk 10,16).

Wie wir im letzten Kapitel gesehen haben, liegt die Besonderheit der männlichen Rolle in dem Lehramt: das, was die Gemeinde glauben soll, festzulegen und zu unterrichten. Das entspricht den besonderen Gaben des Mannes, die mehr in Richtung Abstraktion und Verallgemeinerung gehen.

In der Gemeinde von Antiochien „waren Propheten und Lehrer (Männer, die die Gabe hatten, von Gott inspirierte Botschaften weiterzugeben, und andere, die die Predigtgabe hatten)" (Apg 13,1). Letztere hatten über Lehrfragen zu befinden, die in der Gemeinde auftauchten. Es waren alles Männer. Es hat nicht den Anschein, daß das offizielle Lehramt in der Gemeinde einer Frau anvertraut werden konnte. „Die offizielle Lehre kommt in dem Aufgabenbereich der Frau nicht vor" (Thomas von Aquin, *1 Ep ad Tim II* lect. 3). Der Apostel Paulus hat Timotheus beauftragt: „Überführe, strafe, ermahne" (2Tim 4,2) und Titus: „Überführe mit allem Nachdruck" (2,15). Die Gemeindeglieder sollen ihren Führern gehorchen (Hebr 13,17) und sich ihnen unterordnen (1Petr 5,5).

*Die Bedingungen für die Ausübung ihrer Autorität*
Jesus macht jedoch sehr deutlich, unter welchen Bedingungen diejenigen, die Autorität erhalten haben, sie ausüben sollen: „Ihr wißt, daß die Regenten der Nationen sie beherrschen und die Großen Gewalt gegen sie üben. Unter euch wird es nicht so sein, sondern wenn jemand unter euch groß werden will, wird er euer Diener sein, und wenn jemand unter euch der erste sein will, wird er euer Sklave sein; gleichwie der Sohn des Menschen nicht gekommen ist, um bedient zu werden, sondern um zu dienen und sein Leben zu geben als Lösegeld für viele" (Mt 20,25-28).

In allen menschlichen Organisationen steht der Chef über seinen Angestellten oder Mitbürgern, er befiehlt, kontrolliert und fordert Gehorsam. Er ist der Arbeitgeber, der Meister. Jesus sagt, daß die Gemeinde nicht diesem Beispiel, sondern dem seinigen folgen soll: Er hat sich erniedrigt, er hat aus Liebe zu seinen Brüdern, die er erlösen wollte, den Platz des Dieners eingenommen. Deshalb ist jedes Amt in der Gemeinde eine Diakonie, d.h. ein Dienst.[87] Niemand darf einen Titel führen, der eine Höherstellung über seine Brüder beinhaltet („Laßt ihr euch nicht Rabbi ... Vater ... Meister nennen", Mt 23, 8-10).

„Gerade, weil es uns vor solch einer Auseinanderentwicklung bewahren will, besteht das Neue Testament auf einer aus mehre-

---

[87] Vgl. A. Kuen, *Ministères dans l'Eglise*, S. 10-16.

ren Ältesten zusammengesetzten Gemeindeleitung. Jesus hat seine Jünger paarweise ausgesandt (Mk 6,7). Umgeben von Mitarbeitern hat Paulus seine Missionsarbeit erfüllt und umgeben von Mitarbeitern hat er oft seine Briefe unterschrieben. Er hat lieber einer Gruppe von Seelsorgern als einem einzelnen Verantwortlichen die Leitung der Gemeinden anvertraut, sobald diese eingesetzt waren (Apg 11,25f; 13,1; 14,23 usw.). Außerdem werden diese Leiter vor jeder autoritären Macht über die Herde gewarnt und ermahnt, Vorbilder für sie zu sein (1Petr 5,3)" (G. Bilezikian, 92, S. 89). „Die Ausübung von Autorität ist für Jesus eine gemeinschaftliche Aufgabe. Die geeignete Person erfüllt ihre Rolle als Diener, indem sie die Verantwortung für Entscheidungen mit anderen zu teilen sucht" (a.a.O., S. 93; vgl. A. Kuen, *Ministères dans l'Eglise*, S. 90-100).

Gemeinsam tragen die Ältesten und die Diakone die Verantwortung der Gemeindeleitung, die ihnen durch die Gesamtheit der Gemeindeglieder übertragen wurde – wie Vater und Mutter miteinander für die Erziehung der Kinder verantwortlich sind: „Ihr Kinder, gehorcht *euren Eltern*" (Kol 3,20). Schon das Alte Testament stellte die Autorität des Vaters und die der Mutter nebeneinander (Spr 10,1; 15,20; 17,25; 20,20; 30,17). Der Mikrokosmos der Familie ist ein gutes Bild für die Gemeinde, in der Älteste und Diakone mit der Erziehung der Glieder der Herde beauftragt sind.

*Die Gefahr des Machtmißbrauchs*

Die Warnung des Petrus an die Ältesten der Gemeinden Kleinasiens, „nicht über die ihnen anvertrauten Anteile der Herde zu herrschen" (1Petr 5,3) wurde ihm zweifellos durch schmerzliche Erfahrungen mit gewissen Ältesten eingegeben. Johannes hat die gleiche Erfahrung mit Diotrephes gemacht, „der gern der erste sein will" (3Joh 9). Die Machtgier ist zu allen Zeiten die Versuchung derer gewesen, die Autorität und Macht besaßen. Die christliche Gemeinde ist dieser Versuchung leider nicht entgangen. „Es macht traurig zu sehen, wie sich vom 3. Jahrhundert an die Beziehungen zwischen christlichen Metropolen als Kampf um die Vorherrschaft zusammenfassen lassen. Und das ist das Ergebnis einer männlichen Machtvorstellung" (J. Blandenier).

In vielen evangelikalen Gemeinden halten Männer aus Furcht vor der Frau an einer gesetzlichen Anwendung der Verse fest, die wir in den vorangehenden Kapiteln analysiert haben. Diese Furcht kann von einer persönlichen negativen Erfahrung herrühren (von einer tyrannischen Mutter erlittene Verwundungen; das Beispiel einer autoritären Frau, die eine ganze Gemeinde durch ihren Einfluß beherrscht hat) oder vom kollektiven Unterbewußtsein, das seit Jahrhunderten von der Furcht der Männer, von Frauen beherrscht zu werden, durchtränkt ist. „Alle Männer fürchten sich vor der Frau, die ihnen immer geheimnisvoll erscheint", sagt Dr. Tournier (S. 157). Einige Männer nehmen Verse zum Vorwand, die ihnen die Leitungsverantwortung zu Hause und in der Gemeinde zuweisen, um ihrer Frau oder ihren Schwestern in Christus Verwundungen heimzuzahlen, die sie in der Vergangenheit erlitten haben. Die aus solchen Motiven ausgeübte Autorität kann nur Reaktionen der Frustration und der offenen oder verkappten Auflehnung hervorrufen. Bevor man jemandem Verantwortungen in die Hände legt, wäre es gut, sich hinsichtlich seiner tieferen Gemütslage gegenüber Frauen zu vergewissern: Ist er unbelastet? Hat er eine richtige und gesunde Beziehung, die nicht durch Ängste, Ressentiments oder durch die Versuchung angenagt ist, mit autoritärer Macht bittere persönliche Erfahrungen zu kompensieren? Wird er nicht unreine Motive in die Ausübung seines Dienstes einfließen lassen, die gleich seine Autorität negativ belasten und Gegenwirkungen der Enttäuschung und des verhüllten oder unverhüllten Widerstands erzeugen?

Jesus hat beim Gebrauch von Autorität und von Gesetzen eine völlig neue Geisteshaltung verbreitet. Er hat sie an dem Tag bewiesen, an dem die Schriftgelehrten und die Pharisäer eine Frau vor ihn geschleppt haben, die dabei ertappt wurde, als sie gerade ihren Mann betrog. Die strenge Anwendung des Gesetzes verlangte, „Frauen dieser Sorte zu steinigen". Jesus stellte nicht das Gesetz in Frage, sondern die Art, wie diese Männer es gebrauchen wollten: „Wer von euch ohne Sünde ist, werfe zuerst den Stein auf sie" (Joh 8,7). Anstatt den anklagenden Blick auf diese Frau zu konzentrieren, lenkt er ihn zurück auf die Männer selbst. Das Gesetz sagte auch: „Die Seele, die sündigt, sie soll sterben" (Hes 18,4). Nun, das betraf sie alle, obwohl sie lebten. Sie hatten demnach den Nutzen der Gnade erfahren. Konnten sie nicht dieselbe Gnade anderen gegenüber walten lassen? „Wir sind weit eher durch die Liebe, den Dienst, die Demut, die Selbstaufgabe und die Sorge um das Wohl des anderen vereint als durch 'die Autorität und die Unterordnung'" (J. Blandenier).

„In der Gemeinde üben die Leiter ihre Autorität vor allem dadurch aus, daß sie Beispiele sind und dienen. Der Dienst steht im Gegensatz zur Macht. Der Dienende sieht sich selbst unter der Autorität eines anderen. Er dirigiert nicht, er schult durch sein Beispiel" (L. Richards, 81, S. 298). Es ist wichtig, daß er selbst sich weiterhin „allein als *Diener* des Volkes Gottes" betrachtet, „aber daß dieses Volk ihn als Hirten seiner Herde sieht. Die Situation wird schwierig, wenn der Pastor sich als Chef der Herde versteht und wenn die Leute in ihm nur ihren Diener sehen" (L. Morris, 73, S. 77).

Es geht um eine völlige Umkehr der Mentalität, die über die Befehlsgewohnheiten der Welt entscheidet: Die Entscheidungen werden gemeinsam, partnerschaftlich gefällt und in einem Geist der Liebe und des Dienstes umgesetzt. In einem Gremium aus Ältesten und Diakonen können weibliche Diakone eine angemessene Korrektur für die männliche Vorstellung von Autorität anbringen, besonders wenn es darum geht, eine Entscheidung zu treffen, die sich auf die Schwestern auswirkt, oder in einem Fall von Gemeindezucht ein Urteil zu fällen, das eine Schwester betrifft (ein Brieffreund weist mich hin auf den krassen Fall einer Christin, die wegen einer moralischen Frage vor einen aus sechs Männern zusammengesetzten Ausschuß gerufen wurde).

## 4. Die Ausübung von Autorität durch die verschiedenen Ämter

Die verschiedenen in Röm 12,6-8; 1Kor 12,7-10.28 und Eph 4,11 aufgezählten Gaben sind eine andere Art, im Namen Christi und unter seiner Autorität zu handeln: durch den Heiligen Geist inspirierte Botschaften zu bringen, zu dienen, zu ermahnen, materielle Hilfsgüter auszuteilen, Barmherzigkeit zu üben, ein Wort der Weisheit oder der Erkenntnis zu bringen, Heilungen durchzuführen oder Wunder zu tun, Geister zu unterscheiden, zu helfen, verschiedene Sprachen zu sprechen und sie auszulegen. All diese Gnadengaben sind Frauen wie Männern zugänglich. Neben den „Lehrern" gab es in der Gemeinde von Antiochien Propheten. Da die Frau prophetisch reden konnte, war es möglich, daß unter diesen Propheten eine oder mehrere Prophetinnen waren. Gehörten vielleicht in Cäsarea die vier Töchter des Philippus zur Gruppe der Propheten (Apg 21,9)?

„Wenn die Frau vor anderen Gliedern der Gemeinde betet oder prophetisch redet, dann besitzt sie dazu nur dann die geistliche Vollmacht, wenn sie dies im Gehorsam gegenüber ihrer schöpfungsgemäßen Stellung als Frau tut. Denn sie kann nicht 'im Geist' beten, wenn sie sich gegen die vom Geist Gottes geheiligte Schöpfungsordnung auflehnt" (W. Neuer, 82, S. 106). Unter diesen Diensten scheinen einige mehr als andere der weiblichen Natur zu entsprechen. „Im allgemeinen", stellen R. Tucker und W. Liefeld auf der Grundlage ihrer historischen Untersuchung fest, „waren die Frauen viel stärker mit Nöten auf der sozialen Ebene und mit dem Anliegen der Einheit der Gläubigen als mit Lehrfragen – besonders den 'nicht wesentlichen' Aspekten des Glaubensbekenntnisses – beschäftigt" (87, S. 15).

Diane Jerdan sagt: „Wenn die Frau eine Autorität ausübt, die ihr als Glied einer Mannschaft verliehen wurde ..., ist sie 'abgesichert', wenn sie einen öffentlichen Dienst ausübt mit einer Autorität, die sie sich nicht einfach genommen hat, sondern die ihr offensichtlich übertragen wurde, wobei jemand anders die letzte Verantwortung für die Rolle trägt, die sie in der Gemeinde ausfüllt ..." Die Frauen „konnten ungehindert an einem gemeinschaftlichen Dienst innerhalb von Mannschaften teilnehmen, die von einem Mann koordiniert wurden, der ausdrücklich zum Dienst des verantwortlichen Leiters berufen wurde. Die biblische Sicht von Diensten ist horizontal" (nicht die einer Pyramide mit dem Pastor an der Spitze) (93, S. 8).

Damit alles sich in voller Klarheit auf allen Seiten abspielt, wäre es gut, wenn alle Männer und Frauen, die einen in der Gemeinde anerkannten Dienst ausüben, im Lauf einer Gemeindeversammlung mit Gebet und eventuell „Handauflegung der Ältestenschaft" offiziell in ihren Dienst eingeführt werden könnten (1Tim 4,14). So wird es vor allen offenkundig, daß sie nicht eigenmächtig ihr Amt an sich gezogen haben, was es auch sei (Verantwortung für die Jugend, für die Sonntagsschule oder den Besuchsdienst, Leitung des Gesangs oder des Chors oder praktischer Arbeiten, Bibelstudien, Botschaften ...). Und schon allein diese offizielle Beauftragung gibt ihnen Zuversicht und Gebetsunterstützung der ganzen Gemeinde.

## Autorität und Freiheit

Ralph Shallis sagt: „Autorität und Freiheit sind für Gott zwei Aspekte eines geistlichen Zusammenhangs. Es kann keine wahre göttliche Autorität geben ohne die Freiheit des Geistes; ebenso kann wahre Freiheit nicht außerhalb einer von Gott eingesetzten Autorität existieren" (90, S. 89).

Die wahre Freiheit erlebt man im Rahmen einer gut festgelegten Struktur, wo die Spielregeln und die Ausübung der Autorität sauber definiert sind. Die Anarchie verbannt die Freiheit. Ich bin viel freier in einem Staat, in dem eine feste Autorität dafür sorgt, daß Ordnung herrscht, als in einem Land, wo jeder tun kann, „was recht ist in seinen Augen" (Ri 17,6). Das „Gesetz des Dschungels" läßt den Schwachen keine Freiheit; im Gegensatz dazu beschützt sie eine gut konzipierte Verfassung. Wenn ich mich mit meinem Wagen frei bewegen kann, dann liegt es daran, daß es Verkehrsregeln gibt – und eine Autorität, die für ihre Beachtung sorgt. Andernfalls müßte ich einen Panzer kaufen.

In der von Gott eingesetzten Schöpfungsordnung ist die Frau dem Mann untergeordnet, obwohl sie ihm gleichwertig ist. Das erhält die Harmonie und die gute Ordnung. Richtig verstanden erzeugt die Unterordnung keine Gefühle der Frustration; im Gegenteil, sie befreit vom Gewicht der letzten Entscheidung und von der Verantwortung, die damit verbunden ist.[88]

---

[88] „Daß die Frau vom Mann verschieden sei", sagt S. Külling, „geht auf die Zeit vor dem Fall zurück, das ist von Gott so gewollt ... Aber Verschiedenheit bedeutet nicht Minderwertigkeit. Die Frau ist dem Mann gleich-

Während meines ganzen beruflichen Lebens war ich Direktoren untergeordnet. Ich habe diese Stellung mit voller Überzeugung und innerer Freiheit akzeptiert, selbst wenn die Direktoren jünger oder in gewissen Bereichen anscheinend weniger kompetent waren als ich. Die gute Beziehung zu ihnen, deren ich mich erfreute, erlaubte es mir, die eine oder andere Veränderung in der Struktur oder dem Ablauf des Unternehmens oder der Schule vorzuschlagen. Wenn ich einen solchen Vorschlag gemacht hatte, fühlte ich mich meiner Verantwortung enthoben: Die Entscheidung, ihn umzusetzen oder auch nicht, lag bei dem Direktor. Meine positive Annahme dieser Entscheidung, wie sie auch ausfiel, trug zu der Aufrechterhaltung eines guten Arbeitsklimas bei.

Genauso ist es beim Ehepaar und in der Gemeinde. Solange wir noch am Relativen und Unvollkommenen verhaftet sind, sind diese Autoritätsstrukturen unerläßlich. Eph 5,22-24; Kol 3,18 und 1Petr 3,1-6 sagen klar, daß beim Ehepaar die Frau ihrem Mann untergeordnet ist. Die natürlichste Deutung der betrachteten „einschränkenden Schriftstellen" entlastet auch die Frau von Autoritätsaufgaben in der Gemeinde. Das ist der Grund, weshalb im Neuen Testament zwar von Diakonissen (oder weiblichen Diakonen) die Rede ist, es aber keine Erwähnung eines weiblichen Ältesten gibt. Ebenso sind die Lehre „mit Autorität" (2Tim 2,12) und die Bewertung der Prophetien (1Kor 14,32) auf Männer beschränkt. Abgesehen von diesen drei Punkten scheinen die übrigen Dienste den Christinnen offenzustehen.

## Kann eine Frau eine Gemeinde leiten?

Diese Frage ist von der Zeitschrift *IDEA* an die verschiedenen bekennenden Kirchen der deutschen Schweiz gerichtet worden. Fast alle haben mit ja geantwortet; nur die Pfingstgemeinden haben widersprochen, während diese Gemeinden in anderen Ländern die ersten waren, die weibliche Pastoren hatten (*IDEA-Spektrum*, 4.6.93, S. 6).

---

wertig, aber sie hat einen anderen Auftrag" (*Fundamentum* 1985/2, S. 62).

Wir haben schon in einem früheren Kapitel gesehen, daß die Überfrachtung des Pastorenamts das ganze Problem verfälscht hat. Im Neuen Testament geschieht die Leitung der Gemeinden immer gemeinschaftlich.[89] „An keiner Stelle im Neuen Testament findet man eine monarchische Gemeindeleitung" (E. Schweizer, 46, S. 68).

Wenn der Apostel nirgends die Leitung einer Gemeinde *einem* Mann anvertraut hat, wieviel mehr hätte er sich der Leitung einer Gemeinde durch eine Frau widersetzt. Die Apostel haben die Verwaltung der Ortsgemeinden dem Gremium der Ältesten in gemeinschaftlicher Verantwortung anvertraut. Vergessen wir jedoch nicht, daß jede Autorität in der Gemeinde delegiert ist, einerseits von dem Herrn, andererseits von der Gemeinde, nämlich von der Gesamtheit ihrer Glieder. R. Tucker und W. Liefeld weisen in diesem Zusammenhang darauf hin, „daß in Gemeinden, die eine kongregationale Form der Verwaltung haben, die Frauen die Autorität in Händen haben, wenn mehr als die Hälfte der Glieder Frauen sind" (87, S. 438).

„Es geht nicht darum zu wissen, ob Frauen die Fähigkeiten haben, Pastoren zu sein, sondern zu erkennen, ob das nach der Bibel ihre Berufung ist. Paulus antwortet, daß es nicht ihre Berufung ist" (P. Wells, 90, S. 5). Ein Abschnitt, der Diane Jerdan vor einem weiblichen Pastorendienst zurückschrecken läßt, ist Hebr 13,17. Der Verfasser sagt, daß die Christen „ihren Führern gehorchen und sich ihnen fügen sollen. Die Frage, die ich mir stelle ist die: Kann eine Frau solch einen Gehorsam und solch eine Unterordnung 'als Haupt' erhalten, wenn sie weiß, daß dieser Ausdruck anderswo in der Bibel nur für Männer gebraucht wird? (Was soll sie in diesem Fall tun, wenn ihr Mann, dem sie als Ehefrau zweifellos Unterordnung schuldet, einer ihrer Gemeindeglieder ist?)" (93, S. 6).

Die Lösung dieser Schwierigkeit, die evangelikale Denominationen gespalten hat, kommt nicht aus einer ausgearbeiteten Argumentation zugunsten eines Ja oder Nein, denn jede Seite hat gute Gründe, um ihren Gesichtspunkt zu verteidigen. Sie findet

---

[89] Apg 11,30; 14,23; 15,2,6,23; 20,17; 21,18; Phil 1,1; Tit 1,5; 1Tim 4,14; 5,17; Jak 5,14; siehe A. Kuen, *Ministères dans l'Eglise*, S. 96-100.

sich auf dem Weg über eine biblische Überlegung über die gemeinsame Leitung der Gemeinde durch eine Gruppe von Ältesten und Diakonen (von „Verantwortlichen" und „Mitarbeiter(inne)n"). Zu einer solchen Gruppe sollten im Normalfall mehrere Frauen gehören.

## Kann eine Frau Älteste sein?

In *L'anciennat de la femme* verteidigt J. Mead die Vorstellung, daß es seit apostolischer Zeit Frauen als Älteste in den Gemeinden gab. Das ist eine seriöse Arbeit, gut dokumentarisch belegt und übersichtlich strukturiert. Jedoch hat man oft den Eindruck, daß der Verfasser „mit jedem Holz Feuer" macht in seinem Verlangen, um jeden Preis zu beweisen, daß das Ältestenamt der Frau biblisch ist. Zum Beispiel der Vasthi und der Esther eine von Gott gebilligte politische Autorität zu erteilen, erscheint abwegig. Zu sagen, daß „die Leute der Chloe" (1Kor 1,11) „Glieder einer christlichen Gemeinde waren, deren geistliche Leiterin Chloe war", ist eine reine Mutmaßung. Daß die „auserwählte Herrin" (2Joh) „eine Person war, die für ein offizielles Gemeindeamt gewählt war, da sie ihre Kinder hatte", nämlich die Glieder ihrer Gemeinschaft und unter ihrer Verantwortung (S. 12), ist durch nichts bewiesen. Das Wort *presbytera* aus 1Tim 5,2 wird übersetzt mit „Älteste" statt mit „Älteren Frauen" (S. 23-24). Die Witwen von 1Tim 5,3-19 werden ebenso den „weiblichen Ältesten" angeglichen (S. 25-29). Ihre Schlußfolgerung ist, „daß es keinen *biblischen* Grund dafür gibt, die Bezeichnung Älteste zu verbieten, die alle in den Pastoralbriefen vorgeschriebenen Kriterien erfüllt" (S. 51).

Das entscheidende Argument gegen die Nominierung von weiblichen Ältesten ist einerseits die Tatsache, daß überall in der Apostelgeschichte wie in den Briefen das Wort Ältester durchgängig im Maskulinum steht und sich auf Männer bezieht (mit Ausnahme von *presbytera* in 1Tim 5,2, wo der Kontext – alter Mann, junge Männer, jüngere Frauen – die Übersetzung: ältere Frauen verlangt). Andererseits stellt Paulus in 1Tim 3,1-7 die von einem Bischof/Ältesten zu erfüllenden Bedingungen auf:

„Untadelig, Mann *einer* Frau ..., der dem eigenen Haus gut vorsteht": Qualifikationen, die schwer auf das Weibliche zu übertragen sind. Unter den Bedingungen, die von Diakonen zu erfüllen sind (V. 8-13), fügt der Apostel, bevor er auf die spezifisch männlichen Bedingungen zu sprechen kommt (V. 12f: treue Ehemänner, die ihre Verantwortung in bezug auf ihre Kinder und ihre Familie gut wahrnehmen), einige Gedanken über „Frauen" ein (V. 11). Handelt es sich um Frauen von Diakonen oder um weibliche Diakone? „Einige Übersetzungen, die von der Vorstellung ausgehen, daß es sich um die Frauen der Diakone handelt, haben unbegründet *ihre* vor Frauen eingefügt. Paulus hätte es tun können, er hat es nicht getan. Im V. 4 sagt er: 'die Kinder haben, welche ...' Er hätte sagen können: 'die Frauen haben, welche ...' Er hat es nicht gesagt. Im Gegenteil, er stellt eine Reihe von Qualifikationen auf, die genau parallel zu denen der Männer verläuft – außer denen, die er später im V. 12 erwähnt, die sich nicht auf Frauen beziehen" (S. Hurley, 84, S. 138). Wenn man diese Verse auf die Ehefrauen der Diakone bezieht, dann versteht man nicht, weshalb der Apostel einige Qualifikationen von den Frauen der Diakone verlangt, aber keine von den Frauen der Bischöfe/Ältesten. Außerdem erscheint kein bestimmter Artikel vor Frauen (*gynaikas*), was normal gewesen wäre, wenn es sich um Frauen der Leute gehandelt hätte, die gerade erwähnt wurden. Der parallele Aufbau „ebenso ... ebenso" erweckt den Eindruck, daß es sich um eine verschiedene Gruppe handelt.

Außerdem hat man das Beispiel der Phoebe, der Diakonin der Gemeinde von Kenchräa. Man hat auch in einem Papyrus aus dem 2. Jahrhundert die Erwähnung einer Frau gefunden, die *diakonos* genannt wurde. Die Vorstellung, daß die Urgemeinde weibliche Diakone besaß, ist also gut bezeugt. Das Schweigen zum Thema „weibliche Älteste" ist um so bedeutsamer.[90]

---

[90] „Sicher ist, daß die Ältesten und Diakone in 1Tim Männer waren (mit der Möglichkeit von einigen weiblichen Diakonen)" (I. H. Marshall, 84, S. 194). „Die Ältesten waren dafür verantwortlich, die Wahrheit Gottes treu auszurufen (2Tim 1,13f,; 2,2), die Herde vor falschen Lehren zu schützen und sie zu nähren, damit sie im Glauben wachsen kann (Apg 20,25-31). Der Verfasser des Hebräerbriefes verlangt von seinen Lesern,

## Kann eine Frau Teil eines Gemeinderats sein?

Aus praktischer Sicht stellt sich in vielen evangelikalen Gemeinden die Frage: Kann eine Frau Teil eines Gemeinderats sein? Die Frage nach der Wählbarkeit von Frauen in kirchliche Gremien hat in den 50er Jahren lebhafte Diskussionen in der Reformierten Kirche hervorgerufen.

In dem „Brüderbrief" der Pastoren des Kantons Waadt stießen sehr entgegengesetzte Gesichtspunkte aufeinander: Weil die kirchlichen Gremien in der Kirche Autorität haben, hat eine Frau darin keinen Platz: „In der Kirche hat der Mann die Berufung, den Herrn Jesus Christus zu vertreten, indem er mit seiner Autorität (*exousia*) handelt, um die Gemeinschaft zu begründen und aufrechtzuerhalten. Die Frau ihrerseits soll die christliche Gemeinschaft gegenüber dem Herrn vertreten, indem sie auf sein Wort hört und die Macht bewundert, mit der er sie rettet und sie zur endgültigen Vollkommenheit führt ... In den Versammlungen sollten die Frauen gegenüber den Männern an einer Einstellung festhalten, die ihrem Rang beim Ehepaar entspricht" (G. Ray). Worauf Ch. Masson antwortete: „Nicht die Einstellung der Frau beim Ehepaar entscheidet über ihre Stellung in Christus und in der Gemeinde, sondern vielmehr entscheidet die Stellung der Frau in Christus und in der Gemeinde über ihre Stellung im Ehepaar." Obwohl J. Anderfuhren und A. Regamey sich dem Beitritt von Frauen in Kirchengremien widersetzten, hielten sie es für „wichtig, ihnen in der Gemeinde Aufgaben und Verantwortungen zu sichern, in denen sie ihrer Berufung, die sie vielleicht empfangen haben, voll und ganz entsprechen können. Nur sollten diese Aufgaben nicht ein einfaches Spiegelbild der Aufgaben sein, die den Männern zukommen. Sie müssen dem Wesen der Frau entsprechen."

---

daß sie ihren Führern gehorchen und sich ihnen fügen (Hebr 13,17). Wenn es *eine* Rolle in der Gemeinde gibt, die die Ausübung von Autorität beinhaltet, dann ist es die des Ältesten. Diese Tatsache hat die Kirche fast zweitausend Jahre lang auf der Grundlage von 1Tim 2,12-15 dazu gebracht, das Ältestenamt Frauen nicht zu übertragen. Es scheint mir, daß sie Recht hatte" (J. Hurley, 84, S. 132).

Diese Gesichtspunkte müssen den Gliedern dieser Kirche als sehr veraltet vorkommen, die heutzutage das Pastorenamt mit gleichem Recht Männern und Frauen anvertrauen.

In einigen evangelikalen Gemeinden bleiben die Gemeinderäte jedoch noch reine Männersache. Das hängt zweifellos mit der Unklarheit zusammen, die über den Begriff des „Gemeinderats" herrscht. Handelt es sich um einen „Presbyterrat" nach kalvinistischer Tradition? Bekanntlich hat Calvin einen Unterschied gemacht zwischen dem Pastor und den Ältesten, die er dem Pastor als *ministri ministrandes* zur Leitung der Gemeinde zugeordnet hat.[91] Handelt es sich um einen Presbyterrat, so kann eine Frau nicht dazugehören, weil wir gesehen haben, daß das Presbyteramt in der Bibel den Männern vorbehalten ist, und Presbyter (von *presbyteros*) heißt ja „Ältester". Sofern ein Gemeinderat aber aus Ältesten und Diakonen besteht (die in Phil 1,1 und 1Tim 3,1-13 miteinander verbunden sind), gibt es keinen Grund, weshalb weibliche Diakone (vgl. Röm 16,1; 1Tim 3,11) ihm nicht angehören sollen. Sie können darin durch die spezifisch weibliche Sicht des Lebens, der zwischenmenschlichen Schwierigkeiten und Beziehungen wertvolle Hilfe und Korrektur einbringen.

In der Schrift werden Diakone nicht auf materielle und soziale Aufgaben begrenzt. Man denkt gemeinhin, daß der Bericht aus Apg 6 sich auf die Wahl von Diakonen bezieht. Wir stellen fest, daß Stephanus, einer von ihnen, mit den hellenistischen Juden diskutiert (Apg 6,8-10), daß er eine Predigt gehalten hat, die uns Lukas in allen Einzelheiten wiedergibt; Philippus bringt das Evangelium bis nach Cäsarea (8,5-10.40). Er wird später „der Evangelist" genannt (21,8). Die von den Diakonen geforderten persönlichen, geistlichen und familienbezogenen Qualifikationen ähneln stark denen der Ältesten mit Ausnahme von wenigen Punkten: Die Ältesten sollen gastfreundlich sein (man erwartete es eher von den Diakonen), begabt zu lehren und fähig, Gegner zu ermahnen und zurechtzuweisen, und sie sollten keine Neubekehrten sein.

---

[91] Siehe A. Kuen, *Ministères dans l'Eglise*, S. 183-185.

Man kann sich fragen, ob ein großer Teil der Bedenken hinsichtlich eines Dienstes von Frauen in der Gemeinde nicht von einer verfälschten Vorstellung des Dienstes kommt, den uns Jahrhunderte der Christenheit hinterlassen haben, in der ein Mann die ganze Gemeinschaft leitete. Dagegen „gibt es im Neuen Testament nirgends die Idee einer Aufgabe oder einer Leitung, die einem einzigen Mann anvertraut wurde" (D. Watson, 78, S. 27). „Jesus hat die Leitung seiner Herde an jedem Ort nicht einem einzelnen Man zur Obhut überlassen wollen, sondern einer Gruppe von Männern, die gemeinsam verantwortlich waren" (H. d'Espine, 44, S. 31).

Da ich selbst während eines Vierteljahrhunderts Ältester in einer Gemeinde war, bin ich völlig einer Meinung mit J. Blandenier, wenn er sagt: „In den meisten Aufgaben, die auf die Ältesten zukommen, ist die Ausübung ihrer Autorität bei Entscheidungen nicht im entferntesten ihre wesentliche Aufgabe und, wenn es zutrifft, daß sie sie gebrauchen, dann geschieht es auf der Ebene einer *Ältestengruppe* und daher gibt es kein individuelles Schnappen nach Macht im Sinne von 1Tim 2 ... Die Aufgabe eines Ältesten hat absolut nichts zu tun mit der eines Gefreiten, der seine Zeit damit verbringt, Befehle zu erteilen, sondern ist die eines Hirten, der viel stärker damit beschäftigt ist, zu nähren und zu pflegen als zu brüllen und mit dem Stab herumzufuchteln, um seine Herde voranzutreiben." Aber „haben Frauen nicht die Gabe zu nähren und zu pflegen?"

– Schon, aber wir finden im Neuen Testament keine Frau als Älteste.

– Das ist auch wahr, und es geht nicht um einen Versuch, „über das hinauszugehen, was geschrieben ist" (1Kor 4,6). Aber kann man sich nicht vorstellen, daß die für die Gemeinde Verantwortlichen erfinderisch genug sind, um Strukturen zu schaffen, die gleichzeitig der Treue zum Wort Gottes Genüge tun, den Bedürfnissen der Herde und den Veränderungen der Stellung der Frau, die seit dem 1. Jahrhundert aufgetreten sind? Man könnte zum Beispiel an ein Leitungsorgan aus zwei Teilen denken: Auf der einen Seite stehen die Ältesten und Diakone bzw. Diakoninnen, die die verschiedenen Arbeitsbereiche der Gemeinschaft repräsentieren und die gemeinsam dem nachgehen, was die Entwicklung der Gemeinde betrifft, auf der anderen Seite die Ältesten, die die letzte Verantwortung für alle Entscheidungen haben. Beide zusammen bilden den Gemeinderat.

In unserer örtlichen Gemeinde, der *Bonne Nouvelle* (der *Guten Nachricht*) in Straßburg, traf sich jeweils zuerst der Ältestenrat, um über die Fragen zu verhandeln, die ausschließlich in seinen Zuständigkeitsbereich fallen; eine Stunde später schlossen sich uns die Diakone an. Da wurden dann alle Fragen im Zusammenhang mit der Gemeindeentwicklung insgesamt und zum Wohl aller Glieder besprochen.

## Welchen Beitrag können Frauen in einem Gemeinderat leisten?

In seinem Buch „Der Auftrag der Frau" vergleicht Dr. Paul Tournier die speziellen Gaben des Mannes und der Frau. Der Mann ist auf Ideen ausgerichtet, er „hat Freude an abstrakten und unpersönlichen Fragestellungen, an einer sachlichen und wissenschaftlichen Auseinandersetzung. Er fühlt sich wohl in der Welt der Gegenstände ..." (S. 39). Er hat Sinn für Objektivität; und das alles ist für ihn wichtig. Aber „er vergißt oft die Personen. Dagegen hat die Frau Sinn für das Persönliche". P. Tournier spricht von zwei „Arten von Blickrichtungen", die „jeweils den vorherrschenden Eigenschaften des Mannes und der Frau entsprechen: die sachbezogene Blickrichtung des Mannes mit rationaler Tendenz und die personenbezogene Blickrichtung der Frau mit emotionaler Tendenz" (S. 10), was Martin Buber ausdrückte mit „ich-das" und „ich-du".

Die Frau ist es, die an die verschiedenen Personen in der Familie denkt, sie erinnert sich an Geburtstage, sie hat Freude daran, sich um andere zu kümmern, körperliche und moralische Wunden zu verbinden, Leuten in Not Erleichterung zu verschaffen, sie zu trösten und im Gespräch zu bleiben.

Natürlich braucht die Gemeinde eine objektive gut strukturierte Unterweisung, sie braucht eine solide Theologie, die sich nicht durch die zahlreichen pastoralen „Fälle" beeinflussen läßt, welche auf dem Umweg über das Mitleid Gefahr laufen könnten, unser Urteil im Sinne einer Freizügigkeit nach dem Vorbild der Welt zu beugen. Man sollte aber nicht vergessen, daß es der Zusammenschluß von *Personen* ist mit ihren Bedürfnissen und Problemen, für die die Frau empfindsamer ist als der Mann. Die Zahl der seelisch Verwundeten, die durch eine enttäuschende Lebenserfahrung ein Trauma erlitten haben, wächst in unserer Kultur unaufhörlich auch in den Gemeinden. Und solche Leute wenden sich noch eher als die Gesunden zu Christus (vgl. Mt 9,12) und zu denen, die seine Barmherzigkeit widerspiegeln. Im Gemeinderat wird die Frau an diesen wichtigen Aspekt des Dienstes von Christen erinnern und Vorschläge machen, damit diese Aufgabe gut erfüllt wird.

Spannungen bleiben leider nicht aus, auch nicht innerhalb der Gemeinden. Nun ist aber die Diskussion im allgemeinen nicht das Mittel, um sie zu lösen. Nötig wäre ein echter Dialog, persönliche Kontakte, eine wirkliche Aufmerksamkeit für die tiefen Bedürfnisse des einzelnen.

„Der Mann", sagt Tournier, „ist für den Dialog weniger begabt als die Frau. Er verwechselt ihn gewöhnlich mit der Diskussion. Die Diskussion zielt selbst in einer akademischen Auseinandersetzung darauf ab, den Gegner zu besiegen. Der echte Dialog versucht, ihn zu verstehen. Und Lösungen finden sich nur, wenn sich jeder verstanden fühlt. Andernfalls gibt es nur eine Unterbrechung, in der man auf den Gegenschlag wartet. Der Mann ist sachbezogen und die Sachbezogenheit analysiert und trennt immer. Die Berücksichtigung der persönlichen Sichtweise führt zur Synthese und zur Einigung" (S. 79f). Die Frauen „sind besser als wir für den persönlichen Kontakt ausgerüstet, für Beziehungen zu anderen, für echte Anteilnahme an den Bedürfnissen jedes einzelnen" (S. 117).

Ich persönlich hatte oft Gelegenheit, mit meiner Frau über die verschiedenen in unserem Gemeinderat besprochenen Schwierigkeiten zu sprechen, denn ich konnte mich auf ihr absolutes Stillschweigen verlassen. Sie lieferte mir oft sehr nützliche Überlegungen und Vorschläge, die ich in der nächsten Sitzung verwenden konnte, aber sie wollte nie, daß bekannt würde, daß diese Gedanken oder Anregungen von ihr kamen, denn sie spürte, daß sie nicht angenommen worden wären, wenn sie von einer Frau kamen. Wesentlich war für sie, daß ein „anderer Gesichtspunkt" in die Überlegungen einbezogen wurde, auch auf dem Weg über den Ehepartner als Mittelsmann.

Das war sicher die Hauptsache, aber es gibt nicht immer eine „nächste Sitzung": Manche Fragen fordern eine eilige Antwort. Wenn die Meinung unserer Schwestern fehlt, dann wird ein wichtiger Aspekt der Frage nicht in Betracht gezogen. Und diejenigen, die sich nicht durch einen „eingeschobenen Ehemann" äußern können, die unverheirateten Frauen, die Witwen oder Geschiedenen, die häufig eine beachtliche Gruppe in der Gemeinde darstellen, haben sie nicht auch eine Meinung, die wert ist, gehört zu werden?

„Der Mann erwartet vor allem Dienstleistungen von der Frau", sagt Tournier, „sexuelle Dienste, Hausfrauenarbeiten, pädagogischen Einsatz bei der Erziehung der Kinder, die Vorbereitung einer gepflegten Umgebung im gesellschaftlichen Leben oder die Unterstützung durch eine gewissenhafte Bürokraft. Aber nur selten erwartet er Initiativen oder Ideen von ihr, noch weniger Ratschläge. Er ist meistens verärgert, wenn sie ihm welche geben will, und wenig geneigt, sie zu befolgen" (S. 136). Aus diesem Grunde „fühlt sich die Frau von Männern nicht ernstgenommen" (S. 137). „Wenn man ihr nicht zuhört, so kann sie ihr Selbstvertrauen und ihr Selbstwertgefühl als Person nicht wiedergewinnen" (S. 138). Sie fühlt sich unterschätzt, verachtet. „Die letzten vier Jahrhunderte sind durchdrungen von der Verachtung für die Frau." Und diese Verachtung, die ihren Niederschlag in unserer gesamten Literatur und allen modernen Medien findet, hat unser kollektives und individuelles Unterbewußtsein intensiv geprägt. „Darin liegt wahrscheinlich der tiefste Grund für das Frauenproblem", vermutet Tournier (S. 149).

Unsere ganze Kultur ist „eine männliche Gesellschaft, in der das, was die Frau beitragen könnte, tragisch fehlt" (S. 5). Die Gemeinde ist oft ein Bild unserer Kultur, „eine männliche Welt, die wie ein schöner Mechanismus funktioniert ohne das Gefühlsleben zu berücksichtigen" (S. 93).

Unsere Kultur „ist männlich, weil sie dem Denken Vorrang gibt gegenüber dem Verhalten. Die Frau kümmert sich weniger um die Denkweise als um die Verhaltensweise, weniger um das

Erdachte als um das Erlebte" (S. 125). Aber ist nicht die Verhaltensweise ein ständiges Anliegen des Wortes Gottes?

Eine wirkliche Förderung der Frau, sagt Tournier, gäbe es, „wenn der Mann sich dessen bewußt wird, was ihm fehlt und es von seiner Frau erwarten würde". Dann geht er weiter, indem er von einer persönlichen Erfahrung berichtet: „Ich erinnere mich daran, daß ich eines Tages gebetet und Gott dabei die Bitte vorgelegt habe, Intuition in mir zu entwickeln. Und gleich danach bei der Andacht, merkte ich, daß Gott mir in der Person meiner Frau eine Intuitionsquelle zur Seite gestellt hatte, der ich nicht genug zuhörte" (S. 127). „Die logische und intellektuelle Auffassung, die beim Mann vorherrscht, erforscht immer das 'Wie', die intuitive gefühlsmäßige Auffassung der Frau erkundigt sich nach dem 'Weshalb'" (S. 126). Die intuitive Auffassung gelangt aber schneller und tiefer zum Kern der Probleme. Vielleicht ist das der Grund, weshalb „Jesus von Frauen meistens besser verstanden wurde als von Männern". Aber sie kann sich auch irren und zu einer impulsiven und unvernünftigen Handlung drängen. Sie muß daher eingedämmt – und manchmal korrigiert werden – durch logisches und intellektuelles Auffassungsvermögen.

Deshalb hat Gott den Mann und die Frau mit zwei verschiedenen und einander ergänzenden Sichtweisen geschaffen, die gemeinsam ein plastisches und viel getreueres Bild der Wirklichkeit vermitteln als eine einäugige Sichtweise.

Ralph Shallis pflegte zu sagen, daß die Leitung einer Gemeinde die schwierigste Sache der Welt sei. Die vereinten Begabungen des Mannes und der Frau reichen sicher kaum aus für diese verwickelte und so wichtige Aufgabe.

## Zusammenfassung

In der Gemeinde gehört die Autorität dem Herrn, der sie durch sein Wort ausübt, durch alle, die ihm gehören, besonders durch die Ältesten, die Diakone und alle die, die einen Dienst in seinem Leib verrichten. Die Autorität, die über die Aufrechterhaltung der von Gott eingesetzten Struktur wacht, ist Garant für unsere Freiheit. In dieser Struktur ist den Männern die zentrale Verantwortung anvertraut, aber sie können sie mit den Frauen teilen, die er ihnen als Gehilfinnen und als Gegenüber zur Seite gestellt hat. In einem aus Ältesten und Diakonen zusammengesetzten Gemeinderat können die Frauen durch die spezifischen Begabungen und durch die besondere Sichtweise, welche der Herr ihnen zugeteilt hat, eine entscheidende Hilfe darstellen, indem sie „den Vorrang der Personen vor den Sachen" und der Lebensführung vor dem logischen Denken und den Ideen wiederherstellen (P. Tournier, 79, S. 179). Weit davon entfernt, durch ihre Anwesenheit geschwächt zu werden, wird die Autorität der Gemeindeleitung dadurch bestärkt, ins rechte Licht gesetzt und erleichtert.

# Schlußfolgerungen

## Kurzfassung

Bevor wir zum Abschluß kommen, wollen wir versuchen, die in den vorangehenden Kapiteln entwickelten wesentlichen Gesichtspunkte zu einem Gebinde zusammenzuflechten.

1. Zur Vorgehensweise: Das Problem der Stellung der Frau in der Gemeinde kann nicht dadurch gelöst werden, daß man den Leuten zwei oder drei Texte ohne Erklärung an den Kopf wirft. Man muß alle biblischen Vorgaben berücksichtigen, und dazu gehört auch die Haltung Jesu und die Haltung des Paulus den Frauen gegenüber.

2. Der Schöpfungsbericht lehrt uns, daß Frau und Mann gleichwertig, wenn auch andersartig, geschaffen wurden. Beide wurden im Bilde Gottes erschaffen, aber der Sündenfall hat dieses Gleichgewicht zerstört und die männliche Herrschaft und die Unterdrückung der Frau eingeführt. Im Alten Testament wurden religiöse Schlüsselrollen von Männern eingenommen. Jedoch hat Gott Frauen gelegentlich Leitungsrollen oder prophetische Aufgaben anvertraut, die denen von Männern gleichrangig waren.

3. In der griechisch-römischen Welt wurde die Frau gewöhnlich verachtet und auf ihre mit den weiblichen Körperfunktionen zusammenhängenden Aufgaben beschränkt. Nur Frauen mit zweifelhafter Moral nahmen am öffentlichen Leben teil. Das Judentum des 1. Jahrhunderts hat diese Verachtung und diese Verfemung noch unterstützt, indem es sie von praktisch allen Aspekten des religiösen Lebens verbannte: vom Einführungsritus in den Bund (Beschneidung), über das Lesen und Anwenden des Gesetzes, bis zu der aktiven Teilnahme bei den Versammlungen in der Synagoge war alles den Männern vorbehalten.

4. Auf diesem düsteren Hintergrund hebt sich die Haltung Jesu hell ab: Er lehrt die Frauen genauso wie Männer öffentlich und privat; Frauen begleiten ihn genauso wie männliche Jünger;

die Evangelisten heben manchmal ihr geistliches den Männern überlegenes Verständnis hervor. Es waren Frauen, denen der Auferstandene zuerst erschien, und ihnen hat er die Aufgabe anvertraut, die gute Nachricht von seiner Auferstehung den anderen Jüngern bekanntzumachen.

5. Im Gegensatz zur Synagoge hat die Urkirche den Frauen die Teilnahme an allen Tätigkeiten erschlossen: Sie werden getauft und nehmen am Abendmahl teil, sie können beten, durch den Geist inspirierte Botschaften weitergeben, praktischen Diensten in der Gemeinde nachgehen (als Diakonin) und mit den Aposteln im Werk Gottes zusammenarbeiten. Die Ermahnungen, die sich auf die gegenseitige Erbauung in der Gemeinde beziehen (Imperativ + „einander") werden ohne Einschränkung an Männer und Frauen gerichtet. Jedoch nennt das Neue Testament keine Frau, die zu einem mit Autorität verbundenen Dienst oder zu einer Leitungsaufgabe in der Gemeinde berufen wurde.

6. Ein grundlegender Text, um das Denken des Paulus zu verstehen, ist seine Erklärung aus Gal 3,28: „Es gibt daher keinen Unterschied mehr zwischen Juden und Nichtjuden, zwischen Sklaven und Freien, zwischen Männern und Frauen. Mit Christus verbunden seid ihr alle einer." Wenn sie auch in einen soteriologischen Zusammenhang eingebettet ist, sollte diese Erklärung nicht auf das Heil beschränkt werden: Die Urgemeinde hat sich darum bemüht, die Unterscheidungen zwischen Juden und Nichtjuden aufzuheben. Wenn es ihr die sozialen Strukturen nicht erlaubt haben, die Sklaverei abzuschaffen, so war sie dennoch bestrebt, die Härten dieser Situation im Rahmen des Möglichen abzuschwächen, indem sie die christlichen Herren aufforderte, ihre Sklaven als Brüder zu behandeln. Was die Gemeinde selbst betrifft, so gibt es keinen Grund zu denken, daß man bei der Beteiligung an Aktivitäten oder beim Zugang zu verschiedenen Ämtern einen Unterschied zwischen Herren und Sklaven gemacht hat. Die Frühkirche hat Sklaven gekannt, die Gemeinden leiteten. Die Abschaffung der Sklaverei wird heute von allen Christen als Frucht des Evangeliums begrüßt. Es ist denkbar, daß einige den Frauen der damaligen Zeit von Paulus auferlegte Einschränkungen auf denselben Gründen beruhten wie seine Toleranz gegenüber der Sklaverei.

7. Zu den für Frauen ausdrücklich zulässigen öffentlichen religiösen Betätigungen gehört das Gebet und die durch den Geist inspirierte Rede.

8. Um die vom Schöpfer eingesetzte Unterscheidung zwischen den Geschlechtern und eine richtige Beziehung zwischen Männern und Frauen beizubehalten, verlangt der Apostel von Christinnen, die beteten oder inspirierte Botschaften brachten, sich an die Regeln des Anstands zu halten. Zur damaligen Zeit unterschieden sich ehrbare Frauen von „freizügigen Frauen" (Prostituierte, Ehebrecherinnen oder Initiatorinnen bei heidnischen Kulten) dadurch, daß sie eine „Kopfbedeckung" (als Schleier oder als hochgesteckte Haare) trugen. Heute hat in den meisten westlichen Ländern der „entblößte" Kopf der Frau keine symbolische Bedeutung mehr.

9. Die überzeugendste Erklärung des Abschnitts aus 1Kor 14,34f, in der Paulus von den Frauen verlangt, daß sie in der Versammlung schweigen, bezieht dieses Verbot auf die Teilnahme der Frauen an der Bewertung der prophetischen Reden. Sein Ziel war die Aufrechterhaltung der Ordnung im Gottesdienst (V. 40).

10. Das Verbot zu lehren (1Tim 2,12) ist kein uneingeschränktes Verbot: Was Paulus der Frau nicht erlaubt, ist die „Lehre mit Autorität", die für die Gemeinde maßgebend ist und nach der Bedeutung des Wortes, das der Apostel gebraucht, eine Lehre, die aus einer herrschsüchtigen Autorität stammt, die sich die Frau in eigener Regie angemaßt hat.

11. In Verbindung damit, daß Paulus der Frau gewisse Arten zu lehren untersagt, bezieht er sich auf die Berichte von der Schöpfung und vom Sündenfall, in denen es klar wird, daß die Umkehrung der Beziehungsstrukturen zwischen Mann und Frau für die menschliche Rasse fatal war. Diese Berichte sowie die Berufung auf das Geheimnis der Beziehungen zwischen dem Vater und dem Sohn verpflichten die Frau zur einer Haltung der Unterordnung analog der Christi zum Vater.

12. Die Gesamtheit der biblischen Offenbarung und die wiederholte Berufung des Paulus auf Schöpfungsstrukturen dokumentieren zwischen den beiden vor Gott gleichen Geschlechtern

eine Beziehung, in der der Mann die Verantwortung für Entscheidungen und die Autorität in der Gemeinde hat.

## Konsequenzen?

Welche praktischen Schlußfolgerungen kann man aus diesem Studium ziehen?

### 1. Auf Notlösungen verzichten

Eine erste praktische Folgerung wäre es, ein für allemal auf Notlösungen zu verzichten, mit denen wir unsere rabbinische Kasuistik rechtfertigen („die Frau kann Zeugnis geben, aber nicht predigen, Bücher schreiben, aber nicht mündlich lehren und erst recht nicht am Sonntagmorgen ..."). Diese Notlösungen überzeugen niemanden: weder unsere Schwestern, die mit Recht meinen, daß wir über Kleinigkeiten streiten, ohne den Kern des Problems anzurühren, noch unsere Gegner, die uns der Heuchelei bezichtigen, noch uns selbst, die wir unsere Trugschlüsse durchschauen und nur unser heimliches schlechtes Gewissen pflegen lassen.

Statt uns weiter zu winden, wollen wir versuchen, uns dem Problem zu stellen und es im Lichte des Wortes Gottes zu lösen.

### 2. Diese ganze Frage unter die Autorität des Wortes Gottes stellen

Was viele Christen davon abhält, der Frau im Gemeindeleben mehr Platz einzuräumen, ist die Angst, dem Druck der Umwelt und gegenwärtigen feministischen Tendenzen nachzugeben. Jedoch, wie wir gesehen haben, gibt es zahlreiche Feminismen – sogar religiöse oder christliche. Eine fundamentale Eigenschaft des evangelikalen Christen ist seine bedingungslose Anerkennung des Wortes Gottes als „höchste Autorität in Fragen des Glaubens und der Lehre" wie auch des Lebens. Die Autorität einer Person

– oder einer Institution – kann sich auf drei verschiedene Arten zeigen:
1. Durch förmliche Verbote: „Du darfst nicht ... Du hast kein Recht zu ... Durchgang verboten ... Es ist untersagt zu ...";
2. durch ausdrückliche Genehmigungen: „ Du kannst ... Sie haben das Recht zu ... Singt, spielt, lauft ... Parken gestattet ...";
3. ohne formulierte Verbote oder Berechtigungen, was denen, die der Autorität unterstellt sind, einen großen Spielraum läßt. Einsichtige Eltern beschränken sich auf eine geringe Anzahl von Verboten und Richtlinien, damit sich die Initiative und die Kreativität ihrer Kinder entwickelt. Dieser Freiraum vergrößert sich mit dem Alter der Kinder.

Gott handelt mit uns nicht anders: In seinem Wort finden wir eine bestimmte Anzahl von Verboten (viel weniger im Neuen Testament als im Alten Testament), positive Befehle und klar formulierte Berechtigungen und zwischen beiden große Bewegungsfreiheit: Punkte, zu denen das Wort Gottes sich nicht äußert oder bei denen es uns die Entscheidung überläßt, indem es uns an allgemeine Grundsätze erinnert, die es uns anderswo vorgibt.

In der Frage, die uns beschäftigt, gibt es nur drei mögliche Alternativen, wie C. Baecher sagt: „Entweder verbietet die Schrift ausdrücklich und klar eine bestimmte Anzahl von Diensten und man muß sich daran halten; oder die Schrift wünscht und erlaubt einige dieser Dienste und es empfiehlt sich, sich dafür zu öffnen; oder die Schrift sagt nichts dazu, und es ist zweckmäßig, in der Freiheit praktischer Gestaltung eine Vielzahl von Gesichtspunkten gelten zu lassen" (92, S. 18).

*Erste Alternative*
„Die Schrift verbietet ausdrücklich und unmißverständlich eine bestimmte Anzahl von Diensten und man muß sich daran halten" – ohne den Versuch, diese Befehle durch spitzfindige Ausdrücke oder sonderbare Begründungen zu umgehen. Wenn man davon überzeugt ist, daß das Wort Gottes den Frauen befiehlt, in den

Versammlungen zu schweigen, dann muß man ihnen *jedes* Reden verwehren (wie in gewissen orthodoxen Kirchen, in denen sie nicht einmal das Recht haben, in einem Chor zu singen).

Keine evangelikale Gemeinde geht meines Wissens so weit. Alle sind daher in einer peinlichen Lage mit dem Wort Gottes, wenn sie denken, daß das die Bedeutung von 1Kor 14,34 ist. Aber wir haben gesehen, daß die Bibel selbst und der Apostel Paulus im Widerspruch zu diesem Befehl wären und man unter den vierzig Interpretationen dieser Verse eine Erklärung finden kann, die zugleich die Unversehrtheit des biblischen Textes, die Autorität des Wortes Gottes, den Aufbau des ganzen Abschnitts und „die Analogie des Glaubens", d.h. die Übereinstimmung mit anderen Stellen, berücksichtigt, die die Frau berechtigen, in den Versammlungen zu sprechen: Paulus verbietet danach der Frau nur die Beteiligung an der Bewertung der prophetischen Reden.

Genauso müssen, wenn man meint, daß der Frau jedes Lehren verboten ist, die Männer die Sonntagsschule, den biblischen Unterricht für Kinder, für Jugendliche und für Frauen auf sich nehmen, man muß aus den Liederbücher alle von Frauen verfaßten Texte und aus unseren Bibliotheken alle von ihnen geschriebenen Bücher entfernen.

Und man soll auch nicht die Entschuldigung geltend machen, daß man, wenn Männer fehlen, auf die Dienste von Frauen zurückgreifen kann. „Es wäre eine Beleidigung für die Frauen", sagt D. Pawson, „sie nur dann einzusetzen, wenn kein Mann zur Verfügung steht, womit man ihnen zu verstehen gibt, daß sie überflüssig sind, wenn Männer vorhanden sind" (92, S. 99). Aber auch hier haben wir gesehen, daß das nicht der Sinn von 1Tim 2,12 ist und daß man, ohne sich außerbiblischer Vorgaben zu bedienen, die Einschränkung des Paulus sehr gut erklären kann, wenn man sie auf nur eine einzige Art des Lehrens bezieht.

Alles in allem gibt es unter den Diensten, die die Schrift ausdrücklich und eindeutig verbietet, nur Aufgaben der Leitung und die der Gemeindelehrerin, die eine Frau in eigener Verantwortung ausübt.

*Zweite Alternative*
„Die Schrift wünscht und erlaubt einige dieser Dienste und es empfiehlt sich, sich dafür zu öffnen." Das wäre die wichtigste aus dieser Untersuchung zu ziehende Schlußfolgerung.

Unter den Diensten, die die Schrift ausdrücklich den Christinnen zugänglich macht, gibt es das Diakonenamt (Phoebe und 1Tim 3,11), das Gebet und die prophetische Rede. Das Diakonenamt (oder: der Diakonisse) kann zum Beispiel die Koordination bestimmter Dienste in der Gemeinde beinhalten (Hilfeleistungen, Mission, Jugend, Besuchsdienst ...). Es gibt zugleich Zugang zum „Ältesten- und Diakonenrat" (manchmal *Gemeinderat* genannt), in dem sich Älteste und Diakone regelmäßig treffen und wo Frauen einen wertvollen Beitrag als Ergänzung zur männlichen Sichtweise leisten können. Als Vertreter des weiblichen Gemeindeteils, der oft mehr als die Hälfte ausmacht, können sie darin auch sehr hilfreich sein.

Das Gebet in allen Formen und zu allen Augenblicken des gottesdienstlichen Geschehens steht ihnen gleichermaßen offen aufgrund des allgemeinen Priestertums aller Gläubigen einschließlich der gläubigen Frauen.

Die prophetische Rede ist zweifellos der am meisten vernachlässigte Aspekt des Dienstes der Frau. Das liegt einerseits an falschen Definitionen dieses Ausdrucks oder an Lehrmeinungen, die die prophetische Rede zum Alleingut apostolischer Zeiten gemacht haben, und es hängt andererseits mit besonderen Formen der Verkündigung und mit der damit verbundenen Autorität zusammen. Nun aber hat in den meisten Gemeinden die „Predigt" die „Botschaften aus Eingebung" und den brüderlichen und vielfältigen Austausch (1Kor 14,26) der Urgemeinde ersetzt.

In dieser Hinsicht gibt es ein weites Gebiet auszukundschaften und unseren Schwestern zu eröffnen. Ralph Shallis, den man sicher nicht des Gehens mit der Zeit oder des Feminismus bezichtigen kann, sagte: „Es steht der Frau frei zu reden und zu handeln, solange sie nicht die Autorität an sich zieht, die Gott in der Gemeinde eingesetzt hat" (90, S. 103). Die Gemeinden, die dieses Wort als Leitlinie aufgreifen würden, könnten sicher eine beträchtliche Entwicklung ihres Dienstes der gegenseitigen

Auferbauung erfahren vergleichbar derjenigen, die sie erlebt haben, als sie den Schwestern die Möglichkeit auftaten, sich am Gebet der Versammlung zu beteiligen.

Einige Gemeinden scheinen ganz natürlich zu diesem Schritt gekommen zu sein. In einer Gesamtdarstellung, in der die Praxis verschiedener bekennender Kirchen und Gemeinden der deutschen Schweiz (Baptisten, Methodisten, Mennoniten, Pfingstler ...) hinsichtlich des Dienstes von Frauen zusammengefaßt ist, wird deutlich, daß in all diesen Kirchen die Frauen wenigstens gelegentlich predigen können (*IDEA-Spektrum*, 4.6.93, S. 6).

Im Neuen Testament gibt es mindestens dreißig verschiedene Imperative, die mit dem Ausdruck „gegenseitig" bzw. „einander" verbunden sind. Dazu gehören: „Lehrt und ermahnt euch gegenseitig, dient einander, einer erbaue den anderen, vergebt einander, ermuntert einander, tröstet euch untereinander." All diese Formen gegenseitigen Dienstes stehen beiden Geschlechtern offen und können in einer Ortsgemeinde sehr wertvolle Aufgaben bilden.[92]

Andererseits wissen wir nicht, was die vom Apostel Paulus verwendeten Ausdrücke für weibliche Mitarbeiter konkret beinhalten: Beistand (Röm 16,2: *prostatis*), Mitstreiterinnen, „Arbeiterinnen" für den Herrn.

„Statt unsere Aufmerksamkeit auf Einschränkungen zu konzentrieren", sagt W. Liefeld (Brüderversammlung) am Ende seines Artikels, „sollten die Christen nicht in einer gemeinsamen und konstruktiven Anstrengung zusammenarbeiten, um unseren Schwestern in Christus, die begabt und dem Herrn ergeben sind, neue Wege zum Dienst zugänglich zu machen?" (87, S. 61). Der Mennonit Fritz Goldschmidt bringt es auf den Punkt: „damit wir uns nicht der Hälfte der Gaben berauben, die der Herr seiner Gemeinde geschenkt hat" (92, S. 90).

*Dritte Alternative*

„Die Schrift sagt nichts dazu, und es ist zweckmäßig, in der Freiheit praktischer Gestaltung eine Vielzahl von Gesichtspunkten gelten zu lassen." Es gibt eine Vielzahl von Diensten, bei

---

[92] Siehe A. Kuen: *Les uns les autres* (in Vorbereitung).

denen die Heilige Schrift nicht deutlich sagt, ob Männer oder Frauen sie ausführen können. Kann eine Frau einen gemischten Chor leiten? Ein Gemeindeorchester? Im Gottesdienst die Schriftlesung übernehmen? Brot und Wein austeilen? Beim Abendmahl das Segensgebet für Brot und Wein sprechen? Kann sie Frauen taufen? Kinder darbringen?

Die Schrift gibt keine Antwort auf diese Fragen und gibt unserer Freiheit daher viel Spielraum. Die „Vielzahl der Gesichtspunkte" kann innerhalb von verschiedenen Gemeinden oder auch innerhalb einer Ortsgemeinde in Erscheinung treten. „Eine Schlußfolgerung, die unausweichlich scheint", sagen R. Tucker und W. Liefeld am Ende ihres vertieften Studiums der Rolle der Frau in der Kirchengeschichte, „ist, daß eine dogmatische Haltung kein angemessener Weg mehr sein kann, um das Thema der Frauen in der Gemeinde anzugehen. Die Verantwortlichen müssen selbstverständlich Position beziehen, aber selbst eine feste Position verpflichtet nicht dazu, die Möglichkeit auszuschließen, daß man unterschiedliche Auffassungen bei legitimer und ehrlicher Interpretation der Bibel und bei ihrer Anwendung auf heutige Umstände anerkennt" (87, S. 440). Diese Vielzahl von Gesichtspunkten kommt zustande, wenn man den Empfehlungen des Apostel in Röm 14 und den drei oder vier folgenden Parametern folgt, die wir im Lauf dieser Untersuchungen herausgestellt haben.

## 3. Biblische Parameter berücksichtigen

*Drei einander ergänzende Grundsätze*
Die Urgemeinde mußte mit verschiedenen sich offenbar widersprechenden, aber in Wirklichkeit sich ergänzenden Grundsätzen fertig werden. Einerseits wollte sie die durch Jesus gebrachten Grundsätze der Freiheit und der Gleichheit praktisch werden lassen; andererseits durfte sie weder die durch die Schöpfung gegebene Unterscheidung zwischen Mann und Frau außer acht lassen noch durch eine zu hastige oder unpassende Anwendung dieser Prinzipien „bei Juden, Griechen oder Gliedern der Gemeinde Gottes" (1Kor 10,32) Anstoß erregen.

*1. Gleichheit des Mannes und der Frau in Christus*
Der Apostel Paulus hat das Prinzip aufgestellt: „In Christus gibt es weder Mann noch Frau." Die Urgemeinde hat den Frauen die Beteiligung an den meisten religiösen Aktivitäten, die ihnen im Judentum wie im Heidentum verboten waren, erlaubt: das gemeinsame Gebet mit den Männern (Apg 1,14), die Weitergabe von durch den Heiligen Geist inspirierten Botschaften, die Mitarbeit bei der Evangelisation und bei der Auferbauung der Gemeinschaft, die Beschäftigung mit praktischen Diensten, die Mitwirkung am Gemeindeleben mit den verschiedenen Gaben, die sie als ihr Erbteil ebenso wie Brüder empfangen haben.

*2. Unterscheidung zwischen Mann und Frau*
Der Apostel Paulus unterstreicht wiederholt den Unterschied zwischen Mann und Frau und führt ihn zurück auf den Willen Gottes, wie er sich bei der Schöpfung, noch vor dem Fall, dargestellt hat. Das Erlösungswerk Christi hebt die bösartigen Folgen des Falles auf (die Herrschaft des Mannes und die Unterdrückung der Frau), aber sie beseitigt nicht die ursprünglich von Gott geschaffenen Unterschiede: die Wesensart, die Psyche, die verschiedenen und gegensätzlichen Gaben. „Die Verschiedenheit der Geschlechter ist eine (gute) Gegebenheit der Schöpfung, nicht eine Gegebenheit des Falles" (D. Bergèse, 5.93, S. 7).[93]

Die Vereinigung dieser Parameter ergibt einerseits viele Dienste, die ohne Unterschied Männern und Frauen zugänglich sind, und andererseits einige Aufgaben und Verantwortungen, die den Männern, und andere, die den Frauen vorbehalten sind. Das Dokument *Chrischona 93* sagt: „Die systematisch-theologische Reflexion hat in der Frage der Stellung der Frau auszugehen vom biblischen Zeugnis von der Gleichwertigkeit von Mann und Frau einerseits und der Verschiedenheit der Geschlechter ande-

---

[93] „Die mehr rational-objektivierende Intellektualität des Mannes dagegen läßt ihn mehr als die stärker emotional gestimmte Intellektualität der Frau für Aufgaben der Führung oder der autoritativen Lehre geeignet erscheinen. Vom biblischen Zeugnis her ist auf jeden Fall jeder Tendenz zur Verwischung der schöpfungsgemäßen Unterschiede zwischen den Geschlechtern zu wehren. Der Mann darf nicht in der Nachahmung der Frau noch umgekehrt die Frau in der Nachahmung des Mannes Erfüllung ihres Lebens finden wollen" (*Chrischona 93*, S. 17).

rerseits. Diese von der Schöpfung her bestehenden Gegebenheiten wurden durch den Sündenfall wohl verändert (Gen 3,16b), aber nicht zerstört und deshalb auch durch die Erlösung in Christus nicht aufgehoben, sondern im Sinne der ursprünglichen Bestimmung wieder erneuert (Gal 3,28). Dabei ist im Blick auf die Verschiedenheit der Geschlechter festzuhalten, daß diese den ganzen Menschen nach Leib, Seele und Geist umfaßt" (S. 16).

*3. Gesellschaftliche Formen und Missionsstrategie*
In Christus „gibt es weder Juden noch Griechen". Das zeremonielle Gesetz der Juden ist überholt. Jedoch, weil „es in jeder Stadt Leute gibt, die das Gesetz des Mose lehren und es an jedem Sabbat in den Synagogen gelesen wird" (Apg 15,21), hat man von den aus dem Heidentum Bekehrten verlangt, daß sie zwei zeremonielle Vorschriften des Gesetzes beachten (V. 20b). Paulus selbst war „den Juden ein Jude" (1Kor 9,20) und beachtete auch weiterhin bestimmte rituelle Vorschriften (Apg 20,16b; 21,26). Er wußte, daß man auch künftig in den judenchristlichen Gemeinden die Beschneidung praktizieren würde und er billigte es; er hat sogar (aus missionarischen Motiven) Timotheus beschnitten; doch hat er sich heftig gegen die Praxis der Beschneidung in heidenchristlichen Gemeinden gewehrt (siehe Gal 5,2-4). „Dieses Prinzip", sagen R. Tucker und W. Liefeld, „setzte ein großes Bestreben voraus, mit Leuten zu sympathisieren, deren Theologie und Prinzipien er ablehnte. Es bedeutete auch gewisse Anpassungen in seinem persönlichen Lebensstil" (87, S. 75).

In Christus gibt es „weder Sklaven noch Freie"; jedoch, wie wir gesehen haben, stellt sich Paulus nicht über die gesellschaftlichen Gesetze seiner Zeit. „Das Evangelium stellt die Autoritätsstrukturen einer Gesellschaft niemals direkt in Frage. Die etablierte Ordnung hat von vornherein Anspruch auf Anerkennung und muß respektiert werden, außer im Fall einer größeren Macht ('Man muß Gott mehr gehorchen als den Menschen'). Das ist der Grund, weshalb wir im Neuen Testament keine Anklage gegen die Sklaverei finden. Jede revolutionäre, ja sogar ganz einfach empörende Einstellung zur Umwelt wird als ein Hemmschuh für das Evangelium aufgefaßt. Man muß allen alles werden, man muß sich in die bestehenden Formen hineinbegeben, um sie von innen heraus umzugestalten" (D. Bergèse, 6.93, S. 9).

Ebenso eröffnet der Apostel einerseits den christlichen Frauen den Zugang zu den meisten Aufgaben in der Gemeinde. Aber andererseits beruft er sich auf gesellschaftliche Anstandsregeln, um die gewährte Freiheit in seiner Zeit einzugrenzen. „Paulus erschließt der Frau den Zugang zum allgemeinen Priestertum der Gläubigen selbst wenn er sich aus Gründen gesellschaftlicher Normen in bestimmten Momenten dazu verpflichtet sieht, diese neue Freiheit der Frau in der Gemeinde zu bremsen" (C. Vilain, 75, S. 145). „Es ist offenkundig, daß in dem Maße, wie die Gemeinde wuchs und sich in der griechisch-römischen Welt ausbreitete, die Frauen tatkräftig dabei waren und eine Rolle ersten Ranges spielten. Aber diese Ausdehnung erforderte extreme Vorsichtsmaßnahmen. Die wahre Freiheit, derer sich die christlichen Frauen erfreuten, war ein potentielles Hindernis für die Aufnahme des Evangeliums. Es war daher nötig, daß die christlichen Missionare die ideologischen Unterschiede in den verschiedenen Sektoren der Gesellschaft, die sie zu erreichen versuchten, berücksichtigten" (Tucker/Liefeld, 87, S. 75). Wir stehen vor denselben Verpflichtungen.[94]

Wenn wir die gesellschaftlichen Formen unserer Zeit betrachten, so sollten wir nicht die Veränderungen vergessen, die seit der Zeit des Paulus stattgefunden haben. Wie bei der Überwindung des Gegensatzes zwischen Sklaven und Freien ist die Entwicklung der Beziehungen zwischen Männern und Frauen nicht unbedingt negativ.

Die Gesellschaft ohne soziale Spaltungen entspricht mit Sicherheit besser dem ursprünglichen Plan Gottes als die Gesellschaft des 1. Jahrhunderts; eine Gesellschaft, in der es keine unterschiedliche Bewertung von Männern und Frauen mehr gibt, entspricht auch besser der Absicht Gottes. Andererseits muß man auch erkennen, daß unsere Gesellschaft auf allen Ebenen

---

[94] „Paulus ruft christliche Männer und Frauen auf, innerhalb ihrer herkömmlichen gesellschaftlichen Rollen, die ihnen von ihrer Kultur her vorgeschrieben sind, das Evangelium auszuleben" (D. R. Kuhns, 80, S. 48).

eine Autoritätskrise erlebt: im Familienbereich, in der Schule, in der Politik ... Die Strukturen – schlechte wie gute – brechen auf. Alle Werte der jüdisch-christlichen Kultur werden in Frage gestellt. Wir müssen daher unsere Wachsamkeit und unsere Unterscheidungskraft verdoppeln, um in der Entwicklung der heutigen Gesellschaft das, was die Erfüllung des Planes Gottes begünstigt, von dem, was ihm entgegensteht, auszusortieren.

Eine der Aufgaben der Hausordnung aus 1Petr 3,1-7 war es, „die Spannung zwischen der Gesellschaft und der Gemeinde zu senken, indem man die Verleumdungen zum Schweigen bringt. Die Christen mußten sich dem, was die griechisch-römische Gesellschaft von ihnen erwartete, anpassen, damit die Außenstehenden damit aufhörten, die neue Glaubensrichtung zu kritisieren" (Balch, 81, S. 88).

Vielleicht war das auch der Sinn einiger den Frauen auferlegten Einschränkungen ihrer Freiheit und der Empfehlung, sich den allgemeinen Sitten anzupassen (1Kor 11,2-10). Aus der Perspektive des Paulus, nämlich der, die Leute außerhalb der Gemeinde zu gewinnen, können wir nicht gleichgültig gegenüber der Beurteilung unserer Mitbürger hinsichtlich des Platzes sein, den wir der Frau in der Gemeinde einräumen. Wir schockieren sie nicht mehr, wenn wir ihnen Redefreiheit und den Zugang zu einigen anderen Diensten gewähren. Wir riskieren es im Gegenteil, sie zu schockieren und sie fernzuhalten, wenn wir sie ihnen nicht zugestehen, falls das Wort Gottes uns dazu berechtigt.

I. Howard Marshall geht in dieselbe Richtung, wenn er sagt: „Man kann sagen: Genauso, wie sich die Kirche über die Duldung des Neuen Testaments hinsichtlich der Sklaverei weiterentwickelt hat zur Erkenntnis, daß die christlichen Grundsätze die Sklaverei verbieten, genauso können wir guten Gewissens einwilligen, der Frau bei den Diensten der Gemeinde einen größeren Platz zu bieten als es in der Gesellschaft des 1. Jahrhunderts möglich war" (84, S. 196).

K. Howard faßt die Gegebenheiten der Schrift zusammen in „zwei Prinzipien:
1. Gleiche Stellung für alle, die in Christus sind, unabhängig von ihrer gesellschaftlichen Stellung, ihrer Rasse oder ihrem Geschlecht,

2. ein Verbot für Frauen, die Rolle von ordnungsgemäß nominierten und vergüteten Gemeindeleiterinnen zu übernehmen" (83, S. 42).

*Ein vierter Grundsatz*
Ein anderer wichtiger Grundsatz in den Paulusbriefen ist *die Einheit der Gemeinde.* Paulus erinnert daran in jedem seiner Briefe, er setzt sie in seinen Ermahnungen an die erste Stelle und widmet ihr mehr Platz als irgendeiner anderen Richtlinie (Röm 12,5; 14,19; 1Kor 1,10ff; Gal 3,28; Eph 2,14; 4,3; Phil 2,1-4; Kol 3,12-15 ...).

„Nichts sollte getan werden", sagt F. F. Bruce, „was die Einheit der Ortsgemeinde in Gefahr bringt. Diejenigen, die die Schrift verstehen (im Sinne einer größeren Freiheit für die Frau), sollen die Freiheit haben, ihre Auffassungen darzulegen, aber keinen Schritt erzwingen und auch nicht anderen ihr Verständnis des Wortes Gottes aufdrängen, bis dieses Verständnis allgemeine Zustimmung in der Gemeinde findet – und dann wird es nicht mehr nötig sein, es jemandem aufzudrängen" (82, S. 12). „Die Anweisungen des Paulus weder auf die damalige Kultur zu beschränken noch sie zu verabsolutieren: eine solche Einstellung bringt die Christen näher zusammen statt sie in entgegengesetzte Lager zu zerspalten – nicht nur in Fragen, die die Frau betreffen, sondern auch auf anderen Gebieten" (Tucker/Liefeld, 87, S. 457).

Die Einheit der Gemeinde kann durch zwei entgegengesetzte Verhaltensweisen bedroht werden: Einerseits durch eine ungezügelte Eile derer, die ungeduldig ihre Überzeugungen praktisch umsetzen, schon bevor die übrigen Gemeindeglieder damit einverstanden sind. Eine Minderheit von fortschrittlich Gesinnten darf nicht den Versuch machen, die Glieder und die Verantwortlichen einer Gemeinde zu manipulieren, um ihr Programm durchzubringen – wie es in einigen Denominationen Nordamerikas der Fall ist, wo man Dienern Gottes die Ordination verweigert, die die Nominierung weiblicher Ältesten und Pastoren nicht billigen (Hurley, 84, S. 129).

Die Geduld und die Überredung sind die einzigen Waffen, die das Wort Gottes zuläßt. R. W. Pierce, der in seinem Artikel von

1993 zugibt, daß er Überzeugungen in Richtung einer „hierarchischen" Rangordnung bei Vertretern der Gleichberechtigung weitergegeben hat, warnt jedoch: „In Situationen, in denen Gott nicht offenkundig die Tür in dieser Frage geöffnet hat, sollten Geduld und Ausdauer ... die Anhänger der Gleichberechtigung kennzeichnen ... Gewaltsames oder zu schnelles Vorgehen kann mehr Schaden als Gutes bewirken, besonders dann, wenn es schlecht gemacht ist oder in einem Geist des Stolzes" (93, S. 355).

Andererseits kann die Einheit der Gemeinde auch in Mitleidenschaft gezogen werden durch eine starrköpfige Haltung konservativer Glieder, die sich sogar weigern, über die Argumente derer nachzudenken, die der Frau den Platz zugestehen wollen, der ihr nach der Schrift zukommt und die jeder Veränderung der Praxis ihrer Vorgänger ihr Veto entgegensetzen.

Die Frage, die sich dann stellt ist die: Wieweit muß man Intoleranz dulden und auf Antriebskräfte der Gemeinde verzichten, auf junge Leute und auf Frauen, die darunter leiden, daß man sie auf Abstand hält. Die Bibel fordert uns auf, auf „Schwache" Rücksicht zu nehmen („diejenigen, die im Glauben noch wenig gefestigt sind" *BS*) und ihnen keinen Anstoß zu geben (Röm 14,1-23; 1Kor 8,9). Nun aber kommt paradoxerweise der Widerstand gegen Veränderung oft von denen, die „der Zeit nach Lehrer" (Hebr 5,12) sein sollten, die daher nicht Gefahr laufen, „Anstoß zu empfangen" (d.h. in Sünde zu fallen), sondern höchstens in eingefleischten Gewohnheiten aufgerüttelt zu werden.

Wenn eine Mehrheit von Gliedern von einer soliden Begründung für bestimmte Reformen überzeugt ist, dann hat eine Minderheit nicht das Recht, das unter Androhung einer Spaltung zu unterbinden, selbst wenn sie sich auf „biblische" Argumente stützen. Denn, wie wir in diesem Buch gesehen haben, haben die, welche die entgegengesetzte Richtung vertreten, auch biblische Argumente. Wenn eine Mehrheit von Gemeindegliedern sich dafür entschieden hat, bestimmte Neuerungen einzuführen, dann gilt die Regel, daß sich die Minderheit anschließt. Es ist nicht mehr ihre Sache, sondern die des Herrn, und die Aufrechterhaltung der Einheit der Gemeinde ist wichtiger als die ihrer Arbeitsweise, da es sich nicht um grundsätzliche Glaubenswahrheiten handelt.

*Gegenseitige Ergänzung*
Diejenigen, die in der Gemeinde für eine Gleichheit der Rechte und für den Zugang der Frau zu verschiedenen Gemeindeaufgaben kämpfen, stellen die besonderen Fähigkeiten der Frau in den Vordergrund. Da die Frauen oft mehr als die Hälfte der Gemeindeglieder ausmachen, ist es wichtig, daß ihre besondere Sicht der Dinge auch offiziell zur Sprache kommen kann. Das Argument ist noch überzeugender, wenn es von Gemeinden ausgeht, die an eine Vielzahl von Diensten glauben, wo die Frau in einer Gruppe von Verantwortlichen eine gute Korrektur für eine einseitig männliche Sichtweise geben kann.

Wie wir im Kap. 6 gesehen haben, hat Gott die Frau mit einer anderen Psychologie ausgestattet, die eine Ergänzung zu der des Mannes darstellt. Die beiden Sehweisen sind unentbehrlich, um die Probleme einer Gemeinde richtig zu erfassen und sie vernünftig zu lösen.[95]

Natürlich versäumen es die Frauen nicht, selbst in den Versammlungen, in denen sie „nichts zu sagen haben", ihre ergänzende Stimme zu erheben – durch eine Mittelsperson (wie in jener Versammlung, in der die Frauen nicht beten konnten und in der eine verheiratete Frau regelmäßig mit ihrem Mann darüber sprach, was er in der Versammlung in seinem Gebet sagen sollte). Die Volksweisheit hat diese Realität seit langem erkannt, wenn sie sagt, daß der Mann die Autorität hat und die Frau den Einfluß, oder: Der Mann ist der Kopf und die Frau der Hals, der ihn dreht.

Aber wäre es nicht unendlich viel besser, wenn diese Meinungen und Stimmen, die einen großen Wert für das Vorankommen

---

[95] „Es ist mein Wunsch, daß dieser Sinn für das Persönliche, dieser Sinn für Beziehungen mit anderen, von der Frau nicht mehr als Schwäche gesehen wird, sondern von ihr gehütet wird als eine Eigenschaft, die eine völlig neue Welt schaffen könnte, in der sich die intellektuellen Fähigkeiten mit der Intuition und dem Sinn für das Persönliche vermischen" (Anaïs Nin, *Etre une femme*, Paris, Stock 1977, zitiert nach Tournier, 79, S. 82).

und die Auferbauung einer Gemeinde haben, sich direkt und offiziell Gehör verschaffen könnten? Es gibt keine Macht, die schärfer herrscht und sich gefährlicher auswirkt als heimliche Macht: Die grauen Eminenzen sind despotischer als die Direktoren mit übertragener Macht; während die einen unfaßbar und unangreifbar sind, müssen die anderen über ihre Geschäftsführung Rechenschaft ablegen. Genauso ist eine Frau in einem Gemeinderat besser als eine andere, die die ganze Gemeinde auf dem Umweg über ihren Mann an der Strippe hält. Es ist besser, wenn man seine Gedanken frei äußern kann, als wenn man aus der zweiten Reihe kritisiert. Einige Brüder haben Angst davor unterzugehen, wenn sie der Frau einen offiziellen Platz in Gemeinderäten oder Versammlungen geben. Die Erfahrung beweist das Gegenteil: Wenn sie offen sagen können, was sie denken, haben sie keinen Grund mehr, hinter den Kulissen zu operieren.

Gleichwohl können diejenigen, die sich durch die Grundsätze des Wortes Gottes gebunden fühlen, die Abschnitte, die wir in den letzten Kapiteln betrachtet haben und die den Männern Autoritätsstellungen vorbehalten, nicht ausradieren. „Die neue Situation, die die Frauen dank des Evangeliums kennenlernen, unterdrückt nicht alle Unterschiede bei der Rolle, die jedes Geschlecht im Dienst Gottes zu spielen berufen ist. Diese Rollen sind nicht austauschbar ... Gott weist dem Mann eine besondere Autorität zu. Wenn es da eine von Gott gewollte Ordnung gibt, dann können wir diese Ordnung keineswegs umkehren oder zerstören, um uns den Gedankengängen der modernen Welt anzugleichen. Die christlichen Frauen dürfen nicht jede Unterordnung verwerfen und die Rolle ablehnen, die Gott für sie bestimmt hat. Es ist ihre Aufgabe, die Haltung der Gemeinde zu Christus und die Haltung Christi zum Vater widerzuspiegeln (Eph 5; 1Kor 11)" (Erklärung der Professoren von Vaux). So scheint es, daß die Ämter des Ältesten und des Lehrers nicht Frauen anvertraut werden sollten.

Das Amt des Pastors, so wie es in den meisten modernen Kirchen verstanden wird, fällt in diese Kategorie der „reservierten Tätigkeiten"; denn es beinhaltet gleichzeitig Aufgaben der Leitung und der Autorität in Lehrfragen. Die Frau „sollte beten, prophetisch reden und ihren Glauben bezeugen können, sowohl durch ihre Worte als auch durch ihr Tun, und Zutritt zu Diensten erhalten, die keine Autoritätsstellung bedeuten" (C. Vilain, S. 145), vorausgesetzt, daß dies nicht mit den gesellschaftlichen oder kirchlichen Verhaltensnormen kollidiert oder die Einheit der Gemeinde in Gefahr bringt.

„Die Frau kann in der Gemeinde öffentlich das Wort ergreifen: das Neue Testament sagt es ausdrücklich hinsichtlich der prophetischen Rede und zum Gebet; es wäre auf jeden Fall zu wünschen, daß sie diese Freiheit tatsächlich unter uns gebraucht" (Erklärung von Vaux). Aber „da die Verbindung zwischen persönlicher Autorität und dem öffentlichen Reden sehr locker ist", schließt M. Lüthi, „d.h., da es heute möglich ist, das Wort zu ergreifen, ohne direkt Autorität auszuüben, hätte man da nicht Anlaß, über neue und zahlreiche Möglichkeiten für die Frau, in der Gemeinde zu reden, nachzudenken? Es geht darum, für die Eingebungen des Heiligen Geistes feinfühlig zu sein, erfinderisch zu sein und trotzdem die Anordnung zu beachten, die verlangt, daß die Frau nicht den Mann beherrscht" (82, S. 53). „Ein 'allseitiger Dienst' gibt jedem Gelegenheit, seine 'Gnadengaben' zu gebrauchen, ohne daß die Schöpfungsordnung beseitigt wird. Solch ein Dienst in der Gemeinschaft der Heiligen mit der Mannschaft der Ältesten im Zentrum der Gemeinde ist ohne jeden Zweifel ein Geschehen, das allein eine Bewegung des Geistes Gottes ins Leben rufen kann" (J. Packer, 73, S. 26).

Ein schwieriges Gleichgewicht zwischen autoritärer Führung und Gleichberechtigung, zwischen der Unbeweglichkeit der einen und der Ungeduld der anderen! Aber wir sind nicht die ersten, die es verwirklichen müssen: *mutatis mutandis* war es schon das Problem, vor das sich die Urgemeinde und der Apostel Paulus gestellt sahen. Das ist der Grund für die scheinbar widersprüchlichen Bestimmungen, die wir in den Briefen finden. Aber diese Anweisungen stehen nicht allein da; sie sind eingefügt in den Rahmen der Gebote, die das Leben miteinander in der Gemeinde betreffen: „Liebt einander, helft, ermahnt einander, einer achte den anderen höher als sich selbst, ordnet euch einander unter ..."

Augustinus sagte: „Liebe und tue, was du willst." So formuliert, ist die Vorschrift gefährlich – vor allem in unserer Zeit, wo das Wort Liebe eine Vielheit von Bedeutungen abdeckt, die nichts zu tun haben mit der biblischen *agape*. Sie ist leichter zu akzeptieren, wenn man klar sagt: „Liebe Gott, die Brüder und die Schwestern." Gott lieben heißt sein Wort und die Grenzen zu beachten, die es uns vorzeichnet; die Brüder lieben heißt, sie nicht zu verachten oder zu verurteilen (Röm 14), es heißt, nichts zu tun, was ihnen ein Anlaß zu einem Fehltritt oder zu einem Ärgernis ist, es heißt, das zu suchen, was ihr Wachstum im Glauben fördert (1Kor 8,10). Die Schwestern lieben heißt, Dienste für sie zu suchen, die dem Plan Gottes entsprechen, in denen sie sich entfalten, ihre Gaben ausüben und zur Auferbauung der Gemeinde beitragen können.

Wenn diese verschiedenen Aspekte der gegenseitigen Liebe in einer Gemeinde gepflegt und geschätzt werden, so wird die Frau darin ganz natürlich ihren Platz finden, einen Platz, der zu ihrer Berufung und ihren Gaben paßt, und das wird zum Besten aller sein und zur größeren Ehre Gottes, des Schöpfers und Erlösers.

# BIBLIOGRAPHIE
(Verzeichnis der zitierten oder hinzugezogenen Werke)

Bähler, M., „Jésus et les femmes". In: *Les Cahiers de Christ seul* 3/1992, S. 35-37
Balch, D. L., *Let Wives Be Submissive: The Domestic Code in 1Peter*, Chicago, Scholars Press 1981
Baldwin, J., „Women's ministry: a new look at the biblical texts". In: Lees: *The Role of Women*, 84, S. 158-176
Bancroft, E. H., *Elemental Theology*, Gd. Rapids, Eerdmans 1960
Barilier, R., „Sur le ministère pastoral féminin". In: *Revue réformée* 1971/3, S. 85ff
Barilier, R./Gagnebin, C. L./Paquier, R., *La femme dans l'Eglise*, Lausanne 1958
Barnett, P. W., „Wives and Women's Ministry". In: *ERT*, Okt. 1991, S. 321-334
Barth, K., *Dogmatique* III, 4, Genf, Labor et Fides 1964
Barth, M., *Ephesians*, New York 1964
Barton, B., „Putting Women in their Place: 1 Tim. 2 and Evangelical View of Women in Church Leadership". In: *JETS* 33/4 Dez. 1990, S. 451-459
BCFT, *A Bible Commentary for Today*, G. C. D. Howley, F. F. Bruce, H. L. Ellison Ed. London, Pickering and Inglis 1979
Bénétreau, S., „La place de la femme". In: *Pour la Vérité*, 2/76, S.10
Bergèse, D., „Ministère féminin". In: *IDEA* Mai und Juni 1993
Besancon, Spencer A., *Beyond the Curse*: Women called to Ministry, Nashville, Nelson 1985
Bilézikian, G., *Beyond Sex Roles*, Gd. Rapids, Baker 1985
  *Homme, Femme, vers une autre relation*, Mülhausen, Grâce et Vérité 1992
Birney, L., „The Role of Women in the N.T. Church". In: Henderson, 82, S. 15ff
Blandenier, J., „L'attitude libératrice de Jésus". In: *La femme dans l'Eglise*, Nyon 1980
Blocher, A., *Libérées par Christ pour son service*, Paris, Les Bons Saillens Semeurs 1961
Blocher, H., *La doctrine du péché et de la rédemption*, Vaux-sur-Seine, Cycle I, 1982
  „L'homme, 'chef' ou 'source' de la femme?". In: *ICHTHUS* 85 (1979), S. 32-33
  *Révélation des origines*, Lausanne, BPU 1979
Bloesch, D., *Is the Bible sexist?* Westchester, Illinois, Crossway 1982
Böhmerle, Th., *Die Frauenfrage im Lichte der Bibel*, Reutlingen 1951

Boomsma, C., *Male and Female: One in Christ,* Gd. Rapids, Baker 1993
Boor, W. de, *1 Korinther,* Wuppertal, R. Brockhaus 1968
Booth, C., *Le ministère des femmes,* Paris, Lausanne, Armée du Salut, o. J.
Braun, W., *Die Frau in der alten Kirche,* Berlin 1919
Briston, J. T., *What Paul really said about Women,* San Francisco, Harper & Row 1988
Bruner, F. D., *A Theology of the Holy Spirit,* London, Hodder and Stoughton 1970
Bruce, F. F., „Lessons from the Early Church". In: Ellis/Gasque, *In God's Community,* 78, p.153 *I, II Corinthians,* London, Oliphants 1971
„Women in the Church: a Biblical Survey". In: Henderson, 82, S. 7ff

Campbell-Morgan, G., *The Corinthian Letters,* London-Edinburgh, Oliphants 1947 (Reprint 1954)
Carr, A., *La femme dans l'Eglise,* Tradition chrétienne et théologie féministe, Paris, Cerf 1993
Carrez, M., „Le silence des femmes dans l'Eglise". In: J. L. Leuba, *Necessitatis Unitas,* Paris, Cerf 1984
Carson, D. A., *Exegetical Fallacies,* Gd. Rapids, Baker 1984 (1989)
*Showing the Spirit,* Gd. Rapids, Baker 1987
„Silent in the churches" on the Role of Women in 1 Cor 14.33b-36 o. J. (unveröffentl. Manuskript, Erweiterung und Korrektur von *Showing the Spirit,* 1987)
Cartledge, M. J., „Charismatic prophecy and N. T. prophecy". In: *Themelios* 17/1 (Okt.-Dez. 1991), S. 17-19
Chenu, P., *De l'interdit paulinien au ministère pastoral féminin,* Thèse de l'Institut protestant de théologie de Montpellier (1988)
Chrischona 93, *Der Dienst der Frau in der Gemeinde,* Erklärung der Chrischona-Gemeinden, Mai 1993
Clark, E. A., *Women in the Early Church,* Mess. of the Fathers of the Church, Wilmington, M. Glazier 1987
Clark, S., *Man and Woman in Christ,* Ann Arbor, Michigan, Servant Books 1980
Clouse, R., *Women in ministry,* Downers Grove, Inter-Varsity Press 1989
Coninck, F. de, „A propos du ministère féminin". In: *Hokma* 44/1990, S. 45-58
Cotterell, P./Turner, M., *Linguistics and Biblical Interpretation,* London, SPCK 1989
Culver, R. D., „Does recent scientific research overturn the claims of radical feminism and support the biblical norms of human sexuality?" In: *JETS* 30/1 (März 1987), S. 39-47

Danet, A. L., „1 Timothée 2.8-15 et le ministère pastoral féminin". In: *Hokma* 44/1990, S. 23-44

Delling, G., *Paulus' Stellung zu Frau u. Ehe*, Stuttgart 1931

D'Espine, H., *Les anciens, conducteurs de l'Eglise* Neuchâtel, Delachaux 1944

Douglass, J. D., *Women Freedom and Calvin*, Philadelphia, Westminster Press 1988

Evans, M., *Woman in the Bible*, Exeter, Paternoster 1983, Gd. Rapids, Eerdmans 1983

Fabris, R., *La femme dans l'Eglise primitive*, Paris, Nouvelle Cité 1982

Fee, G., *The First Ep. to the Cor.* Gd. Rapids, Eerdmans 1987

Feuillet, A., „Le signe de puissance sur la tête de la femme". In: *Nouvelle Revue théol.* 1973
„L'homme 'gloire de Dieu' et la femme 'gloire de l'homme'". In: *Revue biblique* 1974, S. 161-182

Foh, S., *Women and the Word of God: A Response to Biblical Feminism*, Philadelphia, Presbyt. and Reformed Publ. 1980
„Frauen auf der Kanzel? Warum nicht?" In: *Fundamentum* 2, 1985, S. 51-57

Foulkes, F., *L'Eglise du Dieu vivant*, Etude de 1 Tim., Sator, Cergy-Pontoise 1986

Gangel, K. O., „Biblical Feminism and Church Leadership". In: *Bibliotheca Sacra* 1-3, 1983, S. 55-63

Gerber, S., *Frauen im N.T.*, Basel, Agape 1968

Goldschmidt, F., „Des ministères féminins dans le Nouveau Testament". In: *Cahier Christ seul* 3, 1992, S. 81-90

Griffith, M. et V., *Le ministère féminin*, Nogent s/Marne, Carnet du Centre évangélique 1988

Grudem, W., „Prophecy - yes, but teaching - no, Paul's consistent advocacy of women's participation without governing authority". In: *JETS* 30/1 (3/87), S. 11-23
*The Gift of Prophecy*, London, Kingsway 1988

Grudem, W./Piper, J., „Questions brûlantes sur la différenciation sexuelle et les ministères dans l'Eglise". In: *Revue Réformée*, Jan. 1993, S. 1-36

Gundry, P., *Woman be free*, Gd. Rapids, Zondervan 1988

Guthrie, D., *The Pastoral Epistles*, London, IVP 1969

Hassey, J., *No time for silence*, Evang. Women in Public Ministry around the turn of the Century, Gd. Rapids, Academic Press 1986

Hauge, A., „Feminist theology as critique and renewal of theology". In: *Themelios* 17/3 (4.5.92), S. 8-11
Hayter, M., *The New Eve in Christ*, The use and the abuse of the Bible in the debate about women in the Church, Gd. Rapids, Eerdmans 1987
Heine, S., *Frauen in der frühen Christenheit*, Göttingen, Vandenhoeck u. Ruprecht
  *Women and early Christianity*, Are the Feminist Scholars right? London, S. C. M. Press 1987
Henderson, A., *Women in the Church*, Christian Brethren Review Journal 33, Exeter, Paternoster 1982
Hendriksen, W., A Commentary on *I and II Timothy and Titus*, London, Banner of Truth 1964
Héring, J., *La première épître de St. Paul aux Corinthiens*, Neuchâtel, Paris, Delachaux 1959
Hiebert, E., *1 Timothy,* Chicago, Moody Press 1957
Hill, D., *N. T. Prophecy,* London, Marshall, Morgan and Scott 1979
Hourcade, J., *La femme dans l'Eglise* Etude anthropologique et théol. des ministères féminins, Paris, Tequi 1986
House, H. W., „Neither ... Male nor Female ... in Christ Jesus". In: *BSa* 1.30, 1988, S. 47-56
  „Should a Woman Prophesy or Preach before Men". In: *BSa* 4-6, 1988, S. 141-161
  „The Speaking of Women and the Prohibition of the Law". In: *BSa* 7-9, 1988, S. 301-318
  „The Ministry of Women in the Apostolic and Postapostolic Periods". In: *BSa* 10-12, 1988, S. 387s
  *The Role of Women in Ministry Today*, Nashville, Nelson 1990
Howard, J. K., „Neither Male nor Female: An Examination of the Status of Women in the N. T.". In: *EQ* 55/1 (1983), S. 31-42
Howe, M., *Women and Church Leadership*, Gd. Rapids, Zondervan 1982
Hugenberger, G. P., "Women in Church Office: Hermeneutics or Exegesis? A Survey of Approaches to 1 Tim 2. 8-15". In: *JETS* 35/3 (Sept. 92), S. 341-360
Hul, G. G., *Equal to serve, Women and men in the Church and the House*, London, Scripture Union 1989
Hurley, J., *Man and women in biblical perspective*, Downers Grove, IVP 1981
  „Did Paul require Veils or the Silence of Women". In: *Westminster Theol. Journal* 35, 1973, S. 190-220
  „Women in ministry". In: S. Lees *The Role of Women* 84, S. 121-140
Huser, E., „Die Frau in Gottes Augen. Überblick über die Stellung der Frau im Alten u. Neuen Testament". In: *Fundamentum* 2, 1985, S. 20-49

Jaubert, A., „Le rôle des femmes dans le peuple de Dieu" Ecriture et pratique chrétienne, *Lectio Divina* 96
„Le voile des femmes". In: *New Test. Studies* 18, 1972
„Les femmes dans l'Ecriture". In: *Vie chrétienne* 219 (Mai 1979)
Jensen, E., „The value of Women and World View". In: *Themelios* 17/3 (4-5/92), S. 12-14
Jewett, P. K., *Man as Male and Female,* Gd. Rapids, Eerdmans 1975
*The ordination of women,* Gd. Rapids, Eerdmans 1980

Kähler, E., *Die Frau in den paulinischen Briefen,* Zürich 1960
Keener, C. S., *Paul, Women and Wives: Marriage and Women's Ministry in the Letters of Paul,* Peabody MA, Hendrickson Publ. 1992
Kent, H. A., *Les épîtres pastorales,* Québec, Ed. Impact Lupien 1981
Key, D., „Women in the Church". In: Lees, *The Role of Women* 84, S. 141-152
Kidner, D., *Genesis,* London, IVP 1971
Krimmer, H., *1 Korinther,* Neuhausen-Stuttgart, Hänssler 1985
Kroeger, C., „The Apostle Paul and the greco-roman cults of Women". In: *JETS* 30/1, März 1987, S. 25-38
Kroeger, R. et C., „Sexual Identity in Corinthe", *Reformed Journal* 28 (1978)
Kuhns, D. R., *Frauen in der Gemeinde,* Witten, Bundes-Verlag 1980
Kuen, A., *La femme dans l'Eglise,* (Rencontres de Lavigny) Je sème, Yverdon 1980
Külling, S., „Mann u. Frau im A.T. u. ihr gottgewolltes, gegenseitiges Verhältnis nach der göttlichen Schöpfungsordnung". In: *Fundamentum* 1985/2, S. 58-64

La Porte, J., *The Role of Women in Early Christianity,* New York-Toronto, The Edwin Mellen Press 1982
Lees, S., *The Role of Women,* 8 prominent Christians debate, Leicester, IVP 1984 (J. Baldwin, G. Catherwood, D. Field, M. + V. Griffith, J. Hurley, D. Key, I. H. Marshall)
Letham, R., „The Hermeneutics of feminism". In: *Themelios* 17/3 (4-5/92), S. 4-7
Liefeld, W., „Women and the Nature of Ministry". In: *JETS* 30/1, März 1987, S. 49-61
Lowe, S. D., „Rethinking the female Status/function question: the Jew/Gentile relationship as Paradigm". In: *JETS* 34/1, März 1991, S. 59-75

Lowery, D. K., *1 Corinthians* The Bible Knowledge Commentary, Ed. J. Walwoord - R. Zuch, 2 Bde., Wheaton, Victor Books 1983
„The Head-Covering and the Lord's Supper in 1 Cor 11.2-34". In: *BS* 4-6, 1986

Mack, W., *The Role of Women in the Church*, Cherry Hill, N. J., Mack Publ. 1973
Maillot, A., *Eve, ma mère, (Etude sur la femme dans l'A. T.)*, Paris, Letouzey et Ané 1990
*Marie, ma soeur (Etude sur la femme dans le N.T.)*, Paris, Letouzey et Ané 1989
Marcel, P., „A propos du ministère pastoral de la femme". In: *Revue réformée* 1971/1, S. 27ff
Marshall, I. H., „The Role of Women in the Church". In: Lees, *The Role of Women* 84, S. 177-197
Martin, W. J., „1 Cor 11.2-16: An Interpretation". In: W. Gasque, *Apostolic History and the Gospel*, Exeter, Paternoster 1970, S. 231-241
McBurney, „Call me blessed", *The emerging Christian Woman*, Gd. Rapids, Eerdmans 1988
Mead, J., *L'anciennat féminin*, (maschinenschriftliches Manuskript, Brüssel, 1990)
Meyer, W., *Der 1. Brief an die Korinther*, Zürich 1945
Morris, L., *Ministers of God*, London, IVP 1973
Munro, W., „Women Disciples in Mark". In: CBQ 44 (1982), S. 226ff

Neuer, W., *Mann und Frau in biblischer Sicht*, Giessen, Brunnen-Verlag 1982

Osborne, G. R., „Women in Jesus' Ministry". In: *Westminster Theol. Journal* 51 (1989), S. 259-291

Packer, J. I., *Keep in Step with the Spirit*, Downers Grove, IVP 1984
*Thoughts on the role and function of women in the Church*, Grove Booklets on Ministry and Worship 17, 1973
Padgett, A., „Feminism in First Corinthians". In: *EQ* 4/86, S. 121ff
„The Pauline Rationale for Submission: Biblical Feminism and the *hina* Clauses of Tit 2.1-10". In: *EQ* 1/87, S. 39-52
„Paul on Women in the Church: The Contradictions of Coiffure in 1 Co 11.2-16". In: *JSNT* 20, 1984, S. 69-86
Pagel, E., *The Gnostic Gospels*, New York, Random 1979
Pape, D., *Wir Frauen und Gott*, Was sagt uns das Neue Testament? Marburg, Francke 1981

Pawson, J. D., *L'autorité: une affaire d'homme* (Les limites du féminisme chrétien), Nyon, Libr. Carrefour 1992

Pella, G., „Voile et soumission?". In: *Hokma* 30, S. 3-20

Penn-Lewis, J., *The Magna Charta of Women*, Minneapolis, Bethany 1975

Pierce, R. W., „Evangelicals and Gender Roles in the 1990s". In: *JETS* 36/3, Sept. 1993

„Male/Female Leadership and Korah's revolt". In: *JETS* 30/1, 3/87, S. 3-10

Powell, C., „A stalemate of genders? Some hermeneutical reflections". In: *Themelios* 17/3 (4-5/92), S. 15-19

Quéré, M. F., *Les femmes dans l'Evangile*, Seuil, Paris 1982

Radloff, M., *Le ministère de la parole de la femme*, Examen de textes pauliniens, Thèse de doctorat, Fac. de théol. prot. Strasbourg, Nov. 1991

„Mon cheminement personnel". In: *Les Cahiers de Christ seul* 3/1992

Richards, L. O./Martin, G., *A Theology of Personal Ministry*, Gd. Rapids, Zondervan 1981

Riehl, A., *Die Bedeckung des Hauptes einer christlichen Frau*, Crockett, USA, o. J.

Robertson, A./Plummer, A., *A Critical and Exegetical Commentary on the First Epistle of St. Paul to the Corinthians*. Intern. Crit. Comm. Edinburgh, Clark, o. J.

Rogers, O., „The Role of Women in the Church". In: Henderson, 82, S. 57ff

Ropp, M., „La femme voilée". In: *Les Cahiers de Christ seul*, 3/1992, S. 65-79

Roux, Chr., „Prophétie et ministère prophétique selon S. Paul". In: *Hokma*, 29 (1985), S. 33-53

Ruyter, J., *Le port du voile chez la chrétienne durant la période ancienne d'Eglise*. Thèse Fac. théol. Strasbourg (28. Mai 1966)

Schillebeeckx, E., *The Church with a Human Face*, New York, Crosswood 1985

Scholer, D. M., „Feminist Hermeneutics and Evangelical Biblical Interpretation". In: *JETS*, Dez.1987. Nachdruck in: *ERT*, Okt. 91, S. 305-320

Scholz, E., *Die Frau im Verkündigungs- und Zeugendienst der Gemeinde*, Marburg, Francke 1979

Schuessler-Fiorenza, E., *En mémoire d'elle*, Paris, Cerf 1986

Schweizer, E., *Das Leben des Herrn in der Gemeinde u. ihren Diensten*, Zürich, Zwingli-Verlag 1946

Shallis, R., *Le corps vivant*, Marne-la-Vallée, Ed. Farel 1990

Spicq, C., *Les épîtres pastorales*, Paris, Lecoffre 1947

Stendahl, K., *The Bible and the Role of Women*, Philadelphia, Fortress Press 1966

Stephens, S., *A N.T. view of women*, Nashville, Tenn., Broadman Press 1980

Stevens, R. P., „The mystery of male and female: biblical and trinitarian models". In: *Themelios*, 17/3 (4-5/92), S. 20-23

Storkey, E., *What's right with Feminism*, Gd. Rapids, Eerdmans 1985

Stott, J., *Le chrétien et les défis de la vie moderne*. Méry, Sator 1989, Vol. 2

Swidler, L., *Biblical affirmations of women*, Philadelphia, Westminster Press 1979

Talbert, Ch., *Reading Corinthians* New York, Crossroad 1987

Tournier, P., *La mission de la femme;* Neuchâtel-Paris; Delachaux-Niestlé 1979

Trombley, Ch., *Who said Women can't teach?* Bridge Publ., South Plainfield, N. J., 1985

Tucker, R. A./Liefeld, W., *Daughters of the Church*, Women and ministry from N. T. times to the present, Gd. Rapids, Academic Books, Zondervan 1987

Volz, L., *Frauen auf der Kanzel?* Stuttgart, Quell-Verlag 1967

Watson, D., *I believe in the Church*, Gd. Rapids, Eerdmans 1978

Wilson, K. T., „Should Women Wear Headcoverings?" In: *Bsa*, Okt.-Dez. 1991, S. 442-462

Witherington, B., *Women in the Ministry of Jesus*, Cambridge, Univ. Press 1984
*Women in the earliest Church*, Cambridge, Univ. Press 1988

Yoder, J., *Jésus et le Politique*, Lausanne, PBU 1984